한국의 위기, 대안은 G3 인도다

-요즘 그리고 내일 인도 이야기-

권영습·김문영 공저

도서출판 두남

책을 내면서

19세기의 지성이라 자부했던 미국 작가 마크 트웨인은 19세기 말 몇 십년에 걸친 전 세계 일주 후 "태양 아래 오직 하나뿐인 나라… 단 한번 흘낏이라도 보고 나면 지구의 나머지 나라를 모두 본 것보다 더 강렬한 나라 인도"로 이 나라를 묘사했다. 인도 북부 히말라야부터 델리, 뭄바이, 데칸고원을 거쳐 인도양, 아리비아해, 벵갈만이 만나는 최남단 칸야쿠마리까지 천양으로 변하는 인도의 지형과 사람, 문화가 마크 트웨인이 이렇게 표현한 이유일 것이다.

요즘 인도가 대세다. 천공을 뚫는 듯했던 중국의 기세가 크게 꺾이고 있고, 탈중국 논의가 본격화되고 있다. 지난 30년 우리 수출과 투자의 블랙홀이었던 중국의 대안을 찾기 위한 각고의 노력이 진행되고 있다.

이 중국의 대안으로 가장 크게 부상하고 있는 곳이 인도다. 인구, 땅 크기, 인류 문화 기여, 경제 규모 및 발전 속도, 국제정치 영향력 면에서 중국과 어깨를 견줄만한 대안으로 인도가 가장 먼저 떠오르는 것은 어려운 수학 문제가 아니라 직관의 문제일 것이다.

따라서 요즘 세계 곳곳이 인도, 인도인을 찾고 있다. 중국의 대안으로 인도를 전하는 국내외 신문, 방송, SNS가 넘쳐 난다. 지난 20여년 국내 인도 관련 책이 한 자릿수에 머물렀으나 지난 2년간 인도 관련 국내 서적 출판만 두 자리를 넘기고 있다.

인도 고어로 Karma란 단어가 있다. 인도아대륙 힌두스탄 인들의 세계, 인생, 종교관을 대변하는 단어다. 이 Karma가 우리 둘 사이 권과 김, 김과 권에게도 있었던 것이 틀림없다. 그렇지 않다면 델리, 암다바드라는 인도 북쪽, 서쪽의 이야기와 첸나이, 벵갈로르라는 인도 남쪽, 중부에 대한 글이 하나의 책으로 만날 수 없었을 것이다. 10여년 전 같이 한 태국에서 호감의 시간이 있었다. 이 Karma, 연이 지난 4년간 인도 땅을 통해 다시 이어졌다.

20여년 만에 다시 인도를 찾은 북쪽의 김은 인도 상인과 비즈니스, 문화에 천착해 있었고, 남쪽의 권은 현대자동차, 기아자동차, 삼성전자 등 우리 기업들이 큰 성공을 거두고 있고 인도 북쪽과는 언어, 문화 등에서 크게 다른 인도 남부와 데칸고원의 현재와 미래 가능성을 한 줄, 한 페이지씩 실제 경험하고 우리 기업의 진출 가능성을 탐색했다. 각자 자기의 생각과 견해를 정리해 나갔을 뿐 둘은 그런 사실도 서로 몰랐다.

먼저 귀국한 북쪽에게 지난 여름 귀국한 남쪽이 그 동안 정리한 글을 보내왔다. 합쳐보니 관점도, 전하고자 하는 방향도 한 사람이 쓴 것 같았다. 서로 부족한 내용과 주제를 채워주고, 북인도와 남인도를 서로 보완해 주고 있었다. 카르마, 연의 무서움, 돌고 돎을 본 시간이었다. 이렇게 우연히 만난 두 글, 두 사람이 더해져 이 책이 되었다. 국내 인도 관련 글 중 처음일 것이다.

사람과 사물을 봄에 눈으로 보지 말고 마음으로 보아야 한다고 어느 현자가 말했다 한다. 우리 둘의 이 글이 마음으로 본 인도 글에 조금이라도 가까이 간 것이기를 기원한다.

우리가 전해고자 했던 부분은,

첫째 : 2030년대 후반 인도의 모습이 2023년 중국에 접근된 경제, 산업 규모, 국력이 될 것이라고 우리는 보았다. 이에 우리가 어떻게 대비하고 접근해야 하는지를 전하고자 했다. 현재 많은 우리 기업들이 성공의 역사를 쓰고 있고, 인도의 발전과 함께 성장해 나갈 준비가 되어 있다는 것을 보여주고 싶었다. 지난 30여년 국내외 외교, 통상 및 무역, 산업, 투자 현장의 산 경험과 25년 시차를 두고 상전벽해가 된 요즘 인도와 G3 인도의 미래를 전체적 시각에서 제시해 보려고 했다. 특히 미래에 빠르게 성장하는 G3 인도를 우리의 경제발전에 효과적으로 활용하는 방안 및 인도가 현재의 중국이 된 다음에도 우리 기업과 상품이 인도 내에서 사랑받는 방법을 탐색하려고 노력했다.

둘째 : 인도의 다양성과 조화, 공존문화를 전하려 했다. 인도는 중국과 달리, 유사 이래 하나의 국가로 자력 통일된 역사가 없고, 적어도 4개, 주별로 30여 국가가 하나의 정치체제 아래에 존재하는 유럽 모델의 70년 신생공화국이다. 30개 주별로 언어가 다르고 종교, 인종, 문화 등이 너무나 다양하고, 특히 북인도와 남인도는 언어, 인종이 완전히 다르고 정치적으로도 완전히 따로 돌아간다. 그 다양성 속에서 서로 인정하고, 공존, 공영하는 인도의 문화, 인도인을 전하고자 했다. 다양성을 가진 인도에 우리 기업들이 어떻게 접근해야 하고, 인도의 다양한 문화가, IIT를 졸업한 인도 엔지니어가 어떻게 구글, 마이크로소프트 등 세계적 기업의 CEO가 되는 데 도움이 되는지 그 비밀도 찾아보려 했다.

셋째 : 과거가 아닌 요즘, 내일의 인도를 전하고자 했다. 지난 30여년 인도가 산업 발전, 인프라, 카스트 등 각 분야에서 빠르게 변화하고 있음에도 개인적 경험과 주관에 바탕을 둔 과거의 인도를 전하는 경우가 그 동안 많았다. 시공에 매인 인간의 한계이고 불가피한 현상이다. 과거의 인도 모습만 보면 현재, 미래의 많은 가능성을 놓친다. 객관적인 관점에서 보되 변화하는 모습도 함께 보면서 새로운 가능성이 탐색해야 한다.

넷째 : 명상, 요가, 종교, 카스트 등 신비주의, 정신주의적 관점에서 인도를 바라보는 시각이 아직도 우리 주변에 완고하다. 한 측면만이 과대 인식되는 왜곡이다. 일정 부분 사실이지만, 물질주의와 실용주의 DNA를 3,000년 이상 진화시킨 세계 3대 인도 상인집단은 물론 일반 대중도 대부분 매우 실용적이고 물질적이다. 이 정도가 가능한가 할 정도의 독자적이고 실용적인 외교정책을 구사한다. G3 인도의 이런 집단, 일반 대중의 일상과 내면을 전하려 했다.

감사를 전해야 할 곳이 많다. 이 책의 절반은 지난 2년간 40회 격주 칼럼 기회를 준 한국무역신문 기고에 바탕을 두고 있다. 3장, 4장, 5장, 7장이 한국무역신문 게재 글이다. 불민하고 게으른 저자 성정상 이 기회가 없었다면 이 글의 절반은 불가했다. 김석경 사장과 한국무역신문 직원들께 감사 인사를 전한다. 가족의 소중함, 부모님 살아 계심이 이렇게 든든한 힘임을 새삼 확인했다. 이 글은 코트라 서남아지역본부장 및 암다바드 무역관장 시 우리, 인도 기업 분들이 전하던 경험과 지혜를 대신 전하는 글이다. 그 한 분, 한 분께 감사 인사를 드린다. 기회, 신분과 시간을 주신 KOTRA, 우송대학교 그리고 솔브릿지 국제경영대학에도 감사 인사를 드린다. 모든 것의 근원인 님을 보는 감사였다.

첸나이 총영사로 근무하면서 많은 한국기업, 인도기업, 인도 관련 기관들을 방문하고 인도의 경제전망과 선점 방법에 대한 치열한 논쟁과 의견교환을 했다. 많은 현장방문과 기업인, 전문가들의 도움이 없었다면 이 글을 쓰는 것은 불가능했다. 특히 코로나로 인한 어려움을 슬기롭게 극복하고 코로나 후 우리 기업들이 더욱더 선전하는 것을 보면서 우리 기업인들의 위기극복 능력이 살아 있음을 느꼈고 성장하는 인도시장이 우리나라와 기업의 미래가 될 수 있다는 확신을 하게 되었다. 한 분 한 분 모두 감사를 드리고 싶지만, 인도 남부 및 데칸고원에 진출한 우리 기업들이 너무 많아 모든 분에게 함께 감사를 드린다. 우리 기업투자 및 애로사항 해소를 위해 함께 치열하게 노력하고 이 글을 쓰는 데 많은 아이디어를 준 은지환 첸나이 코트라 관장과 김동규 벵갈루루 코트라 관장에게 큰 감사를 드린다. 아울러 본 글에 포함된 각종 통계 등을 찾아주고 힌두문화 전문가로 인도문화에 대한 이해에 큰 도움을 준 첸나이 총영사관에 황준식 전문관에게도 특별한 감사를 전한다.

끝으로 E-Book의 시대에 불민한 원고를 흔쾌히 받아주시고 책으로 연결해 준 도서출판 두남 전두표 사장님, 이승구 상무님께 감사 인사를 드린다.

권 영 습
전 첸나이 총영사
현) 국무조정실 외교안보정책관
남부 첸나이, 벵갈로르에서

김 문 영
전 KOTRA 서남아 지역본부장
현) 우송대 Solbridge국제경영대 교수
북·서부 뉴델리, 구자라트에서

Contents

Chapter

1

한국의 위기,
대안은 G3 인도다

1. 왜 인도인가?

현재 한국 경제가 직면한 가장 큰 위기 중 하나[1]가 공산주의 붕괴 이후 한국의 핵심 투자 및 수출 시장으로서 역할을 했던 중국 경제의 성장둔화와 우리 기업의 중국 시장 상실이다. 한국의 빠른 경제 성장 역사를 보면 경제발전 초기 단계에서는 미국, EU 등 선진국으로의 수출 확대가, 구 소련 붕괴 이후에는 북방정책에 기초한 중국, 러시아, 동구권으로의 빠른 투자 및 수출 확대가 중요한 역할을 수행했다. 그러나 최근 중국경제의 성장둔화는 중국시장에 대한 의존도가 큰 우리기업들에게 큰 부담으로 작용하고 있고, 중국시장의 장기 침체가능성에 대비 빠르게 성장하는 새로운 시장을 개척할 필요성이 더 크게 제기되고 있다.

우리기업들에게 중국시장 성장둔화보다 더 큰 도전은 우리기업의 중국시장에서의 경쟁력 약화로 인한 중국시장 상실이다. 중국 정부의 자국 기업 육성정책과 이에 기초한 중국 국내기업의 경쟁력 강화로 인해 자동차, 전자 등 중국내 우리 투자기업이 중국 국내 소비시장에서 밀려나고 있다[2]. 또한 중국 정부의 기계, 중간재, 부품, 원료 국산화 정책에 기초한 중국 기계, 중간재 기업의 빠른 경쟁력 향상으로 중국기업들의 우리 기계, 중간재, 부품, 원료 등에 대한 의존도가 크게 줄어들고 있고 우리 기업들의 중국기업에 대한 원자재, 중간재 등의 의존도가 크게 증가되었다[3]. 아울러, 중국내 급격한 임금인상으로 인해 신발, 섬

1) 중국 시장 상실 외에도 한국 경제성장 모멘텀을 약화시키는 요인은 우리 및 외국계 기업의 국내투자 기피, 인구 고령화 등 다양한 요인이 있으나, 이 글에서는 대외수요(투자 및 수출) 측면에서 중국시장을 대체할 시장으로 인도시장에 집중하기로 한다.

2) 현대·기아 등 우리 자동차기업의 중국내 시장 점유율이 9%에서 1~2%로 격감했다. 삼성 휴대폰의 경우 10년 전 시장 점유율 10%에서 0%대로 추락했다.

3) 아직까지 확실한 기술적 우위를 가지고 있는 반도체를 제외한 다른 중간재, 부품 등의 중국 수출이 줄어들고, 반도체 가격의 하락 등으로 인해 중국과의 큰 무역흑자가 적자로 전환되고 있고, 우리 수출의 중국시장 의존도도 25%에서 19~20%로 줄었다.
반면, 2003년 상반기 기준 한국의 원재료 수입의 상당부분이 중국에 의존하고 있고, 특히 반도체, 이차전지 등 핵심산업 원재료의 중국의 존도가 높다. 공급망 안정화 차원에서 지나친 중국 의존도를 줄이고 공급망을 다변화할 필요성이 강하게 제기되고 있고, 미-중 갈등 과정에서 발생하는 위험을 최소화하기 위해서도 국내생산 증가 및 공급망 다변화가 필요하다.

유 등 노동집약산업 분야에 투자했던 많은 우리기업들이 이미 생산기지를 동남아 등으로 이전했다. 이에 더해서 최근 미-중간 갈등 격화 및 코로나 판데믹 등으로 인한 공급망의 중국으로부터의 다변화 필요성은 한국기업들에게 중국으로부터 공급망을 다변화하고 새로운 생산기지를 찾아야 하는 새로운 도전을 안겨주고 있다.

한국경제는 수출주도 경제로 대외의존도가 높아 중국을 대체할 새로운 시장을 찾지 않고는 경제성장 동력을 회복하기는 불가능하다. 현재 한국경제 현실을 고려할 때 GDP를 구성하는 다른 요소인 국내 소비, 투자, 정부지출에서 새로운 성장 동력을 찾기는 쉽지 않고 해외에서 대안을 찾아야 한다. 특히 세계적인 흐름이 세계화, 자유 시장 경제 확산에서 탈세계화, 보호무역주의 확산[4]으로 전환

4) 현재의 세계화에 대한 비판은 과거의 세계화에 대한 비판과 그 성격이 크게 다르다. 60~80년대의 경우 저개발국이나 개도국에서 제3세계 이론, 중심 ㅁ 주변부 이론 등에 기초하여 선진국이나 다국적 기업들의 약탈행위로 중심과 주변부간의 불평등이 영속화되고 심화된다는 것이었다. 반면 지금의 세계화 및 교역 자유화에 대한 비판은 저개발국이나 개도국으로부터 나오는 것이 아니라 전후 세계 경제질서(GATT, IMF, World Bank) 구축을 주도했던 미국으로부터 나오고 있고, 이에 대해 미국내 확실한 컨센서스가 형성되어 있어 쉽게 흐름이 바뀔 가능성이 크지 않다. 중국의 WTO 가입으로 중국경제가 세계경제로 편입된 후 중국이 불공정 경쟁 등을 통해 세계의 공장이 됨으로써 미국의 제조업 일자리가 크게 줄어들었고, 미국기업들이 임금 수준이 낮고 노동ㅁ환경 등 규제가 심하지 않은 곳으로 기업을 이전했으며, 중미 등으로부터 대규모 이민으로 미국 중산층, 특히 백인 남성의 일자리가 급격히 줄어들었다는 것이다. 이에 대한 처방도 다양하게 제시된다. 교역 자유화로 인해 피해를 보는 집단에 대해 지원하고 구조적 개혁을 통한 산업구조 조정으로 세계화에 대응해야 한다는 온건한 주장부터 중국의 불공정행위를 시정하기 위해 보복 조치를 취하고 반이민 정책을 강화해야 한다는 주장까지 다양하다. 이러한 배경하에서 트럼프 대통령이 자유무역으로 공장이 이전되어 피해를 입은 미국 중서부 러스트 벨트 지역의 백인 남성의 전폭적인 지지를 받아 당선되었다. 현재의 세계화에 대한 반대는 한 단계 더 나아가고 있다. 관세 인상 등의 무역 보복 조치를 통해 중국의 불공정행위를 시정하는 것에 더해서 중국과의 경쟁이 단순히 경제적 경쟁이 아니라 헤게모니 장악을 위한 전략적 경쟁이며, 자유진영과 권위주의 진영간의 대결이라는 구조하에서 진행되고 있다. 세계화를 지지하는 자유무역 이론 하에서는 안보·정치와 자유무역이 분리되어야 한다는 것에 대한 합의가 형성되었으나, 지금은 안보적인 이유로 수출 및 수입통제, 보조금 지급 등이 광범위하게 이루어질 수 있다는 것이 자연스럽게 받아들여진다. 핵심기술에 대한 수출통제가 광범위하게 허용되고, 안정적 공급망 확보를 위한 리쇼어링과 니어 쇼어링, 프렌드 쇼어링이 진행되고 자국에 핵심산업 생산기지가 설치될 수 있도록 경쟁적으로 보조금을 준다. 그리고 인권, 노동, 환경에 기초한 무역 제재 조치도 쉽게 정당화된다.

되고, 미-중간 전략적인 경쟁이 심화되는 과정에서 중국을 대신할 새로운 시장을 찾는 것은 우리에게 더 큰 도전이 될 것이다.

중국을 대체할 시장은 인도만 있는 것이 아니고, 미국, EU, 일본 등 선진국, 동남아, 중남미, 아프리카 등 개도국 등 다양한 국가, 대륙이 있고 선진국, 개도국, 저개발국을 가리지 않고 우리의 대외시장을 확대하기 위해 맞춤형 전략을 수립하여 신시장 개척을 위해 총력을 기울여야 한다.

중국을 대신할 거대시장으로서 대안을 탐색해볼 때, 인구 규모, 경제발전 속도, 중국기업에 대한 견제 문화 및 정책 존재 여부 등 여러 요소들을 종합적으로 고려해 보았을 때 인도만큼 중국을 대체할 가능성이 큰 시장을 찾기는 어렵다. 선진국의 경우 이미 성숙한 시장으로 우리 기업이 신규진출하거나 시장점유율을 확대하기 위해서는 기존의 강력한 경쟁자를 물리쳐야 하고, 최근 선진국을 중심으로 확산되고 있는 보호무역정책 등을 극복해야 하는 등 시장을 확대하기 쉽지 않다. 또한 경제발전 속도가 인도에 비해 훨씬 느려서 그 효과도 크지 않다. 중ㅁ남미, 아프리카의 경우 아직까지 인도보다 우리 기업이 진출하여 성공한 사례가 많지 않거나 여건이 덜 갖추어져 있으며, 특히 인도에 비해 시장 규모가 훨씬 작다. 아세안 국가들의 경우 이미 우리기업들이 적극적으로 진출하여 상당부분 시장을 확장한 상태로 추가 시장 확대가 쉽지 않은 것이 사실이다.

1) 우리 기업들은 인도에서 성공할 준비가 되어 있고 이미 성공의 역사를 쓰고 있다.

인도가 중국 시장을 대체하기 위해서는 인도가 빠르게 발전하는 것만으로는 부족하고 우리기업들이 그 기회를 효과적으로 잡는 것이 중요하다. 인도라는 빠르게 발전하는 거대한 코끼리 등에 올라타고 함께 성장해야 한다. 한국과 중국 간의 교역규모가 3천억 불이 넘는 반면, 2022년 기준으로 한국과 인도와의 교역규모가 300억불이 조금 안 된다. 인도가 중국을 대체하기 위해서는 현재보다 10배 이상의 교역 증가가 필요하다. 인도의 빠른 경제 발전으로 인도의 경제 규모가 지금의 5배가 된다 하더라도 중국과 유사한 교역규모를 가지려면 우리 기업의 추가 투자, 양국 간 서플라이 체인 통합 심화, 우리 기업들의 인도 내 시장점유율 확대 등을 통해 교역 빈도 및 강도도 2배 이상으로 늘어나야한다[5].

이 글은 필자가 2020.1월부터 2023.6월까지 현대, 기아, 삼성 등 우리기업들이 밀집되어 있는 인도 남부에서 첸나이 총영사로 근무하면서 직접 느끼고 경험한 것에 기초하고 있다. 필자는 우리 기업들이 인도의 빠른 경제 성장을 효과적으로 활용할 수 있는 준비가 되어 있고 인도시장에서 크게 성공할 충분한 역량을 가지고 있다고 생각한다. 아울러 중국과 달리 인도가 성장하여 1만 불을 달성하더라도 우리기업의 인도 내 위상은 줄지 않고 더 확대될 것으로 생각한다.

우리 기업들이 인도 내에서 성공할 것이라는 생각하는 데는 다음과 같은 이유가 있다. 먼저 우리기업들은 세계 다른 어느 나라 기업들보다 먼저 인도에 진출하여 성공사례를 쓰고 있고, 기존 우리기업들의 성공사례는 다른 한국기업들이 인도에 진출하는데 길잡이가 될 것이다. 현재 인도시장에서 성공적으로 활동하고 있는 현대, 기아, 삼성, LG, 포스코 등 우리기업들은 최근 미-중 무역분쟁, 코로나 등으로 인해 생산기지의 다변화(중국+a) 이야기가 나오기 훨씬 전인 90년대 초반 인도가 시장개방을 시작하자마자 시작되었다. 초기에 우리 협력업체들과 함께 과감하게 인도 투자를 시작해서 자동차, 전자 클러스터를 구축하여 지속적으로 인도 국내시장 점유율을 높이고 있다. 코로나로 인한 락다운 과정에서도 오히려 시장점유율을 늘리는 등 성공적으로 활동하고 있다.

둘째 인도는 중국과의 국경분쟁 등으로 중국기업의 인도 투자 및 활동이 상당부분 제한되어 있는 상태[6]고, 이러한 중국기업 진출에 대한 인도 정부의 견제는

---

5) 인도와의 교역 규모가 증가할 뿐만 아니라 양국간 산업구조 등을 고려시 인도와의 교역에서 우리의 무역흑자가 지속적으로 늘어날 가능성이 크고 이는 우리의 무역수지 개선에도 큰 기여를 할 것이다. 장기적으로 인도가 기계, 원자재, 중간재 부분에서 경쟁력을 강화하고 국산화를 심화하면 중국에서와 같이 무역흑자가 줄어드는 요인이 될 수도 있겠지만 이는 중간재 분야에서 우리 기업들이 경쟁력을 유지할 수 있는지 여부에 달려있고, 인도가 우리에게 중간재 수출을 확대한다면 이는 중국에 대한 소재, 원자재, 중간재, 범용제품의 의존도를 다변화하는 계기로 활용가능하다.

6) 2020.6월 인-중 국경분쟁후 TikTok을 비롯 300개 이상의 사실상 모든 중국산 앱의 인도내 사용이 금지되었고, 중국기업의 인도내 투자에 대한 심사를 강화하여 제조업 포함 중국 기업의 인도내 투자를 사실상 허가해 주지 않고 있다. 아울러, 2023.5월 중국 대표적 휴대폰 제조업체이자 삼성과 인도내 시장점유율 1위를 다투고 있는 샤오미에 대해 2022.5월부터 조사를 진행 해외 불법자금 유출 혐의(로얄티 명목으로 송금)로 8,560억원(순이익 56%, 555억 루피)

지속될 것이며, 이는 우리 기업들의 인도 내 활동 영역을 확장하는 데 큰 도움이 될 것이다.

셋째 인도 정부도 자국 기업에 대한 우선주의가 있지만 다른 나라에 비해 훨씬 공정한 편이다. 인도의 관료주의, 조세, 통관, 노동, 토지 정책 등으로 인도에서 기업 활동하기 쉽지 않지만 이는 한국 기업 등 외국계 기업뿐만 아니라 인도 국내기업들도 함께 겪는 어려움이다. 특히 인도의 경우 IT 등 서비스업에서는 세계적인 경쟁력을 가지고 있는 반면, 제조업에서는 상대적으로 경쟁력이 약하고 인도정부가 생산연계인센티브(PLI) 등 많은 지원정책을 통해 육성하려 하고 있어 이를 적극 활용하면 우리 기업들의 지속적인 인도 내 국내시장 확대가 가능하다. 우리기업이 현지화 등의 노력을 지속적으로 하고, 인도 내에서 입지를 강화할 경우 인도 경제성장과 함께 함께 지속성장할 수 있는 여건이 갖추어 있다.

특히 필자가 2020.1월부터 3년 이상 인도에서 근무하면서 우리기업들이 코로나로 인한 위기를 극복하는 과정에서 우리 기업들과 기업인들의 도전정신과 위기 극복 역량이 여전히 강하게 살아있다는 것을 피부로 느끼는 기회가 되었다. 다른 나라 기업인들이 코로나 위기 시 모두 본국으로 돌아가 완전히 상황이 안정될 때까지 돌아오지 않은 반면, 우리 기업인들은 모두 현지에 머물면서 위기에 적극적으로 대응했다. 위기에 대응할 뿐만 아니라 코로나 기간 중 국제선이 모두 중단되었는데도 전세기를 마련하여 우리 기술자와 엔지니어들이 인도 공장을 방문하여 새로운 생산라인을 깔고 인도 디발리 축제[7]에 대비하여 새로운 모델 출시를 준비했다. 이러한 도전의식과 위기 극복능력은 코로나 이후 우리 자동차가 인도내 시장점유율을 빠르게 늘리면서 인도 소비자들과 정부로부터 인정받는 계기가 되었다[8].

을 압류했다. 또한 2022.7월 오포(OPPO)에 유사한 혐의로 7천억대 추징금을 부과했고, 2022.7월 비보(Vivo) 계좌를 동결했다.

7) 디발리는 인도 최대의 힌두 축제로, 크리스마스와 같이 모든 인도인들이 선물을 주고받는 시기로 동기간에 국내소비가 급증한다.

8) 과거에 비해 우리 기업과 기업인들의 야성과 도전의식이 약화되고 있다는 비판이 있는 것도 사실이다. 우리 근로자들도 과거와 달리 위험하고, 힘든 지역에서 더 이상 근무하지 않으려고 한다. 이미 한국보다 더 좋은 생활환경을 가진 국가는 미국, 유럽을 제외하고는 거의 없

우리기업이 인도에서 선전할 경우 인도의 경제발전이 우리에게 어떤 도움이 되는지를 자동차 산업을 예로 들어 보면 분명하다. 현재 인도의 자동차 산업 국내시장 규모가 450만대 수준이고, 중국의 국내시장 규모가 2,500만대 수준이며, 미국이 1,500만대 수준이다. 현재 현대, 기아가 인도에서 1백만대 이상을 생산하여 70% 정도를 인도에서, 나머지를 수출하고 있는데, 인도가 빠르게 경제성장을 하여 현재의 중국 정도의 1인당 국민소득(1만불 이상)을 달성할 경우 인도의 국내 자동차 시장이 현재의 4~5배로 늘어날 것으로 예상된다. 이는 우리 자동차 기업들이 현재의 시장점유율을 그대로 유지한다면 연간 4~5백만대의 자동차를 인도시장에서 팔 수 있다는 것을 의미하고, 시장점유율을 더 확대할 수 있다면 더 많은 자동차를 파는 것도 가능하다. 아울러, 인도의 빠른 제조업 확충과 더불어 우리의 자동차 관련 기계, 중간재, 부품 기업들의 인도 내 한국기업, 인도 국내기업, 다국적 기업 등으로의 수출도 크게 늘어날 것이다.

2) 중장기적으로 지속가능한 모델을 만드는 것이 중요하다.

이 글에서는 인도시장 진출 및 활용과 관련 세 가지에 초점을 두고 살펴보겠다. 첫째, 인도가 향후 20~30년간 빠르게 발전하여 현재 중국 수준인 1인당 1만불 소득, 14~15조 GDP를 달성할 여건이 갖추어져 있는지를 다양한 요인들에 대한 분석을 통해 살펴보겠다. 둘째, 인도 진출 전략과 전술을 수립, 시행하는데 반드시 기억해야 할 인도 지리, 문화와 제도의 특성에 대해서도 함께 분석해 보고 대응 방법도 살펴보겠다. 인도에 우리기업들이 진출하여 성공하기 위해서는 인도의 지역적 특성, 카스트, 상인그룹, 문화적 다양성 등 인도 문화의 특성을

고, 생활환경이 어려운 아프리카 등에서 주재원 생활을 하는 것에 대해서는 회피하는 성향이 일반화되었다. 일본의 장기 경기침체가 온 이유 중 하나가 소득이 높아지면서 기업가 정신과 야성을 많이 상실한 것이다. 외교관 생활을 하면서 일본 외교관이나 주재관들을 만나보면 80년대, 90년대부터 아프리카 등 험지에서 근무를 하지 않으려 한다는 것을 분명히 느낄 수 있다. 결국 주재관이 파견되어 근무하지 못하면 그 시장을 포기하게 되고, 이러한 일본의 소극적인 태도가 아프리카 등 새로운 시장에서 우리 기업들이 선전할 수 있는 하나의 요인이 되었다. 또한 일본 기업들은 인도, 브라질 등에 새로이 공장을 지어 생산을 하기 보다는 기존의 기업을 흡수·합병하는 것을 선호한다. 새로이 공장을 지어 새로 시작하는 것이 장점도 있지만 훨씬 더 큰 위험과 노력을 필요로 하기 때문이다.

정확히 이해하지 않고는 불가능하다. 마지막으로, 인도의 빠른 발전을 우리 기업들이 효과적으로 활용하여 시장 점유율을 높이는 다양한 방법을 구체적으로 살펴보도록 하겠다. 특히 장기적 측면에서 인도에서 성공하고 사랑받을 수 있는 방법에 대해 살펴보겠다. 초창기에 아무리 잘 성공하더라도 중국에서와 같이 인도 국내기업들이 경쟁력을 갖춘 후 퇴출되는 일이 발생해서는 안 된다.

2. 인도 진출 가로막는 잘못된 인식 바꾸자

우리가 빠르게 성장하는 인도시장을 확보하는데 가장 큰 장애요인은 인도에 대한 연구부족과 인도에 대한 잘못된 인식이다.

먼저 인도에 대한 관심과 우리기업 진출에 비해 인도에 대한 연구부족이 심각하다. 인도에 대한 잘못된 인식의 상당 부분도 인도에 대한 연구부족에서 기인한다. 인도에 대한 연구자 및 연구 기관이 절대적으로 부족할뿐더러 인도에 대한 연구도 종교, 요가, 명상 등 정신적인 측면, 지역적으로는 인도 북부에 한정되어 있으며[9], 특히 빠르게 변화하는 인도에 대한 연구가 부족하다. 또한 현대, 기아, 삼성, LG 등 인도에 진출하여 성공하고 있는 우리 기업들의 경험과 노하우도 체계적으로 정리되어 있지 않아 추가적으로 인도에 진출하려 하는 우리 기업들에게 실질적인 도움이 되지 못하고, 인도에 근무하는 지인 기업인들을 통해 확인하는 정도에 그치고 있다. 또한 인도에 진출하면서 인도 내 컨설팅 회사 등의 도움을 받는 것도 비용이 만만치 않아 우리 중소기업의 경우 활용하기도 쉽지 않다.

인도에 대한 연구부족과 잘못된 정보로 인한 잘못된 판단은 큰 기회의 상실로

9) 필자의 과거 중고등학교에서 인도에 대해 학습한 것에 기초해 보면 인도 역사 중 마우리아, 쿠샨, 쿱타, 무굴 왕조 등 인도 북쪽의 역사에 집중되고 팔라바, 촐라 왕조 등 거대한 해상왕국을 이룩한 인도 남부나 바흐마니(이슬람), 비자야 나가라 왕조(힌두)로 대표되는 데칸고원에 대한 역사는 거의 접할 기회가 없었다. 반면 현대, 기아 등 대다수의 우리기업들은 우리가 전혀 교육받지 못한 타밀나두, 안드라 프라데시, 카르나타카 등 남부나 데칸고원에 소재해 있다.

이어진다. 현대, 기아, 삼성, LG 등 우리 기업들이 1990년대 초부터 진출하여 성공적으로 운영하고 있고, 성공사례를 쓰고 있는데도 인도에서 사업해서 성공하는 것은 불가능하다고 미리 포기하는 우리기업들이 많다. 인도에서 사업하기 쉽지 않고, 생활 여건이 상대적으로 좋지 않은 것은 사실이다. 그러나 코로나 때 널리 퍼진 갠지즈 강에 떠내려 가는 시체 등 인도의 한 부분만이 지나치게 과장되어 부각된 유튜브 영상처럼 인도의 대한 잘못된 정보에 기초하여 인도가 사람 살기 어렵고 사업하기 부적합한 곳으로 잘못 인식하여 기업인들이 인도에서 근무하는 것을 꺼리고 기업들이 인도에 투자하지 않는 경향은 반드시 바뀌어야 한다[10].

필자가 보기에 인도에 대한 인식에 있어 피해야 하는 3가지는 1) 인도의 일부만을 보고 전체라고 생각하는 것, 2) 과거의 인도의 모습에 기초해서 변화하는 인도를 보지 못하는 것과 3) 인도를 요가, 명상 등 신비주의적인 측면으로만 보고 인도의 물질주의, 실용주의 등을 보지 못하는 것이다.

먼저, 인도는 하나의 대륙으로 유럽과 같이 다수의 국가가 하나의 정치체제하에 존재한다고 생각해야 한다. 주별로 사용하는 언어가 달라 영어를 link 언어로 사용하지 않고는 의사소통이 되지 않고, 종교, 인종, 문화 등이 너무나 다양하다. 특히 북인도와 남인도는 언어, 인종적으로 크게 다르고 정치적으로도 독립성이 강하다. 북인도의 경우 밀가루가 주식이나 남인도의 경우 우리와 같이 쌀이 주식이다. 한국 방문객이 인도의 특정 주나 도시를 방문하고 나서 자신이 본 것이 전부인 것처럼 생각하는 것은 인도를 보는 전형적인 잘못된 시각이다.

주별로 언어, 인종, 문화만이 다른 것이 아니라, 치안 수준, 경제발전 정도, 대기오염 정도도 다르고 통치의 질 수준도 천차만별이다. 정치적으로 안정되고 있

---

10) 첸나이의 경우 날씨가 더워서 봄, 여름, 가을, 겨울이 없고 hot, hotter, hottest 구분만 있는 것이 사실이나, 벵갈루루의 경우 데칸고원 1,000m 가까운 고지에 위치하여 1년 내내 봄, 가을 날씨를 유지하는 등 사람 살기에 최적의 조건을 가지고 있다. 또 다수의 주재원 가족들과 만나보면, 인도 주재원 부인들의 경우 3번 운다고 한다. 첫 번째는 인도에 발령받아서 생활하는 것이 두려워, 두 번째는 인도를 떠나기 전에, 세 번째는 한국에 돌아가 집안일을 하면서 운다고 한다. 또 인도에 대해서는 치안에 대해 우려가 많은데 지역별 차이가 있겠지만 첸나이, 벵갈루루의 경우 세계 어느 도시보다 안전하고 소매치기, 강력사건 등이 공관에 신고 되는 경우가 없으며, 여성들도 밤에 활동해도 어떠한 위협이나 제한도 없다.

고, 예측가능하고, 외국인 투자에 우호적이고 적극적인 주가 있는 반면, 정치적으로 불안하고, 정권 교체 시 과거 정부의 정책이나 약속을 뒤집는 등 불확실성이 큰 주정부도 있다. 특히 인도는 연방국가로서 주정부의 권한이 강해 우리 투자기업들이 직면하는 문제의 90%는 주정부와 관련되어 있는 바, 투자지 선택에 있어 주정부를 선택하는 것이 중요하다.

인도의 다양성은 연방제를 취하고 있는 미국보다 훨씬 크고(미국은 단일한 언어 사용), EU나 유럽국가에 가깝다고 봐야 한다. 선거에 있어서도 인도 전체 총선과 주 총선 결과가 다르게 나오는 경우가 많으며, 인도 전체 총선의 경우 총리 후보자의 이미지, 국가적인 이슈가 더 중요한 반면, 주 총선의 경우 지역적인 이슈, 지역내 카스트간 연합, 중앙정부와의 언어, 문화적 갈등 등이 더 큰 영향을 미친다. 현재 BJP가 중앙정부에서는 압도적 다수를 차지하고 있으나, 주정부의 경우 BJP가 지배하고 있는 주가 1/2정도이고 나머지 주에서는 지역정당이나 국민의회당이 다수당을 차지하고 있다. 특히 타밀나두 등 남부주의 경우 지역정당이 지배력이 강하다.

인도와 관련 특히 오류를 범하는 것이 인도가 힌디어를 쓰는 힌두국가라는 것이다. 전체 인구의 40% 정도가 힌디어를 쓰는 것은 사실이지만 힌디어가 인도의 국어가 아니고 힌디어는 타밀, 카나다, 텔라구 등 다른 언어와 같은 지위를 가지고 있고 영어가 link 언어로 사용된다. 필자가 근무한 남인도의 경우 4개주 모두 힌디가 아닌 드리비디언계 언어를 사용하고 있다. 타밀나두주는 타밀, 카르나카타주는 카나다, AP 및 텔랑가나주는 텔라구, 케렐라주는 말라야람어를 사용하고 있고, 같은 드라비디언계 언어인데도 불구하고 영어를 link 언어로 사용하지 않고는 서로 의사소통이 되지 않는다.

또한 인구의 80% 정도가 힌두교도인 것은 사실이지만 힌두교도 그 자체 내에 다양한 종파가 존재하고[11], 이슬람 인구도 전체의 15%가량으로 1억 8천만 명에

11) 힌두교내에서도 다양한 신이 존재하고 교리가 다양하고 다양함 속에서 치열한 논쟁과 진화가 이루어져 왔다. 또한 힌두교는 기독교나 이슬람교와 같이 단일한 신을 가진 일신교 monotheism와도 다르고 다수의 신이 존재하는 다신교Polytheism와도 다르다. 브라만이라고 불리는 유일신이 있고 브라만이 다양한 형태로 나타나는 형태로 다양한 신들이 존재하는 atttibutive momotheism에 가깝다. 즉 신은 하나나 다양한 형태로 나타난다는 것이다. 힌두

가까우며, 기독교, 불교, 조로아스트교 등 다양한 종교들이 공존하다. 아울러, 이성적 분석에 기초한 무신론 및 불가지론도 상당한 영향력을 가지고 있으며 이러한 무신론과 불가지론이 인도의 과학·기술 발전에 큰 기여를 한 것도 사실이다. 즉 인도는 종교적 다양성, 세속주의(국가의 중립성)를 바탕으로 하고 있다고 봐야지 힌두교와 힌디어로만 봐서는 안 된다. 인도의 정체성을 힌두교와 힌디어로 제한하여 규정하는 것은 다양한 인도를 너무 좁게 이해하는 것이고 인도의 전체적인 모습을 이해하는데 방해가 된다. 특히 힌디어와 타밀 등 다른 언어와의 갈등은 인도 내 언어적, 문화적 다양성을 보여주는 것 외에도 정치적 다양성과 분권을 이해하는데도 큰 도움이 된다(이에 대해서는 별도 설명).

둘째, 인도 전문가들이 유튜브 등에서 인도에 대해 이야기하는 것을 보면, 산업발전, 인프라, 카스트 등 다양한 분야에서 빠르게 변화하는 인도가 아닌 과거의 인도에 기초해서 인도를 설명하는 경우가 많고 이를 독자들이 그대로 받아들이는 경우가 많아 안타깝다. 인도의 비즈니스 환경, 인프라 수준, 카스트 제도 등이 과거와 크게 변화했는데, 과거의 본인의 경험과 학습에 기초하여 설명하는 경우가 많아 안타깝다. 인도 전문가들이 변화하는 인도를 직접 방문하여 학습하고 이에 기초해서 업데이트된 인도를 소개하기를 기대한다(인도의 변화에 대해서는 인도의 성장가능성, 인도의 문화적 특성 등에서 자세히 설명하겠다).

교내에 주신으로 시바신을 믿는 종파Shaivism도 있고, 주신으로 비슈누 신을 믿는 종파Waishnavism도 있으며, 모든 신은 하나고 신으로 이르는 길은 다양하다는 전제하에 비슈누, 시바, 가네사, 삭티, 수르야 등 5개의 신을 함께 믿는 종파Smarta도 존재한다.

아울러, 브라만(신, 이데아)과 아트만(현실, 인간)간 관계에 대해서도 일원론Monism, Advaita, Non dualism, 조건적 일원론Qualified Monism, Qualified Advaiita, 이원론Dualism, Dvaita이 공존하면서 서로 치열한 논쟁과 진화를 해왔다. 일원론Advaita은 브라만만이 실재하고 현실은 환상이며, 깨닮음(지혜, knowledge)을 통해서 환상(마야)이 사라지면 브라만과 아트만이 하나가 된다는 주장이다. 브라만과 아트만은 둘이 아니고 원래 하나이며, 대표적인 학자는 Adi Shankara이며 불교적 세계관과 유사하다. 조건적 일원론Qualified Advaita, Vishishtadviata은 일원론과 달리 현실이 환상이 아니며 현실reality과 브라만은 하나가 아니나, 현실(아트만)이 박티(신에 대한 헌신, devotion)를 통해 브라만과 하나가 될 수 있다고 주장한다. Ramanuja가 대표적 학자다. 이원론은 브라만과 현실은 완전히 다른 존재이며, 현실(인간)이 브라만과 박티를 통해 하나가 되는 것도 불가하며, 믿음을 통해 구원을 받으며, 구원을 받은 후에도 브라만과 아트만은 별개로 존재한다고 주장한다. 우리가 일반적으로 생각하는 신을 가진 기독교와 이슬람교 등 다른 종교와 유사하다. 대표적인 학자는 Madhvacharya다.

셋째, 명상, 요가 등 신비주의와 정신주의적 관점에서 인도를 바라보는 것은 인도의 한 측면만을 보는 우를 범하는 것이다. 인도인들이 서구 사회의 물질주의를 거부하고 물질적인 풍요나 권력을 추구하지 않는다고 보는 것은 큰 오류다. 인도가 명상, 요가 등 신비주의 측면이 있는 것도 사실이지만, 인도는 어느 나라보다 물질주의와 실용주의가 강한 나라다. 물질주의와 실용주의의 바탕 하에서 상인계급을 중심으로 강력한 기업가 정신을 바탕으로 물질적인 풍요를 추구하고 독자적인 외교정책을 수립·시행한다. 이는 과거 인도상인이 중국, 아랍, 유대 상인들 이상으로 장사를 잘하는 것으로 알려줘 있고 현재 인도 기업인들의 강력한 기업가 정신이 IT, 스타트업, 제약 등에서 강하게 분출되는 것을 보면 잘 알 수 있다(인도의 물질주의, 상대주의에 대해서는 인도의 문화적 특성에서 자세히 설명하겠다).

마지막으로 강조하고 싶은 것은 인도정부 등이 인도가 가지고 있는 문제가 빠르게 해결될 수 있다고 주장하는 것에 현혹되어서는 안 된다는 것이다. 인도시장에 진출하려 하면서 가장 어리석은 접근법은 현재 인도가 직면하고 있는 문제가 빠르게 해소되어 사업하기 좋은 국가로 바뀔 것이라고 가정하는 것이다. 민주주의 하에서 분권적이고 다양성이 큰 정치 체제[12], 다양한 종교, 언어 등을 고려했을 때 인도가 단기간에 당면한 문제를 극복할 것을 기대해서는 안 된다. 현재의 문제는 장기적으로 지속될 것이라고 가정하고 그 바탕 하에서 진출 전략과 시장점유율 확대 전략을 수립하고 시행해야 한다. 그렇다고 변화가 없을 거라는 것은 아니고, 인프라 등 다양한 분야에서 어느 나라보다 빠른 변화가 있겠지만, 우리가 기대하는 것 만큼 사업하기 좋은 환경이 단기간 내에 달성되기는 불가능하다는 것이다.

12) 민주주의가 많은 장점을 가지고 있지만 작동과정에서 단점이 있는 것도 사실이다. 민주주의는 경제 및 사회의 근본적인 변화를 해결하는데 실패하고 있고, 의사결정에 시간이 너무 많이 걸리며, 정치집단간 합의가 이루어 지더라도 알맹이가 없고 실제 효과 없는 껍데기만 변화하는 경우가 많다는 비판도 존재한다. 아울러 민주주의 하에서 강한 이해관계 집단에 반하는 정책적 개혁을 결정, 집행하기는 어렵고, 정책이 강한 소수의 목소리 큰 이해관계자의 이익을 위한 정책으로 이어지기 쉽다.

3. 인도는 중국시장을 대신할 최적의 후보다

중국을 대체할 시장은 인도만 있는 것이 아니고, 미국 등 선진국, 동남아, 중남미, 아프리카 등 개도국 등 다양한 국가, 대륙이 있고 각각의 특성에 맞게 투자 및 수출을 최대화해야 한다. 미국 등 선진국은 선진국에 맞게, 국내시장이 큰 나라는 국내시장 확대에 중점을 두고 자원이 많은 나라는 자원 확보에 중점을 두고 우리의 수출을 최대화 하고, 자원, 식량, 원자재 등 공급망을 안정화해야 한다.

가. 중국을 대신할 시장으로서 인도

중국을 대신할 거대시장으로서 대안을 탐색해볼 때, 인구 규모, 경제발전 속도, 중국기업에 대한 견제 문화 및 정책 존재 여부 등 여러 요소들을 종합적으로 고려해 보았을 때 인도만큼 중국을 대체할 가능성이 큰 시장을 찾기는 어렵다. 앞으로 인도가 중국보다 훨씬 빠른 경제성장을 바탕으로 중국을 빠르게 추격할 것이라는 전문가들의 예측은 다음과 같은 이유에 근거한다. 먼저, 인도의 절대적 인구가 중국을 크게 넘어설 뿐 아니라 인구구성에서 중국이 이미 심각한 고령화로 접어든 반면, 인도는 장기간 동안 인구 배당의 효과를 누릴 것이다. 도시화로 인한 농촌인구의 도시로의 이동, 여성노동자의 노동시장 참여 증가 및 산업화 수준의 차이에 따른 주간 국내 노동자 이주 확대는 인구 배당 효과를 배가시킬 것이다. 둘째, 중국이 인프라 및 부동산에 대한 투자, 제조업에 대한 투자 급증으로 세계의 공장이 되었는바, 인도의 경우 인프라, 제조업, 부동산 등에 투자가 아직 초기 단계로 향후 인프라, 제조업, 부동산에 대한 대규모 투자가 성장의 핵심 동력이 될 것이다. 마지막으로 중국은 정부주도로 빠른 발전을 성취했지만 소득 증가와 더불어 시스템 개혁 과정에서 혼란에 직면할 가능성이 크고, 가치를 달리하는 미국과의 헤게몬 전쟁 과정에서 국제정치적 어려움에 직면하는 것과 반대로, 인도는 세계 최대 민주주의 국가로 권위주의에서 민주주의로의 전환과정의 어려움에 직면하지 않을 것이고 미국과도 우호적인 관계를 지속할 수 있어 대외적인 장애요소도 없다.

인도 제조업의 빠른 성장은 인도에 투자한 우리 기업, 인도 국내기업, 외국계 다국적 기업들의 한국으로부터의 중간재, 부품, 기계 등의 빠른 수입 확대로 연결될 것이다. 이는 과거 중국 소재 우리기업, 중국기업, 다국적 기업들이 우리 기계, 부품, 중간재, 원료를 수입해서 우리가 장기간 중국과의 교역에서 대규모 무역흑자를 기록한 것과 같이 한국 경제발전에 크게 기여할 것이다. 아울러, 인도 소비재 시장의 빠른 확대는 한류 확산과 더불어 한국으로부터의 인도로의 소비재 물품 수출의 빠른 증가로 이어질 것이다. 또한 미국 등이 인도 소프트웨어 엔지니어 등을 활용하여 혁신 및 이노베이션 경제를 주도하는 것처럼 인도의 우수한 인력의 활용은 우리의 인구 고령화 및 감소의 대안으로서의 활용될 수 있고, 인도 학생 및 관광객 유치 확대는 학생 부족으로 어려움을 겪는 우리 대학 및 중국 관광객 감소로 어려움을 겪는 우리 관광산업에도 큰 도움이 될 것이다.

인도가 우리의 핵심 수출품목 및 핵심 중간재 수입국가로서 왜 중국을 대신할 시장으로 유력한지는 아래 표를 보면 분명하다. 아래 표들에서 보듯이, 인도는 우리의 주요 수출품목에 대한 수출호조 국가, 우리의 중위 및 고위 중간재의 빠른 수입 증가국가이자 우리의 핵심 수출품목들에 대한 수출 자립도가 낮은 국가다. 따라서 인도는 단기적으로뿐만아니라 중장기적으로 우리의 핵심수출 품목 및 우리의 중간재 수입국가로서 잠재성이 크다.

〈세부품목별 '중국 대체 수출호조 국가'〉

석유제품(4개국)	석유화학(6개국)	철강(5개국)
호주, 미국, 말레이시아, 뉴질랜드	미국*, 인도, 일본, 벨기에, 튀르키예, 인도네시아	미국, 인도, 멕시코, 튀르키예, 이탈리아

자동차부품(5개국)	디스플레이(5개국)	이차전지(3개국)	플라스틱제품(4개국)
미국, 멕시코, 체코, 슬로바키아, 베트남	베트남, 멕시코, 홍콩, 인도, 미국	미국*, 인도*, 대만	미국, 인도*, 헝가리, 튀르키예*

주: 1) 수출호조 국가는 최근 3개년('21년, '22년, '23년(1분기)) 중 두해 이상 '수출증가율>0 & 수출비중 상승(전년比)'을 만족하는 국가로 품목별 10대 수출국가('22년 기준) 중 선정했으며*는 3개년 모두 만족을 의미
2) 중국 포함하여 분석했으나 중국은 해당조건을 만족하는 품목 없음
[자료: 한국무역협회 국제무역통상연구원, 동향분석실 조의윤 수석연구원, Trade Focus 2023년 7호 "대중국 수출부진과 수출시장 다변화 추이 분석"]

위 표에서 보듯이 인도는 우리의 핵심수출 품목인 석유화학, 철강, 디스플레이, 이차전지, 플라스틱 제품 등에서 최근 3개년('21년, '22년, '23년(1분기)간 수출증가율 및 수출비중이 상승한 국가이자 향후 인도의 제조업 육성정책과 더불어 그 증가 속도나 중요성이 빠르게 증가할 것이다.

또한 아래 표에서 보듯이 인도는 베트남과 더불어 중위 및 고위 중간재 수입 연평균 증가율('16~'21)이 각각 7.4% 및 12.4%로 가장 높은 국가중 하나고, 이는 향후 우리 기업의 인도 투자증가, 인도 제조업의 빠른 성장과 더불어 인도로의 우리기업의 중위 및 고위 중간재 수출의 가속화로 이어질 것이다.

〈주요국의 중간재 대세계 수입 연평균 증가율('16~'22)〉

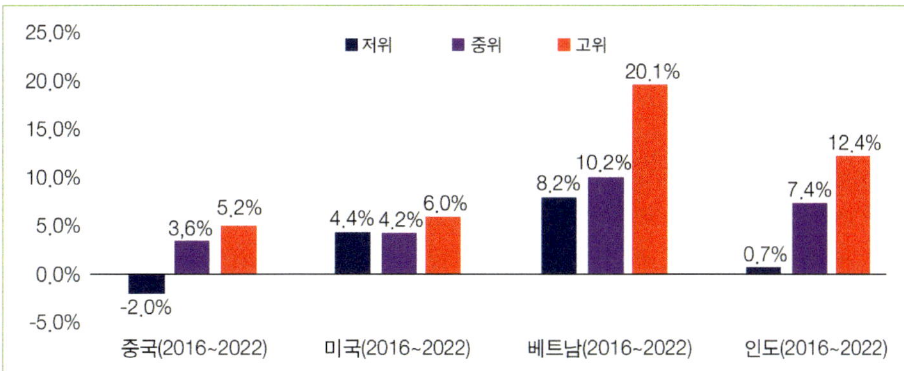

[자료: 한국무역협회 국제무역통상연구원, 동향분석실 조의윤 수석연구원, Trade Focus 2023년 7호 "대중국 수출부진과 수출시장 다변화 추이 분석"]

〈중국, 베트남, 인도의 품목별 수출자립도 비교〉

1. 품목	2. 중국		3. 베트남		4. 인도	
	5. 2015년	6. 2022년	7. 2015년	8. 2021년	9. 2015년	10. 2021년
11. 석유화학	12. -2.115	13. -0.277	14. -10.168	15. -2.442	16. -1.548	17. -1.066
18. 철강	19. 0.757	20. 0.725	21. -1.903	22. -0.073	23. 0.046	24. 0.588
25. 기계류	26. 0.814	27. 0.844	28. 0.410	29. 0.712	30. 0.062	31. 0.234
32. 자동차부품	33. 0.421	34. 0.619	35. 0.156	36. 0.123	37. 0.129	38. 0.232
39. 이차전지	40. 0.595	41. 0.931	42. -0.143	43. -1.423	44. -2.647	45. -2.610
46. 디스플레이	47. -0.137	48. 0.899	49. -2.554	50. -0.613	51. -0.299	52. -0.153

주 : 수출자립도=1-(품목별 중간재 수입/품목별 수출액)이며, 숫자가 클수록 자립도가 높음을 의미
[자료: 한국무역협회 국제무역통상연구원, 동향분석실 조의윤 수석연구원, Trade Focus 2023년 7호 "대중국 수출부진과 수출시장 다변화 추이 분석"]

〈우리나라의 중간재 수출 동향(국가별)〉

(단위 : 억달러, %)

국가	2021년			2022년			2023.1분기		
	수출액	증가율	비중	수출액	증가율	비중	수출액	증가율	비중
중국	1,297	22.6	27.9	1,303	0.4	25.7	246	-29.6	23.4
미국	554	35.0	11.9	663	19.7	13.1	144	-9.5	13.6
베트남	496	19.6	10.7	541	9.2	10.7	108	-27.5	10.3
일본	226	28.1	4.9	237	4.6	4.7	54	-12.2	5.1
홍콩	336	21.7	7.2	253	-24.8	5.0	40	-44.7	3.8
인도	135	38.3	2.9	152	12.9	3.0	39	4.6	3.7
대만	215	50.1	4.6	226	5.4	4.5	36	-37.9	3.4
싱가포르	115	62.4	2.5	171	48.1	3.4	33	-19.9	3.1
호주	61	78.5	1.3	140	130.7	2.8	29	3.2	2.7
말레이시아	85	31.8	1.8	98	15.4	1.9	21	-10.6	2.0
세계	4,654	28.7	100.0	5,073	9.0	100.0	1,053	-19.5	100.0

[자료: 한국무역협회 국제무역통상연구원, 동향분석실 조의윤 수석연구원, Trade Focus 2023년 7호 "대중국 수출부진과 수출시장 다변화 추이 분석"]

아울러 위 표에서 보듯이 인도는 우리의 핵심 수출품목인 석유화학, 이차전지, 자동차부품 등에 있어서 수출 자립도가 낮은 상태고, 향후 장기간 수입에 의존해야 하는 상황으로 우리 핵심수출 품목 및 중간재 기업들의 인도 수출의 잠재성도 어느나라 보다 크다.

또한 위 표에서 보듯이 우리의 인도로의 중간재 수출도 '21년 38.3%, '22년 12.9%로 빠르게 증가하고 있으며, 향후 인도의 제조업 육성정책과 더불어 그 증가속도는 더 빨라질 것으로 예상된다.

나. 중국의 대체지로 선진국 시장의 한계 및 개도국 진출확대를 위한 중요성

미국, 유럽, 일본 등 선진국 시장 확대를 통해 우리의 중국에 대한 의존도를 줄일 수 있으나 분명한 한계가 있다. 아래 표에서 보듯이 2022년 교역량 등을 볼 때 실제 미국으로의 수출이 빠르게 증가했고, 미국에 대한 수출 의존도가 증가한 반면, 중국에 대한 의존도가 줄어든 것은 사실이다. 다만, 그 내용을 보면 자동차 수출이 늘어난 것이 미국으로 늘어난 수출의 대부분을 차지하고, 식료품, 화장품 등 일부 부분에서 수출이 늘어나고 있으나, 중국 시장을 대체할 정도로 수출이 늘어나고 있는 것은 아니다.

<중국과 미국향 수출비중>

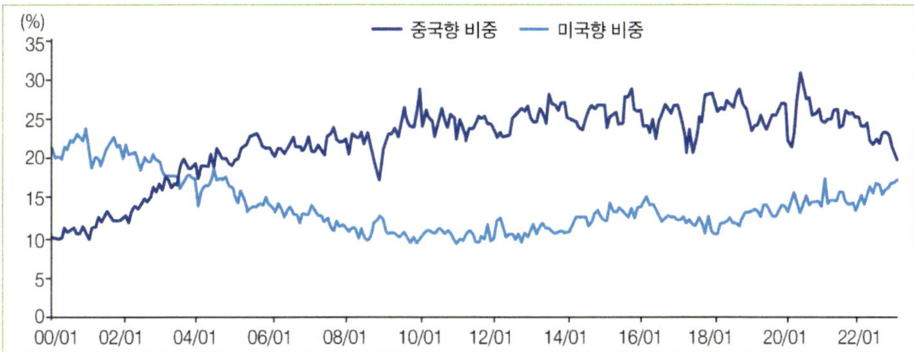

[자료: 이베스트투자증권 "사이클의 전환점, 이미 기회의 시간이다"]

선진국의 경우 우리 기업이 신규진출하거나 시장점유율을 확대하기 위해서는 기존의 선진국 시장을 지배하고 있는 강력한 경쟁자를 물리쳐야 하고, 선진국의 경제발전 속도는 인도에 비해 훨씬 느린 관계로 신규 수출 창출 효과가 크지 않다. 아울러, 아래 표들에서 보듯이 중장기적인 관점에서 세계 전체 GDP에서 차지하는 선진국 비중도 크게 줄어들 것으로 예상된다. 미국이 2016년 세계 전체 GDP에서 16%를 차지했으나 2050년 12%로 줄어들고, EU도 15%에서 9%로 떨어지는 반면, 인도의 경우 7%에서 15%로 크게 늘어나고, 중국의 점유율은 18%에서 20%로 소폭 늘어난다. 아울러, 2023년 기준으로 세계 성장에 기여하는 비율에서도 인도는 15.4%로 중국의 34.9%이어 두 번째로 크고, 향후 인도의 세계 성장에의 기여도는 중국의 경제 발전 속도가 늦어지고 인도의 경제 규모 및 발전 속도가 빨리지는 것과 비례하여 빠르게 커질 것이다. 특히 2019년 기준 인도가 세계 수입시장에서 8위(2.8%)를 기록했으나, 아래 표에서 보는 바와 같이 2030년 세계 4위, 2050년 세계 3위(5.9%)의 수입국가가 될 것으로 예상된다UK's Global Trade Outlook, 2021.9.

그러나 선진국 시장으로의 수출 확대는 그 규모보다는 우리 기업들이 중국, 인도, 브라질, 아세안 등 개도국 시장으로의 수출 확대를 위해 반드시 성취해야 할 목표다. 그 이유는 우리가 선진국에서 최고의 제품으로 인정받지 못하면 중국, 인도, 브라질 등 개도국으로의 수출도 어렵다는 것이다. 즉 중국, 인도 등에서 우리 기업들이 선전하기 위해서는 선진국 시장에서의 선전이 전제되어야 한다.

The US and Europe will steadily lose ground to China and India

Share of world GDP (PPPs) from 2016 to 2050…

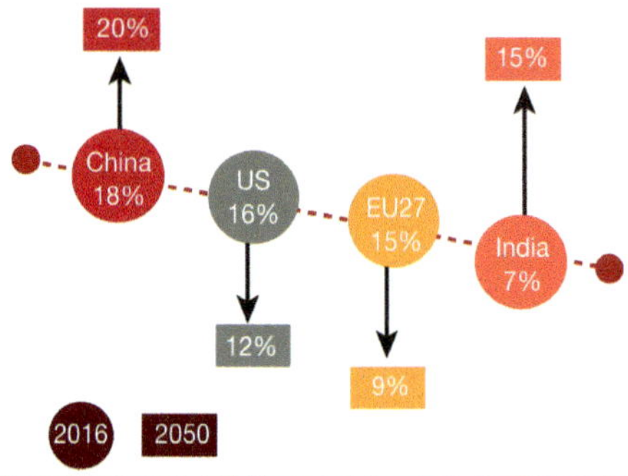

Projected share of global growth in 2023

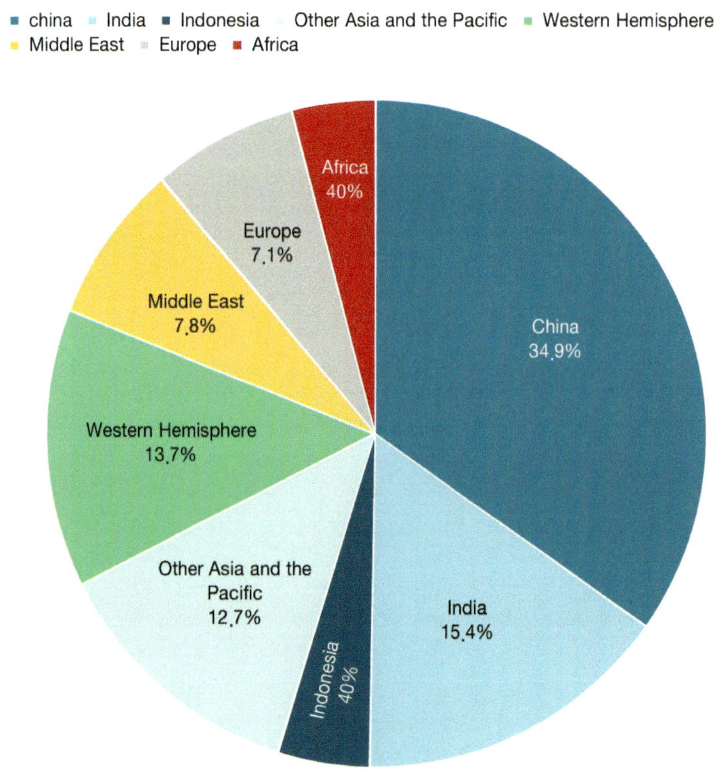

Blue is representing the Asia and the Pacific region.

Chart: Ayushi Gupta · Source: IMF, Tellimer Research · Created with Datawrapper

Upward trajectory

India is ranked eighth emong largest importing nations with a 2.8% global import share and is set to become the fourth largest importer by 2030.

Rank	2019	2030	2050
①	UNited States	China	
②	China	UNited States	UNited States
③	Germany	Germany	**India**
④	France	**India**	Germany
⑤	UK	UK	UK
⑥	Japan	Japan	France
⑦	Netherlands	France	Netherlands
⑧	**India**	Netherlands	Japan
⑨	Hong Kong	Hong Kong	Hong Kong
⑩	South Korea	Canada	Vietnam

Source: UK Global Trade Outlook

그 이유는 첫째 중국으로의 수출 감소는 미-중 무역 갈등이 심화되기 훨씬 전부터 중국 국내기업들의 경쟁력 강화와 중간재 상품에 대한 중국 기업들의 국산화 확대로 뚜렷하게 진행되고 있었다. 중국의 부품, 중간재 국산화 진전으로 우리나라로부터의 중간재 수입이 감소하고 있었고, 중국에 투자한 우리기업들의 중국 국내시장 점유율이 급감하고 있었다. 이러한 중국 시장에서의 우리기업들의 고전을 극복하기 위해서는 우리 중국 투자기업들이 기술, 브랜드 등에서 압도적인 우위를 가질 필요가 있고, 이에 실패할 경우에는 중국 소비자시장 공략이 점점 더 어려워질 수밖에 없다[13). 이는 최종 소비재 뿐만 아니라 우리 수출

13) 중국시장에서 애플, 루이비통 등은 확실한 기술력과 브랜드 파워로 여전히 시장점유율을 확대해 나가고 있는 반면, 가성비에 기초한 기업은 중국기업에 밀려 퇴출되고 있다. 독일 승용차의 경우 우수한 품질력과 브랜드 파워로 우리 자동차 기업과는 달리 중국 시장을 지속적으로 확대하다가 중국의 전기자동차 경쟁력 강화와 미-중 갈등 등으로 중국 시장에 대한 점유율이 줄어들고 있다. 중국을 대체할 새로운 시장을 찾는 것이 중요하다는 것이 중국시장을 포기하자는 것이 아니다. 오히려 그 반대다. 중국시장은 새로운 전략과 전술로 진출을 끊임없이 확대해야 하는 시장이다. 중국시장을 포기하면 우리나라에, 기업에 더 이상의 회복력은 없다는 전문가나 우리 기업인들의 말은 진실이다. 다만, 과거와 같이 가성비로 중국시장을 공략하겠다는 생각은 버려야 한다. 우리가 애플처럼 기술, 브랜드에서 진정한 세계적인 리더가 되어야만 중국시장에 재진출하여 시장점유율 확대가 가능하다는 것을

의 핵심을 차지하고 있는 중간재에도 동일하게 적용되고, 중국뿐만아니라 인도, 베트남 등 동남아 국가에서도 동일하게 적용된다.

또한 우리나라가 3만불이 넘는 선진국에 진입하여 임금수준이 크게 상승하였는바, 중간 정도 수준의 가성비가 좋은 상품이나 서비스를 생산해서는 선진국 시장뿐만아니라 중국, 동남아, 인도 등 개도국 시장에서도 생존하기 어려운 발전단계에 도달했다. 즉 가성비를 내세우는 기술 팔로우어로서는 더 이상 생존하기 어려운 환경에 직면하게 되었다. 미-중 갈등, 코로나 등은 이러한 배경 하에서 우리 산업과 기업이 더 빠르게 첨단기술, 최고의 브랜드로 전환을 하도록 가속화하는 요인이 되었다. 우리 기업들은 이미 오래전부터 새로운 흐름을 감지, 이에 대응하고 있으며 미국으로의 자동차 수출 확대, 미국 시장 등에서의 한국 화장품, 식품 수요 증가 등으로 나타나고 있다.

기술 팔로우어서 기술 리더가 되는 것은 쉽지 않은 도전이지만 우리 기업들이 미국, 유럽, 일본 등 선진국 시장에 도전해서 기술력과 브랜드 파워로 승리하지 않고는 미국 등 선진국 시장 확대뿐만 아니라 중국, 인도, 동남아 등 개도국 시장에서도 선전하기 어려운 바, 반드시 극복해야 할 과제다.

다. 개도국 시장 개척과 도전과제

다른 개도국과 비교 인도시장이 더 중요하고 인도가 중국을 대체할 핵심 후보인 이유는 인도의 인구 및 시장규모가 다른 국가에 비해 압도적으로 크고 경제성장 속도가 빠르며, 곧 미국, 중국에 이어 G3가 될 것이 확실하기 때문이다. 아울러, 삼성, 현대, 기아, 포스코 등 우리기업들이 인도에 빠르게 진출하여 성공

명심해야 한다. 그리고 중국정부가 현재의 국내산업 보호 및 국산화 확대를 위한 정책을 단기간내에 포기하지 않겠지만 미국 등 선진국들의 지속적인 개방 요구 및 중국의 발전에 기초한 자신감 확대는 결국 중국시장의 자유화 확대로 이어질 것이다. 따라서 우리기업들이 기술력과 브랜드 파워를 지속적으로 강화하는 등 경쟁력을 강화하는 노력을 지속하면, 더 자유화된 중국시장이 우리나라, 우리기업 발전의 새로운 동력으로 작용하는 시대가 올 것으로 생각한다. 중국시장 개척을 포기할 것이 아니라 인내심을 가지고 끈질기게 추진하면서, 현재의 방법이 안되면 다른 새로운 창조적인 방법을 사용하면서 새로운 전략과 전술을 끊임없이 시도해야 한다.

의 역사를 써내려 가고 있으며, 중국과 인도간 국경분쟁 등으로 중국기업의 인도진출이 상당부분 제한되어 있기 때문이다.

그러나 우리의 새로운 시장의 개척은 인도에 한정되어서는 안되고 다른 개도국과 저개발국으로 차별없이 공격적으로 진행되어야 한다. 인도가 중국 시장을 상당부분 대체할 수 있겠지만, 단기간에 인도 시장만으로 중국과의 교역 감소분을 완전히 대체하기는 어렵다. 과거 중국 및 공산국가의 개혁·개방을 북방정책을 통해 우리가 효과적으로 활용하여 시장을 급속히 확대했던 것처럼 현재 빠르게 성장하고 있는 개도국 또는 저개발국가와의 교역과 투자를 빠르게 확대해야 한다. 신남방 정책을 통해 동남아, 인도 등과, 신북방정책을 통해 러시아 및 중앙아시아 국가 등과 그리고 중남미 및 아프리카 국가들과의 교역과 투자를 빠르게 확대해야 한다[14]. 높은 오일 및 가스가격으로 호황기를 맞고 있고 고갈될 오일 의존도를 낮추고 신재생 에너지, 금융, 물류 등 새로운 산업으로 전환하려 하고 있는 UAE, 사우디아라비아 등 중동 국가들과 원전, 방산, 인프라 등 분야에서 협력을 확대하고 국부펀드 등 중동머니를 우리 산업발전을 위한 투자자본으로 적극 활용해야 한다.

위 표에서 보듯이 2023년 글로벌 성장의 대부분이 개도국으로부터 나온다. 중국이 글로벌 성장에 기여하는 비율이 34.9%, 인도가 15.4%, 다른 아시아·태평양 국가가 12.8%인 반면, 유럽은 7.1%에 불과하다. 또한 위 표에서 보듯이 2050년에는 세계 GDP 10개국이 G7에서 E7 국가인 중국, 인도, 인도네시아, 브라질, 멕시코 등으로 대부분 대체될 것이다.

그러나 인도를 포함 개도국 시장을 새로이 개척하는 것은 생각보다 쉽지 않다. 필자가 외교관으로 태국, 브라질, 인도 등 개도국 최일선에서 우리기업의 해외진출을 지원하면서 경험한 바에 의하면 신시장을 개척하는 것이 어려운 이유는 아래와 같다.

먼저 개도국이나 저개발국의 시스템의 불확실성 등으로 인한 위험부담의 상

14) 인도의 경우 중동국가와 다르게 원전, 인프라, 방산 협력보다는 거대한 국내시장과 우리 기업의 투자시장으로 중요성이 크다. 인도와 원전, 방산, 인프라 등의 분야에서도 협력 가능성이 크나, 막대한 자본력을 가진 중동국가와는 다른 접근법과 전략이 필요하다.

승이다. 정치적 불안정이 심하고 정치적 변화가 있는 경우 과거 정부가 추진하던 사업이 무효로 될 가능성이 크고, 실제 사업을 하는 과정에서도 과도한 관료제, 부패 등으로 사업이 쉽지 않다. 예를 들어, 과거 정부에서 우리 기업이 큰 프로젝트에 참여하여 거의 계약이 성사되는 단계에 있더라도 새로운 정부가 이를 무효로 하는 사례가 많다. 이러한 이유로 우리기업들은 적극적인 참여를 하지 않으려는 경향이 강하다.

둘째, 한국이 과거보다 더 잘 살게 됨으로써 한국보다 생활여건이 좋은 나라가 많지 않다. 주재관들은 생활여건이 좋지 않은 곳으로 가려고 하지 않는다. 과거 일본기업과 주재관들이 아프리카, 인도 등 험지에 가지 않으려고 하는 것처럼 우리 기업과 주재관들도 과감하게 험지에 가서 새로운 시장을 개척하기 보다는 국내나 생활여건이 좋은 미국이나 유럽에 근무하기를 원하다. 특히 이러한 경향은 젊은 층일수록 더 강하다. 과거 일본 기업과 주재관들이 가기를 꺼리는 곳에 우리 기업과 기업인들이 과감히 진출해서 시장을 개척한 것과 같이, 우리 기업과 주재관들이 가지 않으려고 하는 곳에 중국 등이 과감하게 진출하여 시장을 선점하는 경향도 보인다. 또한 인도 등 저개발국의 생활여건 등에 대한 정보가 유튜브 등을 통해 상당부분 왜곡되어 있고 이에 기초한 잘못된 의사결정이 이루어지고 있는 것도 안타깝다. 과거 경제개발 과정의 야성과 도전의식이 그대로 유지되기는 어렵겠지만, 새로운 상황에 맞는 더 스마트하고, 현실적인 야성과 도전의식이 살아나기를 기대한다. 생활여건이 상대적으로 어려운 것은 사실이지만, 강한 도전의식과 야망이 없이는 무한한 가능성을 가진 인도와 같은 대규모 신흥시장에서 우리 기업들이 새로운 시장을 개척하는 것은 불가하다.

셋째 상당수의 우리 기업은 과거와 달리 투자 및 교역 시 단기적인 수익을 강조하고, 중장기적인 관점에서 과감한 투자를 하지 않으려 하는 경향이 늘어나고 있다. 개도국의 경우 사업 불확실성이 크고 단기적인 수익을 얻을 가능성이 크지 않아 아무리 큰 비즈니스 기회가 있더라도 투자를 망설인다. 기업이 이익을 최우선시하는 것은 옳고 잘못된 투자나 대규모 사업 참여가 기업의 존망에 영향을 미치는 경우가 많은 점은 이해하나 때론 중장기적인 관점에서 과감한 투자와 참여가 필요하다. 즉 여우처럼 교활하면서도 사자처럼 과감하고 용맹할 필요가 있다. 단기적인 손해를 보더라도 중장기적인 관점에서 빠르게 성장하는 시장을 선점하기 위한 미래를 보는 식견과 과감한 결단이 필요하다.

넷째는 개도국이나 저개발국에 도로, 철도, 항만, 에너지, IT 등 대규모 인프라 사업이 많으나 대부분의 경우 개도국이나 저개발국 정부가 돈이 없어 BOT(자금조달, 건설, 운영) 방식으로 사업을 진행되는데 한국기업은 중동 등에서 익숙한 시공 후 공사대금을 받고 나오는 방식에 익숙해서 많은 사업기회를 놓치고 있다는 것이다. 이는 미국이나 유럽의 많은 기업들이 자금조달, 시공, 운영 후 수익을 내는 방식에 대해 많은 경험과 노하우를 가지고 있는 것과 대조적이다. 정부에서 기금 조성 등을 통해 자금조달을 지원하고, 기업도 동 방식에 대해 경험이 많은 유럽기업이나 현지기업 등과 합작을 통해 새로운 방식에 적극 참여할 필요가 있다. 왜냐하면 오일달러로 공사 후 바로 대금을 지급할 수 있는 중동과 같은 나라는 세계 어디에도 존재하지 않으며 개도국 대부분이 재정적자로 고생하고 있어 자금조달부터 운영 후 수익을 내는 사업이외의 대규모 인프라 사업은 기대하기 어렵기 때문이다.

다섯째 후발주자가 가진 약점이다. 유럽 등 선진국의 경우 과거 식민지 시대부터 미리 개도국에 자리를 잡고 성을 구축해 놓고 한국기업 등이 새로 진출해오는 것을 방어하면 되지만 우리는 처음부터 개척해야 한다. 예를 들어 한국에서 새로이 의약품을 개발하여 훨씬 낮은 가격으로 개도국에 공급할 수 있는데도, 기존에 선진국에서 특허, 안전성, 현지 기관 및 공무원 등과 긴밀한 관계를 구축하고, 독점이익을 얻고 있어 기존의 성을 허물고 새로운 시장을 개척하는 것은 쉽지 않다. 예를들어 태국의 경우 토요타, 혼다 등 일본 자동차 회사들이 조기에 투자하여 시장을 완전히 선점하고 강력한 성을 구축하고 있어 한국 자동차 회사들이 진출하는 것은 사실상 어려운 환경이다. 어느 나라보다 더 견고하게 성을 쌓아 놓고 방어하는 태국에서 우리나라 자동차가 그 성을 일부라도 무너뜨릴 수 있다면 진정으로 한국 자동차 기업들이 경쟁력을 가지게 되었다고 할 수 있다.

여섯째 중국기업들의 이익을 따지지 않는 공격적인 투자다. 브라질 시장에 중국기업들이 진출하는 것을 보면 정부의 보조금, 저리 대출 등의 적극적 지원이 없으면 투자하기 어려운 분야에 과감하게 진출한다. 한편으로는 과감하게 투자하는 중국이 부럽기도 하고 한편으로는 지금 투자하는 기업 중 몇 %나 성공할 수 있을

까 우려가 되기도 한다. 모든 여건에서 차이가 나는 한국기업이 중국기업과 자금력 등에서 경쟁하기는 사실상 쉽지 않은 바, 중국기업이 가지지 않는 한국기업만의 장점과 노하우가 필요한 분야에 집중하는 것이 필요하다. 중국기업보다 우리가 과감한 기술이전, 많은 현지 인력 고용이 가능하다는 점을 부각하고, 현지 산업의 경쟁력을 강화시킬 수 있는 최적의 파트너임을 강조할 필요가 있다.

일곱째 한국의 대기업의 경우 충분한 자금력과 정보력을 가지고 있어 새로운 시장에의 투자와 수출에 큰 어려움이 없으나, 중소기업의 경우 자금력과 정보력 부족으로 불확실성이 큰 미지의 시장의 경우 정부나 코트라 등의 도움이 없이는 사실상 불가하다. 초기 시장개척에 필요한 충분한 자금을 마련하기도 쉽지 않고 현지 파트너를 찾는 것도 힘들다. 정부나 코트라 등의 지원이 절대적으로 필요하다. 또한 현재 빠르게 확대되고 있는 전자 상거래망 등을 활용하는 것도 효과적이다. 현지에서 인기 있는 홈쇼핑이나 전자 상거래망에 입점할 수 있으면 적은 비용으로 자신의 상품을 효과적으로 새로운 시장에 알리는 기회가 제공된다. 코트라 등에서 홈쇼핑이나 전자상거래 시장에 진출할 수 있도록 적극 지원할 필요가 있다. 그리고 현재 인기 있는 k-pop 등 한류를 적극 활용하여 새로운 시장에 진출하는 전략도 사용할 필요가 있다. 이미 화장품, 한국음식 등이 이를 적극 활용하고 있으며 실제로 큰 효과를 내고 있다.

마지막으로, 개도국에서의 수입대체 정책 등으로 현지에 투자하지 않고는 개도국 시장에 진입하는 것은 쉽지 않고, 꼭 필요한 부품, 중간재 수입 등에 대해서도 다양한 수입 억제 정책을 시행하고 있다.

위해서 보듯이 중국에 대한 의존도를 줄이고 우리 경제의 신 성장 동력을 창출하기 위해 투자나 교역을 다른 개도국으로 다변화하는 것은 쉽지 않다. 개도국 및 저개발국이 가지는 불확실성과 우리 기업인들과 기업이 가지는 소극성, 기존에 성을 쌓아 놓고 방어하는 선진국과 중국기업들과의 경쟁 등 어려운 도전에 직면해 있는 것이 사실이다. 그러나 어렵다고 포기할 수 없고 새로운 시장, 새로운 성장 동력 개척 실패 시 한국의 미래는 없다.

Chapter

2

이미 인도는 G3, 2040년 경제 규모 현재의 중국될 것

1. 인도 경제성장에 대한 비관과 낙관

인도의 경제성장 전망에 대해서는 초 낙관론부터 초 비관론까지 다양한 시각이 존재한다. 그러나 인도가 코로나 이후 가장 빠르게 성장하는 개도국으로 2030년에는 중국, 미국에 이어서 G3 국가가 될 것이라는 것에 대해서는 큰 이견이 없다. 세계 최대의 민주주의 국가, 시장경제 국가라는 타이틀에 이어 2023년에 세계 최대의 인구 대국이 되었으며, 빠르게 성장하는 국내 소비시장과 미-중 경쟁관계에 있어서의 인도의 전략적 위치를 바탕으로 인도에 대한 세계의 관심이 크게 증가되고 있다.

인도의 경제성장 전망에 대해서는 아래 표에서 보듯이 세계적 경제 전문기관들이 일관되게 긍정적으로 보고 있다. 인도가 세계 경기 침체, 이자율 상승, 공급망 혼란 등 다양한 도전에 직면하겠지만, 인도가 빠른 성장을 통해 2030년까지 세계 4위, 2050년까지 세계 3위 경제대국(세계 GDP의 6.8%, 현재 세계 5위, 3.3%)이 될 것이라는 것에 대해서는 이견이 없다.

〈인도 경제에 대한 중장기 전망〉

구분	성장율	대외적 도전	긍정적 신호 및 흐름	해결 필요 사항
IMF	2023 5.9%, 다음 5년6.1%	- 세계적 경기침체 - 인플레이션, 이자율 상승 및 금융시스템 불안 - 공급망 혼란 - 미-중 갈등 - geo-economic fragmentation 등	- Digitization - 건전한 재정 및 인프라 확충 - 그린에너지 등에의 자본투자	
Deloitte	인디아 세기		- 국내소비(젊고 빠르게 성장하는 중산층) - IT 등 서비스 분야 - 수출 증가 - 건전한 재정 - 국내 투자증가 - 기업 이익증가 - 은행 부실채권 감소	- 강한 국내투자 필요하나, 국내투자가 충분히 늘지 않고 있는 바, 국내투자를 늘리는 대책 필요 · 세계 경제 침체(긴축) · 지정학적 불확실 · 에너지분야 변화(재생에너지 전환 비용 증가)

Morgan Stanley	2027년까지 세계 3위 경제규모, 2030년까지 세계 3위 주식시장 규모		- Global outsourcing (IT 및 제조업) - Digitization(India Stack) - Energy Transition (대규모 투자)	
The Economist	세계에서 가장 빠르게 성장하는 대규모 경제		- 국내시장 통합 - 재생에너지 산업 확대에 따른 산업의 팽창 및 서플라이 체인의 중국으로부터의 이동 - IT분야에서의 압도적 경쟁력 - High Tech - Welfare Safety Net	- 경제적 불안정(특히 금융분야) - 모디정부의 통치 스타일 - 근본적 해결 대신, 임시방편(에너지, 교육, 복지 문제 지속) - 종교적 갈등 - 보호무역주의 - 언론자유나 사법부 독립성 침해 - 주정부와 갈등(힌디 의무화)
S&P Global	6.3%(2021~30 평균)		- 강한 국내 소비 - 국내 제조역량 강화 및 일자리 창출 - PLI 등 제조업 육성정책	- 무역, 금융자유화, 인프라 및 인적 자원 투자, 노동시장 개혁의 점진성 - 개혁에 대한 반대를 약화시키기 위해 아래 사항 필요 · 수입의존도 감소 · 고용기회 확대 · 국내 및 외국기업에게 더 큰 시장 창출

인도가 향후 평균 몇 %의 경제성장률을 달성할 것일 것인가에 대해서는 인도가 필요한 개혁을 적기에 수행할 수 있느냐에 따라 달라진다. 대표적인 2가지 견해는 인도가 빠르게 구조개혁을 할 수 있다면 6~7%(또는 8~9%), 구조개혁을 못하면 4~5% 정도 성장할 것으로 예상한다(1960~80년의 경우 힌두 성장률 3~4%).

특히 인도가 지난 30~40년간 중국과 같이 연 8% 이상 빠르게 성장하기 위해서는 총 투자, 특히 민간 기업의 투자가 크게 증가할 필요가 있다고 지적하는 기관이 많다. 다수의 전문가들에 의하면 인도가 중국의 고도성장기와 같이 8% 이상의 빠른 성장을 하기 위해서는 정부, 민간, 가계를 더한 총 투자Gross Fixed Capital Formation가 GDP의 35%[1])가 되어야 한다고 지적한다. 반면 최근 GDP에서 총 투자가 차지하는 비중이 14년 32.9%, 19년 30.8%에서 22년 28.6%로 지속적으로 하락하고 있어 총 투자의 확대가 절실히 요구된다.

총 투자가 지속적으로 하락하는 주된 요인은 민간 기업 투자cooperate investment의 지속적인 하락이다. 인도경제에서 민간기업 투자는 정부 자본 지출(CAPEX), 민간 기업 및 가계 자본 투자 중 가장 큰 비중을 차지하고 있으며, 그 중요성이 지속적으로 증가하고 있는 바, 민간기업 투자가 다시 늘어나지 않고는 지속적인 8%대 성장을 유지하는 것은 불가하다[2]. 민간 기업 투자는 '08년 전체 GDP의 25.1%, '17~'20년 14.5~15.5%, '21년 12%로 크게 떨어졌다가 '22년 12.9%, '23년 13.8% 증가되고 있으나, '08년 25.1%보다 여전히 많이 낮다. 반면, 정부부분의 투자지출(CAPEX)은 인프라 확충, PLI 인센티브 제공 등을 바탕으로 '18년 GDP의 3.7%에서 '22년 4.5%로 증가하고 있으며, 특히 연방정부의 투자지출은 '18년 전체예산의 4.8%에서 '22년 7.7%로 크게 증가하였다. 반면 주정부의 자본지출은 줄어들고 있어 우려가 존재하며, 연방정부는 무이자 자금 지원 등을 통해 주정부의 자본지출을 늘리려고 노력하고 있다.

향후 인도 경제가 빠르게 성장하기 위해서는 민간 기업의 투자가 과거 25% 수준으로 증가하여 정부, 기업, 가계의 자본 투자를 합한 총 자본 지출이 35%대로 늘어나야 한다. 인도 중앙정부가 인프라 확충, PLI 인센티브 제공, 법인세 인하 등을 통해 민간 기업 자본투자를 증가시키려 노력하고 있으나 아직까지 민간 기업의 투자는 크게 늘어나지 않고 있다. 자동차, 원자재, 재생에너지, IT 분야 및 대기업의 투자는 증가하고 있는 반면, 전반적인 투자가 빠르게 늘어나지 않아 인도 경제가 빠르게 성장하는 것을 막는 요인으로 작용하고 있다.

인도의 민간 투자 증가는 인도 정부의 구조개혁 속도와 폭, 인도 내수시장 성장 속도, 대외적 요인, 이자율 수준 및 금융부분 유동성 공급 활성화, 공장 가동

---

1) 중국의 경우 지속적으로 42~43%를 유지하고 있으며, 2014년의 경우 45.82%였으며, 한국의 경우 31~32% 정도를 유지 중임.

2) Indian Ratings and Research Report, reported in Business Standard (2023.6.25., current savings, investment rate insufficient for 8% growth). 인도가 인구배당을 충분히 누리기 위해서는 다음 20~30년 동안 연 8% 성장 필요하고, 총 투자가 줄어든 것은 총 저축이 줄어들었기 때문인 바, 총 투자가 늘어나기 위해서는 총 저축률이 늘어나야 함.

률capacity utilization 등 여러 요인에 의해 결정될 것이다. 향후 민간부분의 정부 부분의 경제 관리에 대한 신뢰가 살아나서 민간 투자가 빠르게 2008년 25% 수준으로 회복될 수 있을지 지켜볼 사항이다.

제조업 분야에서 투자가 빠르게 늘어나지 않는 구조적 이유는 인도에서의 생산비용이 중국에서 생산하는 비용보다 높기 때문이다. 인도의 평균 임금이 중국보다 훨씬 낮지만 노동 생산성 또한 낮으며, 높은 물류비용, 금융비용, 행정비용 등을 종합적으로 고려 시 인도에서 생산한 상품이 세계시장에서 경쟁력을 갖기는 쉽지 않다. 높은 관세로 국내 사업자를 보호해 주어야 인도 국내기업이 국내시장에서 경쟁력을 가질 수 있게 된다. 이는 인도에 투자하는 대부분의 외국인 기업이 인도의 보호무역주의를 피해, 인도 국내시장을 목표로 투자하고 인도가 세계적인 경쟁력을 가진 세계의 공장이 되지 못하는 주요한 이유다.

인도가 낮은 교육의 질과 낮은 R&D 투자를 개선하고, 경직적이고 복잡한 노동법과 토지 관련법 등을 개혁하여 노동생산성을 높이고 토지소유 관련 불확실성을 줄이며, 인프라를 확충하여 물류비용을 감소시키고, 금융부분의 효율성을 향상시켜 금융비용을 줄이면서 충분한 신용Credits을 공급하고, 비효율적이고 부담이 되는 관료, 토지, 사법 제도 등을 개혁할 수 있다면 인도에서 생산하는 제품이 세계적으로도 경쟁력을 가질 수 있게 되고, 이는 인도가 빠르게 성장하고 제조업 분야에서 세계의 공장이 되는 것에 크게 기여할 것이다.

중요한 것은 인도가 빠르게 구조적인 개혁을 통해 변신하지 못해도 아래에서 살며 보는 바와 같은 요인(인구, 국내시장 통합, 제조업 육성, IT 및 스타트업, 디에스포라)으로 빠른 성장이 가능하고, 빠른 성장 과정에서 다수의 현재 직면하고 있는 문제가 점진적으로 개선될 것이라는 것이다.

그리고 현재의 인도 환경하에서도 인도를 수출 허브로 만드는 것이 불가능하지 않다는 것을 보여주는 한국기업 사례가 있다. 인도 남부 첸나이에 투자하고 있는 현대자동차의 경우 전체 생산량의 30%를 수출하고 있으며, 함께 진출한 협력업체의 경우에도 생산량의 상당부분을 전세계로 수출하고 있다. 이는 현재의 여건하에서도 쉽지 않지만 인도내에서 충분히 세계적인 경쟁력이 있는 제품을 생산하는 것이 가능하고, 향후 인도가 다양한 개혁에 성공할 경우에는 더 경쟁력 있는 제품의 생산이 가능하다는 것을 보여준다. 인도라는 코끼리가 빠르게 구조개혁을 해서 투자하기 좋은 환경으로 변신할 것을 기다릴 것이 아니라, 부족한 현재의 상태라도 미래를 보면서 과감하게 올라타서 어려움 극복하는 과정에서 생존 노하우를 배우고, 성장해 나가는 것이 더 현명하다.

2. 인도는 빠르게 성장할 준비가 되어 있다

인도가 경제발전을 가로막는 다양한 구조적 요인을 단기간에 극복하기 어려운 것도 사실이지만, 필자가 인도에서 근무하면서 직접 목격한 아래와 같은 다양한 변화를 감안할 때, 인도가 향후 20~30년간 빠른 경제성장을 통해 현재 중국수준의 1만불 경제를 달성할 가능성은 크다고 본다. 그 이유는 1) 인도의 인구규모, 특히 젊은 층 및 중산층의 급격한 확산, 2) GST 도입, UPI 거래 급격한 확대 및 인프라 빠른 구축 등으로 인한 진정한 하나의 국내시장으로의 통합, 3) IT 및 Startups의 탁월한 경쟁력, 4) 미·중 무역 분쟁으로 인한 인도로의 산업기지 이전 및 인도 정부의 제조업 육성 정책, 5) 미국, 영국 등에서 핵심역할을 수행하고 있는 인도 디에스포라Diaspora의 인도경제 발전에 기여다. 특히 다른 개도국에서 찾기 힘든 인도 국내 대기업들의 기업가 정신에 기초한 공격적인 투자성향도 인도 발전에 큰 기여를 할 것이다. 대부분의 국가의 경우 국내 기업인들이 부동산, 유통, 자원 등 위험부담이 크지 않고 성공이 보장된 분야에 집중하는 반면, 인도 기업인들의 경우 IT, 스타트업, 제약, 철강, 화학, 자동차, 전자, 재생에너지 등 위험부담이 큰 분야에 과감히 투자하여 성과를 내고 있다. 이는 인도의 기업 문화가 다른 국가와 크게 다르다는 것을 말하고 이러한 진정한 기업가 정신이 인도 발전의 큰 원동력이 될 것이다.

아래에서는 향후 인도 경제의 빠른 성장의 핵심 요인이 될 것에 대해 차례차례 살펴보기로 한다.

가. 인구 배당 : 생산가능 인구 및 중산층 급증, 도시화, 여성 참여

1) 세계 1위 인구 대국, 생산가능 인구 및 중산층 급증

인도의 경제성장을 뒷받침하는 요인 중 가장 중요한 것 중 하나가 인도가 세계 최대 인구를 가지고 있을 뿐만 아니라 중산층이 빠르게 확대되고 있고 엄청난 젊고 활력 넘치는 생산가능 인구층을 가지고 있다는 것이다. 2023년에 인도 인구는 중국을 추월하여 세계 1위가 되었고 중국과의 출생률 차이 등을 고려할 때 그 격차는 더 커질 것으로 예상된다. 인도의 합계출산율이 여성 1명당 2.01인 반면 중국은 1.18로 인도가 거의 2배에 가깝다.

인구 절대규모보다 더 중요한 것은 생산가능 인구 규모다. 15~64세에 해당하는 생산가능 인구가 2021년 기준으로 9억 명이 넘었고 향후 10년 동안 꾸준히 늘어 10억 명에 달할 것으로 예상된다. 아울러, 25세 이하 인구도 전체의 47%로 절반에 가깝다. 생산가능 인구의 증가는 취업인구의 증가로 경제성장의 핵심 요소가 되고, 취업인구의 증가는 핵심 소비층이 될 중산층의 증가로 이어져 국내 소비시장 규모가 급증하는 요인이 된다.

인도 정부 발표에 따르면, 2018년 인도 상위 중산층(연 8,500불 이상)은 6천만 가구인데, 이 숫자는 2030년에 1억 6,300만 가구로 확대될 것으로 전망되고, 이 시기에 이르면 인도는 확실한 세계 3대 소비시장이 될 것이다. 또한 일반적으로 중산층으로 분류하는 50만루피-3백만루피(7,000불~4만불)에 속하는 인구가 4억 3천 2백만 정도로 3명중 1명이다.

다만, 인도가 인구 배당Demographic Dividend을 수확하기 위해서는 대다수의 젊은 층에게 양질의 교육을 제공하는 것과 노동집약적인 제조업 육성 등을 통해 낮거나 보통 수준의 교육을 받은 젊은 층에게도 양질의 일자리를 충분히 공급해야 한다. 이를 통해 현재의 80~90%에 이르는 비정규직casual workers 수를 줄이고 도시화 진전에 따른 농촌에서 도시로 이동하는 인구, 특히 여성인구를 효과적으로 흡수해야 한다. 만약 인도 정부가 교육이나 양질의 일자리 제공에 실패할 경우 인구는 경제발전의 추동력이 되는 것이 아니라 큰 사회적 문제를 야기, 정치적 불안정의 요인이 될 것이다Demographic Burden.

이러한 측면에서 인도의 교육의 폭과 질에 대해서는 우려가 있는 것이 사실으며, 인도의 제조업 중 섬유, 신발 등 노동집약적인 산업이 발전할 수 있을 것인가에 대해서는 의문이 있는 바, 이에 대해서는 뒤에서 다루기로 한다.

2) 여성인력 경제활동 참여 확대

인도에서 여성인력의 경제활동 참여는 상대적으로 낮은 편이다[3]. 종교, 문화적으로 여성의 역할에 대한 과거의 인식이 그대로 남아있는 것이 사실이고, 농촌지역을 제외하고 실제 여성을 위한 일자리도 많지 않은 편이다. 아울러, 여성의 야간근로를 금지하는 등 다양한 규제도 여전히 남아 있다. 반면 여성인구의 교육 참여는 점점 늘어나고 있으며, 졸업 후 경제활동을 하려는 의사를 가진 여성도 빠르게 늘고 있다.

타밀나두 등 타 주에 비해 산업화가 진전된 지역에서의 여성의 경제활동 참여에도 큰 변화가 일어나고 있다. 필자가 2020년 말 직접 방문한 적이 있는 타밀나두주 크라시나 나가리 지역에 있는 올라 일렉트로닉스Ola Electronics의 경우 100% 여성인력을 고용하는 방침을 정하고 실행하고 있다. 올라 일렉트로닉스는 전기 스쿠터 등 이륜 전기차를 생산하기 위해 Ola에서 만든 회사로 2030년까지 1천만대의 이륜차를 생산하는 야심적인 목표를 가지고 생산을 시작했다. 필자는 인도 전기차시장의 현재와 미래를 살펴보기 위해 직접 공장을 방문했으며, 1천만대의 이륜 전기차를 생산하겠다는 야심찬 목표에 놀라고, 또한 100% 여성 인력을 고용하고 있는 것에 놀랐다. 또한 최근 카르나타카주의 경우 일정 조건하에서 여성의 야간근로를 허용하는 조치를 준비하고 있는 등 여성인력 활용에 대한 제한이 점차적으로 풀리고 있다. 특히 여성인력 활용은 전자, 섬유, 신발 등 대규모 노동집약적 산업의 발전에 필수적이다. 아울러, 인도 내 아직 활용되지

3) ILO에 따르면, 2020년 인도 남자의 노동참여율(LFPR)은 80%, 인도 여자의 LFPR은 22%(1990년 32%)로 남자보다 훨씬 낮고, 1990년보다 낮아졌다. 산업화가 더 진전된 타밀나두의 경우 LFPR이 37%인 반면, 농업이 위주인 우타르 프라데시의 경우 13.6%에 불과했다. 여성인구의 노동참여가 줄어드는 이유는 농촌에서의 여성고용의 감소를 도시에서 흡수하는데 실패(낮은 숙련도의 산업 부족), 전통적인 남성과 여성의 성 역할 지속, 여성에게 차별적이고 호의적이지 않는 통근 및 근무환경 등이 지적된다.

못하고 있는 여성인력이 적절한 교육, 훈련과 함께 효과적으로 활용한다면 인도가 노동집약적 산업을 빠르게 발전시키는데 큰 기여를 할 것으로 생각한다. 또한 현재 농촌지역에 있거나 도시에서 가사도우미 등 비정규직에 근무하는 여성인력의 경제활동 참여 증가는 자녀 교육, 세대별 자립성 증가 등에도 큰 긍정적으로 영향을 미칠 것으로 생각된다.

3) 도시화 확대와 이주 노동자의 증가

인도의 도시화 정도는 아직 50%를 넘지 못하고 28개 주별로 산업화나 도시화 정도에 차이가 큰 바, 농촌으로부터의 도시로의 인구 이동(특히 여성근로자), 산업화가 덜 된 주로부터 산업화가 빠르게 이루어지고 있는 주로의 노동의 이동의 가능성이 아직 크게 열려 있다. 도시화로 인한 농촌으로부터의 도시로의 인구 이동 및 산업화가 덜 된 주로부터 산업화가 더 진전된 주로의 노동자 이동을 통한 지속적인 대량의 노동력의 공급은 노동자 임금이 빠르게 인상되는 것을 막는 요인으로 작용할 것이며, 도시화와 산업화가 빠르게 이루어지면서 경제발전 속도도 가속화될 것이다[4].

특히 빠른 도시화와 산업화는 대규모 주택, 오피스, 인프라 건설 등 부동산 개발로 이어지는 바 부동산 등 건설 산업의 빠른 성장이 인도 경제발전의 핵심 요소가 될 것이다. 주택, 인프라 등 건설산업의 빠른 확대로 빠른 경제성장을 이룩하다가 포화상태에 도달한 중국과 달리 인도의 빠른 도시화, 산업화, 인구 증가는 부동산 개발의 폭발적 증가로 이어질 것이고 이는 인도 경제가 빠르게 성장하는 핵심요인 중 하나가 될 것이다. 중국의 경우에도 부동산 개발과 인프

4) Oxford Economics's Global Cities Report는 2019년부터 2035년까지 가장 빠르게 성장하는 도시중 17개가 인도에 소재할 것이라고 예측했다. 문제는 인도의 도시가 살기에 쾌적하지 않고 빈부격차, 교통 체증, 대기오염 등 많은 문제를 가지고 있고 이러한 문제는 도시화가 심화되면 될수록 더 심해질 가능성이 크다는 것이다. 도시를 더 살기 좋은 곳으로 만드는 것이 인도정부의 주요과제중 하나고, 이 부분에서 도시경영에서 우수한 서울, 부산, 대전 등 우리 도시들과의 협력이 유망하다. 인도의 IT허브인 벵갈루루의 경우 우리 서울시로부터 교통, 상·하수도, 전기 등 많은 부분에서 노하우를 배우려고 협력사업을 제안한 바 있다. 도시개발과 관련 첸나이에 살면서 느끼는 가장 큰 것은 고층 건물이 거의 없다는 것이고 그 원인은 낮은 FARs(Floor Area Ratios, 용적률)에 기인한다. 인구의 도심 집중을 막기 위해서지만, 도시가 교외로 넓게 확산되어 이동이 불편하고 환경적으로도 좋지 않다.

라의 빠른 확충이 경제발전의 핵심 추동력이 되었으며(중국 GDP 성장의 1/4 기여), 최근 거대 부동산 기업인 Evergrande의 파산 등 주택과 인프라의 과잉공급, 부동산 기업들의 과도한 부채 등으로 인한 중국의 부동산 시장의 침체가 중국 경제성장에 부정적인 영향을 미치고 있는 것과 대조적이다.

다른 주로부터의 이주 노동자와 관련 그 규모[5)]와 중요성에 대해서는 2021년 초 코로나로 인한 갑작스러운 전면 락다운 후 자신의 고향으로 돌아가려는 이주 노동자들이 철도역에 모여 어려움을 겪는 것을 보면서 그 규모가 상당하다는 것을 알게 되었다. 또한 인도 주정부의 경우 다른 주로부터의 이주 노동자의 필요성을 인정하면서도 정치적 이유 등으로 자기 주 출신 노동자를 일정부분 고용(안드라 프라데시주의 경우 70%)하도록 법적으로 강제하는 경우가 많다. 기업들 입장에서는 인근 지역의 근로자들만으로 구성할 경우 파업 등 노사관계에서 어려움을 겪을 수 있고 실제 필요한 전문성을 가진 인력을 인근 지역에서 구하기 힘들어 다른 주(타밀나두주의 경우 비하르 등 북부 주) 출신 이주노동자를 상당수 고용하고 싶어 한다. 다른 주 노동자의 경우 언어도 다르고, 문화도 달라 노동자간 갈등이 발생할 수 있고 주정부에서는 이주 노동자 차별 등 관련 문제가 발생하지 않도록 조치를 취하고 있다.

나. 진정한 하나의 시장으로 국내시장 통합 급진전

다양한 언어, 문화 등으로 인해 실질적으로 통합되지 못했던 인도 국내시장이 GST 도입, 도로, 철도, 항공, 디지털 등 인프라의 빠른 확충, 전자주민카드Aadhaar 도입 등에 기초한 통합결제인터페이스UPI, Unified Payment Initiative 구축 등으로 진정한 의미에 있어서의 하나의 통합시장으로 변해가고 있다. 이는 과거 미국 등 강대국이 빠른 발전을 성취하기 전 거대한 국내시장이 통합된 것과 유사한 바,

5) 인도정부도 인도내 주간Inter-state 이주노동자의 정확한 숫자는 알지 못하나, 2020년 기준으로 7천만명에서 1억 9천 4백만명 정도로 추정하고 있다. 통계에 잡히지 않는 숫자도 상당할 것으로 생각된다. 주내Inner State 농촌에서 도시로의 이주노동자를 합칠 경우 4억 5천만명, 전체 인구의 37%에 달하고, 향후 도시화, 산업화의 진전과 더불어 이주 노동자의 수는 더욱더 늘어날 것으로 예상된다.

이는 진정한 의미에서의 규모의 경제 실현으로 경제 효율성의 획기적 증대로 이어져 빠른 경제발전의 핵심 동력이 되고 있다[6]. 거대한 통합된 국내시장을 가진 국가가 빠른 경제발전으로 세계 강대국이 된 대표적인 사례가 미국이고 중국이다. 특히 미-중 갈등, 코로나 등으로 세계화가 후퇴하고 자국 우선주의가 확산되고 있는 현 상황 하에서 빠르게 성장하는 통합된 거대 국내시장을 가지고 있다는 것은 무엇보다 큰 장점이다.

먼저, 조각 조각나 있던 국내시장의 통합되면 경제의 효율성이 높아지고, 규모의 경제의 실현 등으로 비용을 크게 줄여 경쟁력을 강화할 수 있다. 다만 이 과정에서 현재 인도에서 다수를 차지하고 있는 소규모 기업, 가게들은 더 이상 생존하지 못하고 전국적인 생산망과 유통망을 가진 기업들에 통합되는 현상이 발생할 가능성이 크고, 이는 정치적인 갈등의 요인이 될 수 있다.

둘째, 통합된 빠르게 성장하는 국내시장은 대규모 외국인 투자 유치로 이어지고, 인도 정부의 대외 협상력을 크게 향상시켜 인도가 독자적인 외교, 경제 정책을 추진하는 것을 지원해 줄 것이다.

인도 국내시장이 하나의 진정한 시장으로 통합되는 요인은 아래와 같다. 먼저 GST의 도입이다. 2017.7.1. 전격적인 GST 도입과 관련 다수의 비판이 있고 여전히 GST 수입 배분과 관련 연방정부와 주정부간 갈등이 상존하는 것은 사실이지만, GST 도입이 주간 세율 차이 및 주 경계 통과 시 지연 문제 등을 해결하여 많은 불필요한 비용을 줄이고 인도 경제가 더 효율적으로 운영되도록 기여하고 있는 것도 명백한 사실이다. 또한 아래에서 보듯이 GST와 India Stack(UPI)과의 결합은 전자상거래 등 UPI 거래의 폭발적인 증가로 이어져 과거 인도의 지하경

---

6) 인도 국내시장이 통합된다는 것은 하나의 큰 흐름을 말하는 것이지 인도 국내시장이 중앙집권적 성격이 강한 한국시장처럼 통합되었다는 것을 의미하는 것은 아니다. 뒤에서 살펴보듯이 GST, UPI, 인프라 확충 등으로 과거보다 인도 국내시장이 크게 통합되고 있으나, 여전히 인도는 연방제하에서 지역성이 강하고, 종교, 언어, 계층적 다양성이 강하며, 민주주의 하에서 인도 전체를 상대로 한 대기업이 지역에 기반을 둔 인도 MSMEs 생태계를 파괴하고 있어 이를 국가에서 보호해야 한다는 요구가 강해 여러 가지 보호장치를 설치하여 마이크로, 중소기업들을 보호하고 있다. 그리고 이러한 분산된fragmented 시장은 장기간 지속될 것이고, 인도 진출을 꿈꾸는 우리기업들은 인도진출 전략 수립시 인도 전체 전략에 더해서 철저한 지역분석에 기초한 지역별, 계층별, 소득별 맞춤형 전략을 수립·시행하는 것이 중요하다.

제를 크게 감소시키고 거래의 투명성을 향상시켜 정부의 GST 수입을 급증시키는 요인이 되었다.

둘째, 빠른 인프라 확충과 인프라에 대한 대규모 투자다. 인도 정부의 인프라 구축과 관련하여 두드러진 특징 중 하나는 인도 정부가 인프라 구축을 위한 자본 투자를 크게 늘리고 있는 것에 더해서 아다니 등 인도 대기업들이 항만, 공항, 디지털, 전기 등과 관련된 인프라 구축에 적극적으로 참여하고 있다는 것이다. 즉 정부가 인프라 부분에 투자를 빠르게 확대하고 있을 뿐만아니라 아다니 등 민간기업들이 항만, 공항, 에너지 관련 인프라를 구축하는데 적극 참여하고 있다. 이러한 인도 민간 대기업의 국가 인프라 사업에의 적극 참여에 대해 정-경 유착이라는 비판이 강한 것도 사실이나[7], 국가 예산만으로 방대한 인프라 망을 빠르게 확충하기 어렵다는 점을 고려시 민간기업의 적극적 참여는 빠른 인프라 확충을 위해 반드시 필요하다. 또한 국가사업으로 진행시 지연되거나 비효율성이 큰 것을 보완해줄 수 있는 해법으로도 중요하다.

인도의 인프라 확충과 관련 필자가 인도에서 근무하면서 가장 두드러지게 느끼는 것은 항공서비스의 향상이다. 인도의 경우 국토면적이 넓고 고속도로나 철도로 이동할 시 소요시간이 너무 길어(최소 6시간 이상) 항공편을 이용하는 것이 대부분이다. 고속도로가 있더라도 1시간 평균 이동거리가 50km에 불과하고, 현재 속도가 향상된 기차Vande Bharat Express가 빠르게 확대되고 있지만 여전히 도로 및 철도를 이용하여 도시 간 이동을 하는 것은 현실적으로 어렵다. 반면, 인도 전역에 기존 공항이 크게 확장되고 다수의 신규 공항이 건설되고 있으며, 서비스는 크게 향상되어 과거와 같이 비행기가 지연되는 경우도 거의 없다. 일부 독점 노선을 제외한 대도시간 노선은 경쟁이 치열해 비용도 높지 않다. 공항을 시외버스 정류장이나 철도역으로 생각하면 인도 전역 어디라도 2~3시간이면 이동 가능하고, 관할 구역 내 대도시간 이동(예: 첸나이-뱅갈루루)은 1시간 이내에 가능해서, 아침에 일찍 출발해서 업무를 수행하고 저녁에 복귀하는 것도 가능하

7) 최근 Hindenburg 리서치가 인도 인프라 확충의 핵심 역할을 하고 있는 아다니 그룹에 대한 공격으로 아다이 그룹의 주가가 폭락하는 등 아다니 그룹이 어려움을 겪고 있는 바, 인도 인프라 확충과 관련 부정적인 요인으로 작용할 것으로 보인다.

다. 또한 인도 주요 항공회사들은 이러한 승객 수요의 급증에 대비하여 대규모 항공기 구매를 계획하고 발표했다. 정부가 소유하다가 최근 민영화된 타타 소유 에어 인디아의 경우 470대의 항공기를 보잉 및 에어버스로부터, IndiGo의 경우 에어부스로부터 500대(500억불) 항공기를 구매하기로 결정했다. 이는 전 세계 어디에도 찾아보기 어려운 대량 구매이며 인도 항공시장의 빠른 성장을 반영한다.

또한 필자가 보기에 인도의 무선통신망은 빠르고 비용이 저렴하다. 특히 Reliance Jio의 2016.9월 시장진입이 인도 무선통신 및 데이터 시장에 혁명적인 변화를 가져왔다. 2016.9월 Reliance Jio는 국내 전화 무제한 무료, 데이터 사용비용 대폭 인하(1G 50루피, 750원) 전략을 사용하여 국내 전화 수입에 의존하고 있던 경쟁업체인 Airtel, Idea, Vodafone 등이 가격을 대폭 인하하도록 만드는 등 시장을 뒤흔들었다. 또한 Jio의 4G 네트워크는 더 향상된 새로운 기술로 구축된 것으로 기 구축된 경쟁사 네트워크보다 기술적으로 우수하고 정교했다. 이에 더해서 현재 인도 정부는 5G망 주파수 입찰을 완료하고 릴라이언스 그룹 등은 5G망 건설에 착수했다.

특히 인도정부가 개발하여 보급한 UPI를 포함 India Stack(현재 DPI, Digital Public Infrastructure, 아래 그림 참고)은 적어도 세 가지 측면에서 인도 경제발전에 큰 긍정적인 영향을 미치고 있다. 먼저 UPI 등의 도입으로 인한 전자 상거래 등의 폭발적 확대는 세금을 내지 않은 비공식 경제영역을 축소시키고 GST 수입을 크게 증가시켜 인도 정부가 건전한 재정을 운영하고, 철도, 도로, 항만, 공항 등을 획기적으로 확대하는 재원으로 활용되고 있다. 또한 인프라 뿐만 아니라 인도 정부가 취약계층에 대해 복지를 제공할 수 있는 재원을 제공해 주는 등 정치안정에도 기여하고 있다. 둘째, 복지 전달 체계의 투명성, 신속성, 효율성도 크게 향상시켰다. 특히 과거에 정부기관에서 실제 복지 수혜자까지 보조금 등이 전달되는데 수개월이 걸리고 그 과정에서 많은 재원이 부패 등으로 사라진 반면, 아다르 카드에 기초한 은행 계좌를 활용하여 실시간으로 복지기금들이 전달되는 등 복지 전달 체계의 효율성, 신속성, 투명성이 놀라울 정도로 향상되었다. 이는 불평등 등으로 정치적 불안정이 극심화 될 수 있는 상황 하에서 사회적 안정을 유지해 주는 중요한 요인 중 하나로 작동하고 있다. 특히 코로나 기간

중 락다운으로 활동이 제한되는 기간 중에도 효과적으로 작동하여 신속히 복지 예산이 배분되는 등 인도 취약계층이 코로나로 인한 위기를 극복하는데 큰 기여를 했다. 셋째 India Stack은 전자상거래 기업 등 인도 내 플랫폼 스타트업 기업들이 빠르게 성장하여 유니콘으로 성장하는데 결정적 기여를 하고 있다. 디지털 플랫폼 기업들이 성장, 발전하기 위해서는 India Stack을 통한 전자상거래 플랫폼 구축뿐만 아니라 릴라이언스 Jio 등이 싸게 공급하는 모바일 인프라 및 싸고 빠른 모바일 폰의 대규모 확산이 동시에 필요했다. 인도의 4G 등 싸고 안정적인 모바일 인프라, 삼성, 샤오미 등 중상수준의 보급형 스마트폰의 빠른 확산, UPI 등 신뢰할 수 있는 디지털 거래시스템에 없이는 인도가 아무리 인구가 많더라고 많은 인구를 활용한 규모의 경제, 사용자 급증을 달성하는 것이 불가능하다.

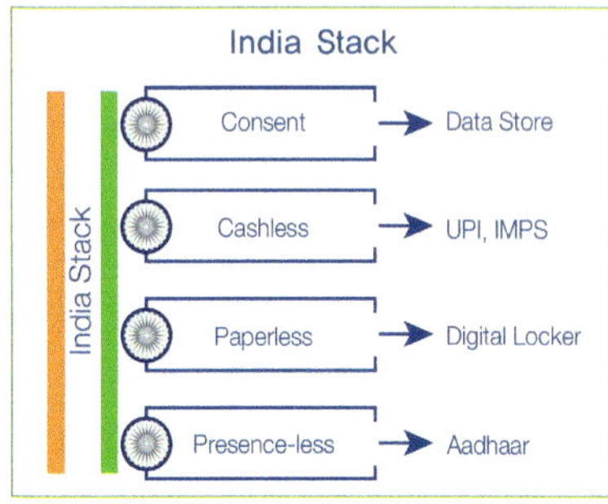

Ashish Lall, "What is the India Stack?," Lee Kuan Yew School of Public Policy, National University of Singapor https://lkyspp.nus.edu.sg/egia/article/what-is-the-india-stack

위와 같이 인도가 빠르게 인프라를 확충하고 있으나, 여전히 중국과 비교시 인도가 약한 부분 중 하나가 부족한 인프라고 이로 인한 높은 물류비용이다[8]. 중국의 경우 토지 국유에 기반해서 토지 수용 등과 관련된 갈등 없이 단기간에

8) 인도의 물류비용은 GDP의 14% 수준으로 BRICS(11%), 미국(8%), 유럽(10%) 등 다른 국가보다 훨씬 높고 이는 인도내 생산비용 증가로 이어져 인도내 제조업의 경쟁력을 떨어뜨리는 주요요인이 되고 있다. 인도의 부분별 물류비용은 미국 대비 도로 운송 비용이 30%, 철도와 항만 운송비용은 70% 높다. 인도 정부는 제조업 및 수출 경쟁력 강화를 위해 물류비용 절감을 핵심 안건으로 채택하고 인프라 관련 투자를 확대하고 있고, 느리지만 실제 효과도 나타나고 있다. 2022년 인도정부는 인프라 부흥계획을 발표, 인프라 현대화를 목표로 도로, 철도, 항공 등을 7개 핵심 성장동력으로 선정했다. 인도 전역을 잇는 화물전용 회랑 프로젝트, 바라트말라 고속도로 건설, 항만운송 분야에서는 사가르말라Sagarmala 프로젝트를 추진해 항만 연결성을 강화하고 있고 철도 분야에서는 철도 전기화 정책을 시행하고 있다. 특히 인도에 생활하면서 장거리 이동을 위해서는 항공이동이 필수적인데 항공이동시 인도 공항의 현대화, 항공서비스의 효율화와 편리성이 빠르게 향상되고 있다는 것을 느끼고 있다. 또한 인프라 확충이 정부 자본투자만으로는 한계가 있다는 것을 인식하고 공항, 항만 등에 아다니 등 인도 민간기업들의 투자를 유도하기 위한 다양한 조치들을 마련하여 시행하고 있다. 또한 건설기계 수입관세를 28%에서 18%로 인하하여 인프라 구축을 지원하고 있다.

막대한 투자로 빠르게 세계적인 인프라를 구축하는데 성공한 반면, 인도는 민주주의 하에 민간 토지수용이 쉽지 않고, 인프라 확충을 위한 충분한 국가 재원도 확보하기 어려워서, 인프라 투자 및 집행과정에서 다수의 지연과 비효율이 노출되었다. 또한 인도의 토지 수용의 어려움 및 높은 토지 비용은 인도 제조업이 발전하지 못하는 주요 요인 중의 하나로 지적된다. 제조업과 달리 IT 등 서비스업의 경우 많은 토지를 필요로 하지 않아 도심에 건설할 수 있어 인도가 세계적인 경쟁력을 가지게 된 반면, 제조업의 경우 많은 토지를 필요로 하여 경쟁력을 가지지 못하고 있다는 분석도 있다. 예를 들어 SEZ 등 인도 내 산업단지의 경우 토지수용 등의 어려움으로 그 규모가 중국 등과 비교 시 훨씬 작고, 건설과정에서도 토지수용 문제로 지연되는 경우가 많아 실패하거나 효율성이 떨어지는 경우가 많다.

인도에서 제조업 생산비용이 높은 이유로 지적되는 다른 이유가 높은 산업용 전기 및 화물 운송비용이다. 인도의 경우 전기가격과 관련, 일반 가정 및 농촌 전기가 산업용 전기 가격보다 훨씬 낮고(교차 보조), 철도를 통한 화물 운송비용이 승객 운송비용보다 훨씬 높다. 이는 제조업 육성 정책을 쓰는 중국 등 다른 나라의 정책과 정반대다. 또한 화석연료(가솔린, 디젤 등)에 대한 중앙 및 주정부 세금과 부담금이 높아 연료 가격이 다른 개도국에 비해 높으며 이는 화물 운송비용 등 물류 비용의 증가로 연결된다. 전기요금, 철도 요금 등과 관련 산업 부분 역차별 시정은 민주주의 체제하에서 정치적으로 수용하기 쉽지 않으며, 화석연료에 대한 세금과 부담금과 관련해서는 동 세금이 중앙 정부 및 주정부의 핵심 세원의 하나로 인하하기 쉽지 않다. 연방정부와 주정부간에 서로 책임을 미루는 경향이 강하고, 누가 세금을 인하해야 하는지에 대한 이견으로 갈등이 생기는 요인이 되고 있다. 중앙정부는 주정부가 세율을 인하하라고 하고, 주정부는 중앙정부가 먼저 세율을 인하하라고 한다.

결론적으로, 진정한 의미의 국내시장 통합과 관련 많은 부분에서 빠르게 개선되고 있으나, 여전히 GST관련 연방정부와 주정부간 갈등이 상존하고, 인프라가 빠르게 확산되고 있지만 전기와 물이 부족하고, 철도, 도로, 항만 등 로지스틱 비용이 높은 것도 사실인 바, 이러한 부분에서 인도 연방정부와 주정부가 얼마나 빨리 인프라를 확충해서 관련 비용을 줄이느냐 하는 것이 인도가 서비스 부분에 이어 제조업 분야에서도 성공할 수 있는지 관건이 될 것이다.

다. IT 및 스타트업 기업의 세계 최고 경쟁력

인도의 IT 산업과 스타트업은 미-중 갈등으로 인한 보호무역주의의 확산에도 불구하고 전 세계적 디지털 전환 가속화와 더불어 더 빠르게 성장하고 있으며, 인도의 경우 민주주의 국가로 미국, EU 등과 가치를 공유하고 있어 미-중 갈등으로 인해 중국이 직면하는 문제에 직면하지 않고, 오히려 상대적으로 반사적 이익을 보고 있다.

〈Top IT Services Companies〉

ET tech

TOP IT SERVICES COMPANIES GLOBALLY BY MARKET CAP

RANKING	COMPANY	MARKET CAP (IN $BILLION)	MARKET CAP (IN ₹TRILLION)	STOCK EXCHANGE
1	TCS	169.2	12.34	BSE
2	ACCENTURE	168.4	12.27	NYSE
3	SAP	155.5	11.33	NYSE
4	IBM	105.6	7.69	NYSE
5	INFOSYS	77.28	5.63	BSE
6	COGNIZANT	43.07	3.13	NAASDAQ
7	HCL TECHNOLOGIES	35.25	2.57	BSE
8	WIPRO	34.15	2.49	BSE
9	CAPGEMINI	25.05	1.82	EPA
10	EPAM SYSTEMS	20.14	1.46	NYSE

Anandi Chadrashekhar, "TCS overtakes Accenture to become world's largest IT firm by market cap," The Economic Times, 2021.01.25. https://economictimes.indiatimes.com/tech/information-tech/tcs-overtakes-accenture-to-become-worlds-largest-it-firm-by-market-cap/articleshow/80451427.cms

위 표에서 보듯이 Infosis, TCS, Wipro, HCL 등 인도의 IT 및 IT 기반 서비스 제공기업은 전 세계 기업의 백 오피스이자 서비스 제공자BPO, Business Process Outsourcing로서 강한 경쟁력을 가지고 인도가 IT 허브로서 확고한 지위를 유지하는데 핵심 역할을 하고 있다. 위 표에 의하면, 세계 IT 및 IT 기반 서비스 시장에서 타타 그룹

소속 TCS가 1위, Infosis가 5위, HCL 및 Wipro 각각 7위와 8위를 차지하고 있다. 아울러, Accenture(2위), SAP(3위), IBM (4위), Cognizant(6위) 등 외국계 세계적인 BPO 기업들도 인도 내에 대규모 투자를 하고 있다. 초기 IT & IT Enabled Services는 콜센터 등 낮은 부가가치 생산에 집중했으나 지금은 위 그림에서 보듯이 Project Management, Application Development, Infrastructure Management, Testing 등 디지털 전환, 혁신 등을 통한 비용절감과 서비스 향상에 핵심역할을 수행하고 있다.

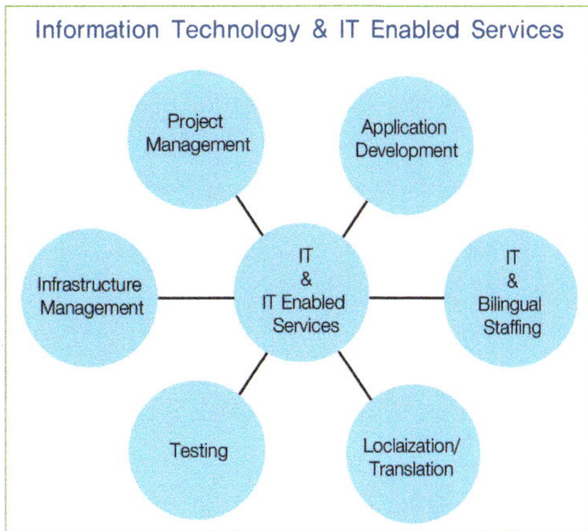

IndiaMART https://www.indiamart.com/proddetail/information-technology-it-enabled-services- 6580301473.html

〈Global Capability Centers(GCC)〉

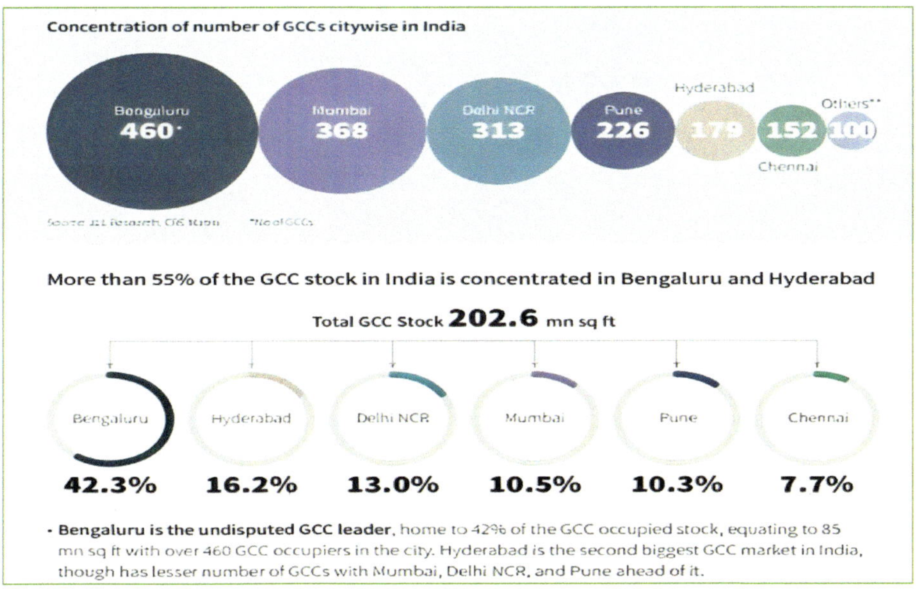

Reddit.com https://www.reddit.com/r/unitedstatesofindia/comments/10azitm/global_capability_centers_gcc_are_centers_offices/

〈Major GCC players in India〉

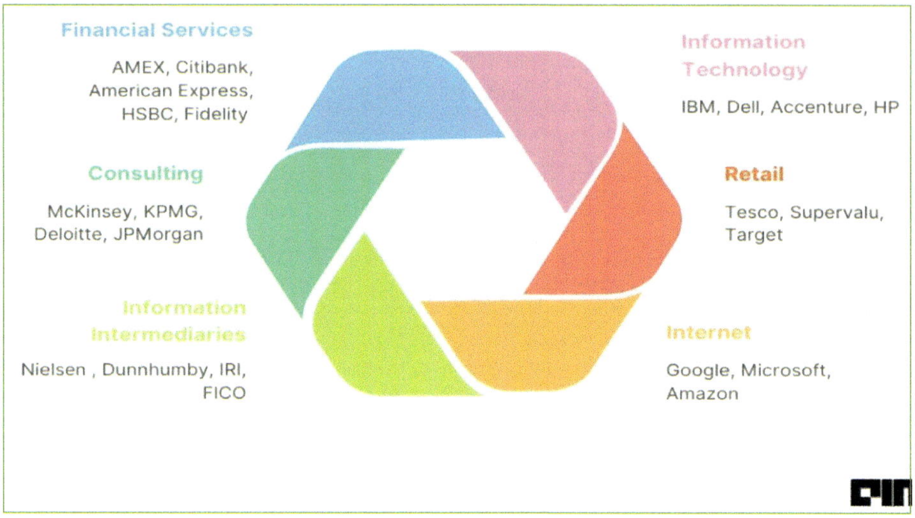

Amit Raja Naik, "All the major GCC announcements for India in 2022 (till date)," Analytics India Magazine, 2022.03.21. https://analyticsindiamag.com/all-the-major-gcc-announcements-for-india-in-2022-till-date/

아울러, 위 그림에서 보듯이 Citybank, HSBC 등 금융기관, Google, Microsoft, Amazon 등 인터넷 기업, Tesco, Target 등 유통기업 등 다양한 분야의 세계적인 다국적 기업들이 인도내에 Global Capability Center(GCC)를 설립하여 성공적으로 운영하고 있으며, 이러한 흐름이 점점 강화되고 있다. GCC는 백 오피스 역할을 넘어서서 생산성 강화를 위한 IT 지원 및 R&D 서비스 등을 함께 제공하는 등 기업의 디지털화에 핵심 역할을 수행하고 있다. 현재 1,300개 이상의 GCC가 인도 내에 설치되어 130만명 이상을 고용하고 있으며, 그 수와 규모가 빠르게 증가하고 있으며, GCC가 집중되어 있는 지역은 벵갈루루, 하이데르바드, NCR 지역 등이다.

India's year of the unicorn

Business Insider India https://www.businessinsider.in/business/startups/news/2021-indias-year-of-the-unicorn-and-its-many-high-points/slidelist/88528773.cms

또한 큰 국내시장, 많은 인터넷 사용인구, 소프트웨어 분야 등에서 경쟁력을 활용하여 100개가 넘는 유니콘 기업이 빠르게 생겨나는 등 인도가 스타트업의 중심지가 되고 있다. 특히 2021년에 44개의 유니콘이 인도에서 생겨나는 등 그 속도가 엄청나게 빠르다. 대표적인 Unicorn 기업은 플립카트, 스냅딜, 민트라, Lenzkart, Paytm, Biju, OLA, OYO, Zomato 등이다(아래 그림 참고). 또한 소프트뱅크를 포함 글로벌 투자회사 및 VC들이 경쟁적으로 인도 스타트업 시장에 대규모로 투자하고 있다.

〈India's Unicorns〉

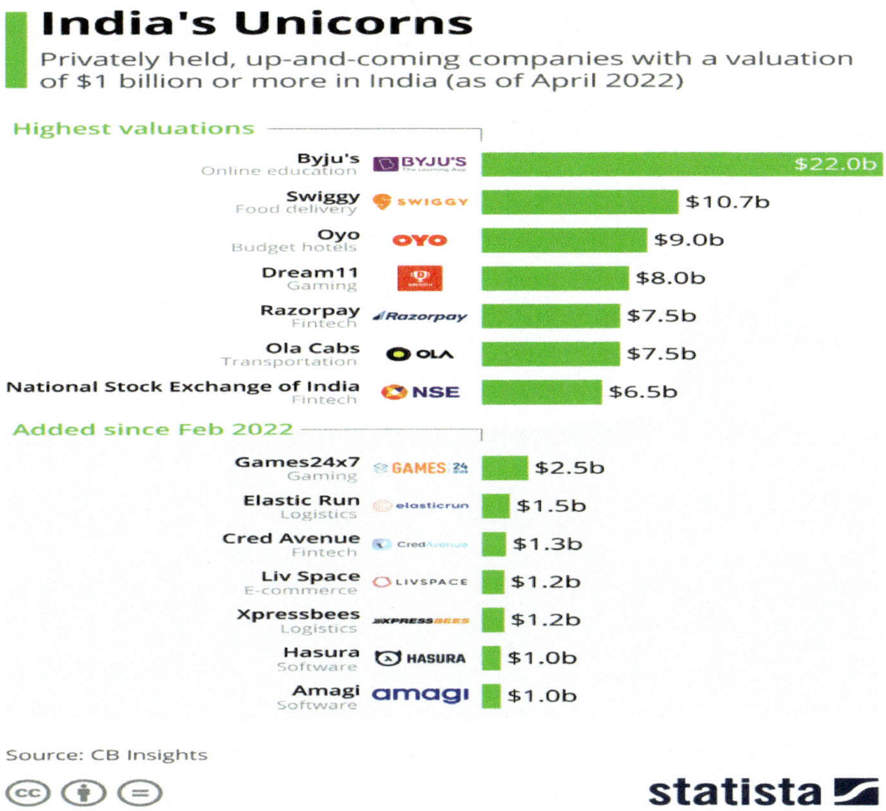

Katharina Buchholz, "India's Unicorns," Statista, 2022.04.20
https://www.statista.com/chart/18183/highest-funded-startups-in-india

인도의 IT허브인 벵갈루루를 보면 인도가 얼마나 IT분야에서 앞서 있는지 알 수 있다. 벵갈루루가 IT 허브가 된 이유는 다음과 같다. 먼저, 인도 연방정부에서 국영 우주항공회사 HALHindustan Aeronautics Limited이 소재하고 있던 벵갈루루에 1960년대에 ISROIndian Space Research Organization을 설립하면서부터 시작되었다. ISRO에 대한 인도정부의 대대적인 투자와 로켓발사 등의 성공은 벵갈루루 내에 다수의 우수한 엔지니어들이 일하는 계기가 되었다. 또한 벵갈루루는 데칸 고원 위 1,000m 정도 고지에 위치하고 있어 1년 내내 무더운 다른 지역과는 달이 1년 내내 봄, 가을 날씨를 유지하는 등 사람이 살기에 좋은 조건을 가지고 있고 이는 외국기업 및 노동자들이 거주하기를 선호하는 지역이다.

둘째, 벵갈루루의 또 한번의 큰 변화는 2000년 밀레니엄 버그 등을 해결하면서 등장한 초기에 콜센터로 시작 IT산업 거대기업이 된 Infosis의 성공이다. Infosis가 벵갈루루에서 성공하게 된 이유는 ISRO에 기초한 풍부한 기술인력, 좋은 기후조건에 더해서 영어를 사용하는 싸고 풍부한 인력 때문이다. 아울러 미국, 유럽 등 다국적 기업들이 back office 기능을 가격 면에서 훨씬 저렴한 인도에서 아웃소싱 또는 오프 쇼어링을 통해 제공받아 비용을 줄이고 경쟁력을 강화하려는 세계화 흐름을 효과적으로 활용하여 세계적인 기업이 되었다.

이로 인해 중국이 제조업분야에서 미국이나 유럽기업의 제조 허브가 된 것처럼 인도는 IT 및 IT enabled Services 분야에서 서플라이 체인의 핵심 역할을 수행하게 되었다. 초기에는 단순한 call center 역할을 수행했으나 점점 진화하여 IT 관련 핵심 서비스를 수행하는 세계적인 경쟁력을 가진 다수 기업들이 탄생했다. 대표적인 인도기업이 Infosis, TCS, Wipro, HCL 등이며, IBM, 아마존 등 3,000개 이상의 미국, 유럽 등의 대기업들도 인도에 대규모의 Global Capability Center를 설치하여 운영하고 있다. 또한 초기에 벵갈루루에 집중되어 있던 IT 산업들이 텔랑가나주 하이데르바드-타밀나두주 첸나이 등으로 확산되어 지금은 벵갈루루-하에데르바드-첸나이가 IT 산업 트라이엥글로 핵심역할을 수행하고 있으며, 북부에서는 델리 인근 구르가온이 그 역할을 수행하고 있다. 최근에는 대도시의 높은 부동산 가격을 피하고, 집에서 일하는 엔지니어들이 늘어남에 따라 Tier 1 도시뿐만 아니라 상대적으로 규모가 작은 코임바토르 등 Tier 2 도시 등으로 IT 산업이 확산되고 있다.

세 번째는 최근 Filpcart, Ola 등 온라인 플랫폼 업체들이 인포시스 등 IT 산업

발전과정에서 생성된 우수한 인력과 인프라를 바탕으로 빠르게 생성되어 100개 이상의 유니콘들이 벵갈루루에서 생겨났다. 인도에서 플랫폼관련 유니콘들이 다수 빠르게 배출될 수 있었던 이유는 14억에 달하는 인구가 Jio 등 저렴하고 상대적으로 빠른 4G 무선 통신망을 활용하여 인터넷을 사용하게 됨으로써 인터넷 사용인구가 급증했기 때문이다. 전자상거래 플랫폼인 Flipcart 및 차량 고용 프로그램인 Ola 등 플랫폼을 사용하는 인구가 급격히 늘어났고, 이에 따라 전 세계 VC들의 관심과 투자가 급증했다. 빠른 사용자 수 증가를 통한 규모의 경제 확보가 무엇보다 중요한 플랫폼 사업의 경우 거대한 국내시장 및 이용자 수가 무엇보다 중요한데 인도는 미국, 중국과 같이 상대적으로 저렴하고 빠른 무선 통신망에 기반한 거대한 국내 사용자를 가지고 있었고, 이를 다수의 강한 기업가 정신을 가진 젊은 창업자들이 효과적으로 활용하여 다수의 유니콘들이 탄생했으며 앞으로도 그 숫자가 급증할 가능성이 크다. 아울러, 최근에는 인도 국내 시장이 빠른 성장, 다수의 IT 및 스타트업 기업들의 성공사례를 보고 미국 등에 이주했던 인도 엔지니어들이 인도로 돌아와 창업하는 경우도 많다.

또한 위에서 살펴본 바와 같이, 유니콘 등 플랫폼 기업의 급증에 인도정부가 큰 기여를 한 것도 사실이다. 인도정부는 우리의 주민등록번호와 유사한 아다르 카드(Aadhar Card)를 도입하고, 이를 기초로 모든 인도인들이 은행계좌를 가지도록 유도했다. 또한 인도정부는 India Stack(종이없는, 현금없는 서비스, open digital platform, 아다르에 기초)의 일환으로 UPI(Unified Payment Interface)를 개발하여 보급했고 UPI는 인도내 전자상거래의 핵심 도구로 사용되고 있다. 전자상거래 기업인 아마존 인디아, 플립카드, 음식 배달업체인 조마토, 스위기 등이 UPI 플랫폼을 활용하여 크게 번영하고 있으며, UPI 연계한 digital payment 관련 다수의 유니콘 기업들도 생겨났다.

라. 생산기지 다변화 및 인도 대기업의 투자 러쉬

1) Make In India 정책과 제조업 기지 다원화

인도의 경우 IT, 스타트업과 관련 세계적인 경쟁력을 가지고 있는 반면, 일부

분야를 제외하고는 제조업의 경쟁력이 약하고 제조업이 전체 산업에서 차지하는 비중도 상대적으로 적다(15%). 특히 인도 경제발전에서 특이한 점은 인도가 많은 인구와 풍부한 노동력을 가지고 있으면서도, 섬유, 신발 등 노동집약적 산업이 발전하지 못하고 오히려 높은 전문성을 필요로 하는 IT 분야가 발전했다는 것이다[9]. 지금까지 산업화에 성공한 국가의 발전과정을 분석해 보았을 때, 노동집약적인 경공업 발전 없이 산업화에 성공한 국가는 없다.

아울러, 제조업 발전을 뒷받침할 인도의 금융부문은 정부가 주도하고 있고, 경쟁력이 약하다. 인도 정부는 다양한 정책을 통해 금융부분에서 충분한 투자자금이 제조업 분야로 흘러 들어가도록 하는 정책을 취하고 있으나, 여러 한계에 직면하고 있다.

이러한 배경하에서, 인도는 2014년부터 Make In India 정책[10]을 통해 현재 GDP의 15%에 불과한 제조업 비중을 25%까지 늘리기 위해 노력 중이다[11]. 특히 미-중 갈등, 코로나로 인한 공급망 다변화 흐름을 활용하여 중국으로부터 이전하는 제조업 생산기지를 생산연계 인센티브 시스템(PLI, Production Linked Incentives), 법인세 감세(일반 22%, 2019년 이후 추가 투자 15%) 등을 통해 인도로 이전하도록 노력하고 있다. 아울러 미-중 전략 경쟁 및 인도-태평양 경제프레임워크(IPEF) 공급망 회복력 추진 맥락 하에 미국도 글로벌 반도체 공급망 재편 과정 등에서 인도에 대한 관여 노력을 증대하고 있다. 미국은 동아시아에 집중된 공급망을 다변화하기 위해 인도내에 반도체 패키징ㆍ테스트 등 후공정 및 성숙(구형) 반도체 제조 생태계 조성을 지원하고 인도가 강점을 가지고 있는 반도체 설계 분야 전문 인력을 활용하겠다는 입장[12]이다.

---

9) 아울러, 인도가 모든 제조업에서 경쟁력이 약하다는 것은 아니고, 제네릭을 중심으로 한 의약품, 철강, 화학, 자동차, 우주·항공에서는 상대적으로 발전되어 있다.

10) Ease of Business 향상, 인프라 확충, 25개 중점 산업 선정ㅁ집중육성, 정부의 기능을 규제자에서 파트너 또는 Facilitator로 전환

11) 외국인 투자 유치 확대를 위해 연방정부에 Invest India가 설치되어 있고 각 주정부에 투자청이 설치되어 있다. Invest India에 한국 데스크가 설치되어 있고 우리 산업부 및 코트라 직원이 파견되어 인도 담당자들과 함께 우리 기업의 인도 투자를 지원하고 있다. 타밀나두 등 우리 투자가 많은 주에도 투자청에 한국 데스크가 설치되어 있으며, 현지 직원이 한국 투자 등과 관련 contact point로 역할을 수행한다.

위와 같은 인도 정부의 제조업 육성 노력, 미-중 갈등 등 국제정치적 요소 등이 애플 생산기지의 타밀나두, 카르나타카, 텔랑가나 등 남인도 주로의 이전[13], 나이키, 아디다스 등 신발 OEM 업체들의 타밀나두주 이전 등 구체적인 성과도 나타나고 있으나, 인도가 베트남, 인도네시아 등 동남아 국가, 멕시코 등 Near Shoring에 유리한 국가와의 서플라이 체인 다변화 경쟁에서 승리할 수 있을지에 대해서는 비관과 낙관이 공존한다.

아래에서는 인도 정부가 제조업 육성 정책이 성공할지 여부를 살펴보기 위해 인도 정부가 제조업 육성을 위해 핵심정책으로 사용하는 PLI 정책의 효과성, 인도 대기업의 재생에너지, 기술 산업 등에의 공격적 투자, 노동집약적 산업 육성 가능성 및 제조업 분야 투자에서 핵심역할을 할 금융부분 개혁 등에 대해서 차례로 살펴보기로 하겠다.

2) PLI의 한계 및 우리기업의 PLI 활용 전략[14]

인도 연방정부가 핵심 제조업을 육성(Make in India)하기 위해 취하고 있는 대표적인 정책이 생산연계 인센티브(PLI) 제도다. PLI 제도는 14개 제조업 분야에 대해 총 260억불 규모의 인센티브를 제공하는 것이며, 인도에서 생산되는 제품의 기준년도 대비 매출 증가분의 4~6%를 인센티브로 제공한다.

PLI 대상 분야 14개는, 1차 생산연계 인센티브(3개)에 포함된 휴대폰 및 관련

12) 미-인도는 반도체 부문 탄력적 공급망 구축 등을 위해 핵심신흥 기술 이니셔티브(iCET) 출범('22.5월), 미-인도간 반도체 공급망 및 혁신 파트너십에 관한 양해각서(MoU) 체결('23.3월)했고, 미국반도체협회(SIA)와 APCO가 작성한 「India Semiconductor Sector: Increasing India's Role within the Global Semiconductor Value Chain」제하 보고서에서 '시장기반의 인센티브(market-based incentive)와 경쟁'을 인도 반도체 산업 성공을 위한 추동력이 되어야 한다고 강조하면서 △R&D/설계분야(인도가 20% 점유) 투자 확대 △상대적 진입장벽이 낮고 비교우위가 예상되는 조립/테스트(OSAT) 분야 우선 집중 △장기적 관점에서 인도의 글로벌 반도체 가치사슬 성장 가능성 지속 주시 등이 언급되었다.

13) 애플은 2025년가지 전세계 생산량의 25%를 인도에서 생산하는 것을 목표로 하고 있다.

14) PLI와 함께 인도 정부는 2019.9월 제조업 투자를 확대하고 중국으로부터 인도로의 산업기지 이전을 촉진하기 위해 '2019.10.1.일 이후 추가 투자하거나 신규 설립되는 법인의 이익에 대해 면제(exemption)나 인센티브를 활용하지 않는 경우 기존의 법인세율(2019년 30%에서 22%로 인하)과 15%(surcharge 포함 17%, 2019년 25%에서 15%로 인하)중 유리한 것을 선택할 수 있도록 했다(당초 2023.3월까지에서 2024년 3월까지 기간을 연장).

부품, 의약품 중간체 및 원료의약품, 의료기기, 2차(10개)에 포함된 고급 화학 전지, 전자기기, 자동차 및 관련 부품, 제약, 전자통신, 섬유, 식품, 고효율 태양광 모듈, 백색 가전제품, 특수철강 및 2023년에 추가된 노트북·태블릿·서버다. 구체적인 인센티브 규모 및 산정 방법은 산업별로 차이가 있는 바, 세부 절차, 인센티브 규모 등에 대해서는 14개 분야별로 별도 조사가 필요한 바, 세부내용은 아래표를 참고하기 바란다.

〈1차 생산연계 인센티브(PLI) 지원 부문 관련 세부사항〉

㉮ 구분	㉯ 휴대폰 및 관련 부품	㉰ 의약품 중간체(DI) 및 원료의약품(API)	㉱ 의료기기
관련 부처	인도 전자정보기술부	인도 제약부	인도 제약부
기간	FY 2020-21부터 FY 2024-25	FY 2020-21부터 FY 2027-28	FY 2020-21부터 FY 2025-26
총 예산액	58억5000만 달러	9,900만 달러	4,890만 달러
지급 범위	인도 내 제조 상품 매출 증가분의 4~6%	• 발효 제품: FY 2022-26 20%, FY 2026-27 15%, FY 2027-28 5% • 화학합성제품: FY 2021-27 10%	인도 내 제조 상품 매출 증가분의 5%
지원 제품	• 단위당 송장 총액이 214.28 달러 이상인 휴대폰 • 그 외 휴대폰은 자국기업 제조 상품만 가능 • 인쇄회로기판(PCB), ATMP, SMT 부품	• 14종의 발효된 KSM(Key Starting Material), DI 및 API 제품 • 27종의 KSM, DI 및 API 화학합성품	• 특수 의료기기: 암 치료기, 방사선 촬영 장비, 마취기구, 임플란트
자격 요건	• 공장, 기계, 장비, R&D, IT, 소프트웨어, 전력 생산 시설, 기타 유틸리티에 대한 투자 • PLI 관련 투자는 반드시 회계장부에 작성해야 함. • 2020년 4월 1일 이후 발생한 투자는 송장 일자별로 분류해야 함.	• 최소 투자액 등 관련 요건은 미정 • 그린 필드 프로젝트 참가 기업만 지원 가능	• 3년간 2571만 달러의 투자 증가분 증빙 필요 • 5년간 매출 증가분 보여야 함.
세부사항 참고용 사이트	https://www.meity.gov.in/writereaddata/files/PLI-Guidelines-Presentation.pdf	https://pharmaceuticals.gov.in/sites/default/files/REVISED%20GUIDELINES%20FOR%20BULK%20DRUGS-29-10-2020.pdf	https://pharmaceuticals.gov.in/sites/default/files/REVISEDE%20GUIDELINES%20FOR%20MEDICAL%20DEVICES%2029-10-2020_0.pdf

자료: 딜로이트, 전자기기 및 제약 관련 생산연계 인센티브 계획
(뭄바이무역관 이동현, KOTRA 뉴스, "인도의 투자 촉진을 위한 생산연계 인센티브(PLI)")

〈PLI 추가 지원 부문 관련 세부사항 (단위: 달러)〉

㉮ 부문	㉯ 관련 부처	㉰ 예산액	㉱ 선정 배경 및 관련 제품 분야
고급 화학 전지	국가개혁위원회(NITI Aayog), 중공업부	26억	• 고급 화학 전지는 가전, 전기자동차, 재생에너지와 함께 21세기에 각광받는 산업으로 인도 경제성장에 큰 도움이 될 것으로 보임. • 국내외 대기업들이 경쟁력 있는 고급 화학전지를 개발할 수 있도록 관련 PLI 보조금을 지급할 예정 - (관련 제품) 고급 화학 전지(ACC)
전자기기	전자정보기술부	7억	• 2025년에는 인도가 1조 달러 규모의 디지털 경제를 달성할 것으로 보임. • 인도 정부의 데이터 지역화 추진, IoT 시장 구축, 스마트 시티 및 디지털 인도 프로젝트 추진 등을 통해 전자기기에 대한 수요 증가 예상 - (관련제품) 반도체, 디스플레이, 노트북, 서버, 사물인터넷 기기, 특수 하드웨어
자동차 및 관련 부품	중공업부	81억	• 자동차는 인도 주요 산업 중 하나로 PLI 제도로 인도 자동차 산업 경쟁력 강화 - (관련제품) 자동차, 관련 부품
제약	제약부	21억	• 인도 제약시장은 세계 3위 수준 • 전 세계 의약품 수출량의 3.5% 차지 • 인도 산업 생태계는 의약품 개발 및 제조에 최적화 • PLI 제도를 활용해 국내외 기업의 고부가가치 생산체계 참여 장려 - (관련 제품) 바이오의약품, 일반 약품, 특허권 획득 및 만료 예정 약품, 셀 기반 및 유전자 치료 약품, 희귀의약품, 빈 특수 캡슐, 첨가제, KSM/DI/API, 용도 변경된 약품, 자가 면역 약품, 항당뇨병제, 항감염제, 심혈관계 약물, 항정신약, 항레트로바이러스 약물, 체외진단용 장치, 식물용 약품, 그 외 자국 비생산 약품 및 별도 승인된 약품
전자통신	이동통신국	17억	• 전자통신장비는 통신 인프라 구축에 필수적임. • PLI로 글로벌 기업의 대규모 투자를 유치하고 인도 기업의 수출량을 확대할 예정 - (관련 제품) 핵심 전송 장비, 4G/5G, 차세대 무선접속망 및 관련 장비, 접속 및 고객 보유 장비, 사물인터넷 접속 장치, 기타 무선 장치, 기업용 장비(스위치, 라우터)

섬유	섬유부	15억	• 전 세계 섬유 및 의류 수출량의 5% 차지 • 합성섬유에 대한 관심이 전 세계적으로 높아지나 인도의 해당 제품 수출량은 저조 • PLI를 통한 합성섬유 및 산업용 섬유 부문에 대한 대규모 투자 유치 진행 - (관련제품) 합성섬유, 산업용 섬유
식품	식품가공산업부	16억	• 가공식품 산업의 성장으로 농산품 가격 상승 및 폐기물 감소 예상 - (관련 제품) 인스턴트식품, 해산물, 과채류, 꿀, 인도식 버터, 모차렐라 치즈, 유기농 달걀 및 가금류
고효율 태양광 모듈	신재생에너지부	6억	• 태양광 패널의 수입 의존으로 공급망 복원 이니셔티브 및 전략적 보안기술 관련 문제가 초래될 수 있음. • PLI로 대규모 태양광 발전용량 확보하고, 자국 기업의 가치사슬을 전 세계로 확대할 전망 - (관련 제품) 고효율 태양광 모듈, 태양광 발전 관련 제품
백색가전 제품	무역산업진흥청	9억	• 인도 제품의 가치와 경쟁력이 높아지는 추세 • PLI 제도를 통한 자국 제조업 활성화, 일자리 창출, 수출량 증가가 기대됨. - (관련 제품) 에어컨, LED
특수 철강	인도 철강부	9억	• 철강 생산 규모는 세계 2위 수준 • 주로 철강 완제품을 수출 - (관련 제품) 코팅 강철, 고장력강, 궤조, 철근 및 철골

자료: 인도 PIB(Press Information Bureau)
(뭄바이무역관 이동현, KOTRA 뉴스, "인도의 투자 촉진을 위한 생산연계 인센티브(PLI)")

이에 더해서 드론과 드론 부품 관련 산업과 반도체 및 디스플레이 분야 PLI가 있다. 드론과 드론 부품관련 산업의 경우 증가된 부가가치의 20%까지 인센티브를 받을 수 있으며, 반도체 및 디스플레이 분야의 경우 인도정부에서 동 분야를 적극 유치하기 위해 전자분야 등에 제공하는 PLI에 더해서 2021.12월 "수정된 반도체 및 디스플레이 Fab Ecosystem"을 발표했다. 인센티브 총액은 7천 600억 루피(약 100억불)고, 주요 인센티브는 반도체 및 디스플레이 그린필드 투자에 대해 중앙정부에서 50%의 보조금을 지원하는 것이다. 즉 매출 증가분에 제공하는 PLI뿐만 아니라 투자금액의 50%까지 중앙정부로부터 인센티브를 받을 수 있다.

인도 연방정부가 PLI를 통해 인도내에 생산기지를 건설하는 국내 및 해외업체에 대해 생산연계 인센티브를 주는 이유는 인도 내에 생산기지를 건설하는 경우 국내 소비 수요를 수입이 아닌 국내 생산으로 대체할 수 있고, 국내에서 생산한 제품을 해외에 수출할 수 있으며, 이 과정에서 많은 고용이 창출되며 IT 등 서비스업에 비해 상대적으로 비중이 낮은 제조업 비중을 높일 수 있기 때문이다 (15%에 불과).

두 번째 이유는 중국 등과 비교 시 인도 내 생산비용이 훨씬 높아 인도 내에서 생산된 제조 상품이 경쟁력을 갖기 어렵기 때문이다. 연구 결과에 따르면, solar module의 경우 중국에서 생산된 것보다 인도에서 생산비가 30~35% 더 많이 든다. 인도에서 생산비가 많이 드는 이유는 인도와 비교 중국의 경우 규모의 경제를 통한 효율성 증가로 생산비 감소, 전력 및 로지스틱스 비용 저렴, 토지, 금융 등 중국 정부의 대폭적 지원 등이 요인으로 지적된다. 아울러, 인도의 수입대체 및 보호무역 정책 등으로 인한 중간재 및 부품 등 수입시 지불해야 하는 높은 관세도 하나의 요인으로 지적된다.

이러한 상황 하에서 인도는 중국과 대비 제조업 생산기지로서 경쟁력을 확보해 새로운 세계의 공장으로 떠오를 수 있을 것인가? 위에서 살펴본 바와 같이 PLI 하나만으로 인도가 제조업 강국으로 도약할 수 있을 것이라는 것은 너무 낙관적인 기대다. PLI 규모가 다른 국가에서 지급하는 인센티브 보다 특별히 높은 것도 아니고, 인도의 뿌리 깊은 관료주의는 PLI 정책을 실행하는 과정에서 여러 가지 장애요인으로 작용할 가능성이 크다. 또한 PLI 인센티브를 고려하더라도 인도로 생산기지를 이전하는 것은 다음 이유로 생각보다 쉽지 않다. 휴대폰, 의약품 등의 성공사례도 있으나, 큰 효과가 없는 산업분야가 더 많다. 그이유는 첫째 생산기지의 이전은 단순히 최종 제조업체의 이전만을 의미하는 것이 아니라 새로운 클러스터, 생태계를 창출하는 것을 의미하고, 인도 내에 관련 산업에 대한 클러스터가 형성되어 있지 않아 상당수의 중간재, 부품 등을 중국으로부터 수입에 의존해야 한다. 이는 비용증가와 중국과의 무역수지 적자 확대로 이어진다.

2022년 기준으로 인도의 중국에 대한 무역적자는 1,000억불이 넘고 수입의 대부분을 차지하는 것은 전자부품, API(Active Phamasutical Ingredient) 등 중간재가 차지한다. 전체 무역규모가 1,360억불이고, 그중 중국으로부터의 수입이 1,180억인 반면, 인도의 중국으로의 수출은 170억불이 불과하다. 중국으로부터의 중간재 수입이 수입 중에서 가장 큰 비중을 차지한다. 예를 들어 인도는 제네릭 약품 등에서 세계적 경쟁력을 가지고 있으나, 제네릭을 만들기 위한 원료인 API 수입의 70~80%를 중국에 의존하고 있는 등 중국으로부터의 수입이 없이는 인도 제조업에 한계가 있다. 인도의 중국으로부터의 수입의존도는 석유를 포함할 경우 15%, 석유를 제외할 경우 25%에 달한다. 중국과의 무역적자를 줄이기 위해 수입대체 정책을 강력히 시행하고, 반덤핑 등 무역구제 조치를 광범위하게 시행하지만 전자 부품, API 등의 중간재의 중국 의존도는 줄어들지 않고 오히려 커지고 있다. 이러한 현실을 감안할 때 중국으로부터의 인도로의 다국적 기업의 생산기지 이전은 단기적으로는 중국으로부터의 중간재 등 수입의 추가 확대로 이어져 현재의 무역적자가 더 커지는 요인이 될 가능성이 크다. 다만 베트남 등과는 달리 인도정부가 중국기업들의 투자에 대한 심사를 엄격하게 하고 있어 미국의 중국에 대한 무역제재를 피하기 위한 중국 기업들의 인도로의 투자는 많지 않을 것으로 예상된다[15].

둘째, 베트남, 멕시코 등과 달리 인도는 FTA망 구축 등 개방을 통한 글로벌 밸류 체인과 통합되기보다는 보호무역 정책, 수입대체 정책에 집중하기 때문에, 기계, 중간재 등의 수입가격이 상대적으로 높고 생산 후 무관세로 미국, EU 국가 등으로의 수출이 쉽지 않다.

셋째, 개혁을 시도하고 있지만 여전히 관료주의, 인프라 부족, 비효율적 사법

15) 미-중 전략적 갈등하에서 중국으로부터 미국으로 직접 수출이 어려워짐에 따라 외국계 기업뿐만 아니라 중국계 기업도 외국으로 생산기지를 이전하는 경향이 나타나고 있다. 중국기업이 중국에서 생산하여 미국으로 수출하는 경우 높은 관세를 무는 등 다양한 제한이 있는 반면, 베트남, 인도, 멕시코 등으로 생산기지를 이전하는 경우 미국의 제재 조치를 피할 수 있다. 다만, 인도의 경우 중국 기업의 인도내 투자에 대한 엄격한 심사로 중국 기업들이 인도에 투자하는 것이 어렵다. 반면, 한국기업을 포함 외국기업의 경우 인도로의 생산기지 다변화 움직임이 나타나고 있으나, 단기적으로는 인도내 원료, 부품, 중간재 클러스터가 부재하여 중국으로부터 원료, 중간재, 부품 등을 수입할 수 밖에 없어 원료, 중간재, 부품에 대한 중국 의존도가 더 심화되고, 무역적자가 확대될 가능성이 크다. 다만 중장기적으로는 인도 현지화를 통해 중국에 대한 의존도를 상당부분 낮출 수 있고, 부품, 중간재를 생산하는 협력업체들과 함께 이전하는 경우 그 시간을 크게 단축할 수 있다.

시스템, 복잡하고 불확실한 노동, 토지관련 제도 등으로 인해 사업관련 비용이 늘어나고 이는 경쟁력 약화의 요인으로 작용한다.

향후 인도의 제조업 육성정책의 성공 여부를 인도 정부의 반도체 산업 육성정책을 통해 알아보는 것도 흥미롭다. 인도 중앙정부는 반도체 산업의 중요성을 고려하여, 전자 및 전자부품에 제공하는 PLI에 더해서 투자금액의 50%를 인센티브로 제공(주정부에서 10~20% 인센티브 추가 제공)하는 정책을 발표하고, 인도내 반도체 생산시설을 확충하기 위해 노력하고 있다. 또한 미-중 갈등하에서 미국의 공급망 다변화 정책은 인도 정부의 반도체 산업 육성정책에 긍정적 요인으로 작용하고 있다. 반도체 설계 등의 분야에서는 미국의 AMD와 Applied Materials 등이 이미 성공적으로 인도에 투자하고 있으며, 인도 국내 반도체 수요 증가 및 인도 정부의 정책에 부응하여 추가 투자를 계획하고 있다. AMD가 5년간 4억불을 추가 투자(현재 6,500여명 고용, 2001년부터 활동 시작 현재 9개 오피스)하여 벵갈루루에 반도체 디자인 센터 설립하기로 했다. 또한 반도체 장비업체인 Applied Materials(현재 7,500명 고용)도 벵갈루루에 새로이 4억불 추가 투자 계획을 발표했다. AMD와 Applied Materials의 인도내 추가 투자는 반도체 설계 및 소프트웨어 분야에서의 인도 엔지니어들의 우수성과 풍부성을 보여준다.

다만, 반도체 설계와 디자인 분야에서의 우수한 기업의 존재는 제조시설들과 연계될 때 시너지 효과가 큰 바, 인도내에 반도체 제조시설이 없는 것이 약점이다. 반도체 설계 및 디자인 등에서 인도가 우수한 반면 반도체 제조에 있어서 인도내 생산시설은 없는 것이 사실이다. 인도 정부의 적극적 인센티브 제공과 미-중 갈등으로 인한 공급망 다변화 정책하에서 최근 미국기업인 Micron이 메모리 Assembly and Test 분야에 8억 2천 5백만불(인도정부 인센티브 포함 2.75 billions, 중앙정부로부터 투자금액의 50%, 구자랏 주정부로부터 20%)를 투자하기로 결정한 것이 주요 변화이며 그 외 핵심 반도체 제조회사들의 인도 투자는 활발하지 않다.

인도가 반도체 산업을 육성하는데 가장 큰 장애요인은 삼성, TSMC 등 파운드리 분야에서 핵심 기술을 가진 기업들이 인도 투자를 주저한다는 것이다. 인도

기업인 베단타와 대만의 Foxconn이 PLI에 지원을 했다가 핵심 기술을 가진 기업의 참여를 이끌어 내지 못해 사업을 포기한 것이 한 예다. 핵심 파운드리 시설을 설치하기 위해서는 전기, 물 등 충분한 인프라와 관련 클러스터와 생태계가 형성되어 있어야 하나 인도가 아직 그 정도 수준에 올라와 있지 못한 것이 주된 이유다. 이러한 이유로 인도가 단기간에 핵심 파운더리 생산 시설을 유치하기는 쉽지 않고, Micron 예와 같이 Assembly and Test 분야, 또는 낮은 기술수준의 칩을 생산하는 시설부터 시작할 가능성이 크다. 또한 AMD 사례와 같이 인도는 다수의 우수한 엔지니어를 보유하고 있는 바, 칩 디자인, 소프트웨어 등 분야에서의 세계적인 기업들의 인도내 투자 확대도 예상된다.

PLI와 관련 우리 기업들에게 더 중요한 것은 인도의 PLI 정책이 성공하느냐 실패하느냐 보다는 우리 기업들이 PLI 정책을 어떻게 효과적으로 활용하여 인도 내 경쟁력을 강화하고, 시장점유율을 확대할 것인가다.

삼성, LG, 현대 등 우리기업의 경우에는 미-중 갈등, 코로나 등으로 인한 생산기지 다변화 움직임이 있기 훨씬 전인 인도가 1990년대 초 개방정책을 시작할 때부터 인도로의 생산기지 이전을 시작하여 조기에 인도 내 생산기지를 구축하는데 성공했다. 따라서 최근 인도로 생산기지를 이전하려고 적극 노력하고 있는 대만 기업 등과 우리기업들의 입장은 다르다. 삼성전자, LG전자, 현대자동차, 기아자동차 및 관련 협력업체들의 경우 인도로 신규투자시 PLI를 활용할 가능성은 높지 않은 반면, 인도내에서의 성공적인 기업활동에 기초하여 추가 투자 계획이 있는 경우 적극적으로 인도정부가 제공하는 PLI 인센티브를 활용할 필요가 있으며, 삼성, 현대 등 우리 기업들이 동 인센티브를 적극 활용하고 있다[16].

자동차, 전자, 철강 등 1990년대 초부터 인도에 생산기지를 구축해서 성공적으로 운영하고 있는 기업과는 달리, 아직까지 기술력과 국제경쟁력을 가진 우리 중견기업의 인도 단독 진출 및 노동집약적인 신발, 의류산업 등의 인도 진출이 활발하지 않은 것이 사실이다. 최근 신발산업 등 상당수의 우리 노동집약적인

16) 반면 인도 진출 우리 중소기업(협력업체)들의 PLI 활용실적은 높지 않은 바, 상대적으로 투자 규모가 적고, PLI에 대한 인지정도가 낮은 것에 기인하는 바가 큰 바, 우리 중소기업들도 PLI를 적극 활용할 수 있도록 공관, 코트라 등의 지속적인 정보제공과 노력이 필요하다.

기업 및 기술력을 가진 중소기업들이 인도로의 생산기지 이전을 고려하고 있는 바, 그 과정에서 인도 중앙정부가 제공하는 PLI 및 주정부가 제공하는 다양한 투자 인센티브를 적극 활용할 필요가 있다. 가장 대표적인 사례가 우리 신발 OEM 및 의류 업체로서 나이키, 아디다스 등 글로벌 신발업체의 변화된 세계 공급망 전략에 따라 미-중 갈등을 회피하고, 안정적인 공급망 확보하면서, 낮은 인건비와 풍부한 인력을 활용하기 위해 중국, 동남아 지역으로부터 남인도 타밀 나두주로 생산기지를 이전을 준비하고 있다.

우리기업의 신규신출과 관련 가장 중요한 분야가 배터리와 반도체다. 인도내 공급망 확충 차원에서 우리 2차전지나 반도체 기업 등 중간재 생산 기업들이 인도 신규 진출시 인도 정부가 제공하는 PLI 등 인센티브를 최대한 활용하여 최대한 빠른 시일내 인도내 생산기지를 구축할 필요가 있다. 특히 인도 정부가 단기적으로 2차전지, 반도체 등을 수입을 허용하다가도 일정 정도 인도 국내적으로 준비가 되었다고 판단되면 갑작스럽게 관세 등을 크게 인상하여 수입이 불가하게 하는 정책을 사용하는 경우가 많은 바, 이러한 인도정부의 정책 변화를 고려하여 빠른 시간내에 우리기업들이 인도내 생산시설을 완비하는 것이 중요하다. 또한 이는 현재 인도에서 성공적으로 운영하고 있는 우리 자동차, 전자 기업들의 인도내 안정적이고 지속가능한 성장을 위해서도 중요하다.

3) 인도 재벌 기업들의 재생에너지, 제조업 분야 등에 공격적 투자

인도의 재생에너지 분야 투자는 인도 대기업의 공격적인 신규투자의 대표적인 사례다[17]. 인도 재생에너지 시장에 인도의 최대기업인 릴라이언스, 아다니, 타타 등이 경쟁적으로 대규모 투자를 진행하고 있고, 태양광, 풍력 등으로 생산된 에너지를 사용하여 Green Hydrogen을 대량 생산하여 수출하는 계획을 진행하고 있다. 또한 태양광 발전과 관련 현재 중국에 의존하고 있는 solar cell(photovoltic cell) 및 물을 전기분해하여 수소를 생산하는 전기분해장치(electrolyser)를 국내

17) 인도 정부는 2030년까지 500GW의 재생에너지를 생산(전체 에너지중 50%)하는 목표를 설정한 바, 그중 280GW는 태양에너지고 140GW는 풍력이다. 인도가 2030년까지 500GW 재생에너지 목표를 달성하기 위해서는 2,230억불의 투자가 필요하고 민간, 특히 인도 대기업들의 과감한 투자와 세계적인 투자회사들의 투자가 없이는 동 목표 달성은 불가하다.

에서 경쟁력 있게 생산하는데 막대한 투자를 하고, 정부에서도 생산연계인센티브(PLI) 정책을 통해 이를 지원하고 있다. 릴라이언스, 아다니는 인도내 대표적인 석유, 석탄 등 화석연료를 통해 막대한 수익을 창출하는 동시에 이를 바탕으로 재생에너지 산업으로의 전환에 대규모 투자를 하고 있다.

아울러, 인도 대기업들은 반도체, 배터리, 기계, 자동차, 전자 등 위험부담이 큰 분야에 위험을 감수하고 과감히 투자하고 있다. 타타의 경우 타타 파워를 통해 재생에너지에 막대한 투자를 하는 것과 동시에, 이에 더해서 반도체(후공정)에 막대한 투자를 하고 있고 있다. 아울러 애플의 OEM 생산자로 대만의 Foxconn과 같은 역할을 수행하려고 인도에 투자한 대만계 애플 OEM 업체중 하나인 Wistron을 인수하는 등 애플 생태계에서 현재 대만 기업들이 수행하는 역할을 수행하기 위해 막대한 투자를 하고 있다. 또한 인도의 주요 대기업중 하나인 Vedanta 그룹도 Foxconn과 함께 반도체 분야 및 디스플레이 분야에 진출하기 위해 막대한 투자를 하고 있다.

이는 국내 기업인들이 부동산, 유통, 자원, 인프라 등 정부지원을 받아 위험부담이 크지 않는 분야에 집중적으로 투자하는 다른 개도국 나라의 기업인들과 인도 기업인들과의 큰 차이중 하나다[18]. 인도의 경우 타타 등 대기업들이 위험 부담이 큰 대규모 투자와 첨단 기술이 필요한 분야에 과감히 투자하는 기업가 정신이 강한바, 이는 인도의 빠른 경제발전을 위한 긍정적 요소다. 이러한 인도 대기업들의 과감한 투자는 최근 Tata, Reliance, Adani 등 인도 대기업들의 위험을 감수하는 과감한 투자에서 나타날 뿐만 아니라, Infosis, TCS 등 세계적인 IT 기업, Sun Pharma, Aurobindo, Cipla, Dr. Reddy Laborataries, Lupin 등 세계적인 제네릭 제약업체 및 Serum Institute of India 등 백신 업체들의 과감한 투

18) 필자가 태국, 브라질에서 근무하면서 가장 아쉬운 부분이 동 국가 기업인들이 부동산, 유통, 자원 등 위험이 크지 않는 정부로부터 보장을 받는 기업에 주로 진출해 있고, 자동차, 전자 등의 분야에서는 외국기업들이 현지 투자를 통해 산업을 발전시키고 있다는 것이었고, 이는 브라질과 태국이 중진국 함정을 극복하는데 큰 장애로 작용했다. 브라질, 태국과 달리 한국은 삼성, 현대 등 우리 기업들이 전자, 자동차, 조선 등 위험부담이 큰 분야에 과감히 진출하여 세계적인 기업으로 성장하였으며, 중국의 경우에도 초기에 외국기업 의존에서 벗어나 자국 기업들이 경쟁력을 강화하고 있다.

자와 세계적인 성공에서 나타난다.

인도 대기업들이 우리기업들이 강점을 가지고 있는 자동차, 전자, 배터리, 반도체 등에서 과감한 투자를 할 경우 중국에서와 같이 동 분야에서의 우리 기업들과의 치열한 경쟁이 불가피하다. 우리기업들이 중국에서와 같이 인도 국내기업들의 성장에 밀려나지 않으려면, 기술적 우위 등을 통해 생존하는 동시에, 현지화를 통한 인도내에서 사랑받는 기업으로 자리매김하기 위한 노력을 배가해야 한다.

4) 섬유, 신발 등 노동집약 산업 육성 및 한계

인도의 제조업 육성 정책이 반도체, 배터리, 재생에너지 등 첨단산업에 집중되어 있어 실제로 인도 내 고용창출 효과가 큰 의류, 신발산업 등에는 소홀하다는 비판이 존재한다. 인도의 경우 노동집약적 제조업을 먼저 발전시켜 그 바탕으로 자동차, 화학, 전자 산업 등으로 고부가가치화 해나가는 다른 국가와 달리 노동집약적 산업 발전 없이 바로 IT 등 서비스 산업, 항공, 우주, 자동차, 전자 등 기술 집약 산업으로 전환된 특이한 케이스다. 이는 IIT 등 고학력 고급 인력들에게는 일자리를 공급하나, 농촌 중심에서 빠르게 도시화되는 과정에서 저학력 비숙련 노동자들에게 필요한 일자리를 제공하지 못하는 문제를 야기했다. 농촌에서 도시로 와서 섬유, 신발 등 노동집약 제조업에 종사하지 못하고 건설, 가사노동 등 저임금, 비정규직에 종사하는 등 노동시장 왜곡과 도시 빈곤문제를 야기했다.

중국, 베트남, 방글라데시 등 섬유, 신발 등 낮은 임금의 저 숙련 여성 노동자가 필요한 산업이 인도에서 발전하지 못한 이유는 IT, 자동차, 전자, 항공, 우주 등 기술 산업에 집중한 정부정책, 다수의 인력이 필요한 산업의 발전을 막는 복잡한 인도 노동법[19], 토지수용법 등이 주요 요인으로 지적된다.

---

19) 2020년 인도 정부는 29개로 분산되어 있는 노동법을 4개(임금, 노사관계, 사회보장, 직업안전·건강·노동조건)로 통합하려고 시도하는 등 노동관련 법을 개혁하기 위해 노력 중이다. 다만 여전히 노동 유연성을 높이기 위한 구체적인 조치는 보이지 않으며, 대부분의 노동관련 권한이 주정부에 있어 주정부의 적극적인 참여와 협조가 없이는 노동관련 개혁은 성공하기 어렵다. 비현실적이고 높은 기준 등으로 기업이 모든 노동법을 준수하면서 사업하

최근 인도 연방 및 지방정부도 인도의 빠른 경제성장을 위해 제조업 육성의 필요성을 절감하고 Make in India 정책 하에서 PLI 등 인센티브 제공을 통해 제조업 육성을 위해 노력하고 있다. 다만 여전히 PLI 대상이 전자, 자동차 등 첨단 산업에 집중되어 있는 등 연방정부 차원에서의 노동집약 산업 육성 정책은 보이지 않는다. 다만 타밀나두주 등 주정부차원에서는 2022년 신발산업 육성 계획을 발표하는 등 노동집약적 산업 육성에 노력하고 있고 나이키, 아디다스 등 주요 신발 브랜드의 대만, 한국계 주요 OEM 업체들이 타밀나두주내에 생산기지를 본격 건설을 준비하고 있다.

나이키, 아디다스 OEM 산업의 경우 대만업체와 우리업체가 세계시장에서 치열한 경쟁을 하고 있으며 나이키와 아디다스로부터 생산기지 다변화 요청을 받고 현재 인도남부 타밀나두주에 생산기지를 추가 건설하기 위해 노력중이다. 세계 최대 신발 OEM 업체인 '포우 첸 그룹', 2위인 '홍푸 그룹' 및 대만 3위 신발 제조업체인 '펑 테이 코퍼레이션' 모두 인도에서 이미 생산을 시작했거나 공장부지를 매입하여 생산을 시작할 준비를 하고 있다. 대만 업체와 치열한 경쟁을 하고 있는 우리 OEM 업체인 화승, 태광 등도 타밀나두주내에 공장부지를 물색하고 있는 등 본격적인 생산기지 이전을 준비하고 있으며, 곧 가시적인 성과가 있을 것으로 예상한다.

신발 OEM 산업의 경우 폭스콘 등 애플 OEM 업체보다 빨리 동남아 등으로 이전을 시작했는데 그 이유는 중국의 경제발전에 따른 임금의 급격한 상승때문이었고, 현재 다시 베트남, 인도네시아로부터 인도 남부로 이전하고 있는 것은 베트남, 인도네시아에서도 이미 충분한 인력을 확보하기 어려워졌기 때문이다. 반면 인도 남부 타밀나두주는 여전히 낮은 임금의 인력이 풍부할뿐만아니라 타

기는 쉽지 않으며, 노동 실사 등과 관련 부패가 만연되어 있다고 한다. 인도가 서비스 및 고기술 산업에 더해서 노동집약적인 산업을 육성하여 semi-skilled한, 현재 비정규직으로 근무하고 있는 80~90%에 가까운 인력을 고용할 수 있는 일자리를 창출할 수 있을지는 상당부분 노동부분 개혁에 달려 있다. 현재 인도 연방정부 및 주정부의 개혁 동향을 볼 때 쉽지 않을 것으로 예상되나, 투자 유치를 위한 주정부간 경쟁이 치열해 지는 과정에서 주정부로부터의 과감한 노동분야 개혁 조치가 있을 것을 기대하고 일부 주정부 주도 노동법 개혁 움직임이 감지된다.

밀나두주 정부가 각종 인센티브를 주면서 신발산업 등 노동집약적 산업 유치에 적극적이기 때문이다.

인도가 다른 개도국과 같이 신발, 의류[20] 등 노동집약 산업에서 경쟁력을 확보할 수 있을지 여부는 인도가 복잡하고 제한이 많은 노동법 등을 개혁하여 풍부한 여성인력이 노동시장에 자유롭게 진입할 수 있도록 하느냐에 달려있다. 또한 인도 중앙정부 및 주정부가 타밀나두 정부처럼 얼마나 적극적으로 노동집약 산업을 육성하기 위해 노력하느냐에 달려있다

5) 비효율적인 금융 부분 개선과 투자증가
- FDI 유입 증가 및 국제 금융센터 육성

인도경제가 빠르게 발전하기 위해서는 기업들의 빠른 투자증가를 통한 자본 축척이 무엇보다 필요한데, IT, 스타트업, 원자재 및 대기업을 제외하고는 국내 투자가 빠르게 늘어나지 않고 있는 것도 사실이다(위 인도 총투자중 기업투자 부분 추이 참고). 인도 국내투자 증가와 관련 약점 중 하나는 금융부분이다. 이자율 등 금융비용이 여타 국가에 비해 훨씬 높을 뿐 아니라 은행들의 신용(credits) 제공도 보수적으로 2022년 GDP대비 민간부분에 대출된 신용 비율이 인도의 경우 55%로 중국 172%, 한국 165%, 베트남 148%, 세계 평균 148%에 비해 1/3 규모에 불가하다. 이는 인도 기업의 신용에 기초한 투자가 중국, 베트남 등에 비해 훨씬 적다는 것을 보여준다. 인도가 금융부분 개혁을 통해 합리적인 이자율로 충분한 신용을 민간부분에 공급해 주지 않고는 인도 국내기업들의 공격적이고 적극적인 투자를 기대하기 어렵다는 것을 의미한다. 민간 은행들이 활발히 활동하고 있으나 여전히 국영은행이 주를 이루고 있고, 농촌, 서민, 중소기업 등 정책 금융에 대한 요구가 강하며, 과거 인프라 관련 부실채권 등 부실채권 비중이 여전히 높으며 예금 금리와 대출금리 차이가 크다(예대금리차 5%). 아울러, 자본시장이 발전되어 있지 않아 주식, 채권 등을 통한 자본조달 비중이

20) 의류산업의 경우 대표적인 의류분야 OEM 업체인 영원무역이 텔랑가나주 와랑갈 소재 의류 산업단지(Kakatiya Mega Textile Park, KMTP) 1400억원 규모 투자(8개 생산시설 설립, 2만여명 고용)를 결정하고, 본격적인 투자를 진행하고 있으며, 2023.6월 정식 착공식을 가졌으며, 인도정부로부터 섬유산업분야 PLI 대상으로 선정되었다.

높지 않으며 대부분의 자본도 싱가포르, 모리셔스, 두바이 등 해외에서 이루어진다.

또한 상장된 인도기업의 주식 중 50~75% 이상은 가족 소유로 실제 증권시장에서 유통되는 주식은 많지 않으며, 기업 거버넌스, 회계 등에 있어 문제가 많다. 아울러, 인도 대기업들이 상당 부분의 자금을 모리셔스 등 규제가 적은 조세회피처 등에서 조달하는 등 인도내 자금조달 보다는 해외에서 조달하는 경우가 많다.

인도 대기업의 가족 주식 소유 및 모리셔스 등으로부터의 자금 조달 등 거버넌스 및 투명성 부족 등과 관련 대표적인 사례가 최근 Hindenburg가 아다니 그룹을 공격한 사례로 이로 인해 아다니 그룹의 주식가격이 폭락했다. 아다니 그룹의 주식 75%(법상 최대치)를 아다니 가족이, 그리고 10%정도를 모리셔스 소재 의심스러운 투자기업이 소유하고 있으며 회계 등도 불투명한 상태에서, 10~20%의 작은 규모의 주식만이 실제 증권시장에서 유통되었다. 적은 규모의 주식 유통으로 쉽게 주가상승이 가능해서 아다니 그룹의 주가가 코로나 기간 중 1,000%이상 올랐으며, Hindenburg 공격 후 아다니 주식이 폭락했다. 이는 가족 소유, 경영에 기초하고, 건전한 자본시장에 기반하지 않고 모리세스 등 의심스러운 투자자에 기초한 기업의 가치가 쉽게 공격당할 수 있다는 것을 보여주는 대표적인 사례로, 인도 대기업 및 금융시장의 취약성을 보여준다.

아래 표들에서 보듯이 인도로의 FDI 유입규모는 지속적으로 늘어나고 있으며 2020~21년 819억불, 2012~2022년 835억불을 기록했다. 2021-2021년간 주별 FDI 유입규모를 보면 2021년 구자라트가 1위인 반면 2022년에는 압도적으로 카르나타카 주가 1위이며, 뭄바이가 속한 마하라스트라가 지속적으로 2위를 차지하고 있으며, 타밀나두주로의 FDI 유입도 상당하다. 산업분야별로는 컴퓨터 소프트웨어 및 하드웨어가 24.6%, 서비스 섹터가 12.13%, 자동차가 11.9%를 차지하며, 나라별 FDI 유입 순위는 싱가포르 27.7%, USA 17.94%, 모리셔스 15.98% 등이다.

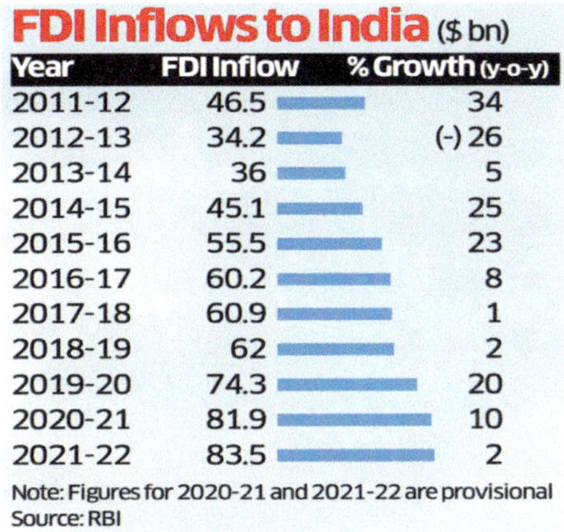

FDI Inflows to India ($ bn)

Year	FDI Inflow	% Growth (y-o-y)
2011-12	46.5	34
2012-13	34.2	(-) 26
2013-14	36	5
2014-15	45.1	25
2015-16	55.5	23
2016-17	60.2	8
2017-18	60.9	1
2018-19	62	2
2019-20	74.3	20
2020-21	81.9	10
2021-22	83.5	2

Note: Figures for 2020-21 and 2021-22 are provisional
Source: RBI

Shantanu Nandan Sharma, "When would FDI in India touch the milestone of $100 billion a year?," The Economic Times, 2022.06.05.
https://economictimes.indiatimes.com/news/economy/finance/when-would-fdi-in-india-touch-the-milestone-of-100-billion-a-year/articleshow/92009214.cms

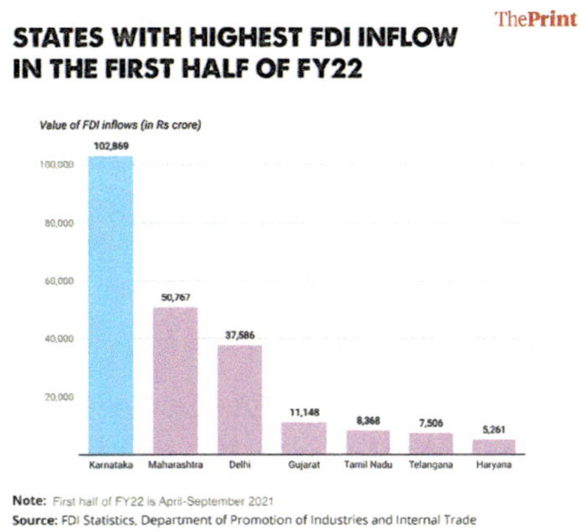

Anusha Ravi Sood, "Why Karnataka got record 45% of India's total FDI in first half of this financial year," The Print, 2022.01.07
https://theprint.in/economy/why-karnataka-got-record-45-of-indias-total-fdi-in-first-half-of-this-financial-year/811995/

인도의 높은 세금과 규제로 인도의 금융시장이 활성화되어 있지 않은 상황에서 인도의 대기업 및 스타트업 기업 등은 싱가포르, 모리셔스, 두바이 등 소재 금융시장에서 주로 자금을 조달하고 있다. 특히 상당수의 성공한 스타트업 유니콘 기업 및 비상장 스타트업들이 인도 내 높은 세금과 엄격한 규제 등을 피하기 위해 싱가포르, 모리셔스, 두바이 등에 회사의 본사를 두고 미국계 등 다국적 제도 투자자 등으로부터 자금을 조달하고 있다. 180개 인도 유니콘중 40개가 인도 밖에 본사를 두고 있으며, 그 이유는 낮은 세금, 더 높은 가치평가, 쉬운 자금조달과 더 낳은 등록/탈출 옵션 등이다. 또한 다수의 인도계 VC들도 높은

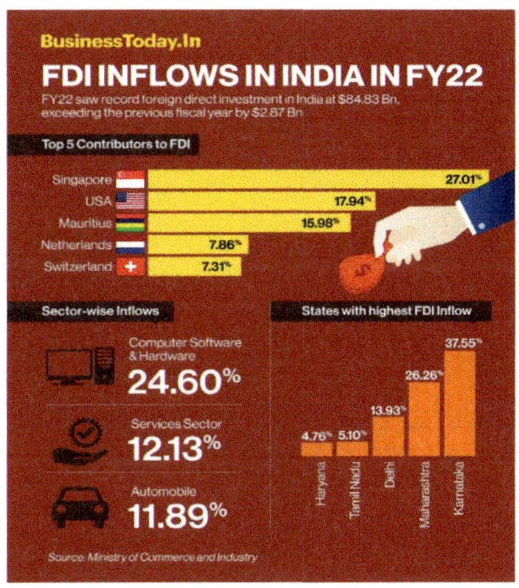

"Singapore leads in FDI inflows in India in FY22; Karnataka bags highest investments," Business Today, 2022.07.28.

세금 및 규제를 피하기 위해 싱가포르나 모리셔스에 본사를 두고 인도 스타트업들의 자금 조달에 참여한다.

인도정부도 이러한 문제를 인식 인도 밖에 본사를 두고 운영하는 스타트업 등 인도회사들이 인도로 돌아오게 하고(reverse flipping), 많은 세계적인 투자회사(Private Equity, Venture Capital Investors)들을 인도 내에 유치하여 인도기업들이 인도 내에서 쉽게 자금을 조달할 수 있도록 하기 위해 구자라트주에 SEZ의 하나로 GIFT City(GIFT IFSC, Gujarat International Finance Tech-city International Financial Services Center)를 건설하고 있다. GIFT City가 일부 성과를 거두고 있지만, 여전히 대부분의 자금은 싱가포르, 모리셔스 등으로부터 조달된다. 과거에는 모리셔스에서 조달되는 자금이 싱가포르에서 조달되는 자금보다 훨씬 더 컸으나 인도-모리셔스, 인도-싱가포르간 조세협정이 동일한 수준으로 유사하게 체결된 이후에는 Ease of Business, 외국계 금융기관 수 및 규모 등에서 훨씬 앞서있는 싱가포르로부터의 자금조달이 모리셔스로부터의 자금조달을 훨씬 상회하고 있다.

인도 제조업 발전을 위해 인도 금융시장의 선진화는 필수적인 바, 향후 인도 국영은행의 민영화, 정책 금융의 축소, 부실채권 축소 및 국내 자본시장 육성 등에서의 인도가 개혁을 통해 성공할 수 있을지 지켜볼 사항이다.

이와 관련, 향후 빠르게 성장할 인도 금융시장을 우리 기업과 우리 투자자들이 활용하는 방법에 대해 고민해 볼 필요가 있다. 조기에 인도시장에 진출하여 종합 금융회사로서 성공적으로 운영하고 있는 미래에셋 및 다른 우리 금융회사들의 인도 내 진출이 기대되고, 인도 주식시장 규모 팽창과 주가 상승과 관련 우리 금융회사들의 인도 주가 관련 ETF 상품(Nifty, Sensex 지수 연계) 출시도 크게 증가할 것으로 예상된다. 다만, 인도에 대한 간접투자시 인도 자본시장 팽창 및 주가 상승과 더불어, 인도 기업의 소유, 자금조달 문제 등 거버넌스 문제 등도 함께 고려하면서 인도 투자를 확대할 필요가 있다.

6) 인도가 중국을 대신할 제조업 허브가 되기 위한 3가지 조건 및 한계

인도가 세계적인 제조업 허브가 되기 위해서는 무엇보다 인도에서 다른 나라보다 가격 및 품질 면에서 경쟁력 있는 제품을 생산하여 국내시장뿐만 아니라 세계시장에 수출할 수 있다는 확신을 기업들에게 주어야 한다. 아직까지 크고 성장하는 인도 국내시장을 목표로 인도에 투자하는 기업은 다수 있으나, 인도를 세계시장을 향한 제조업 허브로 만들겠다는 목표로 인도에 투자하는 회사는 많지 않다. 인도가 진정한 의미에서 제조업 분야 세계허브가 되기 위해서는 아래 3가지 조건이 모두 충족되어야 하고, 이는 인도 정부가 극복해야 할 과제다.

먼저, PLI 등 투자 인센티브 제공은 중요하나, 인센티브만으로는 충분하지 않다(위 설명 참고). 인도정부가 제공하는 인센티브가 다른 국가가 제공하는 인센티브보다 더 많다고 보기 어렵고, 생산기기 이전은 단순히 최종 제조공장 이전이 아니라 새로운 클러스터 또는 생태계 창조다. 이러한 점에서 중장기적인 관점에서 산업별 경쟁력 있는 클러스터와 생태계 육성이 무엇보다 중요하다.

둘째, 인프라 확충을 통한 물류비용 감소, 금융개혁을 통한 금융비용 감소, 관료주의 혁신 등을 통한 전반적인 생산, 유통, 관리 비용 등을 감소시켜야 한다. 또한 교육의 질 향상을 통한 노동 생산성을 향상시켜야 한다.

셋째, 베트남 등과 같이 적극적인 FTA 체결 등을 통한 질 좋고 가격 경쟁력 있는 중간재의 무관세로 수입 및 생산된 완제품의 무관세 수출이 가능하도록 해야 한다. 인도의 보호무역 정책은 베트남 등 광범위한 FTA망을 가진 개방된 국가에 비교하여 중국으로부터 이전하는 투자를 유치하는 것을 방해하는 주요 요인 중 하나다.

위 3가지 요건이 모두 갖추어지는 것이 이상적일 것이나 단기적인 관점에서 인도 정부가 모든 개혁을 완수하는 것은 현실적으로 기대하기 어렵다. 재원도 부족하고, 다양성과 분권에 기초한 의사결정 구조하에서 빠른 구조개혁을 기대하기도 어려운 것이 사실이며, 인도의 보호무역 주의 및 수입대체 정책이 개방 및 수출주도 정책으로 전환하는 것도 사실상 쉽지 않다(다른 장에서 상세 설명).

인도가 위 3가지 조건을 단기간에 충족시킬 수 있으면 더 빠르게 세계 제조업 허브가 되겠지만, 위 3가지 조건을 단기간에 모두 충족하지 못하더라도 점진적인 지속적인 개선이 기대되고 다양한 분야에서 인도의 제조업이 빠른 속도로 성장할 것이라는 것에 대해서는 공감대가 형성되어 있다.

마. 크고 성공한 인도 디에스포라(Diaspora)

1) 디에스포라 규모 및 인도 경제 발전 기여

인도 외교부에 따르면 인도 총 디에스포라(Diaspora, NRI) 수는 약 3천 2백만 명(약 18백만 인도계 외국 국적이나 영주권 소유자, 14백만은 재외국민)이며, 나라별로는 미국 4백 5십만, 사우디 아라비아 4백 10만, UAE 3백 4십만, 말레이시아 3백만, 영국 1백 90만, 카나다 1백 90만 등이다(나라별 세부 분포는 아래 그림 참고).

Indian Diaspora(Lakh 10만)

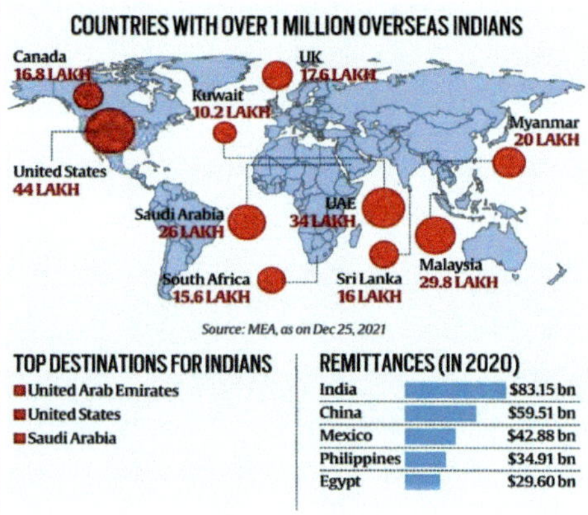

"The Indian Diaspora," Drishti IAS
https://www.drishtiias.com/daily-updates/daily-news-analysis/the-indian-diaspora

특히 미국 거주 Diaspora 대부분은 IIT 등 인도 명문대를 졸업한 후 HIB 비자를 받아 미국으로 이주한 엔지니어들과 그들의 가족과 이민 2, 3세들이 대부분이다. 미국정부가 고학력 전문가에게 발행하는 H1B 비자의 70% 이상이 인도인이며, 실리콘벨리 엔지니어의 1/3이 인도계다. 또한 미국에 거주하는 인도계 이주민들의 평균소득은 2021년기준 $123,000으로 미국평균 $63,922의 두배보다 높다. 미국내에서 컴퓨터 사이언스, 의사, 금융계에서 핵심역할을 수행하고 있다. GoogleSundar Pichai, MicrosoftSatya Nadella, Adobe Systems(Shantanu Narayan), Chanel(Leena Nair), IBM(Arvind Krishna), Mastercard(Ajaypal Singh Banga) 등이 대표적이며, 그 이외에도 IT, 금융 다양한 분야에서 최고의 지위에 올라 있다. 또한 현 영국 총리 및 미국 부통령도 인도계다.

인도 인재의 미국 등으로의 이주에 대해 두뇌유출이라고 걱정하는 의견이 강하다. 물론 두뇌유출로 걱정해야 하는 측면도 있지만, 인도경제에 긍정적인 측면이 강하고, 인도 경제가 앞으로 성장하는데 Diaspora의 역할이 클 것이다. 먼저, Google, 마이크로소프트 등의 최고 경영자가 인도 출신으로 강력하고 경쟁력 있는 diaspora 공동체는 인도내 IT분야 투자 확대 등으로 이어져 인도 발전에 큰 힘이 되고 있다. 세계 최대 다국적 기업의 CEO로의 승진과 다국적 기업 등에서의 영향력 확대는 개인 차원을 넘어선 거대 기업 차원의 인도로의 투자확대와 사업연계로 이어지고 있다. 또한 인도내 TCS, Infosis, Wipro, HCL 등 IT 및 IT enabled Services 업체의 세계적 기업으로의 성장, 상대적으로 저렴한 IT, 특히 소프트웨어 관련 풍부한 인력 등과 결합하여 Google, MS 등 세계적인 기업들이 인도내에 대규모 R&D 센터를 설치하여 운영하는 등 인도내 투자와 진출이 크게 확대되고 있다. 즉 인도의 IT 산업의 발전과 성공한 인도계 diaspora의 시너지가 인도 IT 산업발전의 주요 요인이 되고 있다.

〈Top Ten Indian CEO's in the World〉

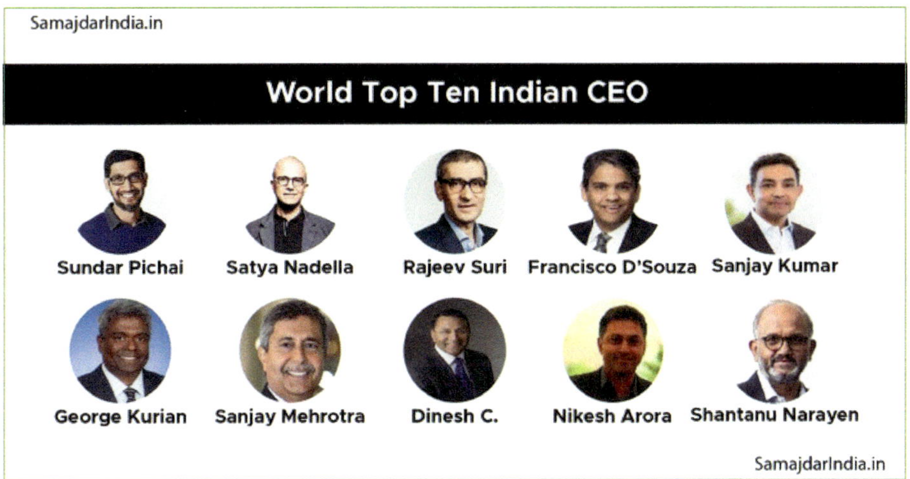

Samajdar India https://samajdarindia.in/top-ten-indian-ceo/

또한 최근에는 다수의 유니콘들이 생겨나고 있으며, 미국에 거주하지 않고 벵갈루루 등 인도에 거주하면서도 충분히 미국회사에서 일을 할 수 있어 인도로 돌아와 창업하거나 인도내에서 일하는 인도 인재들도 늘어나고 있다. 그리고 인도 경제가 빠르게 발전하면 이러한 추세는 더욱 강화될 것이다.

인도의 Diaspora는 IIT 등을 졸업하고 70년대부터 미국 등 선진국으로 이민간 경우 뿐만 아니라 영국 식민지 시대에 싱가포르, 말레이시아, 미얀마, 남아공, 동 아프리카 국가 등으로 이주한 노동자도 많다. 이에 더해 UAE, 카타르, 사우디 등으로 이주 노동자로 일하고 있는 숫자도 많다. UAE의 경우 3백만 이상의 인도인이 살고 있고, 단순한 건설 노동자뿐만아니라 성공한 사업가, 변호사, 의사 등 전문가, CFO 등 핵심적인 역할을 수행하고 있다. 따라서 인도경제가 디에스포라를 매개로 중동, 아세안, 동아프리카 경제와 긴밀히 연결되어 있으며, 인도 이민자들이 송금하는 이전수입(remittance)이 인도 경제에 큰 역할을 수행하고 있다. 특히 UAE 등으로 이주가 많은 케랄라주 등의 경우 주 경제에서 큰 역할을 수행하고 있다. 또한 이러한 중동 및 아프리카 국가들에 있는 인도 이주민 공동체의 규모와 영향력은 인도에 진출해 있는 우리기업들이 중동, 아세안 및 아프리카로 진출하는데 핵심 고리가 될 수 있는 바, 이를 잘 활용할 필요가 있다.

2) 인도 디에스포라의 성공 이유

그렇다면 인도계 인력들이 미국 실리콘밸리 등에서 성공하는 이유는 무엇인가? 한국계 인재들과 무엇이 다르며, 어떤 요소들이 인도계 인재들이 세계 주요 다국적 기업의 CEO로 성장하는 요인이 되고 있는가? 먼저, 인도내 공대의 위상을 살펴볼 필요가 있다. 인도에서 가장 우수한 인재들이 IIT, NIT 등 공대에 몰리는 등 공대가 가장 인기 있는 직종이다. 14억 이상의 인구에서 가장 우수한 인재들이 가장 크게 성공할 수 있는, 자신의 신분과 지위를 바꿀 수 있는 핵심 통로로 IIT, NIT, 또는 다른 수준 높은 공대로 생각하고 우리나라에서 의대에 들어가려 하는 것 이상으로 공부하고 노력한다. 그 이유는 졸업 후 진로 및 임금 수준 등이 다른 학과에 진학하는 것보다 훨씬 높기 때문이다. IIT, NIT 등 유수한 공대의 경우 졸업하기 전 마지막 학기에 세계적인 기업, 인도 대기업 등이 다수 참여하는 가운데 졸업생에 대한 Job Offer가 이루어지고, 그해 가장 높은 Job Offer 받은 졸업생에 대한 기사가 다수 보도된다. 실제로 초봉으로 받은 금액도 수억에 달하고, 이는 인도내 임금 수준을 고려시 다른 학과를 졸업한 경우와 크게 차이가 난다

둘째, 미국 실리콘 밸리 인재 중 1/3이 인도계인 반면, 우리나라의 경우의 경

우 극소수에 불과하다. 인도 내에서 IIT 등 우수 공대 등을 졸업 후 미국 기업에 취업하거나 미국 대학에 석·박사 학위 과정을 이수하는 인도 학생들이 많으며, 부모세대에서 미국으로 이민한 2,3세대의 이공계 진출도 많다. 실리콘 밸리 전체 엔지니어 수의 1/3이 달하는 인도출신 인재들이 서로 경쟁하면서 네트워크를 형성하고 있고 그 자체만으로 소수에 불과한 한국계 인재와는 차별화된다.

셋째. 인도 출신 인재들에게 일을 맡기면 확실한 성과가 난다는 믿음이다. Google, Microsoft 등 인도계 CEO 모두 회사 내에서 큰 성과를 인정받아 CEO가 되었다. 우리나라 출신 인재와 가장 큰 차이점은 인도출신의 경우 어린 시절부터 다양한 문화, 언어, 종교 등과 썩여서 논쟁하고, 생존하면서 다문화, 다종교, 다언어가 지배하는 환경 하에서 성과를 내고 조정하는 방법과 노하우를 몸으로 체득했다는 것이다. 논쟁을 통해 타인을 설득하고 다양한 문화적 배경을 가진 인재들을 통합하여 성과를 내는 능력이 탁월하다. 이는 다국적 기업의 환경과 유사하고 인도 내에서 성장하면서 실제 경험 속에서 체득한 노하우가 실제 경영에 큰 도움이 된다. 또한 인도의 경우 우리와 달리 영어가 link language로 영어 사용이 자유롭다. 또 무엇보다 인도출신 다양한 성공사례를 실제로 다수 목격하고 있어 나도 열심히 하면 충분히 세계적 기업의 CEO가 되고, 성공할 수 있다고 생각하는 등 확실한 성공사례가 다수 존재한다.

3. 인도는 더 이상 미래의 나라가 아니다

브라질과 인도는 중국에 이어 거대시장이 될 잠재성이 가장 큰 국가이면서 경제발전 가능성 측면에서 영원한 미래의 국가라는 오명을 동시에 가진다. 브라질과 인도 중 어느 국가가 먼저 빠른 경제발전을 통해 국제무대에서 초강대국의 하나로 성장할 것인가에 대해, 필자가 브라질(2015.8~2019.12)과 인도(2020.1~2023.6) 모두에서 근무하면서 가진 생각을 솔직하게 기술해 보겠다. 필자의 생각으로는 아래와 같은 이유로 향후 20~30년간 인도가 브라질보다 훨씬 빠른 경제성장을 이룩하고, 중진국 함정도 극복할 가능성도 크다고 생각한다.

먼저, 인도와 브라질은 1인당 국민소득에서 큰 차이가 난다는 것을 명심해야 한다. 브라질의 1인당 국민소득이 8천불 정도인 반면, 인도는 2천불 정도다. 즉 브라질은 중진국 함정을 극복해야 하는 단계에서 중진국 함정을 극복하지 못하고 있는 반면, 인도는 아직 저개발국에 머물러 있다. 인도는 저개발국에서 중진국으로 도약해야 하고, 브라질은 중진국 함정을 극복해야 한다. 역사적으로 보면, 저개발국에서 중진국으로 빠르게 전환한 국가는 다수 있으나 중진국 함정을 극복하고 선진국으로 도약한 국가는 한국, 대만, 싱가포르, 홍콩 등을 제외하고는 흔치 않다. 중진국에서 선진국으로 도약하기 위해서는 다수의 산업 분야에서 기술혁신 등을 통한 노동생산성이 빠르게 향상되어야 한다. 브라질도, 아르헨티나도, 태국도 극복하지 못하고 있는 난제이며 심지어 중국이 중진국 함정을 극복할 수 있을 지에 대해서도 다양한 의견이 존재한다.

인도의 경우 현재 1인당 소득이 2,000불 초반으로 중진국 함정에 빠져 있는 브라질 등과 경제발전 단계가 다르고 빠른 속도로 중진국에 도달해야 하는 것이 선결과제다. 과거의 경험으로 볼 때 일정한 조건이 갖추어졌을 때 저개발국에서 중진국까지 빠르게 발전하는 것이 중진국 함정을 극복하고 선진국이 되는 것보다 훨씬 쉽다. 앞에서 필자가 설명한 것처럼 인도의 경우 중진국으로 도약할 여러 가지 조건들이 갖추어져 있고 빠른 속도로 중진국으로 도약할 가능성이 크다.

또한 인도가 성장하는 과정에서 인도의 국내시장 규모는 큰 역할을 수행할 것으로 생각된다. 브라질의 인구가 2억명이고 인도 인구가 14억명으로 규모의 경제가 중요한 IT, 제조업 등의 분야에서 인도 소재 기업의 규모의 경제를 통한 효율성과 비용 절감 가능성이 훨씬 크다.

둘째, 두 국가는 산업구조 및 경쟁력을 가진 산업에 있어서도 큰 차이가 난다. 인도가 IT, 항공우주, 자동차, 전자, 석유화학, 의약품(제네릭 및 백신) 등에서 강점을 가지고, 농업 부분이 취약한 반면, 브라질은 농업, 자원, 항공분야 등에서 강점을 가지는 반면, IT 등 분야에서는 경쟁력이 약하다. 또한 인도가 IT 등 과학기술 인적자원에서 강점을 가지는 반면, 브라질은 농업, 천연자원 부분에서 강점을 가진다. 필자가 2015.8~2020.1월까지 브라질에 근무하면서 가장 큰 충격을 받은 것은 브라질 농장을 방문했을 때다. 그 충격은 브라질 등 외국인들이 우리 현대자동차, 삼성전자, 현대중공업 등 거대한 최첨단 제조공장을 방문했을 때 받는 충격과 유사하다. 콩, 옥수수, 소, 닭 등을 생산하는 농장 규모가 엄청날 뿐 아니라 비행기, 트랙터 등 거대한 첨단 농기계로 기계화되어 소수의 인원이 거대한 곡물 및 가축 농장을 관리하고 있다. 특히 브라질 농부들이 세계 전체를 먹여 살리겠다는 담대한 꿈을 자연스럽게 얘기하고, 세계 전체를 먹여 살리는 것이 충분히 가능하다는 것을 피부로 느낄 수 있었다는 것이다[21].

셋째, 인도가 경제성장 과정에서 가지는 가장 큰 장점은 인도 기업인들의 강한 기업가 정신이다. 태국, 브라질에서 근무하면서 가장 아쉬운 부분이 동 국가 기업인들이 부동산, 유통, 자원 등 위험이 크지 않는 정부로부터 보장을 받는 기업에 상대적으로 많이 진출해 있고, 자동차, 전자 등의 분야에서는 자국 기업의 참여가 거의 없고 외국기업들이 현지 투자를 통해 산업을 발전시키고 있다는 것이다. 한국은 삼성, 현대 등 우리 기업들이 전자, 자동차, 조선 등 위험부담이 큰 분야에 과감히 진출하여 세계적인 기업으로 성장하였으며, 중국의 경우에도 초기에 외국기업 의존에서 벗어나 자국 기업들이 경쟁력을 강화하고 있다. 인도 기업인들도 우리기업인들처럼 기업가 정신이 강하고, 위험을 감수하고 새로운 분야에 도전하는 경향이 강하다. 타타, 릴라이언스, 아다니 등 인도 대기업들은 다른 나라 대기업들과 달리 단순히 부동산, 유통, 자원 등 위험부담이 낮은 분야에 더해서 전자, 반도체, 재생에너지 등 기술 및 고부가가치 산업에 과감히 대규모 투자를 감행하는 기업가 정신이 있다. 타타 그룹은 현재의 자동차, 전자, 철강 분야 등에 더해서 전기차 배터리, 재생에너지, 반도체, 애플 OEM 생산(위스

---

21) 브라질 농업이 미국, 아르헨티나 등에 비해 더 큰 경쟁력을 가지는 이유는 다음과 같다. 먼저, 브라질 농업이 발달한 브라질 중서부 세하두(Cerrado) 지역은 브라질 전체 면적(8백만 km2) 의 20% 이상을 차지하는 토질이 산성인 사바나 지역으로 70년대초 까지 농업, 목축이 불가능한 지역이었다. 73년 설립된 엠브라파(EMBRAPA:브라질 농업기술연구원)이 일본 기술진 등과 협력하여 산성 토양을 중화시키고 온대 기후 작물인 콩을 전통적인 교배 방식으로 열대기후에 적합하게 변형시키고, 다양한 온대성 초지를 개발해 목축이 가능하게 한 후 농업생산이 비약적으로 성장했다. 수백년 전부터 개발된 미국 대평원이나 아르헨티나 대평원과 비교, 새로이 개발된 거대한 지역으로 부동산 가격 등이 훨신 저렴하고, 대규모 기계화 등으로 미국 등 농업선진국보다 훨씬 경쟁력 있는 대두, 옥수수, 육류 생산이 가능했다.

트론 구입) 등 분야에서 엄청난 규모의 신규 투자를 감행하고 있으며, 릴라이언스, 아다니 등의 그룹도 재생에너지 등 분야에서 과감히 대규모 투자를 하고 있다.

넷째, 언어적 측면에서 브라질과 인도는 큰 차이가 있다. 브라질에 근무하면서 가장 크게 놀란 것은 오랜 포르투갈 식민지 과정을 겪으면서 포어가 국어로 100% 사용되고 있다는 것이다. 이민자들도 브라질에 정착해서 시간이 지나면 원래 자신들의 언어는 잊어버리고 포어만을 사용한다. 이는 우리 교민 2, 3세에게도 동일하게 적용되고 모국어를 자유롭게 사용하는 교포 자녀들의 수가 많지 않다. 또한 브라질내에서 영어도 거의 사용되지 않고 널리 구독되고 신뢰할 수 있는 영자신문도 없다[22]. 일부 엘리트 계층을 제외하고 영어로 소통이 되지 않는다. 반면, 인도의 경우 식민지 시대에 도입된 영어가 다양한 고유언어를 사용하는 인도인들간 link language로 사용되고, 영어가 없이는 다양한 고유어를 사용하는 인도인간 의사소통이 어렵다. 인도가 영어를 공용어의 하나로 사용하는 것은 인도가 단일국가로 안정성을 유지하고, IT 등 분야에서 세계적인 경쟁력을 가지는 주요 요인이 되고 있다.

다섯째, 브라질과 인도가 식민지 시대를 겪은 것은 동일하나, 브라질이 이민자 중심의 나라인 반면, 인도는 세계에서 가장 크고 성공한 디에스포라를 가진 나라다. 두 나라 모두 다양성이 크나 브라질의 경우 이민자(초기 아프리카로부터의 흑인, 노예제도가 폐지된 후 유럽으로부터의 이민 급증) 및 이민자가 상호 결혼으로 인한 인종적 다양성이 큰 반면, 인도의 경우 이민 보다는 긴 역사 속에서 지역적 다양성이 크다.

여섯째 브라질, 인도 모두 다양성이 크고 분권화된 의사결정 구조를 가지고 있어 근본적인 개혁이 어렵고 점증적인 개혁만이 가능하다는 공통점을 가지고 있다. 아래와 같은 이유로 브라질에서 근본적이고 빠른 개혁이 이루어지기 쉽지 않다. 먼저, 헌법 조항이 지나치게 많고, 두껍다는 것이다. 법률에서 규정될 수 있는 사항도 헌법에 규정되어 있어 2/3 또는 2/5 등의 동의가 필요하다. 즉 개혁

22) 필자가 태국에 근무할 때에는 Bangkok Post, the Nation 등 우수한 영자신문들이 있어 태국어를 깊게 공부하지 않아도 업무를 수행하는 데 큰 어려움이 없었으나, 브라질의 경우 널리 유통되는 영자신문이 없어 포어를 배우지 않고는 업무수행이 불가하였다.

을 위해서는 법률이 아닌 헌법을 개정해야 하는 경우가 많고, 개혁 정족수를 채우는 것이 불가능한 경우가 대부분이다.

둘째, 상원과 하원으로 분리된 의회 체제하에서, 어느 정당도 20% 이상의 의석을 가지지 못하고 20여개 이상의 정당이 경쟁하고 있는 상황으로 개혁을 위한 충분한 동의를 확보하기가 어렵다. 그래서 대통령제하에서도 장관 등 핵심 자리 및 예산을 나누어 가지면서 연합정권을 형성할 수 밖에 없고, 이러한 과정에서 근본적인 개혁이 쉽지 않다.

셋째, 사법 적극주의에 기초해서 사법부가 행정부나 입법부의 결정에 대해 재심권을 가지는 경우가 많고, 이는 특정정책 추진을 지연하거나 어렵게 하는 경우가 많다.

결론적으로 기존의 정치, 사법 시스템을 기존 이해관계자들이 자신에게 유리하게 활용할 경우 진정한 의미의 개혁은 불가능한 경우가 많다. 그래서 브라질을 볼 때 정치적으로 시끄러운 걸 보면 어마어마한 변화가 일어난 것으로 보이는데, 실제로 나중에 보면 아무런 변화도 없는 과거 그대로의 모습이 지속되는 현상이 발생한다.

브라질과 인도는 위와 같은 차이점이 있지만 보호무역주의적 수입대체 정책을 사용하고 있다는 점에서는 동일하다. 다만 브라질의 경우 제조업 분야에서의 취약성이 수입대체 정책의 주요 이유이고 농업부분에서는 개방적인 반면, 인도의 경우 제조업부분의 취약성과 함께 농업부분에 있어서의 취약성이 보호무역주의의 주된 이유로 작용하고 있다.

Chapter

3

요즘 그리고 내일 인도 경제이야기

1. 인도경제의 어제와 'License Raj'

네루의 〈세계사 편력(Glimpses of the World History)〉. 인도 초대총리 자와할랄 네루(Jawaharlal Nehru)가 1930년대 3년여의 수감기간 중 13살 외동딸 인디라 간디에 대한 교육용으로 쓰기 시작한 196편의 편지를 모은 책이다. 세계에서 가장 긴 기네스 기록 편지로 알려져 있다.

옥고의 와중에도 자신의 딸을 위한 역사교육용 편지를 그 긴 기간에 이러한 내용의 글로 전달할 정치 지도자가 누가 있으랴.

네루의 〈세계사편력(Glimps of World History)〉 표지

통상 우리가 교육받고 알던 서구적 관점이 아닌, 제3자 입장에서 동서양의 여러 사상, 문화와 역사를 관조해 보려했고, 1947년 독립 이후 이어진 인도의 비동맹과 민주 사회주의 노선의 뿌리를 엿볼 수 있는 책이기도 하다.

1930년대 세계가 미증유의 대공황으로 휘청거리고 있을 때, 소련판 계획경제가 보여주었던 단기간의 경제 성과는 네루와 인도 독립운동의 본산 인도국민회의당(INC, Indian National Congress) 지도층의 마음을 사로잡았다.

가. License Raj와 힌두 성장률

동인도 회사(East India Company)로 대변되는 영국의 식민지배가 가져다 준 외자 및 대외교역에 대한 알레르기 반응은 독립 인도에 민주주의 정치와 사회주의 경제를 혼합한 네루식 민주 사회주의 자급정책으로 연결되었다.

산업화에 필요한 철강, 기계, 물, 전기, 광업, 인프라, 금융, 심지어는 호텔까지 거의 모든 산업 및 주요 서비스 부문을 공기업이 지배했다. 도입된 각종 교육, 의료, 보건 기반은 저소득층 기저생활 강화와 고른 산업기반을 갖추게 한 출발점이다.

헌법에 카스트(Caste) 차별 폐지를 명문화하고 전체 인구의 3/4을 차지하는 중하위 카스트 계층에 공직, 공기관과 대학 진입 시 50%에 달하는 별도 쿼터(Quota)를 배정하는 등 각종 지원제도를 도입, 뿌리 깊은 3,000년 카스트 기반을 뿌리부터 흔들려 시도했다.

그러나 비효율적인 중앙계획 시스템과 규율되지 못한 관료제가 민간 부분을 질식시켰고, 80년대 초반까지 연평균 3.5%의 경제성장률과 1인당 GDP 1.4% 성장이라는 '힌두 성장률'로는 극심한 빈부격차를 완화, 해소할 체력을 비축할 수 없었다.

산업에의 진퇴는 물론 특정상품의 생산량도 정부 관료들의 손끝과 정치권과의 관계로 좌지우지되고, 기업인들은 국내외 거래처나 산업 현장이 아닌 정부나 정치권 문턱을 드나들어야 했다.

정경유착과 부패의 뿌리 깊은 연결고리는 고착, 강화되었고 세계 3대 상인이라는 인도 상인과 인도 경제의 국제경쟁력과 자생력은 정체 내지 후퇴되는 후유증을 남겼다.

이렇게 인도가 1947년 독립 후 IMF 구제금융 조건부로 대외에 문호를 개방한 1991년까지 기간을 'Industry Raj[1]' 또는 'License Raj'라 부른다. 'License'가 '왕(Raj)'인 시절이었다.

그러나 외부에 문을 닫아 걸은 이 40년 동안 외부세계는 급변했다.

나. 간디, 네루 그리고 파텔

성장과 효율, 기술발전 속도 면에서 인류사 최적시스템이라는 자본주의 기반의 미국, 일본과 서구는 급속한 기술 발전과 성장세를 이어갔다. 이웃 공산국가 중국은 40여 년의 공산개혁을 통해 뿌리와 바닥을 다진 이후, 인도보다 12년 앞서 1979년 덩사오핑이 개혁개방 정책을 도입, 세계의 공장으로 부상하기 시작했고, 인도 경제의 버팀목이자 롤 모델이었던 소련은 1989년 붕괴되었다.

1) Raj : 힌디어로 왕, 지배를 뜻한다.

인도 북부 캐시미르주 Ladak 지구 해발 4,200미터에 위치한 Pangong Lake 전경, 인도-중국 국경분쟁의 한복판 지역이기도 하다. (필자 2021년 6월 직접 촬영)

90년대 이후 인도의 지난 30년은 독립 후 40여 년 간 License Raj 체제의 온실 속에서 안존하던 인도 기업, 인도 상인들이 온실 비닐이 거두어진 경쟁체제 하에서 새로운 강자와 경쟁하면서 그 체력과 경쟁력을 키워간 기간이다.

인도 초대총리로 네루가 아닌, 간디의 요청으로 초대 부총리를 네루에게 양보한 파텔(Vallabhbai Patel)이 했어야 했다고 아쉬워하는 그룹이 많다. 주로 간디 및 파텔의 고향인 인도 북서부 구자라트(Gujarat)에 기반을 둔 정치, 상인(바니아) 그룹의 견해다.

파텔의 카리스마와 정치적 수완이었다면 현재의 카시미르 영토 분쟁은 없었을 것이고 인도의 기업, 국가경쟁력은 세계 최고 수준에 도달해 있었을 것이라는 얘기다. 그 좋았던 1950년대 이후의 국제교역 여건 하에서 인도 상인의 경쟁력이 만개했을 것이고 인도라는 국가의 경제 파이는 지금과 비교할 수 없이 커져 있을 것이라는 생각에 바탕을 두고 있다.

현 모디 총리가 가장 존경하는 인물 중의 한 분이 파텔 초대 부총리다. 갠지즈에 이은 인도인의 제2 젖줄 Narmada 강 어귀에 현존 세계 최고의 180m 개인 동상을 기획하고 완공시킨 사람이 현 모디 총리다.

역사에 가정은 무의미하다지만, 독립 이후 네루 가문의 국민회의당 정권이 좀 더 철저한 토지 및 사회개혁을 추구했다면, 정치사회적 여건상 이것이 불가능했다면, 해방 이후 구축한 민주 사회주의 시스템 기반 하에 중국과 비슷한 1979년 전후에 인도가 개혁개방 정책으로 물길을 돌릴 수 있었다면 현 인도는 이미 G2가 되어 있지 않았을까?.현 인도의 경제·사회정책 주도 그룹의 마음 바탕에 깔린 생각이 아닐까 한다. (이데일리 : 2019년 12월 15일)

2. 인도 vs 중국

1) 인도, 2023년 4월부터 중국을 추월, 세계 제 1의 인구대국이 되다.

UN 추정치에 따르면 다음달 4월 1일부로 인도 인구는 14억 명을 초과, 중국을 제치고 세계 제 1의 인구대국이 된다. 인구로 대변되는 노동력과 그 구조는 한 나라의 경제활동 수준과 국력의 가장 큰 기준점 중의 하나이다. UN 추산에 따르면 산아 제한 여파에 놓여있는 중국 인구는 2022년을 정점으로 지속 감소, 21세기 말에는 8억 명 수준으로 감소할 전망이다.

반면 인도 인구는 완만한 지속 증가세를 지속해 2064년 정점에서 17억 명에 달할 것으로 전망되고 있다. 중국의 평균 나이가 38세인데 반해 인도는 28세로 중국보다 10년 젊다. 이 젊고 역동적인 인도가 국제사회에 끼치게 될 인구 역학적 파장은 향후 30년간 국제 경제, 정치 질서를 좌우하는 가장 큰 변수의 하나가 될 것이다.

많은 국제 정치, 역사학자들이 향후 세계 정치, 경제지형은 미국, 중국, EU, 그리고 인도가 만들어가는 신 4국지가 될 것으로 전망하고 있다. 이런 면에서 현 시점 기준 인도와 중국의 주요 경제, 대외관계 지표를 비교해 보는 것도 의미 있는 일이다.

우선 중국의 국토면적은 미국과 비슷한 958만 평방 Km로 인도의 330만 평방 km2 대비 2. 9배에 달한다. 그러나 인도는 북부 히말라야 연변의 일부 지역을 제외하면 인도 인구는 인도대륙 곳곳에 고르게 분포되어 있다. 청나라 강희대제 때 복속시킨 준 사막내지 고원지역인 신장위구르 및 티벳지역을 제외하면 양국의 인구가 집중거주하는 지역은 비슷하다.

2) 중국 GDP 18조 달러, 1인당 GDP 12,500 달러로 인도의 5.6배

대외 경제력의 척도라 볼 수 있는 미 달러 기준 2021년 중국의 GDP는 미국의 70% 정도인 17.7조 달러로 인도의 3.3조 달러대비 약 5.6배 수준이고, 중국의 1인당 평균 GDP 12,556 달러로 인도의 2,257 달러 대비 5.6배 수준에 도달해 있다.

양국간 경제력 내지 산업격차가 가장 크게 두드러진 분야는 전체 경제내 제조업 비중이다. 중국이 문호를 대외에 개방한 1980년 기준 양국의 GDP는 비슷한 수준이었다. 그러나 1979년 개방화 이후 공산당 주도 하 경제특구로 대변되는 강력하고 효과적인 경제개방, 개혁정책과 제조업, 수출주도 경제정책이 2001년의 WTO 가입 이후, 세계의 공장으로 급부상했다. 해서 현재 중국의 제조업 비중은 27%에 달하고 있다.

반면 1947년 독립이후 사회주의적 정책기조하 추진한 수입대체형 공업화 정책의 부진으로 80년대까지 연평균 3.5% 의 낮은 경제성장율(흔히 힌두성장율의 조롱조로 인용)에 머물러 있었다. 중국보다 12년 뒤진 1991년부터 여러 경제 개방, 개혁 정책들을 도입해 오고 있으나 정치, 정책적 혼선과 경제발전을 주도할 중국류의 강력한 중앙집권 기재의 부재로 인도 제조업의 경쟁력은 답보내지 미증 수준에 머물러 인도 제조업이 비중은 14%에 머물러 있다.

Self Reliant India 또는 PLI(Production Incentive Linkage/생산연계인센티브)로 모디 총리하 강력하게 추진되고 있는 신제조업 정책도 이 제조업 비중을 2030년대 중반까지 중국 비슷한 수준으로 끌어 올려 인도를 중국에 이은 세계 공장으로 탈바꿈시키겠다는 것이다.

3) 중국의 상품수출 3.4조 달러로 인도의 8배, 외환보유고 3.3조 달러로 인도 6배

이러한 국력, 산업 구조, 중국 정부의 보조금과 금융 지원기제가 아직도 작동하고 있는 중국의 2022년 중국의 상품수출액은 3. 6조 달러 발군의 세계 1위다. 인도의 4,500억 달러 대비 약 8배 가까이 많다. 반면 중국의 상품수입액은 2,7조 달러로 중국은 연 5,000억 달러 이상의 무역흑자를 지속해 오고 있고, 이것이 3조 달러가 넘는 세계 최대의 외환보유고로 이어지고 있다.

반면 수입이 예년에 비해 크게 급증한 2022년 상품수입액은 7,200억 달러로 2,700억 달러의 무역적자가 발생한 것으로 추정되고 있다.

중국이 제조업과 수출에 크게 앞서 있다면, 인도는 IT서비스를 중심으로 한 서비스 수출 강국이다. 연간 1,500억 달러를 넘는 IT서비스를 바탕으로 2021년 인도는 2,500억 달러 가까운 서비스 수출실적을 기록했다. 상품수출액의 절반 이상(55%)가 서비스 수출로 벌어들이는데 이는 중국 서비스 수출의 상품수출 대비 비중 11% 대비 월등히 높은 수치다.

매년 2,000 억 달러 전후의 인도 무역수지 적자를 메우는 주 재원이 이 서비스 수출과 매년 800~900억 달러 유입되는 해외거주 인도인의 대본국 송금액으로 이를 통해 6,000억 달러 가까운 외환보유고를 쌓아 놓고 있다.

Prime Minister Narendra Modi와 한국의 K-9 자주포

Source : Hidnustan Times, 2019. 1. 19

인도 독립후 인도 정부가 추진한 산업정책 중 가장 성공한 분야가 이 IT 및 Software 산업정책으로 인도는 미국이 매년 발주하는 2,000억 달러 이상의 해외 IT서비스의 70% 이상을 공급하고 있다. 현재 100명당 인터넷 가입자가 중국 73명 대비 인도가 43명, 모바일 가입자 중국 112명 대비 인도가 80명대 수준으로 중국의 70% 대까지 도달해 있는 점은 인도

경제가 왜 IT 서비스 강국이고 또 Digital이란 대세하에서 인도가 주도적 역할을 기대할 수 있는 이유다. 이를 뒷받침하는 문자해독률이나 불평등 정도 지표 (Gini 계수)에서 인도는 이미 중국과 비슷한 수준에 도달해 있다.

4) IT 서비스 강국에서 "제조 강국, 세계의 공장"을 꿈꾸고 있는 인도

현재의 인도 GDP 3.2조 달러 기준, 환율이 현 수준을 유지하고 인도 경제가 지난 10여년 간 보여 주었던 연 7% 실질 경제성장이 지속된다고 가정하면, 70 Rule에 따라, 2033년 인도 GDP는 현재의 2배인 7.3조 달러, 20년 후인 2043년에는 15조 달러에 도달하게 된다. 2045년무렵이면 인도 경제 덩치와 경제력은 현재의 중국경제와 비슷한 수준에 도달한다는 의미다.

이런 비전하에, 또 정치적인 수사를 더해 2035년까지 인도를 현재의 중국과 비슷한 제조강국, 세계의 공장으로 만들어 보겠다는 모디 정부의 산업, 경제정책의 요약판이 고부가 전자, 통신, 전기자동차, 특수강, 의약품, 백신, 신섬유 등 전략 산업 14개 분야를 대상으로 2020년부터 추진하고 있는 PLI 정책이다.

정부지출의 20%를 이자 상환에만 쓰는 열악한 재정여건 속에서도 정부 담당 부처의 향후 5년간 예산에 직접 반영해, 이 분야에 투자하는 인도 국내외 기업의 향후 5년간 인도 내 신규투자로 인한 생산증가액에 대해 평균 4~6% 현금 인센티브를 지급하는 정책이다. 순익이 아니라 판매 증가액에 대한 현금 보조라는 매우 파격적인 산업정책으로 Reliance, Mahindra, TVS 등 인도 대기업, 중견기업은 물론 Foxcon, 삼성전자 등 외국계 기업이 이에 적극 호응하면서 그 대상 분야를 점차 확대하고 있다.

인도 ICEA(India Cellular and Electronics Association) 자료에 따르면 2002년 4월부터 금년 2월간 인도의 스마트폰 수출액이 전년 동기 대비 2배 이상 증가한 90억 달러를 넘어섰고, 모바일 폰 전체 생산에서 차지하는 수출 비중도 전년의 16%에서 24%로 급증했다. 금년 회계연도(2022.4~2023.3) 인도 전자제품 수출액도 전년 대비 36.8% 급증한 194억 달러에 달할 것으로 추산되고 있다.

이 PLI 정책에 인도 국내외 기업이 적극 호응하고 있고, 인도의 산업내지 제조업 기반이 급속히 강화되고 있다는 증거다. 2021/2022 회계년도 인도에 대한 외국인 직접투자(FDI : Foreign Direct Investment)는 848억 달러로 사상 최대치를 기록 중국의 절반 수준까지 도달했다.

지속되고 있는 미국-중국 간 세계 경제 패권 경쟁과 Corona 기간 중 노출된 세계의 공장 중국의 공급망 혼선을 겪으면서 미국, 유럽, 일본 주도의 "China + 1 공급망" 재편 바람이 불고 있고 최대 수혜지로 인도, 베트남, 인도네시아가 주목받고 있다. 지난 10년간 연평균 6~7%의 경제성장률과 그리고 2029년까지 최소 5년간은 보장될 모디 총리체제의 정치적 안정성과 제조업 육성정책이 인도 정부의 발 빠른 대응과 맞물린 결과다.

위에서 제시한 2040년대 초 인도의 경제 규모가 현재의 중국과 비슷한 수준에 도달할 것이라는 가정이 앞당겨질 수도 있겠다. 14억 인구 면에서 시장 크기와 성장성 면에서, 공급망 재편 면에서, 중국을 보완하면서 대체해 볼 국가 후보군 중 인도는 제일 앞자리에 있을 수밖에 없지 않은가?

〈인도-중국간 주요 경제, 사회지표 비교〉

구분	단위	인도	중국	비고 (중국/인도)	자료원
면적(2022 말)	백만 km^2	3.29	9.58	2.91	UN
인구(2022 말)	십억	1.4066	1.4485	1.00	UN.
GDP(2021)	U$ Trillion	3.18	17.73	5.58	WB
1인당 GDP(2021)	U$	2,257	12,556	5.56	*WB
제조업 비중(2022)	%	14.0	27.0	1.93	WB
상품 수출(2022)	U$ 십억	453	3,594	7.93	Statisca
상품 수입(2022)	U$ 십억	723	2,716	3.76	Statisca
서비스 수출(2021)	U$ 십억	245	391	1.60	WTO
서비스 수입(2021)	U$ 십억	196	441	2.25	WTO
외환보유고(2023.2)	U$ 십억	560	3,133	5.59	Wikipedia
인터넷 보급률(2021)	명/100명	43	73	1.70	WB
모바일 가입자(2021)	명/100명	82	122	1.49	WB
Gini Index (2019)	../100	35.7	38.2	1.07	WB
문재해독률(15~24세)	%	92	100	1.09	WB

* WB: World Bank, WTO : World Trade Organization.

3. 2035년 인도 GDP 10조달러로 현 중국의 70% 규모

- 28세 평균연령, 교육열과 강력한 리더쉽이 근거 -

2035년 인도 GDP는 10 조달러, 1인당 소득은 7,000 달러로 현재 대비 약 3.5배로 전망[2]된다. 14조 달러 GDP, 10,000 달러 평균소득의 현 중국과 비슷한 경제규모다. 인도정부가 제시하는 연평균 8% 성장목표와 인구 분포, 현장에서 목격한 강력한 리더쉽과 인도인들의 자신감에 근거한 수치다.

지난 40여년 중국의 경제발전 역사는 강력한 공산당 정부를 축으로 강제저축을 통해 동원한 국내외 자본과 잉여인력을 제조업 현장과 세계시장에 결합시킨 중국식 Harrod-Domar 경제발전 모델의 성공작이라고 할 수 있다.

인도도 중국과 비슷한 여건을 갖추고 있다.

14억 인도의 평균연령은 28세로 중국보다 10년 이상 젊다. 항아리형 인구분포와 8학년 의무교육제를 통해 배출된 인도의 20, 30세대는 향후 20년 이상, 지속 확대될 중산층과 안정적 구매력을 담보한다. 카스트 질곡을 뚫기 위한 우리나라 못지 않은 교육열과 IT교육 열풍은 지난 2년간 Byju's를 비롯한 4개 교육 Unicon기업을 탄생시켰다. 매년 400만 이상의 대졸자를 배출하고 있고, 100만에 가까운 컴퓨터 엔지니어링 인력을 배경으로 인도 IT 서비스는 전세계 최대인 연 1,500억 달러 이상을 수출하고 있다. 북미 50만명을 포함해 86개국에 분포되 있는 인도 유학생 수는 100 만명에 이른다.

"10대에 인도와 결혼하기로 약속한 이후 사실상의 독신으로 부인도 자식도 없고 깨끗하다. 간치[3] 상인의 후예로 주와 나라의 1인자가 된지 20년이 넘었지만 끔찍이 모시는 어머님을 비롯한 형제 자매는 고향 구자라트의 평범한 옛 일상을 지키고 있다. 매일 12시 넘어 일과 사람에 파묻혀 지내면서도 매일 새벽 4시부터 기도로 아침을 시작한다. 13년간 구자라트 총리 재임시 연평균 13% 경제성장율로 구자라트주를 인도 제조업의 본산으로 만들었다. 2014년 인도 총리로 옮

2) 연평균 실질경제성장율 8% 복리 15년 지속 전망에 근거한 수치임. 환율변동은 미반영함
3) 인도식 차인 짜이를 파는 상인계급

기면서 제일 먼저 한 일이 중앙 각부처 고위공무원을 국가에 대한 열정과 성과를 기준으로 평가, 재배치한 이후 공무원계를 몰아치고 있다. 출퇴근 자동 인식 시스템을 통해 만연된 고위공무원의 출퇴근 기강을 바로잡고, 일상의 호텔 식사 관행을 구내식당 이용으로 의무화했다. Make In India, Digital India, Clean India와 같은 명확한 비전과 실행 프로그램으로 독립 후 최고의 카리스마 지도자다."

인도 현지에서 만난 수많은 젊은 이, 비즈니스 계 인사들이 청렴 모디에 열광하고 카리스마 모디에게 화려했던 과거 인도제국의 영광을 구하고, 수 많은 외국계 기관, 기업이 G3 젊은 인도, Modinomics를 이야기하는 이유다.

모디는 2014년 집권 이후의 강력한 개혁 프로그램과 7% 고성장으로 2019년 60% 안정의석으로 재집권 했고, 1950년생 모디의 나이에도 불구하고 많은 사람들이 2020년대 말까지의 국가총리 모디를 기대하고 있다. 모디 개인을 넘어 일반 국민과 지도층에 심어 놓은 개혁과 발전 과제는 거스를 수 없는 핵심 어젠다로 자리잡았다. 20년 전 현지에서 본 인도인들이 무엇인가에 주눅 들어 있었다면 지금의 인도 사람들은 당당하고 자신 만만하다.. 많은 사람들이 이러한 인도경제의 역동성을 선도하고 있는 총리 모디를 인도판 등소평, 한국판 박정희라 부른다. 카스트 질곡은 크게 완화되고 있고, 그만큼 역동적이고 돈과 교육에 절실하다.

인구, 땅의 크기, 문명대국 인도와 중국의 경제규모는 중국이 개혁개방을 시작한 1979년 기준 비슷했다. 그러나 인도가 독립 후 사회주의 경제시스템과 개혁개방의 파고를 넘나드는 동안 중국은 지난 40년간 유례가 없을 연평균 10% 전후 성장율로 14조 달러 GDP와 1인당 국민소득 1만 달러의 G2로 성장했다. 인도의 약 5배 규모다. PPP(실질구매력) 기준으로도 인도 8조 달러 대비 중국은 25조 달러로 3배 이상 차이가 난다.

그러나 산이 높으면 골이 깊듯 중국은 최근 6% 이하의 중성장세, 10년이내 4% 대의 저성장 경제체제로 전환될 것으로 예상된다. 반면 굴렁쇄의 역설이 말해 주듯 젊은 인도, 큰 굴렁쇄의 인도는 향후 최소 20년 이상 7% 이상의 고성장을 지속할 것이다.

지난 5~6월 일 40만을 넘던 인도의 코로나 확진자 수도 현재 일 1만병대로 급락 뭄바이, 뉴델리 등 대도시와 여타 지역은 코로나 이전의 일상을 거의 회복했다. 코로나 홍역을 치뤘던 지난해 -7.5% 성장으로 독립후 최악이던 인도 경제는 금년 10%, 2022년 9% 전후의 성장세를 전망하고 있다. 인도 Sensex 지수도 연초 대비 세계에서 가장 높은 30% 이상 급등했고 코로나 와중에도 2020년 대 인도 외국인 직접투자는 16% 증가한 860억 달러로 독립후 최대를 기록했다. 2035년 GDP 10조 달러, 1인당 국민소득 7,000불 G3를 상징하는 추세이자 수치라 할 것이다.

지난 20년 G2로 성장한 중국을 배경으로 우리가 3만달러 평균소득에 합류했다면 향후 20년은 G3 인도와의 경제, 투자관계를 어떻게 바라보고 준비하는 가에 크게 좌우될 것이다.

4. 2001 중국, 2010 베트남, 2023 인도

"2001년이 한국 기업들에게 중국 진출 러시의 원년이었고, 2010년이 베트남 진출 러시의 원년이었다면, 2020년은 인도 진출 러시 원년이 될 것이다."

코로나 이전 인도를 방문하는 수 많은 우리 중소, 중견기업 관계자들이 전하는 말이었다. 전 세계와 인도를 덮친 코로나로 인해 2020년이 2023년으로 세해 이연되었지만 전세계 경기침체 추세속에서도 인도 경제는 7%대의 나홀로 성장세에 주식시장도 사항 최고치를 경신하고 있다. 2023년은 우리나라와 인도가 국교를 맺은지 50주년이 되는 해다. 2023년은 2000년 중국, 2010년 베트남에 이어 내년 2023년은 우리기업의 대인도 진출러쉬의 해가 될 것이다.

1) 썰물 추세의 중국, 포화의 조짐이 보이는 베트남, 미국이 미는 인도

우리나라가 1990년대 후반의 IMF 외환위기를 극복하고, 21세기 경제강국으로 도약할 수 있었던 배경에는 이웃 중국이라는 존재가 있었다. 중국은 2000년을 전후해 WTO 가입을 통해 세계시장에 본격 데뷔하였고, 이후 8% 이상의 고

성장세를 지속해 이웃 한국 경제의 배후지를 제공했다. 한때 바다 건너 산둥반도에만 5,000여 한국기업이 진출했고, 우리나라 교역의 1/4이 중국과 직접적으로 연결되어 있고 반도체를 포함한 거의 전산업 영역에 걸쳐 중국기업은 우리와 직접적인 경쟁 및 상호보완 관계를 맺고 있다.

그러나 사드 배치로 분위기가 급반전된 양국간 경제, 문화교류 환경은 현재 진행형인 미중 간 무역분쟁과 4%대로 떨어진 성장률, 제로 코로나 방역이 겹쳐 우리기업의 중국에 대한 관심과 이해는 급속히 위축되고 있다. 덩치와 자부심이 부풀어 오른 중국 기업인과 정부를 대하기도 힘들어졌고, 만나는 우리 기업중 대중국 투자나 교역을 늘이겠다는 기업을 찾기가 힘들어지고 있다. 불과 몇 년 전만 해도 상한가를 기록한 우리기업과 유관 기관의 대중국 전문가 수요는 한겨울 한파로 접어든 듯 하다.

2010년대에 접어들면서 우리 기업과 기업인들은 베트남으로 눈을 돌렸다. 인건비 상승과 경쟁 격화 등으로 중국의 사업 환경이 악화된 가운데, 저임금과 미래 시장 가능성, 문화적 유사성, 베트남전 참전에 따른 향수 정서 등이 어우러져 2010년을 전후로 우리기업의 대 베트남 투자 러시가 시작되었다.

현재 삼성전자 한 곳이 베트남 전체 수출의 20% 전후를 담당하고 있고, 남부 호치민, 북부 하노이, 그리고 최근의 중부 다낭까지 우리 기업의 투자는 베트남 전역으로 확산되었다. 한-베트남 교역은 올해 800억 달러 넘어 한국의 제3 수출 대상국으로 부상한지 오래고, 현재 일만여 한국 투자기업에 20만이 넘는 한인사회를 구축해 놓았다. 문화적 친근성이 더해, 인허가 등 베트남 정부와의 관계에서, 우리기업 간 협력에서 마치 한국 내에서 기업을 운영하는 듯한 환경을 만들어냈다.

그러나 베트남 역시 탈중국 다국적 기업의 베트남 유입과 기진출 한국 기업들 간 과당경쟁과 중국에서 보았던 정치적 리스크의 재현, 자신감이 붙은 베트남 정부의 자국산업 육성정책을 우려하는 목소리도 높아지고 있다.

2) 평균 연령 28세의 14억 인구와 7% 고성장세, 모디라는 지도자

14억 인도는 내년 중국을 추월, 세계 최대의 인구대국이 될 전망이다. 절대

인구수에 더해 인도가 어필하는 가장 큰 매력은 중국의 38세 대비, 10년 이상 젊은 평균 28세의 젊은 인구 구성과 무서운 성장세다. 30세 미만 인구가 약 30%에 달하고 이 비중이 가장 큰 인도의 종형 인구 구조는 현재의 10~20대가 구매력이 가장 큰 30~50대로 이동할 때까지 향후 20년간 안정적인 구매력과 성장세를 담보하는 가장 큰 설명변수다. 현재의 스태그 플레이션성 세계 경제 흐름속에서도 인도는 내년까지 년 7% 성장세가 지속될 전망이고, 인도 Nifty 50 주가지수는 12월 들어서도 18,000대 중반을 넘어 사상 최고치를 지속 갱신하고 있다.

인도는 인도아대륙에서 명멸했던 그 수많은 왕조, 종족, 언어, 종교를 아울렀던 관용과 조화 전통으로 뼛속까지 민주국가이다. 우리나라의 33배에 달하는 국토면적에 각 주별 자치 전통이 뿌리 깊다. 그래서 소비에트나 중국의 일당제 상명하달 행정시스템은 인도에서는 원천적으로 불가능하다. 인도는 적어도 중앙정부 차원에서의 정치적 리스크 프리 존(Free Zone)이다.

중국에 개혁개방의 설계사 등소평이 있었다면, 인도는 독립 후 최고의 스트롱맨(Strongman)이라 불리는 모디(Modi)라는 걸출한 지도자를 지니고 있다. 사심없는 개혁과 인프라, 제조업, 외국인 투자, 디지털, 스타트업으로 표현되는 실용주의 노선으로 코로나19 사태 이전까지 5년 간 7%가 넘는 성장세를 주도했다.

세계은행의 '기업하기 좋은 환경' 지수도 5년 전 120위에서 2019년 63위로 낮추는 등 기업환경이 급속한 호전 추세다. 반도체, 밧데리, 전기차 등 14개 전략산업을 지정, 향후 5년간 400억 달러의 예산을 이들 분야에 투자하는 인도 국내외 기업에 직접 현금 보조하는 파격적인 자국 산업 육성 정책을 추진하고 있다. 삼성전자, Foxcon 등 해외기업의 참여도 폭발적으로 인도에 대한 외국인직접투자 금액은 이미 연 800억 달러대를 넘어서고 있다.

100억 달러 이상의 반도체 후공정 공장을 준비중인 Tata, 5G 시장을 준비하고 있는 Reliance 등 인도 대기업도 발빠르게 대응하고 있다.

2019년 5월 모디총리와 총선 집권당(BJP은 자체만으로도 과반수를 훨씬 넘는 의석을 확보, 독립 이래 유례가 없는 강력한 지지기반을 구축했다. 현 정치구도상, 지난 8년의 성과상, 2024년 총선도 현 모디 총리에 대안이 없다는 것이 중론이다. 중국의 등소평이 20년의 개혁개방 추진 시간을 가졌다면, 인도 모디 총리는 지난 8년을 포함해 앞으로도 최소 8~9년 자신의 시간을 가질 수 있다.

미국에 있어 인도는 헤게모니 전쟁중인 중국을 견제할 수 있는 거의 유일한 대체국가다. 호락호락하지 않은 인도지만, 인구, 땅크기, 경제덩치에서 인도는 미국의 대중국 봉쇄전략의 제 1선 국가다. 월마트가 200억 달러 가까이 인도 전자상거래 분야에 이미 투자했고, 페이스북이 60억 달러의 Reliance G5 지분사에 투자하고, 애플이 중국내 아이폰 생산공장을 급속히 인도로 이전하고 있는 이유다.

3) 2023년 한-인도 수교 50주년

2023년은 한-인도가 수료한지 50주년이 되는 해다. 우리 정부 및 인도 정부 차원에서도 내년을 계기로 양국간 정치, 경제, 군사, 문화협력을 획기적으로 끌어 올릴 과제들을 본격 준비중이다.

1990년대 중반 이후 삼성전자, LG전자, 현대자동차, 포스코 등 우리 대기업과 그 협력기업이 성공적으로 안착해 현재 700여 기업이 안정적인 성장세를 이어가고 있다. 일본이나 서구기업과 달리 극심했던 인도 코로나 와중에도 현지를 지켜준 우리기업인에 대한 고마움, 불가할 것 같았던 인도내 뜨거운 한류열풍, 한-인도간 방산협력 등이 겹쳐 인도 현지의 우리기업과 기업인에 대한 평가와 기대도 매우 긍적적이고 높다.

그러나 한국기업의 대인도 투자 규모는 일본의 1/10 수준이고, 인도의 외국인 직접투자 유입 누적액 대비 한국의 비중은 0.9%에 불과하다. 그러나 최근 큰 물줄기가 바뀌고 있는 탈중국 흐름과 인도로의 외국기업 러쉬 흐름속에서 우리기업의 대인도 투자도 2023년중 급속한 전환기를 맞이할 것이다.

우리나라 포스코가 인도 북서부에 100억 달러 이상의 일관 제철소 건립을 결정한 바 있고, 이미 세계 최대의 핸드폰 조립기지를 인도에 구축한 삼성전자도 중국내 라인을 인도로 지속 옮기고 있다.

110만대 생산체제를 인도에 구축해 놓은 현대 기아의 전기차 모델도 인도 시장을 선도하고 있고, 인도 정부가 지속적으로 요청하고 있는 전기차 밧데리 공장의 설립도 그 시기가 무르익어 가고 있다. 인도 최대기업이자 성공의 보증수

표 Tata가 추진하고 있는 100억 달러 이상의 반도체 후공정 설립 프로젝트 파트너로 30년 진출 역사를 가진 우리기업이 최우선 고려대상이 될 것이다. 우리 정부도 급변하고 있는 국제 정세속에서 중국을 대체, 보완할 핵심 파트너가 인도라는 점을 직시하고 있다.

구자라트 주 소재 포스코 가공공장. 포스코는 이곳 인근 구자라트주 해안에 100억 달러 규모의 일관제철소 건립을 추진하고 있다. 필자 직접 촬영.

2000년 이후 10년 주기로 우리기업의 해외투자 중심국이 이동되어 왔다. 급속하게 진행되고 있는 탈중국화와 G3 인도의 고성장세로 인도는 우리나라에 제2의 중국, 제2의 베트남이 되어갈 것이고 그 전환점이 수교 50주년의 해 2023년이 될 것이다.

5. Digital_India가 바꾸고 있는 통신강국 인도

1) 세계 Digital Payment의 70%가 인도에서 발생

현재 상거래에 있어 현금이 아닌 Digital Payment 거래 건수가 가장 많은 국가는 어디일까. G2 중국일까, 아니면 미국일까? 일본일까? 놀랍게도 인도다.

ACI Worldwide에 따르면 20221년도 중 인도의 실시간 거래건수는 480억 건으로 중국(180억 건)의 약 3배, 미국, 캐나다, 영국, 독일을 모두 합친 건수의 6.5배에 달하고 있다. 전세계 Mobile Payment 건수 70%가 인도에서 발생하고 있다. 2022년도에는 인도내 모바일 거래건수가 1,000억 건에 달할 것으로 전망되고 있다. 14억 인도 인구를 감안하면 인도 인구 1명당 1년에 70, 한달에 6회를 Mobile Payment로 지불하고 있다는 것이다. 전체 인구의 60%가 살고 있고 디지털 이용율이 크게 떨어지는 인도 농촌인구 비중, 1인당 평균 국민소득 2,200달러를 감안할 때 이 1,000억 거래 건수는 대단히 놀라운 통계다.

필자가 수도 뉴델리에 근무한 지난 3년간 집 앞 허름한 야채 가게나 일용품

점, 식당에서 Debit Card 내지 PayTM 같은 모바일 결제 앱을 통한 Mobile Payment가 가능했었다. 집 앞 길목에 늘어서 있는 야채 가게에서나 노천 수선점에서 구두를 수선할 때 등이 현금을 지불해야 했던 흔치 않은 경험이었다. 인도 지폐 위생상태가 일반적으로 않 좋고 거스름돈을 주머니에 보관하는 일도 늘 번거로웠다. 외국인인 필자뿐 아니라 일반 인도 대중들도 비슷해서 현금보다 카드나 모바일 결제를 선호한다. 돈 세는 번거로움을 피하고, 수수료도 낮아 어느 정도 규모가 되는 상점 대부분 카드나 모바일 결제를 더 선호했다.

2) Reliance Jio가 촉발한 Data, Mobile전쟁, 인도경제의 디지털화를 15년 앞당기다.

이같이 인도가 세계 Mobile Payment의 70% 점유율 위치를 촉발한 직접적인 출발점은 2016년 인도 최대의 기업 Reliance가 4G 통신시장에 진입하면서 촉발시킨 “Data 전쟁”이다. 이전 인도 통신시장은 토종 대기업 “Bharti Airtel”과 영국계 Vodafone 합작사인 “Vodafone Idea”를 필두로 14개 기업이 난립하고 있었다. 높은 통화료에 월 통화 시간 몇 분, 데이터 이용한도 KB 등과 이를 혼합한 수많은 조합상품으로 인도 일반 소비자들은 자신들의 통화, 데이터 사용량을 확인하면서 마음을 졸이곤 했다.

좋은 면, 나쁜 면이 공존하는 Reliance Industry의 회장 Mukesh Ambani이지만 그 사업적 감각과 추진력은 타의 추종을 불허하는 것으로 정평이 나 있다. Mukesh Ambani는 급속히 팽장중인 인도 통신시장, 4G 무선통신 시장에 신규 진출하면서 Jio 가입고객에게 6개월 통화, 데이터 무료 패키지를 통해 기존의 2G, 3G 고객을 4G 서비스이 Reliance Jio로 급격히 흡수하고, 통화료도 기존 2G, 3G 요금의 30% 전후 수준의 월정 요금제로 공급했다.

과점적 구조를 이용, 대중의 무선통화 및 데이터 접근성 및 이용가격을 현저히 제약하고 있던 구조와 파훼법을 꽤 뚫어본 전략이었다. 다른 기업이면 몰라도 인도 최대기업 Reliance Industry와 Mukesh Ambani의 자금력과 사업수완이 버겁고, 급격히 이탈하는 기존 고객 확보를 위해 경쟁 기업들도 Reliance Jio의 통화료, 데이터 요금전쟁에 동참하게 되었다.

이를 통해 신생기업 Reliance Jio는 통신업 진출 3년만에 인도 최대 통신, 데이터 서비스 기업으로 발돋음했다. 현재 Reliance Jio 가입 고객수는 약 4억명으로 월평균 이용료는 Rs 120 (약 2,000원) 수준인데, 2020년 2/4분기 매출 약 2조원, 영영이익 8,000억원의 세전이익(EBITA)을 올린 바 있다.

이를 통해 2022년도 인도 무선통신 이용자의 월평균 데이터 이용량은 20GB에 근접해 있다. Reliance Jio 이전까지 매우 인도 농촌 농부도 작물 파종 전 기후정보, 수확전 가격정보에 접근 언제, 어느 가격에 팔지를 알수 있게 되었다. 인도의 젊은이들도 이전과는 비교도 안되는 저렴한 가격에 일상에서 음악을 듣고, 영화를 보고, 교통정보를 확인할 수 있게 되었다. Redseer Strategy Consultants 자료에 따르면, 하루 평균 스마트폰 이용 시간은 미국 7.1시간, 중국 5. 3시간을 넘어, 인도는 7. 3시간에 달한다.

Ericsson, CNNIC자료에 따르면 2022년 중 전세계 데이터 이용량 중 유럽, 북미, 일본 및 기타 선진권이 약 25%, 중국이 27%, 인도가 21%를 차지하고 있다. 중국, 인도가 전세계 데이터 소비량의 약 절반을 소비하고 있는 것이다.

3) 인도 115개사 Unicon 대부분 데이터 관련기업, PayTM 가입자수 4억 5천만

"India Unicorns and Exits Tech Report 2022'에 따르면 2022년 말 기준 인도 내 유니콘(기업평가 10억 달러 이상 벤처기업) 기업수는 115 개사 (시장평가액 약 3,500억 달러)로 미국 661 개사, 중국 312 개사에 이은 세계 3위다. 이 115개사 대부분이 핀테크, 전자상거래 등 급속히 진행되고 있는 인도경제, 신업, 금융의 디지털화에서 파생된 기업들이다.

이중 선두권으로 2022년 말, 220억 달러로 평가되는 인도 온라인 교육 선도기업 "Byju"의 가자 수는 1억 2,000만 명을 넘어섰다. 인도 제 1의 Mobile Payment App으로 성장한 "PayTM"의 2023년 3월 말 상장 시장가치는 약 52억 달러이고, 4억 5천만 등록자를 확보하고 있다. 22년 말 기준, 인도 토종 배달앱 "Swiggy"시장 가치 107억 달러, 숙박대행 앱 "OYO" 시장가치는 코로나 여파로 많이 떨어진 후에도 90억 달러를 넘는다.

4) 모디 정부의 Digital India, 인도 경제, 행정 개조의 핵심툴

2014년 모디 신정부 출범직후 발족한 [Digital India] 및 관련 프로젝트도 인도 경제의 디지털화를 가속화 시키는 핵심 수단이다.

또 다시 청구되고 했던 전기사용료 대비 몇 년치 영수증을 보관해야 했던 지난 20여년 전의 인도는 지금 인도에는 없다. 전기요금도 서비스 기업 사이트에 내 ID로 접속, 확인절차를 거쳐 몇 번의 버튼만 누르고 결제하면 다시 청구되는 사례는 없다. 인도에 물품을 수출할 때, 출입국 등록을 할 때, 세금을 낼 때 인도 일반 대중 대부분 온라인이나 웹사이트 접속을 통해 낸다. 인도 고속도로 곳곳에 우리나라의 Hi-Pass류 설치가 급속히 늘어가고 있다.

산재한 전통시장 등, 정보를 몰라서, 설치 가입비가 부담이 되는 인도 영세 가게에서, 그리고 세금을 회피하고픈 분야를 빼곤 인도의 전 경제, 행정, 사회 분야에 걸쳐 디지털화가 급속히 확산되고 있다.

이러한 인도 경제의 디지털화는 아직도 매우 부족하고 불편한 인도의 물리적 인프라를 보완하는 가장 경제적이고 신속한 대체 수단이 되어 가고 있다. 외국계 진출기업은 물론 인도 개기업이 일선 현장에서 부딪쳐야 했던 수많은 인도 담당 공무원의 재량권과 부패 여지는 이 디지털화로 줄어가고 있고, 처리시간과 절차도 몰라보게 개선되는 추세에 있다.

2014년 모디 정부 출범당시 124위에 달했던 세계은행의 “Ease of Doing Business” 인도 국가순위가 2020년 63위로 급속히 개선된데 이러한 인도 경제의 Digital 화와 이에 따른 경영환경 개선이 큰 역할을 했다.

현재 모디 정부가 야심 차게 추진하고 있는 우리나라의 주민등록증에 해당하는 ”Aadhar Card“ 전자화와 Mobile 데이터 간 연결 프로젝트가 진전되고, 제공 서비스가 확대되면 인도 일반 국민과 기업의 생활, 기업환경은 획기적 변화를 겪을 것이다.

세계은행 보고서에 따르면, 모바일 사용자 및 인터넷 사용자 수가 10% 늘면 1인당 소득 각각 0.81%, 1.38% 증가하는 것으로 나타나고 있다. 2021년 말 기준 인터넷 보급률(100명당 이용자 수)은 인도 43명으로 중국의 73명 대비 약 60%

수준이다. 모바일 가입자(100명당 가입자)도 중국 122명 대비 82명으로 약 67% 수준까지 올라와 있고 이 격차는 급속히 좁아질 것이다.

2023년 중국의 1인당 GDP 17,500 달러 대비, 인도는 2,500달러로 중국의 1/5 수준에 머물러 있다. 이런 격차를 감안하면 인터넷 및 모바일 이용률에서 중국의 2/3 수준까지 도달해 있다는 것, Digital Payment 건수가 중국의 3배에 달하고 있는 것은 그만큼 인도의 디지털화가 급속히 진행되고 있음을 보여 주는 수치다.

또한 인도정부는 2023년부터 디지털 자산 합법화 및 30% 과세한다. 금년부터 인도는 모든 디지털 자산의 합법화를 허용하되, 보유 평가차익 및 거래 시 모든 디지털 화폐에 대해 30%의 일괄 세율을 적용키로 했다.

이에 따라 인도 중앙은행(RBI : Reserve Bank of India)의 Digital Rupee (CBDC: Central Bank Digital Currency) 도입이 2023년부터 공식화된다. 중국이 올 상반기중 CBDC를 도입하는 데 이어 인도도 가상 화폐 확산 글로벌 추세를 선도하고, 경제 전체의 거래비용을 절감하며 통화신용 시스템의 디지털화를 가속화시키기 위한 수단으로 CBDC를 활용한다.

디지털 인디아, 인도 경제, 행정, 사회발전의 핵심 수단이다.

디지털 인디아를 주도하고 있는 인도 Reliance Jio

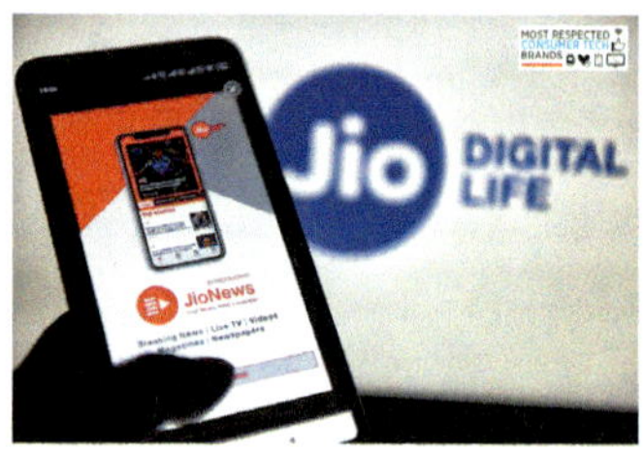

〈세계 주요국 스마트폰 사용자 및 이용률〉

2022 rankings [edit]

[2]

Rank	Country/Region	Total population	Smartphone users	Smartphone penetration
1	PRC	1.43B	974.69M	68.4%
2	India	1.42B	659.00M	46.5%
3	United States	338.29M	276.14M	81.6%
4	Indonesia	275.50M	187.70M	68.1%
5	Brazil	215.31M	143.43M	66.6%
6	Russia	144.71M	106.44M	73.6%
7	Japan	123.95M	97.44M	78.6%
8	Nigeria	218.54M	83.34M	38.1%
9	Mexico	127.50M	78.37M	61.5%
10	Pakistan	235.82M	72.99M	31%

자료 : Wikipedia

Digital India
Power To Empower

자료 : Wikipedia

6. 나홀로 성장하는, 인도 주식시장

1) 20년동안 18배 증가, 상승률 아시아 1위, 인도 주식시장

인도 주식시장이 뜨겁다.

금융정보업체 에프앤가이드에 따르면 2022년 9월 2일 기준, 우리나라의 인도 주식형 펀드 25개의 3개월 평균 수익률은 17.06%로, 해외 주식형 펀드 평균 3.21%를 훌쩍 웃돌았다. 주요 지역별 펀드 중 가장 높은 수치다. 우크라이나 전쟁 지속과 미국발 금리인상 여파로 지난가을022년 6월 17일 15,293 까지 하락했던 인도 Nifty50 지수는 2022년 9월 14일 18,000선을 돌파했고, 2023년 9월 15일 대망의 20,000선을 돌파(20,147)했다. 아시아 주요국 증시중 상승률 단연 1위다.

인도 주식시장의 호조는 인도 경제의 나홀로 고성장세와 '차이나리스크' 부각에 따른 외국인 자금 이동 때문이다. 세계 경제가 코로나 이후의 Stagflation과 R 공포에 휩싸여 있는 가운데서도 인도의 지난 2분기(4~6월) GDP는 13.5% 증가했고, IMF는 금리 인상 기조에도 올해 인도 경제는 7.4% 증가할 것으로 전망하고 있다. 인도는 코로나19 일일 신규 확진자수는 하루 5,000명 전후에 머물러 있다. 코로나에 관한한 인도는 사실상 탈 코로나 시기로 접어들었다. 그동안 자금이 몰렸던 중국 시장은 지난해부터 알리바바, 텐센트 등 대형 기술주와 사교육 중국 기업에 대한 규제가 전방위적으로 강화되고 있고, 비현실적인 Zero Corona 정책 여진이 불거지면서 중국내 외국인 투자 자금이 인도, 베트남 등으로 옮겨가고 있다.

인도 주식시장의 꾸준한 고성장세는 지난 20년간의 Nifty 50 그래프에서도 확인할 수 있다.

인도 주식시장의 양대 지수의 하나로 인도 50대 주요기업을 포괄하는 Nifty 50 지수는 99년 1월 1일 970선에서 23년이 지난 22. 9. 27일 현재 17,000선까지 증가했다. 23년만에 개별종목도 아닌 주식시장 지수가 18배 상승한 셈이다. 2009년 금융위기, 그리고 2000년의 코로나 기간을 제외하면 Nifty 50 지수는 꾸준하고도 견고한 우상향 증가세를 보여왔다. 이러한 인도의 꾸준한 우상향 증가세는 같은 기간 중 보여준 중국 상하이종합주가지수의 밋밋한 흐름과 인도보다는 기울기가 완만한 베트남 VNINDEX(Vietnam Ho Chi Minh Stock Index)와 크게 대조되는 모습이다.

자료 : Google.com

보여준 과거의 기록과 성과가 그리고 인도경제의 성장세 지속과 젊은 인구구조로 향후에도 이런 흐름이 지속될 것이라는 믿음이 인도 주식시장에 국내외 자금이 몰리는 이유다.

2) 1875년 아시아 최초 출범, 시가총액 3조 달러, 세계 10위 인도 증권거래소

인도 증권거래소에는 BSE(Bombay Stock Exchange)와 NSE(National Stock Exchange) 2곳이 있다. 인도 중앙은행(RBI : Reserve Bank of India)과 함께 이 두 증권거래소 모두 인도 중서부에 있는 인도의 경제수도 뭄바이시에 위치해 있다.

5,000개 이상의 인도기업이 상장되어 있는 BSE의 대표지수가 SENSEX다. BSE는 영국 식민지 기간인 1875년 창립되어 일본(TSE : Tokyo Stock Exchange, 1878년), 홍콩(KKEX : Hong Kong Stock Exchange, 1891년)보다 앞서 아시아 최초의 증권거래소로 출발했다. 이러한 오래된 연륜을 배경으로 상장기업 총가치는 3.1조 달러에 달한다.

반면, NSE는 90년대 초 불거진 증권사기를 계기로 1992년 출범한 증권거래소로 인도 주식시장의 Digital화와 대중화를 선도하고 있다. 2,000여 상장기업의 주가 총액은 3조 달러 정도인데 이곳의 Nifty50은 인도의 대표적인 주가지수로, 외국 투자자의 Nifty에 대한 신뢰도로 매우 높은 것으로 평가되고 있다.

NIFTY50에 포함된 인도 기업을 보면 인도 부동의 1위, 2위 기업인 석유,유화. 통신,유통 공룡기업인 Reliance Industry Limited(RIL)가 NSE 상장기업 총가치

3조 달러의 7%인 2,000억 달러, 인도 IT의 세계화를 선도하고 있는 Tata Group 계열의 TCS(Tata Consultancy Service)와 5위 Infosys가 각각 1,400억 달러, 700억달러로 이 세기업이 시가총액의 15% 정도를 차지하고 있다. Top 10 기업중 3위 HDFC Bank, 4위 ICICI Bank, 7위 SBI(State Bank of India), 9위 Bajaj Finance, 10위 HDFC(Housing Development Financial Corporation) 등 은행, 금융기업이 5개 포진해, 금융 비중이 높은 것이 특징이다.

주가총액대 GDP 비율(Market Captitalization of Listed Domestic Companies)도 97.3%에 달한다. 세계은행 통계(World Bank Database/2020년 기준)에 따르면, 세계 자본시장을 선도하는 홍콩의 1,777%, 미국의 194.9%, 싱가폴의 189%, 스위스 266%, 영국 116% 그리고 우리나라와 일본의 133%보다는 낮지만, 선진국 독일(59.4%), 프랑스(84.8%), 스페인(59.2%)은 물론 경쟁국 중국(83.2%), 러시아(46.7%), 브라질(68.2%)과 개도국 베트남(54.2%), 인도네시아(46.9%), 필리핀(75.4%)보다 앞선다.

인도 주식시장이 그동안 지속적인 활황세를 보임에 따라 주식에 대한 인도인의 참여도 급속히 증가하고 있다. 온라인 증권 계좌수가 지난해 이미 1억을 돌파했고, NSE 오프라인 구좌 수도 3,000만에서 4,000만에 이르기까지 15개월이 소요된 반면, 지난해 4,000만에서 5,000만 구좌로는 6개월도 소요되지 않았다. 인도 경제의 선도주인 뭄바이 인근의 Maharashtra주, 인도 제조업의 본산이자 인도 상인계급의 본거지인 Gujarat주가 이러한 흐름을 주도하고 있다. 이곳 직장인중 증권 구좌를 가지고 있지 않으면 주변 놀림을 받을 정도다.

이런 인도 주식시장의 활황세는 세계 2위의 인도 부자를 탄생시키기도 했는데 그가 인도의 인프라, 신재생에너지 분야를 선도하고 있는 Adani Group의 Gautam Adani다. Bloomberg 및 Forbes 올해 9월 자료에 따르면 Adani Enterrprise 등의 주가 급등과 성공적인 M&A로 지난 수년간 600억 달러의 재산이 증가한 총 1,500억 달러 평가액으로 Adani는 미국 Amazon 창업자, Jeff Bezos를 제치고 세계 2위 부자로 도약했다.

3) 인도 주식, 직접거래 길 확대된다

그러나 인도 주식시장에 대한 우리의 직접투자는 그동안 사실상 봉쇄되어 왔었다. 식민 지배와 외환 위기를 겪은 인도는 국부유출과 연결될 수 있는 자본이득의 자국내 환류와 안정적 외환보유고 확보에 정책 최우선 순위를 두어 왔다. 이에 따라 외국인 개인이 인도 주식시장에서 주식을 직접 사고 파는 것은 그동안 금지되어 왔었고, 기관투자가의 참여만 허용되어 왔었다.

이외 24% 등 외국인 지분 제한도 최근까지 유지되고 있었다.

이리해서 그동안 국내 투자자의 대인도 주식투자는 국내 증권사 등이 운용하는 30여종의 대인도 펀드투자가 주를 이루고 있었고 최근 Infosys 등 미국 뉴욕증권거래소(NYSE)나 런던증권거래소 상장 인도 30여 기업에 대해 직접투자가 가능한 정도였다.

다만, 국내 증권사중 뭄바이에 증권사, 자산운용사 현지법인을 두고, 인도 자산시장에 가장 적극적으로 참여하고 있는 미래에셋 증권이 금년 말부터 현지법인을 통해 인도 증시에 상장된 모든 종목을 직접 살수 있는 방안을 추진하고 있는 것으로 알려져 있다. 이렇게 된다면 그동안 멀게만 느껴졌던 우리의 대인도 주식시장 참여가 크게 확대될 것으로 예상된다.

주식에 문외한이고 Zero-Sum 게임성격으로 이해하고 있는 주식시장, 그것도 5,000Km에 떨어져 있는 인도 주식시장은 가급적 이 칼럼에서 피해 가려한 주제였다. 다만, 90년대말부터 2000년대초, 그리고 최근 3년간 현지 주재를 하면서 상전벽해로 변해 있는 인도와 호랑이 등에 완전히 올라 탄 인도 경제의 성장세와 활력을 현장에서 직접 보고, 느낄 기회가 있었다.

주식이, 주가가 한나라 경제의 기반과 장기전망을 반영하는 것이라는 경제학의 설파가 맞다면, 그리고 만약 외국주식에 중장기적인 시각에서 투자하기로 하였다면, 인도 주식은 어느 국가 주식에 못지 않은 결과를 가져다 줄 것은 틀림이 없을 것 같다.

7. 불고 있는 세계 3위, 인도의 Startup 열풍

- 인도 10억불 이상의 유니콘 기업수 93개사로 세계 3위 -
- 孫正義의 Softbank 140억 달러 투자로 대인도 벤처투자 선도 -

1) 창업 기대수익, 대국 인도는 단위가 다르다

인구든 국토든 대국의 이점에 대해서는 별도 설명이 불요하다. 미국이 세계를 호령하고, 중국이 G2로 부상한 원초적 이유도 우리보다 100배에 달하는 국토를 가지고 있고 또 7배, 30배 가까운 인구를 그 국토 안에 품고 있기 때문이다. 그 영토 내에서는 국가간 통관이나 관세 신경전도 없고, 환율의 문제도 없다. 섬나라나 반도와는 다른 시각을 어릴 때부터 다져 온 대국의 사람들은 대중과 엘리트 그룹을 불문하고 보는 시각과 스케일이 그만큼 크고 넓은 듯 하다.

인도의 땅 크기는 중국이나 미국의 1/3에 불과하지만 인구, 경작 가용면적은 중국, 미국과 비슷하다. 그래서인지 인도내 비즈니스나 스타트업의 규모나 시각은 대륙적이다. 우리나라로 치면 청계천이나 동대문 시장의 일반 상가 같은 곳을 방문했을 때 그저 그런 규모 사업이겠구니 했는데, 연매출 백억, 천억을 넘는 경우를 암다바드에서, 뉴델리에서, 벵갈루루에서 수없이 보곤 했다. 일단 차리면 전 인도를 대상으로 사업을 할 수 있고, 서북남동중의 한 지역, 1/4이라고 해도 4억 가까운 인구를 상대하기 때문이다.

[Unicorn], 본래 하나의 뿔을 가진 말이란 신화속의 상서로운 동물이었다. 그러나 2013년 벤처 캐피탈리스트 Aileen Lee가 10억 달러 이상의 평가가치를 가진 Startup 기업으로 신개념을 제시한 이후 이 유니콘은 성공신화를 쓴 기업 공개전 또는 인수 전 기업 개념으로 사용되고 있다.

Wikipedia 기준, 2014년 1월, 83개사에 불과하던 전세계 Unicorn 기업수는 2020년 11월 495개사로 꾸준히 증가하다 금년 1월 기준 963개사로 불과 1년 만에 2배 증가했다. 이 963개사에 대한 평가가치는 1위 중국의 ByteDance 4,000억 달러, 2위 Elon Musk의 SpaceX 1,000억 달러를 포함해 3조 1,400억 달러에 달한다. 이중 미국이 460, 중국이 300개사에 이르고 인도가 3위인 93개사로 전

세계 유니콘의 85% 전후가 이 미.중.인 3개 대국에 집중되어 있다.

Viva Republica, 무신사, 직방, 야놀자 등 한국은 13개사가 있고, 지지난해 가을 각각 580억 달러 및 250억 달러로 상장된 쿠팡과 크래프톤은 공개전 한국의 대표적인 Unicorn 기업이고 현재도 소카, 직방, 야놀자 등 13개사가 이 그룹에 속해 한국은 전체중 9위국에 위치해 있다.

2) 10억 달러이상 평가 인도 유니콘 기업수 93개사, 세계 3위

인도의 신규 유니콘 기업수도 2018년 8개사, 2019년 9개사, 2020년 11개사로 꾸준히 증가하다 2021년에는 4배가 늘어난 42개사가 증가했다. 기존 Byju's 1강 체제에서 온라인 사교육 분야의 새로운 강자로 떠오르고 있는 Eruditus, UpGrad, 가상화폐 분야의 CoinDCX, Coin Smith kuber, B2B 분야의 Market, Mogliv, OfBusiness 등이 지난해 Unicorn 반열에 든 대표 인도기업이다.

창립 6개월만에 Unicorn으로 등극한 온라인 패션기업 Mensa Brands를 비롯해 대부분 창립 10년내의 신생기업이지만 창립 37년만에 이 반열에 든 기업금융 전문 Five Star 등 오랜 역사를 가진 기업도 있다.

이렇게 인도 유니콘 기업수가 급증한다는 것은 Unicorn의 기반인 인도내 창업 및 Start Up 열기가 뜨거운 것을 반증한다. 집계기관, 시점별 차이가 크지만, 3One4 Capital 자료에 따르면 현재 약 6만여개의 인도 스타트업은 2025년까지 10만개사까지 확대되고, 유니콘 기업수도 150개사 이상이 추가될 것으로 전망되고 있다.

3) 孫正義의 Softbank, 140억 달러 투자해 대인도 스타트업투자 선도

인도 Unicorn의 원조는 인도 전자상거래 플랫폼의 2대 산맥, Flipkart와 Snapdeal이다.

2008년을 전후해 인도 상인집단의 본류인 Marwari계(Bansal 가문) 젊은이들이 인도 공과대(IIT : Indian Institute of Techonologyu) 졸업후 Amazon 등의 취업경험을 살려 책 판매부터 시작해 종합품목을 커버하는 인도 고유의 전자상거래 플랫폼을 정착시켰다.

그리고 불과 6~7년만에 미국의 Wallmart 또는 손정의의 Vision 펀드 등에 지분을 매각하면서 수십억 달러의 성공신화를 쌓았다. The Economic Times 2022. 1월 15일 자료에 따르면 전세계 Unicorn 창업자 500명중 인도계가 93명으로 미국을 제외하고 압도적 다수다. 이러한 성공 신화를 눈 앞에서 보고 들은 20대 후반 30대 초반의 수 많은 인도 젊은이들이 주변의 일상에서, 확대되고 있는 디지털 공간에서 이러한 성공모델을 찾아 밤낮을 혹사하고 있다.

아시아 제 1 부자 Mukesh Ambani의 Jio Telecom은 기존 통신사의 1/10 이하 무제한 데이터 요금제를 통해 창립 4년 만인 2019년 기존의 절대 양강 Bodafone과 Bharti Airtel을 밀어내고, 인도 제 1의 통신사로 도약했다. 100불 이내의 염가폰을 배경으로 스마트폰 이용자수도 2015년 2억 5,000만대 수준에서 2021년 8억대를 돌파했다. 소농에서부터 소상공인, 공장 노동자에 이르기까지 스마트폰은 필수 내지 구매 1순위 품목이 되었고, 이 Digital, Cyber 공간을 통한 데이터 소통량은 기하급수적으로 늘어났다.

대부분의 인도 스타트업 및 Unicorn 기업은 이와 같이 지난 5년간 혁명적으로 확산된 디지털 이용자수와 Digital 공간을 l활용한 전자상거래, 핀테크, 배달, 디지털 금융 플랫폼 기업이다.

2008년의 글로벌 금융위기 이후 확대된 유동성을 배경으로 전세계 PE(Private Equity) 및 VC(Venture Capital)의 대 개도국 기업투자는 고성장 중국에 80% 집중되었다. 그러나 미중간 경쟁격화와 GVC 재편 가속화, 코로나 판데믹 그리고 중국내 디지털 규제 강화로 대인도 자본투자는 2020년 892건에 395억 달러, 지난해 1~9월 기간에만 840건, 490억 달러를 대인도에 투자하는 등 대인도 기업투자가 급속히 증가하고 있다.

이러한 흐름을 선도하고 있는 곳이 1,000억 달러 규모의 세계 1의 벤처펀드 Softbank(창업자 ; 孫正義, Masayoshi Son)다. 1981년 창업 한때 부도 위기도 격었으나 중국 Alibaba 투자로 금맥을 캤던 Soft Bank는 이 경험을 인도에 접목, 2011년 Inmobile 2억 달러 투자를 필두로 2017년 플립카트 25억 달러, Paytm 16억 달러, Oyo 2.5억 달러 등 40억 달러를 투자한 바 있다.

이후 지난 3년간 연평균 2~4억 달러의 조정기 이후 지난해 25얼 달러를 Zeta,

Swiggy, Eruditus 등 신생 스타트업에 투자하는 등 대인도 투자를 다시 본격화하고 있다.

이를 통해 소프트뱅크는 현재 인도 전체 유니콘 기업지분의 약 10%를 확보하고 있다. 인도 전자상거래 양대 토종기업인 Flipkart, Snapdeal을 비롯, 핀테크 1위 Paytm, 1위 숙박업 기업 Oyo, 택시공유 대표기업 Ola, 1~2위 배달기업 Swiggy 등 분야별 대표기업은 물론 Lenskart, Delhivery, Unacademy, OfBusiness 등 신생 유니콘 기업에 이르기까지 대인도 투자에 가장 적극적이고 전향적이다.

벤처 캐피탈은 High Risk, High Return 원칙에 따라 초창기의 사업모델과 창업자, 그리고 투자 국가를 고르는 촉과 분석모델이 가장 발달 된 자본주의 최첨단 기업이다.

지난해 인도는 코로나 와중에도 700억 달러의 사상 최고의 외국인 직접투자(FDI : Foreign Direct Investment)를 유치한 바 있다. 세계, 특히 아시아 경제의 축이 중국에서 인도로 이동하고 있음을 FDI, 그리고 자본주의 최첨병인 벤처투자사와 인도내 창업열기를 통해 확인할 수 있지 않을까?

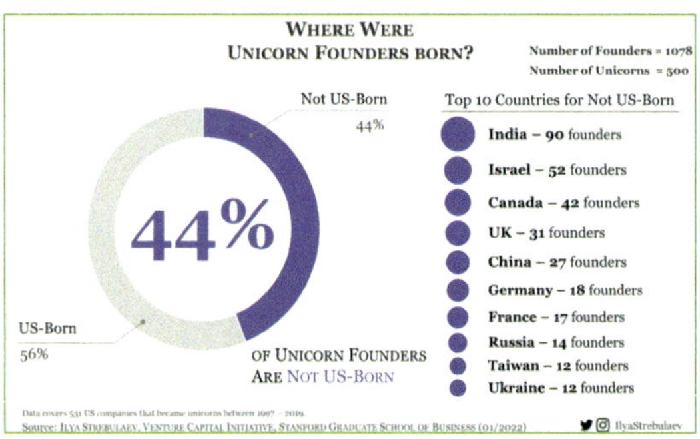

자료: The Economic Times('22.1.15)

자료원: Times Now

8. 인도 의료계의 Ford, NH와 Dr. Devi Shetty

1) 인도 의료계에 규모의 경제, 가격 혁명을 도입한 Devi Shetti

Narayana Health(NH)!. 2001년 인도 남부 방갈로르부터 시작해 뭄바이, 뉴델리, 캘커타 등 인도 7대 대도시 지역에 21개의 병원과 4,300명의 의사, 20,000명의 인력을 구축한 세계 최대의 심장 진료 및 수술전문 병원이다

2021년 인도내 극심한 코로나 19 창궐 과정에서 노출된 낙후된 인도 의료 체계와 참혹한 결과와는 대비되는 NH의 대중 친화 의료 철학과 디지털 의료 시스템은 미국 등 서구에서 자주 인용되는 인도 사례다.

이 NH 시스템의 창업자인 Devi Shetty는 1953년 인도 IT 산업과 창업의 본산, 방갈로르에서 태어났다.

8번째로 태어난 Devy Shetty는 초등학교 시절 세계 최초로 심장이식을 성공시킨 남아공의 Christiaan Barnard 이야기를 접하고 평생 심장 전문의의 길을 걷기로 결심한다. 인도 남부의 또다른 대도시 Mangalore 소재 Kasturba Medical College, 영국의 Royal College of Surgeons에서 심장전문의 과정을 거쳤다.

2) 테레서 수녀와의 운명적 만남 그리고 NH

평범한 심장의의 길을 걸던 Devi에게 인생의 전기가 찾아온 것은 1989년 영국에서 돌아와 정착한 북동부 캘커타에서 Teresa 수녀와 연결되면서다. 마침 수술중 걸려온 이상한 전화에 응대하면서 당시 캘커타에서 빈민운동을 주도하던 성녀 Mother Teresa를 급히 치료하게 되었고, 이후 그녀의 주치의가 되었다. Teresa 수녀로부터 지식보다 따뜻하게 건네는 눈빛과 전해지는 손길이 환자에게 훨씬 더 중요하고 효과적이라는 점을 깨달았다.

Devi가 인도 및 국제적 주목을 받게 된 것은 고향 방갈로르로 귀환하면서다. 마침 3년여 지속된 인도의 가뭄으로 주변 농촌 인구 대부분에게 절실한 의료 혜택이 단절, 수많은 인원이 죽어 나갔다. 고심 끝에 Karnataka 주정부와 협의,

한달에 우리돈 140원만 지속적으로 내면 필요할 때 심장, 뇌수술 등 수술서비스를 제공받을 수 있는 수출특화 보험을 개발, 가입자 150만명을 가입시킬 수 있었다.

이를 통해 시장의 힘, 개인이 집단으로 뭉쳤을 때, 그리고 규모의 경제 위력을 확인한 Devi는 자신의 전문분야인 심장병 분야에서도 규모의 경제를 통한 대규모 일관 수술과 저렴한 수술체계를 도입했다.

그가 인도에 돌아와 처음 심장병 수술을 시작한 1992년 심장병 수술비는 2,000달러 에 달했다. 그러나 1인당 국민소득 500달러 수준의 인도 평균소득 기준 4년 전 소득을 수술비로 투자할 인도 국민은 그리 많지 않았다.

Devi는 제조업에 도입된 미국 Ford자동차의 일관 생산 방식을 의료 시스템에 도입하면 수술비를 절반 이하로 크게 떨어트릴 수 있을 것으로 보았다. 주변과 주정부의 지원으로 심장, 뇌 수술 등 수술에 특화된 병원 모델로 NH를 출범시켰다.

현재 NH는 6,200여 병상을 운영 중이고 심장병 수술에서만 1,000여 병상에서 매년 20,000건의 심장병 일관 수술시스템을 구축해 놓았다. 카르나타카, 구자라트 주정부와 각 5,000개 이상의 수술전문 병원 설치 양해각서를 체결, 조만간 총 30,000여 병상 병원으로 확대할 예정이다.

NH 병원내에서는 에어콘 대신 저렴하고 건강에도 좋은 자연통풍 시스템을 운용한다. 수술복 등 병원 운용과 관련된 여타 분야에서 사치나 여분을 없앴다. 그러나 상담, 진료나 수술의 질과 결과에 대해서는 타협하지 않았다. 현재까지 10만 건이 넘는 심장병 수술경험을 가진 자신의 경험에서 보듯이 NH병원내 의사들 수준도 수술이 반복되면서 생산성이나 수술의 질, 이후의 회복력도 수술이 반복되면서 크게 향상되었다.

현재 NH 산하 심장병에 특화된 병상만 1,000여개로 하루 40 여건의 심장병 수술을 하고 연 1,7,000건의 심장수술을 하고 있어 세계 최고 기록을 보유하고 있다. 심장수술자도 통상 평균 2시간만에 수술을 끝내고 있고, 통상 일주일여 조리후 퇴원한다.

Devi에 따르면 NH외 비슷한 수술을 미국의 Ohio's Cleveland Clinic에서 받

는 수술비용은 10만 달러를 넘고 통상 미국 대형병원에서의 심장병 수술은 하루 한 두건에 불과한 것으로 알려져 있다. 수술비를 감당할 수 없는 극빈층에 대한 구호 재단도 같이 운영중이다. 자선 단계를 떠나 비즈니스 모델로도 성공해 NH는 주식시장에 상장되어 있고 이에 대한 Devi의 지분도 70% 정도로 유지, 병원 운영 철학을 고수하려 한다.

3) Digital 진료 모델로 중미 Cayman Islan에도 진출

Devi가 시도하고 있는 또 하나의 의료혁명은 의료 디지털화를 통한 원격 진료, 상담 시스템 구축이다. 이를 위해 그가 시범적으로 택한 곳이 중미의 도서국가 Cayman Island다. 중미에 약 30여개의 도서국가에 5,000만 인구가 7,000여 섬에 흩어져 산다.

따라서 한 섬의 인구가 대개 3~5만, 많아야 10만으로 규모로 구조적으로 섬 거주민 대대수가 의료나 수술혜택에서 격리되어 생활하고 있었다. 섬 주민들이 NH 자체 통합 정보시템에 자신의 핸드폰이나 PC를 통해 병력 관련 기록을 원격 입력, 등록하고 연결된 의사들은 원격 화상시스템으로 환자 진료 기록을 보면서 즉시 상담, 진료하는 24시간 상시 상담, 진료 시스템을 2012년 이후 구축해 놓고 있다. 현재의 110 병상의 통합 의료센터를 조만간 2,000여 병상으로 확대할 예정이다.

NH는 비용절감과 생산성 향상, 디지털화를 통해 심장별 수술비용 건당 800 달러를 목표로 설정해 놓고 있다.

인도 현지어로 Wala는 무엇인가를 해 주는 사람, Baba는 아빠를 뜻한다. 해서 인도 현지인이 애칭으로 부르는 그의 별명은 "Bypasswala Baba", 수술을 우회보증해 주는 아빠다. 2009년 미국의 Wall Street Journal은 Devi를 "심장수술 분야의 Henry Ford"라 소개하기도 했다.

인도 정부는 2012년 심장수술의 대중화에 대한 공로로 민간인에게 주는 국민 최고 훈장인 Padma Bhushan를 Devi Shetty에 수여했다. 현재 그의 일대기는 Netflix TV Series의 "The Surgeon's Cut"으로 인기리에 방영되고 있다.

4) 제 2의 IT 수출화를 꿈꾸는 인도 의료서비스 수출

Devi에 따르면 현재 인도 심장병 환자의 20% 미만이 공공 및 민간 병원에 접근할 수 있다. 또한 전세계의 심장병 수술체계도 아침 9시 ~ 저녁 5시까지의 근무시간에 심장병 전문의가 병원에 대기 하지만 이후의 18시간의 대응체계는 일반의나 간호사의 응급 조치에 의존하는 단절된 시스템이다.

그에 따르면 의료 디지털 기술과 시스템이 급발전하면서 퇴근 후 집에서 또 이동 중에도 핸드폰을 통해 환자 정보에 접근하고, 원격으로 수술장면을 시술의사와 공유, 협의, 즉 24시간 상담, 진료, 수술 시기가 곧 도래한다. 자신의 NH 모델이 보여 주었듯이 디지털 혁명이 조만간 인도 의료계에 밀어 닥칠 것이고 수술 전공의에 대한 수요도 폭발할 것이므로 디지털 교육과 혈관조형술에 대한 대비가 시급함을 후배들에 늘 강조한다.

부진한 제조업 수출 대비 IT 서비스 분야의 인도 연간 수출액은 약 2,000억 달러다. 중국이 세계의 제조공장이라면, 인도는 서비스 수출 세계강국이다. 인도 정부 당국자 및 엘리트 층이 반성하고 있는 분야가 1980년대 중반부터 시작된 인도의 서비스 산업 육성 및 수출정책에서 IT 서비스만 포함되고 의료 서비스 부문이 빠져 있었다는 것이다.

현재 미국내에서 인도계 의료 인력은 IT 서비스 분야와 함께 인도계가 절대적 영향력을 행사하고 있다. 지난 30여년 인도 본토 의료서비스 산업이 각종 규제의 덫에 갇혀있는 동안 언어, 전통, 산업 기반면에서 인도에 비할 바가 안되었던 태국, 싱가폴이 세계적인 의료 관광, 서비스 수출 대국으로 성장해 시장을 선점하고 있다.

Narayana Health 그리고 창업자 Devi Shetty가 보여준 철학과 비전, 그리고 성공 서사는 세계 3대 의료 전통을 배출한 인도 의료 철학이 다시 빛을 발하기 시작하는 상징이 아닐까 한다.

NH와 창업자 Dr. Levy Shetty

자료 : Analytics India Megazine

Chapter

4

인도 지리, 역사, 정치 이야기

1. 히말라야와 데칸고원을 기억하면 인도가 보인다

- 북고남저, 서고동저의 인도아 대륙 -

1) 히말라야와 北高南低(북고남저)…

아시아의 종교, 문화, 그리고 정치, 경제도 히말라야를 뺀 설명은 겉핥기에 불과하다. 8,000미터가 넘는 14개 산을 중심으로 동서 길이 2,500Km, 남북의 폭 200-400 km에 달하는 히말라야는 전세계 산악인의 로망이기도 하다.

5,000만년 전 분리되어 있던 인도아 대륙판이 북쪽으로 이동 아시아 대륙판과 만나면서 충돌이 시작되었다고 한다. 이 과정에서 인도아 대륙판이 아시아 대륙판을 파고들게 되고, 올려지는 아시아 대륙판이 서서히 융기하면서 지금의 히말아야 산맥군을 만들었다. 중앙아시와와 연결된 힌두쿠시, 천산산맥, 중국 중앙의 여러 산맥도 이러한 충돌과정의 산물이다. 히말라야 북쪽으로 평균해발 4,000m에 우리나라 면적의 25배에 달하는 광할한 티벳 고원을 만들었고, 이곳 티벳에서 중국의 황하와 양쯔강, 동남아의 메콩강이 발원한다.

반면 밑으로 눌린 남쪽 인도판이 일부 융기하면서 평균해발 600m의 데칸고원을 만들었고, 히말라야와 데칸 사이에 평균 폭 500Km, 동서로 파키스탄에서 인도, 방글라에시에 이르는 3,000Km의 저지대 인더스-갠지스 평원을 가져다 주었다.

산이 있으면 물과 강이 있게 마련이다.

서쪽 히말라야의 물이 모인 5개의 강은 파키스탄과 인도에 걸쳐 있는 편잡[1] 지방을 감아돌면서 인더스강으로 합치게 되고, 남으로 남으로 흘러 파키스탄 카라치항 북쪽의 인도양으로 흘러든다. 모헨조다르, 하라파 등 인더스 문명이 꽃핀 지역이다.

반면 중동부 히말라야 빙하와 지류가 싫어 나르는 방대한 토사와 유기물은 개지즈 평원을 돌고 돌면서 황화와 더불어 세계에서 가장 풍요로운 곡창지대를 만

1) Punjab : 힌디어로 Pun(5)과 Jab(River)의 합성어로 5개의 강이 흐르는 지역이란 뜻

들어 내었다. 그 중심이 갠지스 강으로 동으로 동으로 2,500Km를 흘러 인도 콜카타와 방글라데시를 거쳐 벵골만으로 흘러든다. 인도 힌두문명과 인도 종교의 젖줄이다. 이리해서 다이아몬드 모양의 인도아 대륙은 기본적으로 북고 남저다.

2) 데칸고원과 西高東低(서고동저)

반면 인도 대륙의 중간 데칸고원은 서쪽 융기가 더 높아 서고동저다. 해서 인도 중남부 강은 북부와 남부를 가르는 Nirmada 강을 제외하고는 대부분 서쪽에서 발원해서 동쪽으로 흐른다.

북쪽 히밀라야는 난공불락이고, 7,000Km에 달하는 긴 해안선은 16세기 이전까지 외부 세력으로부터 인도아 대륙을 지켜준 천혜의 방파제였다. 2차 대전시 인도 북동부 Impal 지역에서의 치욕적인 일본군 대패와 자멸은 이 북동 밀림지역이 인도아 대륙에 가져다 준 방벽의 견고함을 대변해 준다.

북서 사막지역을 제외한 대부분 지역의 토질은 기름져 몬순만 제철에 풍성히와 준다면 풍년을 자동 보장해 주었다. 모든 것의 근원인 히말라야를 칭송해야 하고, 인간 노력 밖의 결과인 몬순을 구하는 절실함이 인도가 종교의 나라가 된 원인이라는 지적도 일리가 있다.

이리해서 5,000년 넘는 인도아 대륙 역사에서 알렉산더, 이란, 몽골, 아프간 등 외부세력의 인도아 대륙 진입은 지금의 파키스탄과 아프가니스탄의 경계에 위치한 해발 1000m의 Khyber Pass가 거의 유일한 통로였다. 북인도 역사는 Khyber Pass, Punjab, Delhi와 Agra로 이어지는 외부세력의 진격과 이에 대항한 토종세력의 합종연횡 역사였다. 이 경로 한 복판에 위치한 Punjabi 들을 단련시켜 인도 정치, 행정, 군사의 핵심 세력으로 만들었고 치고 받는 힌두와 이슬람을 통합한 시크교를 이 지역에 가져다 주었다. 때로는 안 좋은 의미로도 해석되는 이들의 민첩성과 철저한 관리능력은 북인도 경제의 터주대감 Punjabi 상인집단과 동부아프리카 영국 식민지에 파견된 펀잡 출신 중관관리자들의 성과로 증명되었다.

3) 인도의 지리경제학

북인도 정수기, 필터 시장은 그리 크지 않다. 파키스탄과 인도를 가르는 북서쪽 타르 사막의 영향을 받아 델리 주변의 북인도 지역은 기본적으로 사막성 기후다. 그러나 히말라야가 뿜어내는 방대한 유량이 지하로 스며들러 복류화될 뿐 지하수를 파면 식수의 양, 질도 크게 문제가 되지 않는다. 반면 타르사막을 끼고 있는 서북부 Gujarat주 및 Rajastan주는 수도관을 교체해도 1년이 안되어 흰 백회가 더덕 더덕 끼는 경우가 대부분이다. 인도를 방문하시는 우리기업 분들이 이렇게 겉에서 드러나는 한 점의 현상을 인도 전체로 일반화한다. 자신도 그리고 영향을 받은 주변의 귀중한 시간과 마음을 낭비하는 경우가 많다.

인도 중남부 대칸고원의 끝자락 해발 900 m 고원에 아시아의 실리콘 밸리로 유명한 벵갈루루가 있다. 인구 1,200만을 넘는 인도의 3대 도시로 인도 IT산업, 인도 스타트업의 본산이다. 인도 1인당 평균소득 2,000불 대비 이곳은 9,000달러대를 넘고 넘쳐나는 다국적 IT 기업들과 이들에 맞춘 생활 인프라로 인도에서도 가장 이국적이고 서구적인 풍광을 가진 곳이다.

이 벵갈루루가 아시아의 실리콘 밸리가 된 가장 큰 원동력이자 출발점은 이곳의 기후다. 해발 900 m 전후의 데칸고원 남쪽이 가져다 주는 연중 20~30도의 상온과 캘리포니아와 똑 닮은 기후, 풍광은 Texas Instrument 등 1980년대 미국계 IT 기업인들을 매료 시켰다. 대부분의 비도 밤에 몰려 낮동안 오염된 공기를 정화해 준다. 적어도 기후, 문화, 개방성, 인프라 등 아시아 어느 대도시 못지않은 삶과 사업여건을 갖춘 곳이 이 벵갈루루다.

미 서부와의 12시간 나는 시차로 인한 24시간 운영시스템, 영어에 기반한 양질의 이공계 인력, 인도 정부의 적극적인 지원은 부차적인 문제였다. 힌두 종파가 달라 북부 델리에서는 보기 힘든 소고기 스테이크를 마음 껏 즐길 수 있다

반면 수도 뉴델리와 주변은 해발 200~300미터 평원 분지지대로 인근 타르사막 영향으로 사막성 기후다. 자동차로 7~8시간을 달려도 언덕하나 보기 힘들다. 5~6월 타오르는 태양빛으로 45도를 쉽사리 넘나들고 겨울철 델리는 분지에 갖힌 공기로 세계 최악의 오염도를 자랑한다. 고대로부터 갠지즈 대평원과 데칸이 낳은 풍요로운 물산이 갠지즈강의 지류 야무나강을 통해 델리와 아그라에 집결되었다. 수천년 이민족의 침입이 델리에 집중된 이유다.

인도 서북부 Gujarat 주는 아열대 사막기후 지대로 열사와 금주와 채식의 고

장으로 유명하다. 인도 제조업과 상업의 본산지로 공장 입지도 가장 좋은 지역이나 우리기업 중간관리자들 대부분이 이곳의 투자전망을 부정적으로 보고하는 이유다.

인도 경제의 관문 뭄바이는 19세기 중반 7개의 섬을 매립해 만든 지역으로 남북으로 길쭉하고 북쪽 입구쪽은 긴 띠 모양의 슬럼지대로 둘러 싸여 있어 입출입시 이 슬럼지대를 통과해야 한다. 해서 인도 물동량의 절반 이상이 거쳐가는 뭄바이 시내의 임차료는 일본의 도쿄보다도 비싸다.

북동부 Kolkata는 갠지즈강이 벵골만과 만나면서 만들어진 델타지대에 입지한 물류 전략거점이다. 이 곳의 신 시가지는 영화 "City of Joy"의 슬럼가와는 딴 판으로 대영제국 최초 수도의 옛 영화를 회복하려는 듯 모든 것이 시원시원하다.

자료: Science Photo Library

2. 북인도 : 정치, 행정 수도에 더해 경제중심지로

1) 북인도 : 이민족의 투쟁, 정치, 행정의 본고장

북인도는 역사적으로 지리적으로 정치, 행정, 전쟁의 고장이다. 이곳에 기원을 둔 인도인들 대부분이 이러한 환경과 역사에 적응되어 있다. "신뢰성이 떨어진다. 말과 약속을 자주 바꾼다. 장기적이고 안정적인 거래보다 단기의 이익을 너무 좇는다. 말이 너무 많다" 우리는 물론 인도에 진출해 있거나, 거래 경험이 있는 외국 기업인들, 그리고 인도내 타 지역이 바라보는 북인도, 특히 기업인에 대한 부정적 인식을 대변하는 표현이다.

필자 소견으로는 북인도의 역사적, 지리적 환경의 산물이고 이 환경에 대한 개인적, 집단적 적응과 생존노력이 이러한 평과 연결되지 않나 싶다.

우선 북인도, 특히 중부 히말리야에서 갠지즈 강과 인더스 강이 갈려져 화살촉 끝모양으로 관통하는 우리나라 10배를 넘는 대평야 지대는 중국 황하와 함께 고래부터 농업생산성이 세계 최고이고 그래서 인구 초고밀도 지역이다. 밀 농사의 3배 생산성으로 벼의 이모작, 삼모작이 가능하다. 그리해서 이곳의 잉여와 영화를 놓고 벌이는 인도 토종 왕조간 투쟁도 격렬했다. 특히 기원전 4세기부터 17세기 까지 끊임없이 이어진 그리스, 페르시아, 중앙아시아, 몽골, 그리고 무슬림 무굴에 이르기 까지 북서쪽 세력의 대인도 침략로는 페르시아 → 카이버 고개(또는 잠무 카시미르 회랑) → 펀잡 → 델리의 북인도 지역이었다.

이 경로에 자리잡은 인도아 대륙의 지배계급, 상인, 일반 대중의 적응 방식은 적자생존, 각자도생, 또는 집단 도생일 수 밖에 없었다. 한 복판에 위치한 Punjab과 Kashimir가 인도 전사 집단의 본고장이자 북인도의 중심집단 역할을 하는 이유다. 지금도 인도와 파키스탄 장교계급의 핵심이 Punjabi이고, 힌두와 이슬람 교리를 통합한 시크교가 이곳에서 탄생하고 번성한 이유다.

정도 차이일 뿐이라고 혹자는 하지만, 북인도를 지배하고 있는 펀잡상인들의 잡초같은 경쟁력과 단기 이익에 집착하는 성향, 세계 각지를 떠돌아 다니는 이동성향을 이러한 북인도의 정치, 역사, 문화적 배경에서 설명하는 이가 많다.

2) 북인도 변하고 있다. "델리차사"에서 인도 3대 제조업 기지로

필자가 처음 인도 근무시인 2000년도 전후의 뉴델리와 인근, 그리고 지난 3년간 현지에서 본 북인도 및 이곳 사람들 양태는 천양지차다. 당시에도 서부 경제수도 뭄바이는민간 대기업 Tata Power가 제공하는 전기가 24시간 들어 왔고 금융, 물류는 물론 제조기업은 뭄바이 및 위성도시 Pune에 집중 배치되어 있었다.

반면 수도 뉴델리의 주요 주택가에 하루 3~4시간만 전기가 공급되는 반면, 뉴델리 시내 요지인 Defence Colony 등 전현직 군인들 거주지는 24시간 전기가 공급되고 있었다. 언제 다시 청구될지 모르는 전기요금 고지서와 세금 리스크로 4~5년치 영수증을 별도 보관해야 했다. 관공서를 가도, 이런 갑을 문화에 익숙해 진 기업에 가고, 기업인들을 만나도 "간 것은 있어도 돈이든, 서비스든, 마음의 응대든 오는 것이 거의 없었다". '함흥차사'에 빗대어 말하면 "Delhi 차사"였다. 관존민비(官尊民卑) 시대였다.

그러나 다시 방문해본 지난 2022년 여름 기준, 뉴델리, 위성도시 구르가온(Gurugaon), 노이다(Noida) 등 NCR(Northern Capital Region) 지역 및 사람들만 놓고 본다면 동남아 어느 도시 못지 않은 외관과 인프라를 자랑한다. 델리시내 운항중인 지하철 노선만 Yellow, Pink, 등 10개 라인이다.

20년간 개인소득이 3배 이상 늘고, 외국의 사례를 접하게 된 현지 주민들의 경제, 정치적 영향력이 몰라보게 성장했다. 부당하다고 생각하면 어떤 경로를 통해서든 의사를 표출하고 표에 목숨을 거는 시의원, 주의원, 주지사, 연방 의원실에 문제 제기를 한다.

연간 1,500억 달러 이상을 수출하고 있는 인도의 IT, Software 산업과 생활 깊숙이 침투한 SNS, 결제수단, Messenger 등을 통해 관련 소식이 순식간에 전파되고, 정치, 행정권에 대한 항의, 정책 제안도 유사 이래 가장 활발하고 강력하다.

그동안 만들면 팔던 시대에서 소비자가 왕이고 소비자의 선택이 운명을 좌우하는 시스템이 정착되었다. Uber, Ola 등 콜 택시 이용 시 그동안의 종합평점을 보고 기사를 선택하고, 호텔이나 모텔을 고를 때도 마찬가지다. 20여년전 고무줄이던 요금과 만성화된 팁을 요구하다가는, 부실 서비스로 어느 화난 모텔 고객이 평점을 깔아주면 당장 그 기사나 모텔의 영업에 직영향을 미친다. 주변에 산재한 허름한 야채가게를 가도 Phonepe 등 모바일 결재 앱이 안되는 곳은 소비자로부터 왜면을 받는다.

상장전 기업 평가가치가 10억 달러를 넘는 인도의 Unicorn 기업수가 경제규모가 5배인 중국의 절반, 108 개사에 달한다.

PhonePe, Razorpay, Flipkart, BYJUS, Unacademy, Ola, OYO Rooms 등 대부분이 소비자의 선택과 기호에 절대적인 영향력을 받는 업종, 분야다. 이들의 근거지의 많은 부분이 중남부 벵갈루루이지만 NCR 지역은 인도 Unicorn 및 스타트업의 3대 성지로 급성장했다.

국제적인 상관행과 급변하는 소비자 기호와 선택에 적응하지 못하면 성장은 커냥 생존을 좌지우지하고, 북인도 상인들도, 소비자도 변하고 있다.

수도 뉴델리 및 인근 위성지역은 스즈키, 혼다, Mahindra 등 자동차, Coca Pepsi, 삼성전자, LG전자, Ericsson, Sony 등 세계적인 다국적 기업 공장이 투자한 제조업 및 소비중심지로 탈바꿈되었다. 어느 정도 규모가 되는 외국기업 대부분은 수도 뉴델리에 지점, 지사를 두고 있다.

3) 북인도 거래, 시간 싸움, 협상이 모든 것을 결정한다

그래도 아직 관성이 있고, 인도상인 특유의 상술에 대처하기 위해서는 각별히 유념을 해야 한다.

우선 시간관념이다. 우리가 발전한 원동력이고 경쟁력의 핵심인 시간, 약속관리지만 북인도 사람들의 시간관념과 진폭은 우리와 다르다. "어제와 내일", "그저께와 모래"의 힌디어 단어가 동일한데서 보듯이 인도인의 시간관념은 윤회적이고 곡선적이다. 서두르지 않는다.

협상과정상 우리의 조급함과 시간관념으로 접근하면 중간에 내 간이 녹는다. 내가 생각하는, 우리나라 관행대비 최소 3배 시간을 거래, 협상의 전과정에 곱해놓고 기다려야 한다.

정가가 없다는 점에 명심해야 한다. 인도, 특히 북인도 상인은 일반 상점이든, 대기업이든 일단 가격협상에 들어가면 "네가 원하는 가격을 먼저 제시하라"고 한다. 나오는 내 대답에, 상대방의 기세와 차림에 따라 자신의 가격을 제시한다. 신사적인 상관행에 이미 익숙해진 우리가 자기 기준 20~30% 낮춰 부를 때 미안한 마음이 드신다고 하신다.

가격도, 여타 조건도 처음에 엉터리일 정도로 낮추어 부르는 것이 지름길이다. 대개의 경우 이렇게 내가 제시한 가격과 인도 상대방이 제시한 가격의 중간 정도를 향한 지난한 협상 과정이 시작된다. 가격이든, 기타 조건이든 중간 과정에 인도측 조건을 도저히 수용할 수 없다고 자리를 박차고 나오는 시늉을 하면, 십중 팔구는 손을 잡고 협상하는 것이 필자의 소견이고 경험이다.

결제조건도, 기타 계약 이행과정에서 인도 상인을 컨트롤할 수 있는 그 무엇인가의 끈을 거래가 끝나고 서비스가 완료될 때가지 확보해 두는 것을 추천한다.

상품인도가 끝나도 추가받을 A/S 등이 있으면 최소 그 부분만큼 남겨두어야 한다.

말과 글의 수용도 차이가 천양지차이므로 계약서의 예비조항을 철저히 점검하고, 협상 과정에 영향력을 끼칠 수 있는 기업내 상사, 또는 영향력을 끼칠만한 인도 공무원과의 원할한 협조, 네트워크 부분을 조금 과장해서라도 보여 주면 좋다.

결제 방식에서도 D/P(Documents Against Payment) 및 D/A(Documents Against Acceptance)와 같은 외상 거래나 수입시 과도한 선도금 지급의 대부분이 불미스럽고 고통스러운 결과로 연결되는 경우가 많다.

델리 메트로Pink Line

자료: 필자 현지직접 촬영('22. 7월 델리 → 구르가온 지하철에서)
주: 동 차량은 우리나라 현대로템이 현지 제작, 제공한 차량임.

3. 서인도 : 인도경제의 핵, 인도상인의 본향

1) 인도의 경제·금융수도 '뭄바이'와 제조업 중심지 '푸네'

우리나라 33배 면적에 인종, 종교, 언어가 얽히고설킨 복잡하고도 다기한 14억 인도에서도 서부지역은 경제, 금융, 무역, 상인(기업인)의 비중과 영향력이 압도적이다. 일반적으로 구자라트(Gujarat), 마하라쉬트라(Maharashtra), 고아(Goa)가 이에 해당한다.

뭄바이(Mumbai)를 빼고는 인도 경제와 금융을 말할 수 없다. 인도의 정치, 행정수도는 북부 델리이지만, 경제·금융 수도는 서부 뭄바이이다. 뭄바이는 영국의 식민지배가 무르익은 19세기 중반 해상에 위치한 7개의 섬을 매립해 만든 인공 도시다. 뉴욕 맨해튼처럼 남북이 길쭉한 배의 노 형상을 하고 있다. 서울과 비슷한 600㎢ 면적에 2300만 명이 거주하는 인도 최대의 밀집도시로 최대의 슬럼가와 초호화 주택가가 공존하고 있다.

인도 해상물동량의 70%가 뭄바이를 거쳐 간다. 인도 중앙은행(RBI : Reserve Bank of India)과 인도 증권거래소가 있고 은행, 증권, 보험 등 인도 및 다국적 금융사 대부분이 이곳에 본사를 두고 있다. 뭄바이에는 신한은행, 미래에셋 등 금융과 물류를 위주로 120여 우리기업이 진출해 있으며 총영사관도 운영하고 있다.

주도 뭄바이를 품고 있는 마하라쉬트라주는 인도의 대표적인 부자 주다. 인도 인구의 9%인 1억2000만 명이 살고 있으며 인도 전체 GDP의 20% 가까이를 기여하고 있다.

뭄바이 시내를 벗어나 인도 서해안을 남북으로 가르고 있는 Western Ghat(산맥) 고갯길에 접어들면 자동차로 2시간 남짓 굽이굽이 그림 같은 풍경이 이어진다. 그 끝에서 해발 800m의 드넓은 데칸고원이 시작되는데, 그 초입에 뭄바이의 배후 휴양지로 발전해 인도 제조업의 중심지가 된 푸네(Pune)가 있다.

영국 지배기간 중 가장 치열하고 강렬한 독립운동을 한 마라타(Maratha) 왕조의 수도이기도 했던 이곳은 기계, 자동차, ITeS 산업을 품은 인도 서부 최대의 제조도시로 성장했다. 인구는 800만이다. 연구개발 기능도 활발해 인도 4대 IT 소프트웨어 개발 지역이자 세계 최대의 백신생산기업 SII(Serum Institute of India)가 위치한 세계적인 백신 및 제약 허브이기도 하다. 연산 200만 톤의 냉연 도금 공장과 가공센터를 운영하고 있는 포스코를 비롯해 80여 개의 한국기업이 진출해 있다. 데칸 고원의 서늘한 날씨와 발달된 인프라로 뱅갈로르와 함께 인도 내 우리기업인들이 가장 선호하는 주재 지역이다.

2) 인도 상인사관학교 '암다바드'와 인도 섬유·다이아몬드의 도시 '수랏'

뭄바이 건설 이전 인도 서부지역의 교역, 경제중심지는 구자라트주의 암다바드(Ahmedabad)와 수랏(Surat)이었다. 두 도시가 속해 있는 구자라트주는 고대로부터 건조, 고온의 준 사막성 기후로 최상급 면화 산지로 이름이 높았다.

구자라트주 중앙에 위치한 암다바드는 영국 맨체스터를 가로지르는 어웰(Irwell)강과 비슷한 사바르마티(Sabarmati) 강을 통해 면직물 생산 및 이동에 필수적인 풍부한 물을 갖추고 있었다. 암다바드 남쪽 300km에 위치한 수랏은 뭄바이 건설이전 인도 서부를 관통하는 타피강(Tapi River)과 항구를 겸비, 서부 최적의 물류여건을 구비하고 있었다.

이에 따라 19세기 중반 이후 영국 상인과 인도 토종기업이 합세하면서 인도 최초의 근대식 방적, 방직 공장이 이들 두 도시를 중심으로 들어섰다. 인도 독립 이후에도 이 위상은 이어져 암다바드는 인구 700만, 수랏은 인구 600만의 인도 8대 도시로 성장했다. 현재 암다바드는 스즈키(Suzuki), 혼다(Honda), 타타(Tata) 등 자동차산업과 자이더스(Zydus)로 대표되는 제약산업, 인도 제일의 인프라 및 신재생 기업이 된 아다니(Adani) 등을 통해 인도 제조업의 본산지가 되었고, 모디 총리의 'Make in India' 정책의 모델로 평가받고 있다.

수랏도 인도 섬유 산업 생산의 80%를 담당하고 있고, 세계 다이아몬드 가공의 90%가 이 도시에서 이루어지고 있다.

고아는 고래로부터 해상교역의 중심역할을 했던 인도 서부지역을 상징하는 지역이다. 뭄바이 남쪽 약 500km 해안가에 자리 잡은 인구 150만 명의 인도에서 가장 작은 주이다. 1510년 포르투갈의 바스쿠 다 가마가 아프리카 동부해안을 돌다 편서풍을 타고 최초로 도착한 곳이 바로 이곳이다. 이후 500여 년 간 포르투갈의 대동남아 교역 중심지 역할을 했다. 1961년 인도정부가 무력으로 강제 접수한 이후에도 관광, 교역을 중심으로 성장을 거듭해 1인당 GDP 6200 달러로 인도에서 가장 개인소득이 높은 지역이 됐다.

자료: 주간무역/한국경제신문

3) 상인집단 '파르시'

'구자라티'의 본향이자 주무대인 인도 서부 = 19세기 중반 뭄바이의 건설과 함께 인도 산업계의 중심으로 부상한 그룹이 파르시(Parsi), 구자라티(Gujarati) 상인 그룹이다. 뭄바이 건설 이전 인도 서부의 경제중심지는 인도의 맨체스터라 불리던 구자라트주의 암다바드와 서부 해안도시 수랏이었다.

인도 제일의 기업집단은 타타그룹(Tata Group)인데, 창업주 Jamsetji Tata는 1868년 창업 이후 천혜의 항구 뭄바이를 기반으로 섬유, 무역, 발전, 철강 분야의 인도 산업화를 선도해 인도 산업화의 아버지로 불린다. 세계 최초의 종업원 의료 고용보험 도입 등 사내 복지를 시작했고, 직접 또는 자선재단을 통해 교육, 연구 분야에 1000억 달러 이상을 기부한 세계 최대의 기부 기업가이기도 하다. 그가 파르시다.

이외 Godrej, Wadya 등 8세기 이란으로부터의 이주 이후 북서부 구자라트주에서 기반을 다지고 있던 파르시 상인집단은 영국 통치라는 격변기에 뭄바이 개발과정에 적극 참여하고 교역, 산업, 금융, 인프라 핵심 기업집단으로 성장했다. 현재 6만 전후로 추정되는 인도 내 파르시 집단 중 5만 이상이 뭄바이에 거주하고 있다.

구자라트주는 4000km에 이르는 해안선을 끼고 있어 고대로부터 인도아대륙의 내륙운송과 해양교역을 연결하는 교역의 중심지 역할을 해 왔다. 이곳에서 모험과 위험을 즐기고 그것이 가져다주는 고수익을 체화시킨 상인집단이 구자라티다. 구자라티는 가만히 있는 것을 무엇보다 싫어한다. 이동이 체화되어 있고 인도 내는 물론 해외 진출도 가장 적극적이어서 미국 내 모텔, 호텔업의 40% 정도를 차지하고 있다는 인도계 중 대부분이 구자라티다.

이들은 중·고등학교 때부터 돈을 벌거나 자신의 사업을 시도한다고 알려져 있다. 또 밥상머리 교육이 체화되어 현재 인도 주식시장 대금의 70% 전후가 구자라티(또는 뭄바이 인근으로 이주한 구자라티계) 손에서 처리된다고 한다. 암다바드 직장인 중 주식 구좌를 가지고 있지 않은 경우가 드물다. 이러한 상업전통이 카스트 직업세습제와 연결되고 발전해 구자라티 상인집단은 마르와리(Marwari)와 함께 인도 상인계를 대표하는 집단으로 성장, 현재 인도 10대 부자 중 5명이 이 구자라티계다.

필자가 우리 기업, 기업인을 만나서 듣는 가장 곤혹스러운 이야기가 인도상인에 대한 부정적 평가다. 대체로 무례하다. 말을 너무 자주 바꾼다. 약속을 지키지 않는다고 말한다. 심한 경우 다시는 거래를 안 하겠다거나 상종을 안 하겠다고 한다. 많은 부분 이해되고 공감도 했다. 그러나 팥으로 메주를 쑨다 해도 믿게 만든다는 인도 파르시 상인집단, 불살생의 종교 가르침에 따라 수천 년 상업에 전념해 불과 600만 인구로 인도 소득세의 3분의 1을 내고 있는 자인 상인집단 등 신뢰와 믿음의 상인계층도 인도에는 많다.

특히 부정적인 예의 많은 부분이 인도 북부지역 기업인, 상인과의 거래 경험이나 들은 전언에 기반을 둔 것이 아닌가 하는 생각을 한다. 인도 서부의 많은 기업인들도 행정이나 정치 전통이 뿌리 깊은 북부 상인들과의 거래에서 매우 조심한다. 그쪽 사람들 표현을 빌자면 "델리 중심의 북부는 오로지 주는 것만 있지만, 이쪽 서부에서는 가면 오는 것이 있다"고 한다.

인도 상인이라고 일괄해서 매도하기에는 인도는 너무나 크고 복잡·다양하다. 해서 인도 상인을 대할 때 마음에 준비는 하되, 여백을 두는 것이 좋다. 이것이 세계 3대 상인집단이자 'G3' 인도경제 주역에 대한 바른 접근법이 아닐까 한다. 특히 인도 서부는 인도 경제발전의 엔진이자, 인도 상인의 본고장이다.

4. 인도 남부, 공인의 고향에서 StartUp, Unicorn 성지로 우뚝 서다

1) 세계 4대 인더스 문명을 일군 드라비다족의 자존심이 살아 있는 인도 남부

서인도가 상인의 고장, 북인도는 정치 행정, 동인도가 문인의 고향라면 남인도는 공인의 고장이다.

토기모양의 인도아 대륙의 중간 지역부터 남쪽 양안으로 West Ghat(서부) 및 East Ghat(동부)라 불리는 산맥이 긴 해안선을 따라 이어진다. 서쪽은 해발 2,700 미터 최고봉을 비롯 해발 약 1,200미터, 동쪽은 평균 600미터로 인도 3대 강이라 불리는 Chrishna 강을 비롯 인도 중남부지역 대부분의 강은 서쪽에서 발원해 동쪽 벵갈만쪽으로 흘러든다. 이 해안 산맥 사이로 펼쳐진 해발 300~900미터 높이로 우리나라 면적의 5배에 달하는 드넓은 구릉 및 평야지대가 이어지는데 이곳이 인도의 곡창 데칸 고원이다. 이 데칸 고원 중남부와 양 해안지역이 5개주로 구성되어 있는 South India 남부 인도다. 인도의 1인당 GDP 2,200달러 대비 이곳 남인도의 1인당 평균 GDP는 3,400 달러 전후로 인도 평균보다 약 50% 높아 서부와 함께 인도 경제성장을 선도하는 지역이다.

기원전 3,000년전 부터 북서부 인더스 강 유역의 Harapa 등에서 세계 4대 인더스 문명을 꽃 피운 드라비다(Dravida) 족이 중앙아시로부터 남하하는 철제무기의 아리안족을 피해 남쪽으로 이동 이곳에 정착한 것으로 알려지고 있다.

2019년 5월 총선 때 집권 인도 국민당(BJP : Bharatiya Janata Party)의 모디(Modi) 태풍이 북서부는 물론, 인도 중·남부를 휩쓸 때도 첸나이를 주도로 하는 남부 타밀나두주는 BJP에 한 석도 내주지 않는 전통을 지켜냈다.

현재의 인도, 파키스탄 및 아프가니스탄 지역 대부분을 지배, 청나라보다도 넓었던 고대 마우리아 및 무굴 제국 등 북부의 수많은 정복 시도에 맞서 고유의 언어와 문화를 지켜냈고, 그 정신과 전통은 현재도 강고하다. 해서 남부 인도 사람들의 자존심, 특히 북인도에 대한 자존심내지 경쟁심은 대단하다. 남부 5개 지역을 묶어 United States of Southern India를 주창하는 정치세력도 그 뿌리가 강력하다. 남부 정치 세력중 가장 강력한 Tamil Nadu 주 일반 상점에서 북부의 힌디어를 사용하면, 상점주인은 그 의미를 알면서도 대꾸를 안한다. 바다 건너 Sri Lanka 인구의 약 20%가 인도 이주민으로 인도-스리랑카간 역사적, 인종적, 언어적 갈등과 내전과도 직접적으로 관련되어 있다.

Tamil(Tamil Nadu주), Kannada(Karnataka주), Telugu(Telangana주 및 Andra Pradesh주), Malyama(Kerala주)를 해당 주 공식언어로 이를 대표하는 Dravidian Language는 태국어를 포함한 동남아 주요 언어의 뿌리로 알려져 있다.

2) Tamil Nadu 주 : 현대자동차 및 협력 150개 기업의 본산

뭄바이를 끼고 있는 서부 Mhahrashtra주에 이은 인도 2위의 부자주로 8,000만 인구에 1인당 GDP도 3,400 달러로 인도 평균보다 약 50% 높다. 인도 3대

전통항구인 Madras(지금의 첸나이)를 중심으로 고대로부터 유럽, 아프라카, 중동과 아시아, 중국을 잇는 해상 교역 중심지로 발전해 왔다. 10세기 전후 인도양의 맹주로 군림했던 Chola 왕조 등은 동남아의 여러 왕조에도 종교, 언어, 이주와 교역을 통해 큰 영향을 주어, 힌두교 양식을 따른 앙코르 와트, 태국과 말레이의 왕궁 벽화와 제례의식, 발리의 힌두교 전통에 그 영향력이 남아 있다. 지금도 우리나라의 현대자동차 및 150여 우리 협력업체가 진출한 첸나이를 중심으로, NCR(수도 뉴델리 주변)과 함께 우리기업 진출의 양대 축 역할을 하는 지역이다.

3) Karnataka주 : 인도 IT산업의 본거지이자 StartUp, Unicorn의 성지

데칸고원의 중남부 중심에 위치, Mysore 왕조 등 북부 무갈제국에 맞서 싸운 남부 인도왕조의 중심지 역할을 해 왔다. 인구 7000만에 1인당 GDP 3,400 달러 전후의 부자주다. 특히 주도 벵갈루루는 해발 900미터가 가져다 주는 연중 25도 전후의 서늘한 날씨와 캘리포니아와 비슷한 풍광으로 1980년대부터 미국계 기업의 해외 S/W 소싱기지로 발전을 거듭, 현재 아시아의 Silicon Valley로 불린다. 1,300만 인구로 발전했으며 Infosys, Flipkart, Big Basket 등 인도 Unicorn 및 Startup의 성지로 불린다. 호텔 및 쇼핑몰, 레스토랑 등이 마치 미국의 그것을 옮겨다 놓은 듯한 풍광과 소고기를 식당 및 상점에서 쉽게 접할 수 있기도 하다. 90년대 중반부터 발전시킨 삼성전자, LG전자를 비롯한 우리 대기업의 S/W 개발단지 역할이 급속히 강화되고 있고, 2020년 이후 인근 투자진출한 기아자동차 공장우리 인력이 거주하는 등 한인사회도 급속히 확대되고 있다.

4) Telangana주 및 Andra Pradesh 주 : 제 2의 IT 산업단지로 부상

인도 독립시는 한주에 속했으나 2014년 경제가 발전된 북부 Telangana주가 분리되면서 현재 Andra Pradesh(AP) 9,000만, Telangana 4,000만 인구로 구성되어 있다. AP는 상대적으로 농업, 농촌지역에 있으나 Telangana주는 데칸고원 한 가운데 위치한 지역으로 20여년 주지사를 지낸 Chandrababu Naidu의 야심찬 개발정책으로 주도 Hyderabad를 중심으로 Bengalulu에 필적하는 인도의 제 2, IT 산업단지로 발전하고 있다.

5) Kerala주 : 공산당 집권지속 사회적 인프라 선도주, 천혜의 관광자원, 기독교 전통

인구 4,000만에 일인당 소득 3,400 달러로 인도 평균대비 50% 정도 높은 지역이다. 켈랄라는 인도 평균 80%에 달하는 힌두교 비중이 절반에 미치지 못하고 이슬람이 26%, 기독교 인구도 20% 가까이 되는 특이한 지역이다. 이는 동아프리카와 연결된 인도 서부 해안지역의 대표적인 곳이 Goa와 켈라라인데서 연유하는데 이에 따라 이 지역은 고래로부터 타 지역과의 해상교류가 활발했다. 지금도 이러한 인력교류가 활발해 중동 및 미국에 수많은 인력이 이민이나 중장기 노동으로 진출해 있어 해외로부터의 송금이 집중되는 지역이기도 하다. 특이한 것은 1957년부터 공산주의 연립정권이 사실상 집권을 계속하고 있어 이념에 기반한 의료, 교육 인프라가 가장 발달된 지역으로 알려져 있다. West Ghat 서쪽면의 경이로운 풍광과 차밭, 그리고 평화로운 해안가로 인도내 대표적인 휴양지로 이름이 높다.

인도 남부는 전통적으로 공인(工人)의 고장으로 알려져 있다. 진출 우리기업 대부분도 남이도 인력의 정직성, 손재주 그리고 직업의식에 만족해 하신다. 인도 출신 노벨상 11명이 있는데 이중 2009년 노벨화학상을 받은 Ramakrishnan을 비롯한 과학상 3명, 그리고 영화 '무한대를 본 남자'의 주인공 Ramanujan이 모두 인도 남부 출신인 점도 이와 무관치 않다.

이 남부 인도의 자존심, 자부심을 대표하는 상인계급이 체티아르(Chettiar) 상인이다. 현재 12만명 17세기 이후 마드라스를 중심으로 중국과 중동, 유럽 중개무역을 장악했고 특히 19세기 후반기 버마(쌀) 싱가포르(금융), 말레이시아(고무 및 주석) 경제를 지배해, 마르와리를 넘어 인도 최고의 상인그룹으로 성장했다. 그러나 1930년대 대공황 여파와 2차 세계 대전시의 일제의 동남아 강점으로 체티아르 일족의 상세는 급속히 기울어 현재 약 20만명으로 추산되고 있다. 30여 자회사와 50억 달러 매출, 창립 후 순익의 1% 사회기부 전통으로 유명한 120년 전통의 남인도 최대기업 Murugappa Group이 대표기업이다.

〈남인도〉

자료: Sawaal

5. 구자라트: 사바르마티 강 서안에 부는 강남개발 붐

1) 구자라트주의 한강, 사바르마티강

인도 북서쪽, 파키스탄과 국경을 마주하고 있는 구자라트주에는 우리나라의 한강에 비유할 수 있는 사바르마티(Sabarmati) 강이 있다. 북쪽 라자스탄주의 자이나교 성지 'Mount Abu(1220m)'에서 발원해 구자라트의 경제수도 암다바드(Ahmedabad)를 거쳐 남부 캄바타만에 이르는 길이 400여 Km를 굽이치면서 고온 건조한 구자라트주에 생명수 역할을 한다.

구자라트주 출신으로 남아프리카 공화국에서 20년 변호사 생활을 끝내고 귀국한 간디가 힌두 명상수행의 근거지로 세운 간디 아쉬람(Gandhi Ashram)은 이 강 서쪽 뚝방에 자리 잡고 있다. 1930년 3월 초부터 한 달여 진행된 소금대행진(Salt March, Dandi March로도 불림)은 변방의 변호사 간디를 인도 독립운동의 전국구 인물로 부상시킨 역사적 사건인데, 바로 이 소금대행진의 출발지가 간디 아쉬람이다. 열린 공간이라는 간디의 이상을 체화한 이 간결한 기도원과

뚝 아래 사바르마티강이 어우러져 한 폭의 수채화를 선보이고 있다.

구자라트주의 경제 수도로, 인구 800만의 인도 7대 도시인 암다바드는 15세기 초 이 강의 동쪽에 자리 잡은 이슬람계 'Gujarat Sultan' 왕조의 수도로 출발, 현재 동쪽 도시 전체가 유네스코 세계문화 유산으로 지정되어 있다. 암다바드가 이 사바르마티 강의 동쪽에, 그리고 간디 아쉬람이 호젓한 이 강 서안에 터를 잡은 것은 인도의 오랜 외침 역사에 기원한다. 알렉산더, 페르시아, 몽골 등 수많은 외침이 오직 서쪽 일변도였기 때문이다.

이런 연유로 1970년대까지도 사바르마티 강 서안은 우리나라 강남 뽕밭과 비슷한 농경지였고, 사바르마티 강도 1960~70년대의 개발 전 한강과 비슷한 상태에 있었다. 필자는 2000년 초 수만 명이 사망한 구자라트 대지진 직후 구자라트주를 방문할 기회가 있었는데, 이 강가에 끝없이 이어진 이재민 임시 텐트촌과 썩은 냄새가 구자라트주 방문 첫인상이었다.

2) 2023~2027년까지 연 9% 상승 예상하는 인도 부동산 가격

그러나 20여년 뒤 구자라트주 암다바드 무역관 개설에 자원하면서 본 사바르마티강, 암다바드는 전혀 다른 세상이 되어 있었다. 마치 강남에 값비싼 사무실, 호텔, 아파트들이 몰려 있듯이 암다바드의 모든 경제활동 중심은 이미 서쪽으로 옮겨 있었다.

이곳을 남북으로 잇는 고속도로, 'SG Highway' 주변에는 수십 층 고층빌딩과 사무실, 공장, 아파트들이 줄을 잇고 있었다. 이곳에 지난 20여 년간 인도의 굴지 대기업으로 성장한 Adani, Torrent, Zydus 등 신재생, 제약 바이오 기업 본사 및 공장이 줄을 이어 들어섰고 서쪽, 서쪽으로의 팽창을 계속하고 있었다. 암다바드 너머 사켓(Saket) 지역에는 연 70만대 생산능력의 스즈키 자동차 공장, 연 600만대 생산체제의 혼다 오토바이 공장과 일본계 수백 협력업체들로 인도판 '리틀 재팬(Little japan)'을 이루고 있었다.

이 과정에서 땅값도 천정부지로 치솟았다. 우리나라 명동에 해당하는 암다바드 중심 상업구역의 한 평당 값이 당시 우리돈으로 5000만 원가량이었던 것으로 기억된다. 당시 암다바드 무역관 공용기사의 할아버지는 인도 카스트 상류계급인 크샤트리아(전사계급)로 이 명동 지역에 큰 땅을 가지고 있었는데 방탕한 생활과 시대변화에 대한 무지로 금싸라기 땅을 처분했다고 한다. 이 기사가 출퇴근길에 이 땅을 지날 때면 옛날의 영화 이야기를 되풀이하던 기억이 생생하다.

사바르마티 강변에 신설된 산뜻한 산책로와 온갖 편의시설은 이곳이 한강을 모델로 개발된 것이라는 것을 직감할 수 있었고, 실제로 그렇다고 들었다. 물론 그 수준은 아직 한강과 서울을 따라오기에는 부족하다. 아직은 인도의 1인당 평균 국민소득이 2000~3000달러대임을 감안해야 한다.

필자가 1년 동한 생활하고 근무했던 구자라트주에서만 부동산 바람이 부는 것이 아니다. 전국적 현상이다. 인도 민간 조사기업 Statisca에 따르면 2023부터 2027년까지 인도의 부동산 평균 가격은 연평균 9% 성장세를 지속할 것으로 예상되고 있다. 지난 10년간 연평균 7% 전후의 실질성장률과 해외거주 인도인(NRI : Non Resident Indian)의 본국 부동산 투자 붐이 이런 증가세의 배경이다. NRI의 인도 주요 부동산 투자금액은 코로나 이전인 2017년 115억 달러에서, 코로나 기간 중의 정체기를 지나 지난해에는 257억 달러로 급증하는 추세다. 해외동포 본국 송금액 순위에서 세계 제일인 인도 NRI의 본국 송금액 연 800억 달러의 약 3분의 1이 인도 부동산 시장으로 유입되고 있는 것이다.

3) 인도 해외동포, 연 260억 달러 인도 부동산에 투자

지난 해 5500여명의 NRI에 대한 설문조사 결과, NRI가 가장 선호하는 지역은 중남부 텔랑가나주의 하이데라바드(Hyderabad) 22%, 북부 NCR(Norther Capital Region : 델리 및 위성도시) 20%, 남부 카르나타카주의 벵갈루루(Bengalulu) 18% 순이다. 이외 서부의 인도 경제수도 뭄바이(Mumbai), 그리고 남부 타밀나두주 해안도시 첸나이(Chennai), 뭄바이 배후산업도시로 성장한 푸네(Pune)도 인기다.

20여 년 만에 다시 방문한 뭄바이는 하늘을 가리는 고층빌딩 건설 붐으로 도시 전체가 건설공사장처럼 느껴졌다. 배 젓는 노 형상의 뭄바이는 유일한 출입구 북쪽이 반원 띠 모양의 슬럼가로 막혀 있다. 해서 뭄바이 임차료는 수도 델리의 1.5배 이상으로, 우리 기업들 사이에 뭄바이 사무소 운영비용이면 선진국 포함 웬만한 곳 3곳을 운용할 수 있을 만큼 임차비용이 비싸다고 회자된다. 인구와 돈이 몰리는 수도 델리 및 주변 위성도시 임차료도 급속한 상승세다. 뉴델리 무역관 임차료는 120여 곳에 달하는 KOTRA 해외 무역관 중 총액 기준 4~5위에 달할 정도로 인도 주요 대도시의 임차료 수준은 2200 달러라는 1인당 평균 소득 기준을 무색하게 한다.

아시아의 실리콘밸리이자 인도 IT창업의 메카인 뱅갈루루에는 넘쳐나는 서구인들과 마치 미국에서 본 듯한 호텔, 몰, 백화점을 곳곳에서 경험할 수 있다. 인도 남부의 대표적인 정치인 나이두(Chandrababu Naidu) 전 AP주 주총리가 뱅갈루루를 롤 모델 삼아 야심차게 개발한 중남부 하이데라바드 신시가지는 이곳이 인도가 맞나 하는 깔끔하고, 산뜻한 곳으로 IT 등 여러 면에서 뱅갈루루를 바짝 추격하고 있다.

투자 내지 임대료에서 오는 안정적인 소득기반, 은퇴 후의 거주지, 정서적 연대 외에 인도 건축수준의 국제화와 고급화 바람, 도로 등 인프라 개선에 따른 지역 간 이동성 개선으로 기존의 1선(Tier 1) 대도시 위주 투자에서 2, 3선 도시까지 투자가 확대되고 있다. 전자지불(Digital Payment)을 포함한 거래의 편리성, 거래 투명성 제고도 NRI의 본국 인도투자를 가속화시키는 요인이다.

외국인과 인도 상류층 눈높이 맞는 대도시 사무실과 집 공급이 지체되고 있는 여건에 연 7%대 고성장과 연 900억 달러를 넘어선 외국인 직접투자에서 오는 수요 압력이 상충되고 있기 때문이다. 특히 Statisca에 따르면 인도의 2022년 Wealth Gini 계수는 82.3으로 빈부격차가 매우 크다. 인도에서도 Rent는 부익부, 빈익빈 현상의 근원이자 상징적 존재다.

4) 외국인의 인도 부동산 투자는 막혀 있지만 길은 있다

아쉽게도 급성장세인 인도 부동산 시장에 대한 개인 자격의 외국인 투자 길은 주식시장과 마찬가지로 막혀 있다. 대영제국 식민경험과 피해 의식, 국익수호 주장이 맞물려 외국인 개인자격의 직접투자 길이 법적으로 막혀 있기 때문이다.

1991년 인도 경제 개방 이후 삼성전자, LG전자, 현대자동차 및 협력기업이 델리 및 첸나이 인근에 공장을 짓기 시작했다. 이때 선도 대기업의 굳건한 성장세로 동반 진출한 우리기업 대부분이 많은 성과가 있었다. 특히 우리나라 개발연대의 부동산 고성장세를 경험한 우리기업 사장님들이 현지 공장 설립 시, 대부분 공장부지로 임차가 아니라 소유를 택했다. 당시는 뉴델리, 첸나이 접경지역의 한지였지만 도시화와 경제발전에 따른 공장 이전 과정에서 큰 매매 차익을 거둔 수많은 사례들을 남기고 있다. 해서 이곳에 동반 진출한 우리 사장님들 대부분은 "인도 사업이 어떠냐"는 물음에 겉으로는 힘들다 하면서 뒤로는 함박웃음을 짓는다는 우스갯소리가 있다.

지금도 투자진출 기업의 영업용 부동산 투자 길은 열려 있다. 인도 현지에서 거주, 사업하면서 이러한 현지 근거를 사유로 인도 중앙은행의 허가라는 까다로운 절차를 거쳐 인도 부동산을 사는 우리 교포 이야기도 가끔 들려온다.

〈구자라투 북서부 Jamnagar에 위치한 세계 최대의 Reliance Industry 정유공장〉

자료: Wikipdeia

6. 동인도: 인문의 본향, 아직도 제국의 영화와 그 그늘

1) 동부 인도 : 대영 인도제국의 수도권에서 낙후된 변방으로

4대 권역으로 인도를 나눈다면, 동부 인도, 동인도는 경제, 산업, 정치적 영향력 등 거의 모든 면에서 인도에서 가장 낙후된 지역이다.

희말라야에서 발원, 북인도 평원을 동남쪽 사선으로 가로지르는 갠지즈강과 히말라야 북쪽 사면에서 발원, 티벳지방을 돌고 돌아 인도의 Assam지방을 관통한 Brahmaputra 강이 현재의 방글라데시 북부에서 합류하면서 실어 나르는 막대한 토사를 벵갈만으로 토해내면서 그 전후로 세계 최대의 델타 삼각주 지역으로 만들어 내었다. 연면적 40만 Km2로 빙글라데시 약 15만 Km2, 그리고 동인도 약 24만 Km2 등 우리나라의 약 4배가 되는 지역이다.

이중 콜카타를 주도로 방글라에시와 인접한 West Bengal주, 부처님이 나시고 설법한 Bihar주, 동부 해안을 끼고 있는 Odisha주, 그리고 동북부 구릉 지대 Jharkand주의 이 4개 주가 통상 [동부 인도(East India)]로 분류된다. 이 지역에 West Bengal주 1억명, Bihar주 1억명을 포함 인도 4개주 약 3억명, 방글라데시 1.7억명, 도합 4.7억 인구가 이 지역에 몰려 산다. 벵갈 몬순으로 세계에서 가장 강우량이 많은 지역으로 벼농사와 빈곤의 악순환이 맞물려 벼농사의 저주가 깃들인 지역으로 일컬어지기도 한다. 혹자는 동북 7개 주를 동인도에 포함시키기도 한다.

2) West Bengal(WB) : "Kolkata Then, Kolkata Now"

동부 인도의 중심지는 방글라에시와 인접해 있고, 인도 3대 도시 Kolka를 주도로 하는 West Bengal주다. 영화 "City of Joy"가 표현하듯 Kolkata는 대영 인도제국의 수도였던 영화와 인도 최대의 슬럼가가 공존하는 모순의 도시다.

1600년 영국 의회로부터 대인도 독점무역권을 부여받았던 영국의 동인도회사(East India Company)가 1757년 결정적 승리로 대인도 통치의 시작을 알린 Plassy전투의 플라시는 콜카타 북쪽 140km 지역이다. Ganges강 내륙수로를 통해 조달되는 면화, 쥬트, 실크, 차, 향신료가 콜카타와 벵골만을 중심으로 유럽과 중국의 물산과 교환되고 인도 내륙으로 옮겨지면서 인도경제의 심장부로 성장했다. 1911년 뉴델리로 수도이전 후에도, 1947년 인도 독립 당시에도 웨스트 벵갈주의 경제적 위상은 확고해 1960년대 초에도 WB주는 인도 GDP의 1/3 정도를 담당했었다.

그러나 같은 언어, 종족의 동벵갈이 종교(이슬람)을 근거로 1947년 동파키스탄으로 독립하면서 면화, 쥬트 등 주력 산업의 연계고리가 단절되었고, 1947년 독립시, 그리고 1971년 방글라데시 독립전쟁을 피해 1,000만 이재민이 WB에 몰려들면서 그 중심 Kolkata의 슬럼화가 고착화되었다.

정치, 행정의 중심이 북부 뉴델리로 옮겨 가면서 중앙 차원의 인프라, 산업 기반 지원에서 소외되고, 1977년 부터 2011년까지 지속된 Left Front 정부의 사회주의 정책, 이후 현재까지 10년 넘어 집권하고 있는 TMC(Trinammool Congress) 정브 모두 친노동, 친중소기업, 친농촌 정책을 표방하면서 이곳의 제조, 산업, 대기업 기반은 약화일로를 걸었다. 특히 2006년 야심차게 추진되고 막바지 단계에 이르렀던 Tata 자동차의 국민차 Nano Project가 격렬한 반대시위에 부딪쳐 Gujarat주로 이전되면서 이곳을 바라보는 인도 산업계, 대기업군의 시선은 아직도 싸늘하기만 하다. 인도 전체의 외국인 직접투자(FDI)중 이곳의 비중은 1%에 머물고 있고 인도 GDP 중 비중은 3%까지 떨어졌다.

이에 따라 동부 인도를 기반으로 한 인도 대기업은 담배, 호텔 공기업이 민영화된 ITC(Indian Tobacco Company)가 거의 유일하며, 이곳에 지사법인을 운영하는 우리기업도 현대자동차, 삼성전자 지사 등 지사 형태의 4~5개사에 머물고 있다. 다만, 이러한 여건이 주는 선점의 이익을 노리고 진출하는 우리기업도 증가추세에 있다.

최근들어 여타 경쟁 주의 고성장세에 따른 자극, 이웃 방글라데시가 보여준 지난 10년간 정치적 안정과 산업화 정책을 통한 7% 성장세로 1인당 GDP로 인도를 넘어서면서 웨스트 벵갈주를 자극하고 있다. 인프라 개발 프로젝트도 본격화되고 있는데 콜카타 신도시 개발 프로젝트가 그리는 그 규모와 호방함에서 이곳이 과거 대영 인도제국의 수도였음을, 복원의 열망이 자리하고 있음을 확인할 수 있다.

3) Bihar : 부처님 설법의 고장 그러나 "벼농사의 저주"와 우민화 정치

Bihar주는 복잡다기한 인도에서도 아주 특별한 주다. 인도에서 통상 이곳 출신을 의미하는 "Bihari"는 욕내지 비하, 멸시의 대명사다.

뉴델리 등 대도시로 이주한 수많은 이곳 출신 이주민은 비하르 출신임을 가능한 숨기려 한다. 네팔과 비슷하게 내륙 한가운데 고립된 9.4 km2 좁은 땅에 갠지즈강 하류가 가져다 준 드넓은 평원, 늪지대를 그러나 1억 인구가 경작한다. 인도 29개 주가운데 교육, 문맹, 인프라, 위생, 복지 그리고 이를 뒷받침하는 개인소득에서 만년 꼴찌로 이주의 1인당 GDP는 600달러로 선두 Goa주의 1/10에 불과하다.

독립후 우민화 내지 인기 영합주의 정치가 만연해 1990년대 주 총리가 독직 및 선거법 위반으로 감옥에 있으면서도 자신의 문맹 아내를 총리로 당선시켜 이어 간 옥중정치, 20세기 한낮에 마적단이 출범하는 믿지 못할 이야기, 2015년까지도 주총리의 독직 감옥행 소식이 전해지는 지역이다. 부처님이 나시고 설법한 곳으로 알려진 유서 깊은 땅에 현대판 "벼농사의 저주"가 이어지는 듯한 안타까운 지역이다.

최근 들어 인도 중앙정부의 정치, 행정적 관여와 지원, 영향력이 커지면서 비하르주의 경제성장과 산업지도가 서서히 변하고 있음은 다행이다.

4) Jharkand : Mineral States Of India vs 자원의 저주

자르칸드주는 인도 West Ghat 산맥의 해발평균 600m 산악 구릉 지역 80,000km^2 (남한의 약 80%)에 4,000만 인구 주다. 우라늄, 철광석, 구리, 석탄 등 인도 광물 부존량의 40% 정도가 이 주에 몰려 있어 인도의 광물주, "Mineral States of India"라 불린다. 이런 지리적 특성으로 1930년대부터 인도 최대의 제철소 Tata Steel(연산 3,300만톤, 연매출 230억 달러)이 이 주의 Jamshedpur(1930년대 Tata 창업주 Jamsetji Tata를 기려 도시이름을 개명)등 국영, 민영 광물계 기업이 집중 입지해 있다. 그러나 광업외 여타 산업기반이 취약해 이주의 1인당 평균소득은 연 1,100달러로 인도 평균의 절반정도다. 인접한 Bihar, 수도 뉴델리 북부의 2억 인구 밀집주인 Uttar Pradesh와 함께 Jharkand는 인도에서 가장 소득이 낮은 3개주로, "자원의 저주"가 작동하는 지역이다.

5) Odihsa : 최빈지역에서 동남아 교역 중개지로 고속성장중

Odhisa주는 인도 동해안과 서쪽의 West Ghat 산악지형을 같이 어우른 지역이다. 기원전 3세기 인도의 3대 군주라 불리는 Ashoka 대왕의 이 지역 정복 시도에 수십만이 사망했고, 이 참상을 통해 Ashoka왕이 각성, 불교를 받아들에게 한 지역으로도 유명하다.

동쪽 긴 해안선과 내륙 수로를 배경으로 중세, 근대 인도의 대동남아 교역의 중심지 역할을 했고, 그 명맥을 주도 Bhubaneswar(부봐네스와르)가 지금도 이어가고 있다. 인도 독립후 중앙정치권으로부터의 소외, 정치적 불안정 등으로 인도에서 가장 낙후된 지역군에 머물러 있었다.

노면의 철광석, 석탄 등 자원도 풍부해 2000년대 중반 우리나라 포스코가 해외 최초의 일관제철소 건설을 이 지역에 추진했으나, 정부, 정치권의 부패, 토지수용의 난맥, 그리고 경쟁기업의 방해로 결국 큰 상처를 남기고 철수한 지역이기도 하다. 그러나 최근 10년간 Odhisha 주는 주총리 Naveen Patnaik의 안정적인 정국 관리, 의욕적인 산업, 경제개발 정책으로 인도에서 가장 경제성장이 빠른 지역으로 탈바꿈하고 있다.

6) 동인도, 인도 시성 Tagor, 노벨상 Amita Zen 등 文人의 고장

자료원: Ambassador

서부가 상인, 남부가 공인, 북부가 정치인의 고장이라면 인도 동부는 文人의 고장으로 불리운다. 식민지배 조선의 아픔과 영광을 표현해 우리에게도 친숙한 2013년 노벨문학상의 Tagor, 1997년 노벨경제학상의 Amartya Sen, 2019년 노벨경제학상의 Abhijit Banergee 모두 인도 동부 특히 벵갈 출신이다. 이곳에도 카스트 유제가 많이 남아 있는데 2019년 노벨경제학상을 배출하고 웨스트 벵갈주 수상을 11년째 이어오고 있는 Banerjee, Mukerjee, Chaterjee가 벵갈의 3대 브라민 가문으로 불린다.

반면 웨스트 벵갈 및 동인도도 산업, 상업계는 벵갈 토착세력이 19세기 이후 북서부 사막지역에서 출발한 인도 제 1의 상인집단 Marwari 상인들에게 자리를 내 주면서 아직도 이곳 벵갈의 산업, 상업계는 이 Marwari 집단이 주도하고 있다.

7. 동북 7 Sisters : 불고 있는 K-Culture 열풍과 무주공산

1) 동북의 Chicken Neck, 인도의 고민과 두통거리

인도 북동부 West Bengal주는 East Bengal(방글레데시)과 종교(East는 이슬람, West는 힌디)만 다를 뿐 같은 벵갈족의 땅이다. 종교를 이유로 1947년 파키스탄의 일부인 동파키스탄으로 분리 독립되었지만, 아리안 위주의 서 파키스탄과는 인종, 문화적 차이가 커 1971년 방글라데시로 독립했다. 독립 시의 무력지원 등 인도는 그동안 방글라데시에 각별한 지원과 우호관계를 유지해 왔다. 네팔, 부탄, 시킴, 그리고 방글라데시 등 이 지역 국가에 드리우는 중국의 영향력 확대에 대응하고 동북 인도 7개 주의 사활을 방글라데시가 쥐고 있기 때문이다.

방글라데시와 네팔 사이에 낀 폭 23Km에 불과한 실리구리 회랑(Silliguri Corridor)이 그곳이다. 동북의 [닭 모가지]라고 불리는데, 만약 주변의 어느 국가, 세력, 특히 중국이 이곳을 통제한다면 차 산지로 유명한 북부 시킴주의 Darjeeling도 해발 8,586미터로 세계에서 3번째 높은 Kanchenjunga 산도, 26만 Km에 5,000만 인구가 사는 북동부 7개 주도 사실상 중국의 손아귀에 떨어지기 때문이다. 북쪽으로 산악지대가 주로 중국이 자기 땅이라고 반환을 요구하고 있는 7 Sister 중 가장 큰 Arunachal Pradesh(Pradesh는 주, 국가란 뜻)에 인도 본토인이 출입하기 위해서는 아직도 별도 허가를 받아야 한다.

이곳 동북 주, 그리고 중국과 붙어 있어 인도 정부의 각별한 지원을 받고 있는 Sikkim을 포함한 동북 8개주는 동양계가 주류로 인종, 민족, 언어면에서 서북

인도와는 딴판이다.

이 동북 7주의 한가운데에는 히말라야 북쪽 사면 티벳 땅을 돌고 돌아 아루나찰 주를 거쳐, 주 한 가운데를 관통하는 Brahmaputra 강 주변으로는 세계적인 차산지이자 연 10,000 mm 이상의 강우량으로 유명한 Assam주가 있다. 동북 7개주 5,000만 가운데 3,000만명 이상이 Assam에 살고, 다른 6개주는 인구 200~400만 규모다. 이 아삼주를 제외하면 동쪽으로 미얀마와 국경을 마주하고 있는 Nagaland, 2차 세계대전시 일본군의 Impal 참패로 유명한 Manipur, Mizoram주 그리고 남쪽으로 방글라데시와 국경을 마주하고 있는 Meghalaya 및 Tripura 대부분이 해발 1,000 전후의 고산, 구릉지역이다. 7 Sisters로 불리지만 각 주별 인종, 언어, 종교 차이가 크고 특히 인도 평균 1% 대비 이곳의 기독교 인구 비중은 평균 20%에 달하고, Meghalaya 주등 일부 주는 기독교 인구가 다수를 차지하고 있다.

동양계 위주 인구분포에도 주변 미얀마나 중국, 티벳쪽에 붙지 않고 인종, 종교적으로 이질적인 인도로 편입된 이유는 무엇인가? 기원 전부터 이곳 여러 지역에 독립 왕조들이 거쳐 갔다. 여러 종족이 흩어져 독립할 힘이 부치고, 이웃 버마 등과는 끔직한 유혈 충돌 역사를 가지고 있었다. 민주 인도정부의 회유와 압박이 더해져 독립 인도로의 잔류를 택하였고, 대부분 1972년 전후 인종, 언어에 기반을 둔 7개주로 분리되었다. 부탄 왕국과 달리 인도로의 귀속을 택한 Sikkim 왕가에 대해 인도 정부가 각별한 법적 지위를 부여하고 경제적 지원을 하고 있는 초입의 Sikkim주를 더해 이곳 8개 지역을 동북 인도라 부른다.

2) 모디 정부들어 집중 지원, 일본 20억 달러 ODA 지원, 중국 국경분쟁

2021년 기준 인도 1인당 GDP 2,200달러인데 반해, Assam, Meghalaya, Manipur 주 평균소득은 1,400달러 이하다. 인도 28개 주 가운데 Sikkim, Tripura주를 뺀 나머지 이곳 동북 6개주 소득은 인도 평균소득 이하에 머물러 있다. 산업도 농업, 식품가공, 산림, 수력발전 등 기초적인 수준에 머물러 있고, 도로, 철도 등 물적 인프라는 물론 교육, 보건 등 사회적 기반시설도 인도내 여타지역보다 취약하다.

지리적 고립, 동양계 위주의 인종적 구성과 산악지형, 복잡한 인종, 중앙정부의 무관심이 주 요인이다. 미얀마와 접경을 두고 있는 3개 주의 분리, 독립반군 세력도 북서부 카시미르 지역 반군과 함께 인도의 양대 반군, 독립세력으로 불리고 있다.

그러나 2014년 모디 정부의 출범 이후 이곳의 전략적 가치가 재평가되면서 중앙정부의 지원도 급속히 확대되고 있다. 모디 신정부가 동방정책(Look East Policy)을 표방, 아세안과의 경제협력을 외교 최우선순위로 설정함에 따라 인도와 아세안 연결 길의 길목에 위치해 있고, 국경분쟁중인 중국으로부터 이 지역 주민들을 분리시키고, 달랠 필요가 크게 증가하였기 때문이다.

이에 따라 모디 정부는 그동안 이 지역 발전의 가장 큰 걸림돌이었던 인프라, 특히 도로 확장에 수십억 달러를 투자하고 있고, 농업, 식품가공, 섬유, 제약 등 이 지역 여건에 맞는 전략 산업 지원과 기반투자를 급속히 확대하고 있다.

이 지역에 대한 일본의 투자와 관심은 각별하다. 인종적 친밀감, 중국 견제 필요성 특히, 2차 세계대전시의 뼈 아픈 Impal 참패 기억이 각인된 지역으로 2017년 이후 일본은 JICA(Japan International Cooperation Agency)를 통해 인프라, 산림개발, 교육 등에 20억 달러가 넘는 ODA 자금을 이 동북 7개주에 집중 투자, 지원하고 있다.

3) 인도내 한류 바람의 본거지, 무주공산 지역, 전략적 ODA 지원 확대해야

이곳 동북 7주에서는 도로 등 인프라가 뒤쳐져 있지만 기본적으로 Hill Station 지역으로 해발 1,000m 내외의 고산지대가 가져다 주는 맑은 공기와 푸르른 산, 아리안계, 또는 드라비다와 같은 인도 본토 사람들과는 다른 느낌의 친근한 동색 주민들을 만나게 된다.

인도내 한류 확산세가 뜨겁지만, K-Pop, K-Drama, K-Language 등 이곳에서 개화된 한류 열품은 2010년대 중반부터 인도내 여타 지역과 비교가 안될 정도로 뜨거웠다. 방문경험, 그리고 우리기업 전언에 따르면 주 총리를 비롯, 주정부 공무원들도 자치행정 원칙에 따라 대부분 해당지역 주민 출신으로 구성되어 있고, 산업 및 인프라 개발에 대한 기대와 관심이 매우 높다.

일본의 지원이 확대되고 있지만, 2차 세계대전 시 이곳에서의 약탈과 안 좋은 여러 기억으로 일본에 대해서는 그다지 호의적이지 않은 기류가 퍼져 있다. 이러한 현지 특성에 기반 인도에 진출한 우리 기업 중 이곳에 관심을 두는 우리기업도 꾸준히 증가하고 있다.

십여년 이상 주정부와 쌓아 온 신뢰와 네트워크를 기반으로 Megalaya주 시범 사업을 통해 정착시킨 도시 쓰레기 연료화 프로젝트를 동북 여타 주로 확산시키는 단계에 있는 우리기업도 있고, 히말라야 고산의 약초 공장을 추진하는 우리 기업도 있다. 동북 7개주는 14억 인도 시장 공략을 위한 기반이라는 입소문이 우리 가요계에 퍼져 있는데 2019년 봄 코로나 직전 Meghalaya주도 Shillong에서 개최된 한류 신인 [장한별]에 대한 현지 공연 시, 2만명이 넘는 열광 팬이 밤을 지샌 바 있다.

파키스탄과 달리 방글라데시와 좋은 관계를 유지하고 있는 인도 정부도 방글라데시를 통해 동북 7주의 물류 어려움을 완화키 위한 양국간 협력도 지속 강화되고 있어 섬유, 봉제쪽에서 기반을 탄탄히 다진 방글라데시와 이곳 동북 7주의 물류, 산업 여건도 지속 호전될 것이다.

이곳 동북 7주, 8주는 산업, 투자, 경제 및 문화협력 면에서 無主空山에 가깝다. 이곳과의 ODA 협력은 문화, 인종적 밀착성, 상호 보완성과 합해져 선점효과와 가성비는 다른 곳과 비교할 수 없을 것이다.

8. 북부 카시미르 : 화약고를 넘어 관광, 자원 보고로

1) K2와 설산, 호수가 어우러진 천상의 절경 Kashimir

카시미르!

네팔, 인도, 파키스탄으로 이어지는 히말라야 산맥과 중앙아시아까지 3,000km 이어지는 카라코람 산맥이 만나는 곳이 인도와 파키스탄 최북단의 카시미르 지역이다. 에베레스트보다 오리기 힘들다는 세계의 두 번째 고봉 K2(8,611 미터)

를 비롯해 8,000미터 이상의 고봉 4곳을 품은 지역으로, 산악인의 로망지역이기도 하다.

인도쪽 Kashimir의 주도 Sri Nagar, 그리고 중국과 접경하고 있는 동쪽 Ladak을 20여년에 걸쳐 4번 방문해 볼 기회가 있었다. 이곳 카리미르는 인도에 산재한 수많은 절경, 관광지 중에서도 전문 여행사 및 여행꾼들이 가장 앞자리로 추천하는 지역이다.

자료: India Map.

해발 600 미터에 위치한 인구 100만의 주도 Sri Nagar의 그림 같은 호수와 주변 설산, 그리고 이곳에서 해발 300 미터에 위치한 제 2위의 도시 Jammu까지 남쪽으로 이어지는 300 Km에 달하는 Kashmir Valley는 그 수려한 절경으로 인도 영화의 단골 배경이다.

남쪽 아프간 접경지역의 Khyber Pass와 함께 이곳은 북서쪽 외세가 대인도아대륙으로 들어오는 양대 침략로였다.

반면, 대부분이 3,500 미터 이상 고지대에 위치해 있는 동쪽 Ladak 지역은 히밀라야 빙하가 녹으면서 내려 준 여러 강과 오아시스 계곡, 민둥산에 언쳐진 빙하를 배경으로 한 쪽빛 하늘로 마치 다른 행성에 와 있는 듯한 느낌을 자아내는 곳이다. Ladak 방문 붐을 일으켰던 인도영화 “Three Idiot(세 얼간이)”의 마지막 배경인 Pan Gong Lake는 이 Ladak의 인도-중국간 접경지역의 해발 3,800미터에 위치한 쪽빛 산정호수다. 이 푸른 호수를 배경으로 2020년 6월 인도-중국군간 유혈충돌로 40여명의 사망자를 내기도 하였다.

서쪽 Kashimir가 건장한 체구와 흰 피부, 턱수염으로 특징되는 이슬람계라면 동쪽 Ladak지역 대부분은 히말라야 산 너머의 Tibet 지역과 인종, 종교를 같이 하는 라마불교계 전통이 깊숙이 배여 있다.

2) 22만 km^2 한반도 면적의 분쟁지역을 인도 55%, 파키스탄 30%, 중국 15% 점유

총 22만 km^2 넓이의 이 고산지대를 인도가 약 55%, 파키스탄이 30%, 중국이 15%를 사실상 점유하면서 국경분쟁이 끊이지 않고 있다. 전체 인구 2,000만중 70% 이상이 인도령에 살고 있고 파시스탄 점령지역은 거의 100% 이슬람, 인도령 중에서도 주도로 북쪽의 Sri Nagar 지역은 95%로 총 인구의 80% 전후가 이슬람, 특히 수니계 이슬람이다. 인도 국경수비대가 통제하는 인도령 카시미르 주요 간선도로에는 수 Km 간격으로 국경수비대의 검문이 반복되고 있고 접경지역 주요 고개에는 어김없이 검문소가 설치되어 있다. 우리의 휴전선에 해당되는 개념으로 인도-파키스탄 접경지역은 Line Of Contol (LOC), 인도-중국 접경은 Line of Actual Control (LAC)로 불린다. 심정적으로 이슬람계 주민 대다수가 파키스탄 편을 들지만, 자체 독립 염원도 강하다.

이지역을 둘러싼 분쟁은 카시미르 자체의 역사, 영국의 식민지배, 인파-종교분쟁과 국경분쟁이 복합된 결과다. 10세기 이래 이 지역은 힌두계의 Lohar, 이슬람 계통의 Sha Mir Dynasty과 무굴제국 지배를 거쳤고, 영국-시크간 전쟁의 결과로 1847년부터 100여년간 대영제국 인도령내의 자치왕국(Princely State of Kashimir)으로 이어져 왔다.

2차 세계대전 후 힘이 빠진 영국이 물러가면서 종교를 중심으로 인도아 대륙을 힌두의 인도와 이스람의 파키스탄으로 분리키로 하고 힌두와 무슬림계 양정치권이 이에 호응하면서 현재의 정치, 종교지형으로 귀착되었다.

독립 당시 영국령내 자치국 형태로 존재하던 560여 Princely State는 법적으로는 독립이 가능하였지만, 역학구조상 인도, 파키스탄 두 국가중 한곳으로의 선택을 유혹받고, 강요받으면서 대부분 인도를 택했다. 그러나 인도 중남부의 Hyderabad, 북서부의 Jodhpur 등 힘이 쎈 5곳은 자체 독립을 모색하고 있었다. 1947년 10월 인도-파키스탄 분리가 본격화되면서, 당시 Kashimir의 지배자 Hari Singh도 독립의 눈치를 살피던 중 서 Kashimir내 이슬람 세력이 왕궁으로 쳐들어 오자 자신의 종교 힌두교 인도에 Kashimir를 넘기는 조약에 서명했다. 카시미르를 둘러싼 양국가의 대척점은 이 조약의 유효성을 인정하는가에 기원한다.

이 때인 1947년 독립 시, 1965년, 1971년 방글라데시 독립전쟁, 최근의 2002년의 Kargil 대전투 등 양국은 총 4차례 큰 전쟁, 전투를 치렀고, 카시미르 독립세력 및 파키스탄 지원군과 인도군간 전투, 분쟁은 늘상 있는 인도 신문의 단골 메뉴다. 파키스탄이 작심하고 계획한 2002년 Kargil 전투 초반기를 제외하면 대부분 인도군의 공세가 압도적이었다. 파키스탄이 90년대 중반 핵무장한 이유다.

인도아 대륙을 지배하던 영국은 신해혁명으로 청나라가 멸망하면서 독립을 선언한 티벳왕조와 1913년 영국-티벳 국경조약을 통해 국경선(Mcmahon Line)을 확정했다. 그러나 티벳의 독립성을 부정하고 있는 국민당 정부, 이후의 공산당 정권 등 중국정권은 1913년 이 조약을 원천적으로 부정하고 있다.

3) Kashimir 분쟁과 100억 달러로 확산되는 인도내 K-방산 붐

티벳 망명정부를 둘러싼 대립으로 1962년 겨울 카시미르 및 북동부 Arunachal Pradesh에서 한달간 벌어진 1차 인도-중국 전쟁은 한국전쟁으로 단련된 중국군의 일방적인 승리로 끝났고, 15년 집권 네루의 몰락을 가져왔다. 이후 인도 북동쪽의 Arunachal Pradesh와 Ladak 지역에서의 양국간 신경전은 2020년 6월 Ladak지역의 Galwan계곡 전투에서 인도군 20명이 사망하면서 폭발했다. 인도는 카시미르 지역에 공식 병력만 30만을 배치하고, Ladak내 군사인프라 건설에 박차를 가하고 있고, 중국군도 티벳 접경지역의 도로 확충과 장비, 부대를 급속히 확충하고 있다.

국경을 맞대고 있는 이곳 3국중 중국과 파키스탄은 경제, 군사적 동맹관계다. 싱가폴 말래카 해협 봉쇄에 대비한 전시 해상운송로 확보 수요와 중국의 일대일로 프로젝트가 만나는 지역이 파키스탄이다. 파키스탄 협조를 통해 추진된 미국의 아프간 침공이 어느 정도 마무리된 2000년대 중반 이후 중국-파키스탄간 정치, 외교, 경제, 군사적 협력관계는 공고화되고 있다.

파키스탄 제 1의 도시이자 Karahi 서쪽의 Gwadar Port는 중국 함대의 주요 기착항이며 이곳과 중국 신장 자치구를 연결하려는 철도노선을 중심으로 파키스탄-중국 경제회랑 (Pakistan China Economic Corridor)이 본격 개발중에 있다. 200억 달러가 넘는 양국간 교역액은 파키스탄 대외교역의 절반 이상에 달하고 최근 IMF 구제금융중인 파키스탄에 중국은 23억달러를 지원했다. 현재 파키스탄 무기류 대부분이 중국산으로 양국간 군사협력도 급속히 강화되고 있다.

이에 맞서 인도는 최근의 국제정세 변화로 미국산 무기 도입을 확대하고 있지만 전통적인 경제, 군사협력국인 러시아제 무기체계를 기본으로 하고 있지만 장비 노후화와 성능문제를 안고 있다. 1990년대 이후 전차, 대포, 항공기, 전함 등제 방면에서 무기 국산화를 위한 프로젝트를 추진해 왔지만, 배후 제조업 취약, 만연한 방산비리, 취약한 개발 및 지원체계로 시제품 프로젝트 대부분이 출시까지 30년이 넘게 걸리고 있다.

이에 관련, 우리나라 한화디펜스는 2018년부터 7억 달러 규모의 K9 Bajra(천둥의 힌디어) 자주포 현지화 모델 100문중 41문을 50:50 지분의 인도 파트너, L&T의 구자라트주 공장을 통해 계약보다 몇 달 앞당긴 2020년 3월 실전 배치했다. 당시 직접 시승한 인도 모디총리는 유례가 없는 조기 출하와 성능에 큰 만족을 표시한 바 있고, 이에 앞서 2018년말 한국에서 인도받은 K-9 자주포 10문은 인도와 파키스탄간 실전에서 탁월한 능력을 발휘했다.

인도 카시미르주 히말라야 설산

자료: 필자 촬영(2020년 6월)

이러한 인도내 K-방산 성과는 1,000여대에 달하는 K-9 자주포의 추가 생산, 장갑차, 전투기, 군함 도입 논의 등 여타 분야로 확산되고 있다.

인도는 사우디 아라비아에 이은 세계 2위의 무기 수입대국이다.

9. 영국 수낙총리가 대변하고 있는 해외거주 인도인의 힘

1) NRI(Non Resident Indian)의 성공사를 대표하는 수낙 총리

10월 24일 영국 차기 총리로 인도계 리시 수낵 보수당 대표(42)가 확정되자 수낙의 인도에서 일제히 환호가 쏟아지고 있다. 영국에서 독립한 지 75년 만에 인도계 영국 총리가 등장한 것이다. 인도계 이주민 부모를 둔 수낵 총리는 영국 최초 비(非)백인, 아시아계, 힌두교도 총리다

대영제국과 앵글로 색슨 우월주의의 본거지에 비백인계, 그것도 힌두교를 공공연히 밝히는 인도계 총리가 영국의 First Man이 된 것이다. 수낵 총리는 공식 석상에서 자신이 힌두교도임을 종종 공개했다. 그는 2020년 하원 의원 서약 당시 기독교 성경이 아닌 힌두교 경전 바가바드기타 위에 손을 얹었다. 올 8월 총리 직을 놓고 보수당 당 대표 경선에 나섰을 때는 런던 힌두교 행사에 참석해 소 앞에서 기도하는 모습도 보였다.

인도의 신년이자 최대 축제인 Diwali 기간중 전해진 인도계 영국 총리 선출로 모디 총리 등 인도 각계의 축전은 물론, Sunak과 그의 부인과 인도 최대의 IT기업을 일군 장인 Narayan Murthy에 대한 찬사 등이 쏟어지고 있다.

수낵 총리는 케냐에서 태어난 인도계 의사 아버지와 탄자니아 태생 인도계 약사 어머니가 영국의 이주한 때는 1963년으로 알려져 있고, 1980년생으로 올해 42세다. 그 자신 영국 Oxford와 미국 Stanford MBA, Goldman Sacks 애널리스트 등 NRI 선도그룹이 걸어온 길을 걸어 왔다. 2009년에는 인도 최고 재벌 중 하나인 나라야나 무르티 인포시스 회장의 딸 아크샤타 무르티와 결혼, 수낙 부부의 재산은 7억3000만파운드(약 1조2000억원)로 영국에서 222번째 부자다.

2) 장인 : Narayana Murthy, 인도 IT 상업보국의 성자

Sunak 총리의 장인은 인도 IT업계를 대표하는 Infosys의 창업자인 Narayana Murthy다.

무르티 전 회장은 39억 파운드(약 6조3740억원)가 넘는 자산을 지니고서도 수십 년째 같은 아파트에 살고 있다고 한다.

필자가 인도 최초 근무중인 1999년 12월 Sunak 총리의 장인이자 인도 최대의 IT기업인 Infosys의 창업자, Narayna Murthy와 Infosys 본사 Bangalore Campus에서 인터뷰를 할 기회가 있었다. 인턴뷰 내내 통상 아는 기업가가 아니라 성자를 대하는 듯한 기억이 지금도 생생하다. 당시 이미 일가를 이룬 수천억 부자이면서도 자신 20평대 그 처음 아파트에 매일 1,000cc Maruti 자량을 손수 몰고 다니는 것을 그냥 일상의 자연스러움으로 이야기 했다. 인도 사업계 및 상인을 주도하는 마르와리나 구자라티가 아닌 사제 브라만 계급출신이다. 최초 사업을 시작할 때 자금이 없어 자신 집의 거실에서 아내의 결혼 패물을 팔아 자금을 마련했다던 그때 그 모습, 그정신이 자연스럽게 배여 있는 것 같았다. 이코노니 등급을 이용하는 자신의 해외출장과 유일한 취미가 독서와 집안일 정돈이라는 대답이 신선한 충격으로 다가왔었다. 최근의 기사나 인터뷰 내용을 보면 인터뷰한 20년 전 그때의 모습, 그 자세 그대로인 듯하다.

3) 재외동포 인도인(NRI) : 세계 1위 철강사, 영국 최고부자 등 화상보다 큰 영향력

인도 해외동포부에 따르면 재외거주자, 해외 시민권자, 인도계 등 해외거주 인도인은 2500만명이지만 일반적으로 4,000만 전후로 이야기된다. 이중 UAE, 사우디아라비아 등 중동에 600만, 미국 250만명, 영국 200만명, 캐나다 120만명 순이다. 수낙 총리의 부모가 정착한 아프리카에 정착한 NRI도 300만에 달한다.

인도를 식민지배한 영국이 인도 통치과정중에서 확인한 펀잡 지역 인도인의 관리능력을 또다른 식민지였던 동아프리카에 중간관리자로 적극 이식시켰고, 이에 따라 19세기 인도인의 아프리카 진출러쉬가 이어지게 되었다. 인도 독립의 아버지 간디가 변호사 시험후 최초로 활동을 시작하고 정치적 동기에 눈을 뜬 곳도 남부, 동부 아프리카였다. 지금도 아프리카 모리셔스 인구의 60%가 인도계이고 아프리카 동남부 지역과 교역하는데 있어 인도 상인 인맥을 알고, 이들의 네트워크를 활용하는 것은 필수다.

재외거주인도인(NRI)는 중국 화상의 영향력을 넘어 인도 경제성장과 발전에도 결정적 역할을 하고 있다. 인도가 매년 기록하고 있는 1,800억 달러 전후의 무역적자를 채우는 것이 1,500억 달러의 IT 서비스 수출과 연 800~900억 달러에 달하는 해외거주 인도인의 본국 송금이다. 세계 제 1의 본국 송금액이다.

세계 제1의 철강회사 Arcello Mittal의 창업자이자 소유주는 인도 상인계급을 대표하는 Marwari 상인계열의 Aditiya Mittal이다. 영국의 최고 부자는 300억 달러가 넘는 재산으로 영국의 제 3 세계 광산개발을 주도하고 있는 Hinduja Group의 인도계 NRI, Hinduja 형제다.

세계 IT산업을 주도하고 있는 미국 실리콘 밸리 IT엔지니어의 40% 전후가 인도계이고, Sundar Pichai Google CEO 등 넘치고 넘치는 인도계 CEO 뉴스는 이미 잘 알려진 이야기다. 미국 모텔의 40%전후를 인도 북서부 Gujarat 주 출신의 Patel 가문이 주도하고 있다.

이와 같이 보면, 이번 인도계 Sunak의 영국 총리 선출은 영국 및 인도 정치사에 큰 획을 긋는 사건이지만 신델렐라적 사건이 아니라 그동안 인도 해외동포들이 뿌리고 구축한 정치, 경제적 유산의 산물이다.

남편의 성공의 반이 아내의 덕이라는 말이 맞다면, 이번 Sunak의 총리 선출은 아마도 장인이자 인도 IT제국을 구축한 장인 Narayana Murthy의 그 겸손과 실용의 정신이 딸을 통해 사위로 전해진 것이라는 생각을 해 보았다.

인도 현지와 연을 맺은 지 25년... 중국 사람, 중국 상인의 표준편차가 우리나의 그것에 비해 10배라 한다면 인도 상인의 표준편차는 아마 100배는 되지 않을 듯 싶다. 구도의 길로 사업을 하고, 상인의 길을 걷는 또다른 차원의 상인들이 수없이 많은 곳이 인도였다.

Infosys 창업자 Narayana Murthy

자료원: Sugar Mint

앵글로 색슨이즘을 벗어나 피식민지배국 인물을 자신의 최고 지도자로 선출한 영국의 실용주 주의도 되새겨보아야 할 경쟁력이자 유연성이 아닌가?

10. 인도 정치, 네루에서 모디까지

– 사회주의자 vs 시장주의자 –

1) 인도 사회주의의 뿌리, 네루…

네루 그리고 모디. 독립 인도의 70여년 정치 이념과 경제시스템을 대표하면서도 극명히 대비되는 두 총리다.

네루는 구한말인 1899년 북인도의 대지주이자 최상층 브라만 집안에서 태어났다. 영국 캠브리지대에서 법학을 전공, 변호사가 된 이후, 1920년대부터 인도 독립운동에 투신했다. 1930~40년대 인도 독립운동을 재정적으로 크게 지원하고, 역저 [세계사 편력]과 매력적인 외모 등 무엇 하나 빠질 것 없는 인물이다. 초대총리 포함 1964년 사망 때까지 17년 총리를 연임했고, 외동딸 인디라 간디, 외손자 라지브 간디도 80년대 말까지 총리직을 이어갔다. 인도 독립운동의 본산이자 현 야당인 인도 국민의회당(India National Congress)에서 네루계의 영향력은 절대적이다.

1930년대 이런 배경의 네루를 네루를 매료시켰던 것은 아이러니하게도 소련의 계획경제 시스템이었다. 1930년대는 미국과 유럽이 대공황의 깊은 늪에 허덕일 때, 신생 소비에트 연방은 계획경제를 통해 기하급수적으로 생산력을 증대시켜, 1917년 혁명 후 불과 25여년 만에 독일을 패망시키고 동서냉전의 한축으로 급성장했다.

1947년 독립후 신생인도는 총리 네루의 주도하에 급속한 사회주의화의 길을 채택했다. 기업이나 시장의 역할은 어느정도 용인하되, 계획경제, 소련식 회계시스템을 도입해 가능한 많은 분야를 정부나 공공부문으로 귀속시켰다. 전력, 통신, 인프라, 중화학 부문은 물론 항공, 호텔, 은행, 보험, 일반 소비재에 이르기까지 생산의 60% 이상을 정부가 직접 담당했다. 수입장벽을 높게 치고 소련을 모델로 5개년 경제개발과 수입대체 계획을 야심차게 추진했다. 동인도 회사로 대변되는 외국자본과 기업에 대한 부정적 인식과 신생 대국 인도에 대한 자신감이 더해진 결과다.

그러나 혁명이 아닌 선거로 출범된 네루 정권의 기반은 취약했고 토지개혁 등 많은 개혁과제는 용두사미로 끝났다. 인도아 반도 최초의 통일국가인 신생 인도의 건설과제는 산적히 쌓여 있었고, 인도는 너무나도 복잡, 다기한 국가였다.

시간이 갈수록 자원배분과 허가권을 틀어 쥔 계획위원회와 산업담당 정부부처, 정치권의 힘과 규제는 갈수록 커지고 깊어져 갔다. 민간의 시장진퇴는 물론 개별기업의 연간 생산계획도 이들과의 관계나 로비로 결정되었다. License가 왕(Raj)인 [License Raj], 산업(Industry) 담당부서가 왕인 [Industry Raj]의 시대로 불린다. 야심찬 목표와 달리 이 40여년 인도의 연평균 경제성장율은 3.5%, 인구증가를 뺀 개인소득 증가율은 연 2%였다. 서방세계에는 [Hindu Growth Rate] 시기로 알려져 있다.

그러나 롤모델이자 버팀목이었던 소련은 80년대 말 해체되었고, 이 소련의 지원과 교류가 끊기면서 외환보유고는 바닥을 드러냈다. 인도는 1991년 IMF 구제금융을 조건으로 개방화, 개혁화의 길로 전환했다. 우리보다 7년여 먼저 외환위기를 맞았고 이후 30여년이다.

2) 국가 시장주의 개혁가 모디

현 인도 총리 모디는 한국전쟁 해인 1950년에 태어났으니 올해로 72세다. 독립영웅 간디, 존경하는 간디의 간청을 따라 초대총리 자리를 네루에게 양보한 것으로 알려진 초대 부총리 파텔과 같은 구자라트 출신이다. 초등학교부터 힌두민족주의 운동에 매진했고, 이를 배경으로 2001년부터 13년 구자라트 주총리를 역임했다. 연 평균 13% 성장이란 성적표를 배경으로 2014년 총리에 취임해 올해로 7년차를 맞고 있다. 네루와 달리 상인카스트 출신이다. 20여년 최고자리를 이어 오면서도 어머니와 형제들이 고향 구자라트의 허름한 그모습, 그 자리를 지키고 있는 청렴과 힌두사제식 절제생활로 국민들에게 각인되어 있다.

핵 보유국 파키스탄에 항공기 폭격을 하고, 군사 강국 중국과의 유혈국경 충돌도 불사한다. 인도내 절대적 영향력 집단인 고위공무원단을 휘어잡는 카리스마가 더해져 수많은 인도 젊은이들과 기업가들을 [모사모]로 만들었다. 2024년 74세로 2기가 종료되지만 현 인도 정치권에서 모디를 대체할 인물은 아직 없다.

모디의 비전은 시장경제에 바탕을 두되 국가주도를 통한 G3, G2 인도제국의 재현이다. 구자라트 13년 주총리 재임기간중 추진한 개발전략과 성과의 인도 중앙판 버전이다. 인프라 최우선 투자, 제조업 부흥과 인도의 세계 공장화, 경제사회시스템의 디지털화, 클린화가 그 핵심이다. 코로나 와중에도 향후 5년간 1조 5,000억 달러를 인도 경제의 발목인 인프라쪽에 집중하고 있다. 전기전자, 자동차, 특수강, 밧데리, 제약, 태양광 등 13개 핵심 전략산업을 선정, 300억 달러의 예산을 배정했다. 신청을 받아 선정된 기업에게는 향후 5년간 인도내 추가생산액의 4~6%를 현금으로 돌려주는 생산연계인센티브(Production Linked Incentive)란 파격적인 유인책을 밀어붙이고 있다. 상인전통의 실용주의가 체화되어 있고, 시장과 외국기업에 대해 어느 때보다 친화적이다.

3) 네루와 모디의 접점 : 인도제국의 부활

네루로부터 시작된 인도의 사회주의화의 영향력은 인도 구석구석에 남아 있다. 교육과 보건, 전략 분야에 대한 산업, 투자우선 전통은 현재까지도 이어지고 있다. 의료, 보건, 교육 접근성이나 취약계층에 대한 제도적 배려, 지원은 탄탄해 보인다. 인도가 1인당 2,000불 개도국임에도 코로나 위기를 흡수, 극복하고 있는 이유다. 그러나 국제경제 무역 환경이 최고조였다는 2차대전 후의 40년의 황금기를 놓쳐버렸다는 비판은 뼈 아픈 지적이다.

지난 7년간 모디총리를 정점으로 추진되고 있는 인도경제의 G2화, 세계 공장화는 어느 쪽이 집권해도 거스를 수 없는 흐름이다. 지난 7년여의 성과로 보여주고 있는 총리 모디와 인도가 각별한 곽광을 받고 있는 이유다. 반면, 일벌레, 카리스마 총리실로의 권한집중이 도를 넘고 있다는 불만의 목소리도 크다. 큰 혼란과 후유증을 수반했던 2016년 화폐개혁과 코로나 직후의 전격통금 이후 이어진 수백만 일용인력의 대도시 탈출 행렬이 그 예다. 힌두이즘에 기반한 총리 모디와 모디정부를 바라보는 무슬림계의 시선은 더 어긋나 가는 것 같다.

세계에서 가장 어려운 직업은 인도 총리란 농반 진반 이야기가 있다. 인도를 떠나 국가냐 시장이냐의 우선순위와 정도에 대한 포지셔닝은 어느 국가든, 그 구성원이든 피할 수 없는 과제다. 정치적 수사와 달리 인도에서의 지난 70여년 경험은 일직선이 아니라 순환적임을 이야기하는 듯 하다.

주: 인도 독립 및 건국 영웅. 왼쪽이 초대 수상 자와할랄 네루(Jawahalral Nehru), 가운데가 마하트마 간디(Mahatma Gandhi), 오른쪽이 인도 초대 부총리 사르다르 파텔(Sardar Patel). 필자 직접 촬영.

11. 지도자란 : 인도의 덩샤오핑, 모디총리

흔히 현재의 중국을 있게 한 인물로 덩사오핑(鄧小平, Deng Xiaoping)을 꼽는다. 대장정을 거친 중국 공산당의 대원로이면서도 '흑묘백묘(黑猫白猫)'로 대변되는 중국 개혁개방의 청사진을 제시하고 G2 중국 웅비의 초석을 놓은 인물이다.

중국의 개혁개방 원년인 1979년 미국을 방문, 양복이 아닌 인민복을 입은 채 미군 의장대를 사열하던 그 당당하고 단단한 5척 단구의 거인, 등소평의 당시 모습은 40년 세월을 넘어 현재의 미-중 무역분쟁의 전초전이었다.

중국에 덩샤오핑이 있었다면, 현재의 인도에는 나렌드라 모디(Narendra Modi) 총리가 있다.

모디 총리 2기 취임식(2019년 5월 30일)

출처: 인도총리실(PMO) 홈페이지.

덩샤오핑은 화상(華商) 중의 화상이라는 객가(客家) 상인 출신이다. 그 피 속에 내재된 상인정신, 실용정신이 공산주의 중국의 개혁개방으로 연결되었다. 모디 총리도 인도 경제를 주도하고 있는 상인계급(Baniya)에 그 뿌리를 두고 있다. 다시 말해 인프라, 제조업, 스타트업, 디지털, 외국인 투자를 핵심 키워드로 하고 있는 현 인도의 개혁개방 정책 역시 그 연원을 인도상인, 바니야에서 찾을 수 있다는 뜻이다.

덩샤오핑의 선전(深圳) 등 동남부 해안지역 4대 경제특구 성공 모델이 중국 내 여타지역으로 확산되었다면, 모디가 13년 총리로 재임했던 인도 북서부 구자라트(Gujarat) 주를 보면 현재 및 향후 10년의 인도 경제의 지향점을 볼 수 있다.

모디 총리는 구자라트 주 총리 재임 기간 중 강력한 카리스마로 관료 집단을 휘어잡아 인도에서 가장 효율적인 행정시스템과 관료문화를 정착시켰다. 산업, 경제적으로 가장 낙후된 주에서 도로, 산업단지, 전력 등 사회기반시설을 인도 내 최고 수준으로 끌어 올렸고, 원스톱 지원 시스템으로 외국 기업과 제조업이 몰려와 재임 기간 중 평균 13%대의 경제성장을 제시했다.

이런 성과와 비전을 배경으로 2014년 중앙정부 총리로 진출했고, 지난 5년 그리고 향후 5~10년의 인도 경제, 사회정책은 이 구자라트 모델(Gujarat Model)의 인도 전국 버전(Version)이라고 할 수 있다.

덩샤오핑은 매우 청렴하고 담백한 일상의 삶을 산 것으로 알려져 있다. 사실상 독신인 모디 및 그 주변 인물들도 깨끗하다. 등소평이 실용노선의 공산주의 신념에 충실했다면, 사심 없는 성직자의 기운이 함께하는 상인 집안 출신의 개혁가 모습을 모디에게서 본다.

주 총리 13년, 인도 총리 5년이면 잡음이 날만도 한데, 90세가 넘은 그의 모친과 간치(소상인 카스트) 집안 형제들은 구자라트 내 옛날 집에서, 예전 모습 그대로 살아간다.

모디 총리가 13년 주 총리로 재직한 구자라트주의 산업발전 청사진

덩샤오핑이 개인적 카리스마에 중국 공산당이라는 강력한 정치세력을 배경으로 자신의 사상과 정책을 구현했다면, 현 모디 총리 및 집권당은 2019년 5월 총선에서 집권당(BJP) 자체만으로도 과반을 훨씬 넘는 의석을 확보, 1947년 독립

이래 유례가 없는 강력한 지지기반을 구축했다.

모디의 개인적 신망과, 이전 정부였다면 거의 불가능했을 강력한 대테러 정책, 화폐개혁과 통합간접세(GST) 도입 등을 통해 독립 이후 최고 스트롱맨(Strongman)이라는 이미지를 구축한 결과다. 그는 코로나19가 지구촌을 휩쓸기 전까지 5년간 세계 최고 수준의 7%대 경제성장, 체감할 수 있는 안전과 효율적인 행정, 눈에 보이는 경제, 사회, 행정적 비전을 제시했다.

히말라야 산맥 남북을 경계로 한 이웃 중국이 1978년 개혁개방 정책을 도입했고, 인도는 1991년에 시장을 대외에 개방했다. 양국 인구는 비슷하고 세계 역사를 주도한 대국이란 자존심도 서로 밀리지 않는다.

중국 공산당과 같은 강력한 운용시스템이 없는 세계 최대의 민주주의 국가, 인도의 개방초기 진퇴를 감안하면 양국 간 약 15~20여년의 시차, 그리고 그만큼의 경제, 국력차가 존재한다.

덩샤오핑이 20년의 시간을 가졌다면, 모디는 지난 5년을 포함 최소 10~15년 자신의 시간을 가질 수 있다. 중국이 주춤 내지 하향세라면 젊은 인도, 민주 인도는 상승곡선을 그리고 있다. 그리고 그 시차와 거리는 좁혀질 것이다. 세계는 현 G3, 미래 G2로 인도를 지목하고 있다.(이데일리 : 2019년 11월 2일)

Chapter

5

인도 문화, 인도 카스트

1. 내 안의 카스트, 우리 안의 카스트

카스트(Caste). 조선의 반상제도, 서구의 노예제도 등 인류사에 수많은 신분제가 있었지만, 21세기 현재까지도 살아 숨 쉬는 인도의 신분제도다. 기원전 2000년 전후 중앙아시아 철제 무기의 아리안 유목민이 남부로 이동하면서 현재의 파키스탄을 관통하는 인더스 강 주변에서 인류 4대문명의 하나를 꽃피운 드라비다 원주민을 정복하면서 자신들의 지배를 정당화한 종교·사회체제다.

지식과 제사를 담당하는 브라민(사제), 전쟁과 통치를 담당하는 크샤트리아(귀족), 상업과 농업에 특화된 바이샤(평민), 수공업 위주의 수드라(공인)의 4대 계급과 이에도 포함 못되는 불가촉천민 달리트(Dalit)로 대별된다. 조선조의 사농공상과 비슷하면서도 상업의 중요성을 강조한 '사상농공' 피라미드 신분체계다. 같은 카스트 내에서도 수백 이상의 서브 카스트가 존재, 3000여개의 세부 카스트가 존재하며 직업, 기능 분화와 상호간 위계도 엄격하다.

28개 주별로 각 계급별 구성비에 많은 편차가 있지만, 11억 힌두교 인구중 불가촉천민이 약 16%, 수드라 25%, 맨위의 브라만이 4%, 바이샤 내 상인집단인 바니야가 3%, 나머지 절반정도를 중간의 농민(바이샤)과 전사계급(크샤트리아)가 차지한다.

최상 브라만의 영향력은 아직도 절대적이다. 1947년 독립 이후 40여년 집권해 온 네루(Nehru) 가문을 위시, 현대에 있어서도 인도 정치, 학문, 행정, 사법, 언론 분야에 절대적 영향력을 지속하고 있다. 인도인 출신 11명의 역대 노벨상 수장자 중 인도의 시성 타고르(Tagor)와 각각 1998년, 2019년 노벨경제학상을 수상한 Amartiya Sen, Abhijiit Banerjee는 인도 북동부 벵갈 출신 브라만이다. 2009년 노벨화학상의 Ramakrishnan등 과학분야 3명의 노벨상 수상자, 영화 '무한대를 본 남자'의 주인공으로 현대 수학사에 큰 족적을 남긴 20세기 초의 라마누잔 모두 인도 남부 브라만이다.

마르와리(Marwari, 라자스탄 주), 구자라티(Gujarati, 구자라트 주)으로 대표되는 인도 상인집단(바니아)은 인도 10대 재벌 중 아홉을 차지하고 있다. 아시아

제 1 부호로 구자라티인 Mukesh Ambani를 비롯, 인도 3대 전자상거래 기업 Flipkart, Snapdeal, Myntra 창업자는 모두 인도 최대상인집단 마르와리 가문 출신이다. 약화되고 희석되는 추세이지만 현대 인도도 4%의 브라만(권력)과 3%의 바니아 그룹(금력)이 지배하는 사회다. 사상, 문화, 돈이란 핵심가치를 지배하고 있다.

인도 권력의 또 다른 축인 군대와 경찰의 고위 간부들은 카스트 내 전사 집단인 크샤트리아 출신의 비중이 압도적인 것으로 알려져 있다. 반면, 인도 주요 도시 내 일상에서 접하는 청소부, 구두수선공, 짐꾼, 경비원은 수드라 내지 불가촉천민일 확률이 높다. 인도 인구의 60%가 거주하는 시골에서 카스트 문화와 전통은 아직도 강하다.

1) 인도 카스트의 현재와 미래

인도 일류 호텔의 주방장에는 브라만 내에서도 상층 브라민인 샤르마(Sharma)가 많다. 낮은 계급이 한 요리는 먹지 않는 카스트 전통으로 요식업 계통에 브라만 출신이 많았지만, 이 샤르마는 일반 손님을 대해야 하는 호텔 내 직업공간과 퇴근 후 집안과 귀향한 고향내에서의 상반된 전통적 역할간 정체성 혼란을 겪고 있다.

인도 어느 도시에 가도 '아가르왈(Agarwal)'이란 이름을 수없이 접하게 된다. 인도 상인집단 내 본류 중의 본류임을 자부하는 마르와리내에서도 핵심그룹이다. 수천 년 무역, 금융, 상업 특화 전통에 맞추어 대부분이 창업이나 사업 쪽에 종사하지만, 최근에는 열린 문과 다른 가치를 찾아 학계, 회계사, 변호사 등 전문직, 공직에 진출한 아가르왈을 만나는 일은 흔하다.

인도 근현대 사회적 격변기 중 적응과 변화를 잘 못한 그룹이 크샤트리야 계급이다. 무사 전통집안의 타코르(Mr. Thakor)는 아버지와 3 형제 모두 운전에 종사하고 있다. 가산을 탕진한 할아버지 때의 영화를 회복하기 위한 그와 아내의 최우선 순위는 6살 외동아들을 자신이 다닌 그저 그런 8학년 의무 공교육이 아닌 무상 영어 사립학교와 대학에 보내는 일이다.

아쇼크는 인도에서도 가장 못 사는 주로 알려진 북부 비하르(Bihar) 주에서 대대로 구두수선 일에 종사해 오던 불가촉천민이다. 끼니조차 잇기 어려운 고향을 떠나 수도 델리 인근 주택가 입구에 가설 구두수선점을 12년째 운영하고 있다. 고향에 남겨둔 딸 셋을 사립학교에 보내기 위해 휴일도 없이 그 자리를 지키고 있다.

1947년 독립헌법에서 카스트로 인한 차별은 철폐되었다. 오히려 현재 인도에는 'Ministry of Social Justice and Women Empowerment(사회정의여성복지부)'라는 인도 특유의 중앙부처를 신설해, 차별받아 온 하위 카스트의 교육과 복지확대를 위한 제도를 개발, 시행하고 있다.

주별로 중하위 카스트를 분류하고 있는데 크게 ST(Scheduled Tribe), SC(Scheduled Caste), OBC(Other Backward Caste)다. 먼저 ST는 인도 북동부의 몽골티벳계 등 인도 전역에 분포된 소수민족 집단이다. SC는 불가촉천민으로 불리는 Dalit 계급, OBC는 수공업에 종사하던 수드라를 위주로 경제, 사회적 지위가 급속히 추락한 일부 크샤트리아 계급으로 이 ST, SC, OBC는 추가하기도 하고 빼기도 한다. SC, ST, OBC별 가산점은 차이가 있지만 이들 3개 그룹에 속하고 소득, 자산이 일정 기준에 미달할 경우, 사립학교 쿼터 배정 및 무료교육, 대학입시, 공기업 및 정부관리 임용에 있어 상대적으로 수월한 쿼터 내 경쟁을 시키고 있다. 이 같은 지원책과 의무교육 확대, 소득 증가, 돈과 직업이 거의 모든 것을 규정하는 도시화 진전으로 현대 인도의 카스트 영향력은 지속 우하향 추세다. 이미 천민 출신 대통령을 배출하였고, 중·고위 공직에서 이들의 비중이 급속히 증가하고 있고, 인도 국회의원도 구성비 1/4에 맞추어 약 130석이 SC, ST에 배정되어 있다.

2) 내 안의 카스트, 우리 안의 카스트

사람 인(人)자가 의미하듯 혼자서의 사람이란 의미도 없고 힘도 없고 도덕도 불요하다. 원시 인류의 사냥처럼 한정된 사냥감을 효율적으로 사냥하고 지켜내기 위해서는 같은 집단 내 연대와 유기적 분업 정도는 사냥의 성패와 양을 좌우했다. 인간이 동물에 대해 가지고 있는 절대적 경쟁력이다. 지연, 학연, 직연 등도 따지고 보면 불완전한 인간이 동류라는 본연의 감정에 더해 한정된 목표나

가치로부터 나와 우리에게 할당될 몫을 키우기 위한 근, 현대판 연대본능이며, 개인적 소집단 관점에서의 최적화 모델이고, 발전의 원동력일 수도 있다.

인도 상인집단, 똑똑하고 대국적인 시각의 대학생들, 바늘구멍을 통과한 인도 고위공무원단과 불가촉천민 출신의 구두수선 명인속에서 한 분야, 한 직업에 한 평생 몰두케 하고 동류집단끼리 끈끈한 공동체 문화를 형성했을 때의 그 무서움을 수 없이 보았다.

제도화, 고착화, 밖에 대한 획일적 차별화가 문제다. 우린나라 면적의 50배에 달하는 이 인도아대륙의 5,000년 역사에서 현재의 인도 이전, 진정한 통일 민족국가는 없었다. 외침만 받아왔지 밖으로 뻗어나간 경우가 거의 없었던 원인도 인도 카스트의 제도화, 고착화가 가져다 준 내적 분열과 사회적 동력의 약화가 주원인일 것이다.

그러나 인도는 하나의 국가로 탄생한 지, 그리고 카스트 제도가 철폐된 지 70 여년을 지나고 있고, 인도 정부와 시민집단, 깨인 지도층의 계몽노력, 경제발전과 도시화로 판 자체가 뒤틀리고 있고 변화의 에너지가 분출되고 있다. G2 인도 이야기의 뿌리다.

정체성 확립과 분업이란 넓고 순환적인 의미로 이해, 합의될 수 있다면 기능적 카스트는 자신과 사회의 발전 큰 원동력이 될 수도 있다. 칼 포퍼류의 열린사회에 반하는 제도화, 고착화, 닫힌 사회화가 문제다. 내 안에도, 우리 안에도 수많은 카스트가 존재한다. (한겨레 이코노미 인사이트 : 2020년 8월호)

2. 암베트카를 통해 본 인도의 2억 불가촉 천민의 어제와 오늘

1) 뜨거운 심장을 가졌던 인도 Dalit의 대부, Ambedkar

"선생님은 저에게 조국이 있다고 하십니다만, 저에게는 조국이 없습니다. 개돼지 보다도 못한 취급을 받으면서, 마실 물을 얻어 먹을 수도 없는 이 땅을 어떻게 저의 조국이라고 부를 수 있겠습니까?. 그런 나라의 종교가 어떻게 저의 종교가 될 수 있습니까?. 눈꼽만한 자부심이라도 가지고 있는 불가촉천민(Dalit ; Untouchables)이라면 이 땅을 자랑스러워 하지 않을 것입니다.

독립 전인 1933년 인도 독립운동의 대부 Gandhi가 던진 화두 "조국"에 대해 당시 40대에 접어든 열혈 사회운동가 Ambedkar가 던진 답이다. Dalit라는 단어를 빼면, 조선시대백정이나 일본의 부라쿠민, 제국주의 시대 아메리카 대륙 흑인노예가 똑같이 던졌던 외침일 것이다.

암베드카르는 20세기 인도 정치, 사회사를 접근하는데 있어서 빼 놓을 수 없은 인물이자 현대 인도의 법, 정치, 종교의 뿌리를 심어놓은 인물이다. Dalit는 수천년 뿌리를 가진 인도 힌두의 士商農工 4계 카스트 시스템에도 들지 못하는 최하층 계급이다. 청소, 세탁, 도살 등 필수적인 서비스를 담당하면서도 힌두 원리상의 부정적 윤회의 매개물이란 족쇄로 신체적 접촉이 금지되는 것은 물론, 거주와 직업에 엄격한 차별을 받고 인간 이하의 대접을 수천년간 받아 왔다.

암베드카르는 1891년 인도 중부의 소도시 모우(Mhow)에서 군인 집안의 14번째 막내로 태어났다. 불가촉 천민 신분 때문에 학교 수업도 동료들과 달리 거적을 깔고 한쪽 구석에서 수업을 들어야 했고, 부정 타는 것이 두려운 교사들은 그에게 질문하거나 공책에 손을 대는 것조차 꺼렸다. 이런 과정을 통해 그는 이 모든 굴레가 사회적 저주와 압제에서 오는 것임을 깨닫고 "이 끔찍한 불의와 비인간적인 차별 족쇄에서 달리트들을 해방시킬 수 없다면 나의 삶을 총알 한방으로 끝내 버리겠다"고 결심한다.

공부만이 유일한 탈출구였고 부모의 격려, 백인 선교사의 주선과 주정부 장학금 을 통해 영국 런던정경대 정치경제학 박사, 미국 콜롬비아 대학 경제학 박사 학위를 취득하면서 영국 변호사 자격도 같이 취득했다. 정부 고위 관리, 대학교수로 인도에 복귀한 이후에도 그에 대한 카스트 차별과 터부는 지속되었다.

2) 신분제 폐지 헌법에 초석을 놓고 불교에 귀의, 마지막 순간까지 자신을 불사르다.

고등법원 변호사로 일하면서 1927년 만여명이 참여한 초다르(Chodar) 저수지에 대한 식수쟁취 행진, 1930년 2만명이 참여한 칼라람 사원(Kalaram

Temple) 입장권리 확보 행진 등 불가촉 천민 인권개혁 운동을 주도해 나갔다.

불가촉 천민에 대해 신의 축복을 받은 자라는 Harizan 이라는 새로운 이름을 부여했지만 타고난 일에 충실할 것을 주장하는 간디의 온정적 힌두 통합론에 대항해 달리트만의 독립 선거구, 신분제 해방 등을 기치로 대립했고, 1936년 힌두교와의 절연도 선언한다.

독립 인도 초대 법무부장관이자 헌법기초위원회 위원장으로서 개별 시민권리의 중요성, 종교의 자유, 불가촉 천민제 폐지와 차별금지 등을 담은 초대 인도헌법 출범에 결정적으로 관여했다. 이후의 수정헌법에서도 불가촉 천민에 대한 학교, 선거, 공직, 시험과 경제적 지원에서의 특별 우대 정책 도입 등 그의 사상들이 헌법과 법, 정책들에 반영되었다. 해서 그는 인도 헌법의 아버지라 불린다.

20여년 고민 끝에 불가촉 천민에 대한 종교적 사상적 독립의 대안처로 불교를 선택, 1956년 사망 직전까지도 50만명의 불교 개종 대회를 개최하는 등 평생을 불가촉 천민의 정치, 교육, 사회, 종교 개혁운동에 매진했다.

현재 인도에는 그이 이름을 딴 대학도 있고, 그의 이름을 딴 거리와 동상이 인도 전역에 퍼져 있다. 동상 대부분 치켜 든 오른손 검지는 하늘을 향하고 왼손으로는 헌법책을 가슴에 품은 모습은 그가 지향코자 했던 삶과 궤적을 대변하고 있다.

3) 신분보다는 직업, 돈으로 옮겨가는 인도, 카스트가 아니라 자티(Jati)

현재 인도 법상 SC(Scheduled Caste)로 분류되는 불가촉 천민 수는 전체인구 14억의 15%인 2억명이다. SC외 ST(Scheduled Tribe)라 해서 동북 7주 등 차별을 받아 온 소수민족이 전체 인구의 8% 정도인 1억, 카스트 4계의 맨 아래층인 공인 계급(Sudra)인 OBC(Other Backward Caste)가 전체 인구의 52%로 이들 3계 특별 우대 그룹이 전체 인구의 3/4을 차지한다. 이들 3개 차별그룹이 인도 국회의원 수에서 법적으로 채워야 하는 비중은 ST 20%, SC 14%, OBC 16%다. 합 50%다.

대학을 포함한 인도내 모든 국공립 학교 입학 인원은 물론 IAS 등 인도 고위 공무원단을 포함한 모든 공무원 임용에서 SC는 15%, ST 7.5%, OBC 27%, 도합

50% 할당을 받아 이들은 일반 수험생과 달리 각 카테고리내에서 별도 경쟁한다. 해서 일반군 경쟁에 비해 경쟁률도 낮고 합격점수도 현저한 차이가 난다. 국가 장학금 시험에서도 등록금에서도 이들 계층은 별도 군으로 분류되고 그만큼 특혜를 받는다.

좁아진 문에서 경쟁이 날로 격화되고 있는 일반군 (General Category)의 존심을 버리고 OBC로의 지위 변경을 요구하는 일족집단의 격렬한 시위가 인도 곳곳에서 일어나고 있다. 일반군 내에서도 경제적 지위가 어려운 층을 대상으로 하는 EWS (Economically Weak Section)란 별도 카테고리가 생기는 반작용도 일어나고 있다.

카스트 공학을 둘러싼 주판알 굴림과 표 계산은 종교와 함께 총리, 국회의원, 주의원, 주수상 등이 권력을 이어가는데 필수적인 요소다.

각 주정부는 인구 조사를 통해 SC, ST, OBC 대상 일족군과 구성원들을 관리하고, 각 주별 인구 분포에 맞추어 입학, 공무원 채용 등의 업무를 관리한다. 중앙정부에는 Ministry of Social Justice and Women Empowerment란 별도 부처에서 차별계층 지원을 위한 각종 프로그램을 수립하고 예산을 지원한다.

암베드카르 동상 : Hyderabad주

자료: Times of India

주: 인도 Hyderabad주 의사당(높이 152 feet)

정치, 관계, 학계에 대한 전통적 차별그룹의 진출과 영향력은 지속적으로 증가하고 있다. 전체 인구의 절반 이상을 차지하고 자치전통(Panchayat)이 강한 시골, 농촌에서 서서히 그리고 돈과 직업, 지위가 전통적 카스트를 대체해 가고 있는 도시지역에서는 단순한 4계를 넘어 수많은 Jati (직업)적 성격이 한층 강화되고 있다.

인도의 국제적 위상과 경제력이 비상하고 있고, 일반 대중의 생활수준과 물적 기초, 그에 따른 의식개선도 꾸준히 개선되고 있다.

카스트라는 갇혀지고 고정화된 닫힌 틀내에서 수천년 기득권을 누렸던 계급과 이 카스트 족쇄의 틀을 깨고, 눌려 왔던 정치, 경제, 신분적 욕구를 챙취하려는 두가지 거대한 힘이 곳곳에서 충돌하고 있는 것이 현대 인도다.

밖에서 보면 혼란이고 신비일 수 있고 각종 파열음이 전달되지만 이러한 충돌과 재정립의 에너지는 현대 인도가 가지고 있는 가장 큰 에너지이지 힘이 아닐까 한다.

이런 면에서 자신의 온 몸과 마음과 생애를 바쳐 이 거대한 벽에 부딪쳤고, 균열과 지원의 초석을 놓았던 암베드카르는 20세기 세계가 낳은 거인이자 위인이다.

3. 카스트의 결정판, 결혼에 목숨 건다

1) 허리가 뽑히는, 신부 측이 결혼비용 전액을 낸다.… 인도 결혼식

세기가 바뀌던 1999년 10월 어느 날로 기억된다. 당시 코트라 뉴델리 무역관에 근무하면서 사귀게 된 기업인 2세 결혼식 참석차 수도 뉴델리 인근 자이푸르(Jaipur)을 2박 3일 일정으로 휴가를 내고 참석했었다. Jaipur이 속해있는 Rajastan 주는 인도에서 보석과 그리고 인도 상인의 본류로 유명한 Marwari의 본고장이자 힌두 문화의 본류 지방이다.

결혼식 첫째 날 안내되어 가 본 결혼식장은 우리로 치면 시내 한복 판에 자리 잡은 공설운동장이었다. 마주 보며 관중석 양쪽에 자리 잡은 수십 명 군악대가 서로 질세라 뿜어내는 트럼펫, 북소리로 옆 사람 말소리가 잘 들리지 않는다. 운동장 가운데로 수십 개가 펼쳐진 천막 밑으로는 인도 전통 남성 옷인 Dhoti와 부인용 Saree에 온 몸을 갖은 보석들로 치장한 수천명은 될 듯한 하객들로 발 디딜 틈이 없다. 오늘만이 아니라 3일 동안 이 모양이 이어진단다. 당시 물가로도 최소 수십억은 들었을 이런 결혼식은 도대체 왜, 이런 식으로 한단 말인가?

그리고 이 막대한 결혼식 비용 모두를 신부 측이 부담하다니…

인도 근무를 마칠 무렵인 2001년 말, 그동안 왕래가 잦았던 집주인 아주머니가 우리 집, 정확히는 바로 옆집에 마실 차 건너왔다. 남편이 딸 셋을 남기고 먼저 가면서 자신에게 남긴 큰 집을 구조변경해 반쪽을 우리에게 세주고 있었다. 이야기가 결혼식 이야기로 넘어가자 이 아주머님 갑자기 눈물바다에 하소연이 이어진다. 이야기인즉, 딸 셋을 둔 자신의 현실이 너무도 힘들고 억울하다는 것이다. 몇 년 전 첫째 딸 결혼식 때, 막대한 결혼식 비용과 지참금(인도에서 지참금 Dowry는 법적으로 금지되어 있음)으로 큰 출혈이 있었단다. 마침 둘째 달 결혼이 준비 중인데 예비 사위가 벨기에 유학파에 다국적 기업 회계사로 그 격에 걸맞는 집에, 결혼식 비용을 자신이 부담해야 하는 이 과정이 너무나 힘들고 불합리하다는 것이다. 만약 셋째가 아들이었다면 첫째, 둘째 때 출혈을 어느 정도 만회라도 할 텐데 대학 다니는 셋째도 딸로 앞길이 캄캄하다는 하소연이었다.

인도 근무를 재차 지원하면서 코로나 직전 20여년 전의 이 집을 다시 찾아가 보았다. 집은 예전의 단층집에서 4층의 번듯한 고급빌라로 재건축되어 있었고, 주인 아주머니와 결혼한 두 딸이 사위들과 빌라 한 칸씩을 같이 살고 있었다. 늘 걱정이 이어지던 남편이 물려 준 집을 지켰고, 뉴델리의 부동산 가격 폭등으로 전체 집값이 백억대를 넘는다는 것이다. 사위에게 집은 사주어도 사준 집 명의는 예외 없이 딸 명의로 하는데 이집도 그러할 것이다.

2) 인도의 같은 카스트내 결혼비율 94%, 연애결혼, 아직은 먼 이야기

India Human Development Survey (IHDS) 조사에 따르면 인도 내 카스트 간 결혼 비중은 1970년 5%에서 2012년 6%로 소폭 증가추세다. 그러나 40년간 일어난 인도의 교육과 경제 발전, 국제화 진전에도 불구하고 이종 카스트 간 결혼 비중이 불과 1% 증가에 그쳤다는 것은 많은 것을 상징한다. 인도 결혼 중 94%가 아직도 같은 카스트(좀 더 정확히는 같은 직업을 뜻하는 Jati)내 결혼이란 의미로 인도인의 일상과 문화에서 카스트가 미치는 영향력이 막강함을 의미한다.

반대되는 통계도 있어 조심스럽지만, 이 IHDS 통계에 따른 흥미로운 사실은 신분을 중시하는 카스트, 특히 최상위 브라만 계층 내 이종 카스트 간 결혼 비중이 6.3%인데 반해 최하위 Scheduled Caste(SC) 및 차하위(OBC : Other Backward Caste : 인도 인구의 약 절반 정도 차지) 계층의 비중은 각각 4.7% 및 4.8%에 불과하다. 동양계 인종이 대부분이고, 산악 특성을 가진 북동부 7개 주의 이종 카스트 간 결혼 비중이 50%를 넘게 나오는 것도 이의 연장선으로 볼 수 있다.

또 다른 IIT, Delhi의 2013년 조사에 따르면 결혼 당사자의 학력 수준의 영향은 미미하나, 시어머니 학력이 10년 높으면 이종 카스트 간 결혼 비중이 36% 증가하는 것으로 나타나 시어머니의 학력 수준이 이종 카스트 간 결혼에 결정적 영향을 끼친다.

인도인 결혼의 94% 정도가 중매 결혼으로 알려져 있다. 이 중매 결혼은 우리가 통상 생각하는 중매 후 당사자 간의 일정 교제가 있다는 의미가 아니라, 부모를 중심으로 한 가족(일족)이 결혼 파트너 선택권을 가지고 있고, 결혼 당사들은 오직 이 결정에 대한 선택권만 있다는 의미다. 즉 결혼 전 결혼 당사자 간 교제의 기회가 거의 없다는 의미의 중매 결혼이다. 아이러니한 것은 이러한 중매방식을 통해 결혼한 인도인 부부 대부분이 자신들의 결혼생활에 만족해하고 있다. 인도의 이혼율은 1% 전후로 매우 낮다.

인도 결혼 중개 시장도 과거의 중매장이 그리고 신문광고 방식에서 점차 Matchfinder, Shadddi (힌디어로 결혼이란 뜻) 등 신종 온라인, 또는 웹 기반 결혼 중개 사이트 비중이 지속 증가하고 있다. 인도 신문의 변치 않는 주 광고 수입원은 결혼 중개 부분이다. 이 광고의 단골 메뉴로 가장 앞서 제시되는 것이 지역, 종교, 그리고 피부색 등 카스트를 암시하는 문구 순이고, 할 수만 있다면 해외 거주 인도인 (NRI로 표기됨/ Non Resident Indian) 표기 순이다. 이 순서를 보면 인도인들이 결혼에 있어 가장 중시하고 있는 요인들에 접근해 볼 수 있다. 뚜쟁이에서 신문광고에서 온라인 중개 사이트 수단이 변해갈 뿐 선호 순서는 아직도 유효하다. 1991년 이후의 인도 경제의 자유화와 국제화, 도시화 흐름에 따라 조금씩 변한다지만 속은 바탕은 아직 그대로인 것 같다.

3) 인도에서 결혼은 일족의 체면이 걸린 인생 대업

인도 정부도 이종 카스트 간 결혼을 정책적으로 장려하고 있는데 2017년부터 이종 카스트 간 결혼에 대해서는 우리나라 돈으로 약 400만원 (25만 Rupee) 정도의 국가 보조금을 주정부를 통해 지급한다. 인도 일반 대중에게는 매우 큰 돈이다. 그러나 이 루트를 활용하는 경우는 아직도 매우 드물다.

인생은 선택의 연속이라 하는데, 한 개인, 가족과 일족의 선택 중 가장 중요한 결정이 결혼일 것이다. 해서 이 결혼의 양상과 형태를 보면 한 개인은 물론 그 사회, 문화의 본성과 밑바탕을 볼 수 있다. 앞의 두 예, 그리고 제시되는 각종 결혼 관련 통계는 지위, 신분, 경제력을 불문하고 인도란 땅과 인도인에게 결혼식과 결혼문화가 어떤 의미인 지를 드러내는 대표적 예다.

인도인에게 결혼과 결혼식은 한 개인, 가족을 넘은 일족 전체의 명예가 달린 이벤트다. 자기 일족의 사회적 지위를 확인시키고 상승시키고 주변으로부터 공인받는 연속적인 과정이다. 빚을 내서라도 기대 수준을 맞추어야 한다.

인도 정부 통계에 따르면 약 65만 인도인이 해외 유학 중이다. 그러나 해외 현지에서 학위과정 중간에 결혼식을 하는 경우는 드물다. 조건에 맞는 상대방을 골라 약혼식 후에 해외에 내보내더라도, 결혼식 만큼은 대부분 졸업 후 인도 본토에서 성대하게 시켜야 한다. 그림이 나올 때, 수많은 사람을 초대해, 수일간 대접하고, 일족의 카스트와 체면을 확인시켜야 하기 때문이다. 신분이 높을수록, 경제적 여력이 있을수록 더 성대하고 또 우아한 채식 위주로 치룬다. 양가 부모 쪽에 전하는 예물도 통상 우리가 생각하는 수준보다 0이 하나 더 붙는다.

인도판 볼리우드 영화의 변하지 않는 주제인 신데렐라 적 결혼과 결혼 전 로맨스는 현실과 거리가 먼 이야기다. 현실과 먼 이야기이기 때문에 열광하는 것이다. 인생이 걸린 일생 일대의 중대사에서 촘촘한 네트워크를 거스르면서, 어릴 때부터 몸에 밴 습관과 문화를 저버리고 산다는 것이 인도 땅에서 그만큼 힘들다는 이야기며 그만큼 인도의 카스트, 종교, 문화, 그리고 경제적 여건이 드리우는 구속력과 중력이 현재에도 크다는 이야기다. 결혼 직우 인도 신혼의 99%가 시부모와 함께 살고, 살아야 한다.

빚을 내서라도 주변의 기대 수준을 맞추어야 한다. 인도인은 인생에 있어 두 번 크게 돈을 쓴다고 한다. 한번은 집을 살 때고 두 번째가 결혼 때다.

4. 말 많은 인도인, 세계적인 경쟁력으로 연결되다

1) 말 많은 인도인과 부정적 인식

말이 많은 것은 인도인의 대표적인 특징이다. 인도 대도시를 가든, 산골을 가든, 해외를 가든 인도인이 모인 곳이면 일단 시끄럽다. 주변 공원이나 산책길을 가 보아도 혼자서 도는 사람은 도는 내내 핸드폰을 통해 말이 오가고, 두셋 짝을 지어 산책하는 남남, 남녀는 도는 내내 말들이 오고 간다. 걷기 위해 나온 것이 아니라 말을 하기 위해 나온 듯 보인다. 인도 시골 어느 구석을 가도, 우리 류의 수줍어 하고 외지인을 피하는 정서와 달리 인도 아이들은 먼저 다가와 꺼리 낌 없이 말을 먼저 건다. 말이 많은 인도인은 동남아에서도, 미국에서도 예외가 아니다.

과묵과 체면에 익숙한 적어도 중장년대 이상의 우리나라 사람기준에서 보면, 이렇게 말이 많은 인도인에 대해서는 우선 부정적 어감이 앞선다. 말에는 상당 부분이 약속이 수반되고 말이 많고 쉽게 나오다 보면 고의든, 부지불식간이든 이를 지키지 못하는 확률이 높아지고 따라서 신용도가 떨어지게 된다. 우리 기업인들이 말이 많은 인도 상인들에 대해 평균적, 일반적으로 가지고 있는 인식이다.

왜 인도인은 이렇게 말이 많을까?

2) 우선 인도의 구전문화 전통이다.

인도 인구의 80%가 믿는 종교, 힌두교 사제 계급인 브라만은 [리그베다], [마하바라타] 등 힌두 경전과 고전의 전승과 교육을 구두로 하는 전통을 철두철미하게 지켜왔다. 제자들과 자식들에게 경전의 앞에서 뒤로는 물론 거꾸로 외우고 구술하게 함으로서 구전에서 있을 수 있는 오류를 사전 차단하는 전통과 구술법을 지켜왔다. 여타 종교에서도 이러한 교차 구술법의 놀라운 정확성과 정교성 사례가 많은데 힌두교는 이 분야에 가장 철저한 종교중 하나다.

3) 두 번째는 대화문화와 수평적인 가정문화다.

인도아 대륙은 힌두, 불교, 자이나교, 시크교 등 세계 주요종교의 발상지이다. 유대교, 기독교의 발상지인 이스라엘 못지 않게 일반적인 인도 가정에서 종교가 차지하는 비중은 매우 커, 일상 생활이 종교생활이고 종교가 일상생활에 녹아 있다.

지금도 인도 북서부 구자라트주는 법으로 술 판매 및 음주가 금지되어 있다. 해서 현지 신문에는 1930년대 미국의 금주법 시대와 같이 술 밀반입, 판매 조직에 대한 경찰의 단속, 구속 기사가 줄을 잇는다. 수도 뉴델리 및 주변 위성도시들에서 술을 합법적으로 팔기 위해서는 매년 우리 돈 천만원을 넘는 돈을 주고 주류판매 면허를 별도 사야한다. 해서 우리와 달리 집, 사무실 주변에서 술을 접할 수 있는 장소가 한정되 있다. 이 여파로 뉴델리 및 우리 교민이 많이 거주하는 구르가온시의 여러 한국음식점에서 판매하는 소주 한병 값은 만원을 넘는다. 인도인의 가족중시, 종교의 일상화 문화를 엿볼 수 있는 사례다.

저녁 회식 문화가 일반적인 동양권과 달리 평균적인 인도인 가장은 저녁을 집에서 부인과 가족과 같이한다. 이 때 밥상머리를 사이에 두고 서로간 시시콜콜한 가정사에서 사회, 역사, 정치 대소사 이야기가 가족간에 자연스럽게 오고 간다. 어린 아이들도 어른과 동등한 자격으로 이러한 이야기에 참여한다. 자녀가 부모에게 어른에게 궁금한 것은 묻고, 불합리한 것에 대해서는 따지는 문화가 일상화되어 있다.

4) 세 번째는 극심한 경쟁구조에서 살아남기 위해서다.

인도 대학생, 그리고 직장인들에게 당신들은 왜 그리 말이 많은 가 물어 본 적이 많다. 고대로부터 인구가 많았고, 현재도 도시는 물론, 시골 구석까지 넘쳐나는 인구가 한정된 취업, 승진, 고학점을 위해서 자신의 존재를 드러내야 하는 튀는 그 무엇인가가 필수적이고 말은 이 튀는데 데 있어 가장 효과적이고 가성비가 높은 도구라는 것이 공통된 답변이다. 그리해서 학교에서, 직장에서, 사업에서, 국제회의에서 머리가 먼저 정리되기도 전에 먼저 손을 들고, 일단 지명되면 앞뒤가 안맞아도 청산유수의 말이 이어진다.

5) 영어, 말 많은 인도인, Born to be Global, 인도인의 경쟁력

Google의 "Sundar Pichai", 펩시코의 "Indra Nooyi", 마이크로 소프트의 "Satya Nadella". Deutch Bank의 "Anshu Jain". 세계 유수의 다국적 기업내 인도인 CEO의 대표 예다. 현재 Fortune 500 기업 CEO의 30%가 인도인이고, 미 실리콘 밸리 엔지니어의 1/3이 인도인으로 알려져 있다. 골드만 삭스 등 세계 유수의 투자은행, 금융계에 포진한 인도계 임원, CEO는 열거할 수 없을 정도로 많다.

우리나라를 포함, 중국, 일본의 지적, 문화적 전통과 교육열은 세계 어느 지역, 국가에 뒤지지 않는다. 또 미국 IT, 금융, 기업에 진출해 있는 인력의 비중도 지속 상승추세다. 그러나 간부급, 임원급이나 CEO로 연결되는 동아시아계 인력은 아주 예외적인 경우가 많다.

왜 이런가?

우선 인도인의 "Born to be Global"적 존재다. 고대로부터 지금의 파키스탄부터 인도, 방글라데시에 이르는 인도아 대륙에는 셀 수 없는 수많은 왕조, 왕국이 존재해 왔다. 1947년 인도와 파키스탄 독립시에도 560여 자치국(Princely States)가 존재했었다. 고대부터 현재까지, 서쪽 힌두쿠시 산맥에서 동끝 미얀마 접경 밀림지역까지 각각의 시공간에 다른 언어, 민족, 종교, 피부색깔, 카스트가 존재해 왔다. 멀리 비행기 타고, 배 타고 가야 만날 수 있는 이 질적 그 무엇이 아니라 태어나고 자란 내 이웃에, 주변에 이러한 다양한 요소가 널려 있고 또 공존해 왔다. 해서 자연스럽게 주변과 타협, 공존하고 인정하고 이해하지 못하면 생존할 수가 없었고 자연스럽게 공존하고 화해하고, 인정하고 설득, 타협하는 문화가 체화되 있다.

따라서 세계가 점점 글로벌화되고 주변과의 교류가 개인과 집단의 경쟁력이 될수록 피에, DNA에 체화된 인도인의 공존, 여백 문화가 가지는 경쟁력은 커질 수 밖에 없다. 말이 많은 인도인의 특성이 이에 가속도를 더한다. 해당 분야의 전문지식을 넘어, 주변 환경을 관리해야 하고, 다양한 조직원과 같이 가고 이끌어야 하는 관리, 경영직 단계에 이르면 이와 같이 주변과 소통하고, 말이 많고, 소통하는데 스트레스가 없는 인도인의 체화된 특성이 큰 경쟁력이다. 물론, 영국의 인도 200년 식민지배가 가져다 준 유일하고 가장 강력한 선물이라는 영어, 그리고 인도 국내에서 동류 집단간, 해외에서는 인도 출신을 각별히 챙기고, 서로 밀고 끌어주는 상조 내지 네크워킹 문화는 문화 이 모든 것의 바탕이다.

세계 경제, 금융계를 좌지우지하고 있는 유대인들 대부분이 무슨 일이 있어도 저녁을 가족과 같이 하는 전통과 가정내 서로 대화하고, 질문하고 대답하고 소통하는 것으로 유명하다.

자료: Getty Images

이리 보면, 대화하고 질문하고, 대답하고 이를 통해 소통하고 조직화하는 힘은 인간이 동물에 대해 가진 가장 큰 경쟁력이자 인간 집단간 경쟁에서도 가장 큰 힘의 원천이 아닌가 한다.

5. 란, 탄두리, 파니르, 도사, 그리고 마살라의 향연, 인도요리

1) 밀과 고기 위주의 북인도 요리 : 탄두리(화덕), 파니르(치즈), 알루(감자)를 기억하자

셀수 없이 다양하고 복잡한 인도요리는 크게 북밀, 남쌀의 2가지 재료를 기분으로 분류될 수 있다. 북인도 대부분 지역은 북서부 타르사막과 열사의 태양이 어우러진 사막성 기후지역이 많다. 해서 갠지즈 대평원의 쌀과 함께 펀잡주, 하라야나주 등이 세계적인 밀산지다.

해서 북인도의 대표적인 주식은 밀가루를 원재료로 하는 난(Naan)이다. 밀가루에 효모로 발효한 반죽을 중국집 국수 돌리듯 큰 쟁반모양으로 만들어 탄두리(Tandoor)라 불리는 인도 전통의흙 화덕안에서 고온으로 단기간내 구워 내오는 북인도의 전통 주식이다. 중동, 중앙아시에서도 난은 대표적인 유목민 주식인데 반죽에 아무것도 넣지 않고 구우면 Plain Naan, 치즈를 발라 구우면 Cheese Naan, 다진 마늘을 더한 것이 Garlic Naan이다. 뉴델리를 포함한 대도시 거리내지 일반 대중식당에서 한판에 우리 돈으로 200~1,000원대 가격으로 담백하고 쫄깃한 맛으로 우리나라를 포함한 거의 모든 외국인 사랑받는 대표적 북인도 요리다.

굽는 용기로 쓰이는 화덕 탄두리(Tandoor)는 큰 항아리안에 진흙을 내벽에 바른 만든 인도의 전통화덕으로 이 안에 넣는 내용물에 따라 닭을 넣으면 Tandoori Chicken, 양을 넣으면 Tandoori Lamb, 만두를 넣으면 Tandoori Momo(인도 말로 Momo는 만두), 그리고 고기 꼬치를 넣어 구우면 Tandoori kebab(이슬람 요리)이 된다.

버팔로 또는 젖소의 우유를 원료로 하는 인도 전통 치즈인 파니르(Paneer)를 주원료로 하는 요리도 인기다. 담백하고 고소한 구운 꼬치두부 모양의 Paneer Tikka(힌디어에서 Tikka는 잘게 자르다는 힌디어)와 죽 형태의 Paneer Makhani (Makanin는 힌디어로 버터), 시금치를 넣은 국모양의 Palak Panner(Palak은 힌디어로 시금치)가 인기로, 고소한 치즈를 주재로로 해 인도 방문 관광객과 해외 인도식당에서도 인기다.

향신료가 더해진 인도식 구운 만두인 Samosa, Aloo Ghobi 등 감자(힌두어로 Aloo는 고비) 메뉴도 무리가 안가는 대표적인 인도음식이다.

2) 쌀과 야채위주의 남인도 요리 : 도사, 비르야니

반면, 고온에 강수량이 풍부한 남부인도의 요리는 이러한 기후특성을 반영해 주생산물인 쌀과 과일, 채소위주의 조리 특성을 지닌다.

쌀가루에 여러 야채와 향신료를 안에 채워넣고 구워 내오는 큰 누룽지 부침개라 할 수 있는 도사(Dosa)가 대표적인 남인도 음식이다. 내용물에 따라 Plain Dosa, Paneer Dosa, Aloo Dosa 등 다양한 부메뉴가 추가된다.

생쌀에 향신료에 잰 고기, 생선 또는 계란, 채소를 토기에 넣어 찐 비르야니 (Biryani)도 도사와 함께 남인도의 대표적인 쌀요리다. Malabar Biryani, Kolkata Biryani 등 출신 지역에 따라 여러 비르야니가 있는데, 중부 인도의 중심도시 Hyderabad에서 연유한 Hyderabad Biryani를 최고로 치고, 가장 사랑받고 있다. 쌀과 함께 안에 넣는 주 내용물에 따라 Chicken Biryani, Prawn Biryani, Mutton Biryani 등 수많은 종료가 있다.

3) 인도 요리 비법, 마살라(복합 향신료)

북부 히말라야 고원부터 남부 열대 해안까지 우리나라 면적의 33배에 달하는 인도 대륙의 온갖 기후와 수많은 인종, 종교, 문화가 14억 인도인과 교차해 만들어 내는 인도요리의 다양함과 복잡성은 인도 인종, 언어보다 훨씬 더 하다. 필자가 1년여 현지 주재한 인도 북서부 구자라트주 요리는 그 달콤함과 채식 위주 식단으로 유명해 구자라트 요리의 모토는 Sweet Gujarati다. 사막성 건조 기후와 채식 전통의 정통 힌두교도와 자이나교의 본산 구자라트의 기후, 종교 특성이 빚어낸 결과다. 남부 타밀나두주나 인근 카르나타가주의 주식은 도사(Dosa)로 표현되는 쌀에 기반한 요리가 특징이다. 반면, 라닥(Ladak), 북동부 Seven Sisters 주 등 북부 히말라야 연변에 위치한 히말라야 벨트대 지역은 동양계 주민특성을 반영된 모모(Momo : 티벳식 만두)나 뚝바(Thukpa :티벳식 국수)가 주식중의 하나다.

그러나 남북, 동서를 막론하고 인도요리에 공통으로 들어가는 주재가 복합 향신료인 마살라(Masala)다. 마살라는 지역, 시대를 불문하고 인도 요리라면 어떤 형태로든 들어가는 인도요리의 가장 큰 특성이다. 인도 요리에 대한 혐오내지 거리낌 반대로 인도요리 극성 매니아층의 연원이 바로 이 마살라다.

인도산 향신료의 대표주자 후추(Black Pepper)는 유럽의 주식인 염장고기의 노린내를 제거하고 고기맛을 더해, 15세기 전후 후추가격이 금가격의 10배에 달했던 왕실과 귀족의 전유물이었다. 15~16세기에 걸친 포루투갈, 스페인, 네덜란드의 아시아 항로개척 역사는 이 인도산 후추를 차지하려는 목적에서 촉발되었다.

인도 대중의 대표적 음료 맛살라 짜이(Masala Chai)도 차짜이)에 넣는 향과 향료 배합비율이 천차여서 이가게, 저가게 맛이 다르다. 인도산 Cardamom(카다몬)은 샤프란과 함께 역사상 가장 비싼 인도산 향신료였고, 치매 등 의학적 효능성 소식이 알려져 있고 커리의 주원료인 인도산 강황(Tumeric)도 인도를 대표하는 향신료다.

인도의 복합향신료인 마살라는 배합되는 향신료 종류, 그리고 가지수가 집집마다, 식당마다 다르다. 같은 배합이라도 각 향신료의 배합비율에 따라 천향 각

색의 맛과 향내를 낸다. 해서 인도에서는 시어머니가 마음에 들게 된 며느리에게 조상 대대로 물려받은, 그리고 자신이 개발해 더한 마살라 조제법을 전수해 주는 것은 집안의 큰 행사이자 권력이다.

4) 요리에 종교가 더해지는 인도

인도요리에는 이 복잡한 조리법에 종교란 요소가 가미된다. 힌두교도 중 정통 내지 자신의 신분적 우월성을 대변하는 것이 채식 전통이다. 최상층 사제계급인 브라만(Braman)은 물론, 중상층 평민 힌두교도(또는 그렇게 보이기를 원하는 힌두교도)에게며 채식은 자신의 차별성을 나타내 주는 대표적인 그 상징물이다. 자이나교는 태생적인 교리 특성상 채식, 그것도 당근, 양파 등 생명의 근원과 간주되는 뿌리식물까지도 터부시하는 극단의 채식내지 비건(Vegan) 전통을 고수한다. 많은 힌두교 상인이 그리고 자이나교 상인이 해외 출장중 음식을 준비해 간다.

육식 요리가 많고 정통 힌두, 자이나교가 많은 북부에서 이러한 비건내지 채식전통이 매우 강하다. 인도 제조업의 중심지라는 경제적 유인에도 불구 인도에 진출하려는 외국계 기업이 구자라트를 가장 꺼리는 대표적인 이유가 델리 빰치는 고온 건조성 기후와 공식적인 금주, 그리고 이러한 온통 채식뿐인 주변 식당 여건 때문이다.

인도 각지역에서 만나는 수많은 힌두 상인들중 채식만을 고집하는 경우를 많이 본다. 사제 브라만과 채식에 집착하는 대부분의 힌두상인(Baniya), 특히 자이나교 상인에게 "육식을 하느냐"고 물어보는 것은 결례를 넘어, 자칫하면 사업을 망치는 길일 수도 있다.

인도 구자라트즈 암다바드시 대중식당

자료: 필자 직접촬영(2019. 4)
주: 인도 힌디어로 빵, 야채요리, 향신료 등 여러 요리를 둥근 식판에 모아 내오는 우리나라의 구내식당 식판과 비슷한 메뉴를 구자라티 탈리(Gujarati Thali), 펀자비 탈리(Punjabi Thali) 등 탈리(Thali)라 부른다.

느끼하고 비위에 맞지 않는 그리고 너무나 복잡해 보이는 인도 요리, 그래서 현지출장이나 여행을 꺼리는 분에게 인도 요리중 란(빵), 탄두리(화덕), 파니르(치즈), 도사(쌀부침개)의 4가지 종류와 그 뜻, 그리고 인도 요리의 특성인 마살라(복합향신료)를 기억하실 것을 권한다.

이 네가지 음식은 어느정도 우리 입맛에 맞는 음식들로 이 요리라면 한달여를 인도 현지에서 살아도 큰 문제는 없을 것 같다. 인도와 인도인, 인도상인이 훨씬 더 가까이 다가와 있을 것이다.

6. 인도 "Bollywood"에도 변화의 바람이 불고 있다

1) 인도 국민통합의 3축 : 영어, 크리켓 그리고 볼리우드 영화

지폐에 새겨 넣는 15개 언어, 만개가 넘는 카스트, 종교 등 거의 모든 것이 엉키고 설켜 있는 인도아 대륙의 복잡함과 다양성은 유사 이래 자주통일을 해 본 경험이 없는 인도아 대륙의 역사의 자연스러운 귀결이다.

1947년 인도 독립 이후 70여년이 넘는 이 세월은 국부 간디가 열망했던 근대국가 인도가 그 실체를 조금씩 갖추어 가는 기간이라고도 할 수 있다. 해서 근대국가 인도에는 인도, 인도인이란 정체성을 가져다 줄 매개체 내지 촉매제가 어느 나라보다도 필요한데 이 역할을 하는 것이 영어, 크리켓 그리고 볼리우드로 대표되는 인도 영화다.

인도의 영어사용 인구비중은 2010년 인구 센서스 기준 전인구의 10%(교과 반영으로 20% 가까이 늘었을 것이라는 추정도 많음)에 불과하다. 그러나 인도에서의 영어는 지배계층의 언어이자 출세의 사다리 역할을 한다. 북서부 캐시미르부터 동양계 민족의 북동부 7개 주 그리고 남부 드라비다계의 타밀나두 모두 언어는 다르나 지배층이나 여론 선도층의 주 언어, 일상언어는 영어다.

인구대국 인도의 올림픽, 축구 월드컵 성적이 시원찮은 가장 큰 이유는 온 국민이 크리켓 열풍에 빠져있기 때문이라는 농담반 지적이 많다. 조그만 공터나 공간만 주어진 곳이면 어느 곳, 심지어 히말라야 산간에서도 크리켓이 일상이고 인도-파키스탄간 크리켓 경기의 열기는 한-일간 축구 월드컵보다 몇배 뜨거운 것 같다. 주로 영연방 국가들의 제전인 크릿켓 월드컵 기간중, 4시간 이상의 경기도중 화장실도 못가는 인도인들을 수없이 보았다.

연간 2,000편 제작 미국의 3배, 20억 관객, 인도인 1인당 연평균 1.7회 관람

우리에게 "Bollywood"로 알려져 있는 인도 영화도 이런 통합역할을 한다. 볼리우드는 인도 북서부 해안도시로 인도의 경제수도라 불리는 뭄바이의 옛지명, 봄베이(Bombay)와 미국 할리우드(Hollywood)의 합성어다. 정확하게는 이 봄베이 지역에서 만들어지는 인도영화이지만, 인도 영화 전체를 대표하는 용어로도 전용되는 경우가 많다.

한해 인도에서 제작되는 영화 수는 연간 1,500에서 2,000 편에 달해 물량기준 세계 최고다. 전국에 있는 12,000여개 영화관에서 데뷔할 수 있는 영화는 이중 수백편에 불과해 살아남기 위한 경쟁이 치열하다. 연간 20억 관람객으로 1인당 연간 1.5편, 관람료 수입은 17억 달러 전후다. 연간 700여편을 제작해 12억 관람객을 유치, 110억 달러 관람료 수입을 올리는 미국 대비 제작 편수는 약 3배에 달하지만 1인당 1,500원에 불과한 평균 관람료로 금액 기준 전세계 3위 영화시장이다. 연간 200여편 영화에 1인당 5.3회 극장을 방문, 12억 달러를 지출하는 영화대국 우리나라에 비해 뒤처지는 수치로 보인다. 그러나 인도의 1인당 평균 소득이 2,000불대로 미국의 1/30, 우리나라의 1/20에 불과하고, 인도 인구의 약 50% 이상이 농촌에 거주하는 여건을 고려할 때 평균 120루피(약 2,000원)에 달하는 입장료는 인도 일반대중에 부담되는 금액이다. 그만큼 인도 대중의 인도 영화사랑이 각별하다고 할 수 있다.

인도 영화는 크게 춤과 노래가 같이 들어가는 "마살라 무비(Masala Movie : Masala는 복합향신료)"장르가 전체의 90%를 차지한다.

인도 마살라 영화에서는 영화내내 주인공 (커플)의 춤과 노래, 그리고 군무가 꼬리에 꼬리를 문다. 인도 영화에서 음악은 단순한 조미료가 아니라 영화의 성패를 좌우하는 가장 핵심 요소로 영화 상영 전 삽입곡이 시중에 먼저 배포되고, 이것이 인기면 영화흥행은 100% 성공이다. 입만 뻥긋하는 주인공의 수많은 노

래를 불러주는 가수는 통상 Playback Singer라 불리는데 주연배우 못지않게 인기가 있고, 유명 영화작곡가 이름도 대중에 친숙하다. 따라서 인도에서 영화배우가 되기 위해서는 연기에 더해 반드시 춤 실력이 구비되어야 하고, 가창력이 가미되면 금상첨화다.

지금까지 인도에서 가장 많은 관객을 유치한 영화는 가상의 힌두왕국 왕자, Baahu Bali의 모험담을 담은 "Baahu Bali 2, Conclusion(속편)"으로 2017년 1억 2천만 관객에 2억 8천만 달러 수입을 올린 바 있다.

세계 3위의 인도 영화산업 규모에 걸맞게 특급 배우에게는 세계 정상급 출연료가 지불된다. 일례로 Three Khan이라 불리는 "Shah Ruk Khan", "Salman Khan", "Aamir Khan"의 영화 1편당 출연로는 통상 150억 이상이고 흥행 순수익의 약 60~70%를 이들 주연배우가 가져간다. 해서 30년 이상의 볼리우드 경력을 자랑하는 Shah Ruk Khan의 개인자산은 8억 달러에 가까워 미국의 톰 쿠르즈, 조지 쿨루니를 넘어 세계 4위로 알려져 있다.

2) "Tollywood", K-Movie 열풍 : 변화하는 인도 영화산업계

인도 대중의 사랑을 받는 영화의 변함없는 주제는 신데렐라적 사랑과 액션이다. 영웅에, 주연배우에 카타르시스를 느끼고 신데렐라적 사랑의 여주인공에 자신을 대입한다. 짧은 2~3시간동안 만큼은 고달픈 현실도, 질곡의 카스트도 남의 이야기다.

복잡하고 정치한 각본은 그리 중요치 않다. 앞뒤 전개도 맞지 않는 카시미르 계곡, Pangong Lake, Ladak, 등 인도가 자랑하는 세계적 절경을 배경으로 이어지는 춤과 노래에 대리 만족을 느끼고 대리 관광을 한다. 영화에서 대사보다 춤이, 노래 비중이 훨씬 많다. 이것이 전통적인 인도 Bollywood 영화의 특징이었다. 그래서 인도 영화는 인도 국민통합의 상징이자 용광로 역할을 해 왔고, 음으로 양으로 이에 대한 인도정부와 보수 국뽕 언론의 막대한 지원을 받아 왔다.

그러나 볼리우드 영화도 소득의 증가, 개방화의 진전, 언어와 종족을 달리하는 남부의 경제적 발전 그리고"Avatar" 등 정교하고 화려한 인도 밖 영화의 영향으로 변화의 바람을 맞이하고 있다.

힌디어 영화를 대변하는 Bollywood 영화는 이제 인도 영화제작 편수의 40% 정도에 지나지 않는다. 남부 지방 언어 Tellugu어(안드라 프라데시주민의 주 언어), Tamil어를 기반으로 한 현지 영화 비중이 각각 13%로 급속한 증가추세다. 이미 인도 제 1, 2위 영화 제작사가 Tellugu어를 사용하는 남부 Tellangana주나 주도인 Hyderabad에 위치해 있고 남부 영화의 영향력이 지속 증가하고 있어, 뭄바이의 볼리우드에 빗대어, Hyderabad 영화산업계를 일컷는 "Tollywood"란 신조어도 만들어 졌다.

춤과 노래, 힌디어 일변의 인도 영화계도 변화의 바람을 타고 있다. 앞뒤 전후의 시나리오와 각본을 중시하는 영화의 인기가 크게 증가하고 있다. 2017년 개봉된 마동석 주연의 영화 "범죄도시"에 기반, 2021년 개봉된 힌디 영화 " Radhe (힌디어로 성공을 뜻함)"황정민 주연의 "국제시장", 최민식 주연의 "올드보이" 등 지난 20년간 20여 편의 한국영화가 인도 현지에서 리메이크된 바 있다.

코로나 기간중 Netflix를 통한 한국 영화, 드리마에 대한 선풍적 인기와 2022년 시청률 1 위를 기록한 "오징어 게임(Squid Game)"의 폭발적 인기로 인도 영화계도 각본과 시나리오의 중요성을 점점 더 인식해 가고 있다. 그 정점에 한국영화가 자리잡고 있다는 인도 현지 인식을 반증하는 사례다.

지난 몇 년 인도 인도 북서부 카시미르주의 중국 접경지역인 Ladak주에 대한 인도 및 한국 관광객이 4배 이상 급증했다고 알려져 있다. 2011년 인도 명문 IIT Delhi대 공대생의 일탈과 성공을 배경으로 한 영화 "3 Idiots(세 얼간이)"가 인도를 넘어 중국, 일본, 우리나라에서 선풍적 인기를 끈 바 있었다. 이 영화의 끝부분 배경으로 등장하는 해발 4,000미터의 아름다운 Pangong Lake의 비경이 알려지면서 인도 히말라야가 네팔 히말라야보다 더 아름다울 수 있다는 사실이 인도인들과 우리 영

영화 Three Idiot 포스터

자료: IMDb

화 팬들에 널리 알려진 결과다.

경제를 넘어 우리나라-인도간 문화 협력과 상호 이해도 이제 차원을 달리해 가는 듯하다.

7. 교육에 목숨 건다, IIT(인도 공과대)와 IIM(인도 경영대)

1) 인도판 KAIST & MIT : 인도 공과대학 IIT(Indian Institute of Technology)

Google CEO, Sundar Pichai, 세계 10대 IT service 기업인 Infosys 창업자이자 영국 총리 Rish Sunak의 장인 N. R. Narayanan, IMF 수석경제학자로서 2008년의 세계 금융위기를 예측한 Raghuram Rajan, 미국 Sun Microsystem 공동창업자 Vinod Khosla, 인도 최대의 전자상거래 기업 Flipkart를 창업, 미국 아마존에 170억 달러에 판 Sachin Bansal과 Binny Bansal, 시장 평가액 70억 달러의 인도 최대 배달기업 Zomato 창업자 Deeepinder Goyal, 자산 가치 50억 달러로 인도 최대의 콜택시 기업 Ola Cap, 인도의 전자거래 3대기업 Snap Deal 창업자 Rohit Bansal…

국제적으로 큰 명성을 얻고 있는 인도 명사들로 이들의 공통점은 세계적인 공과대학으로 평가받는 인도 공과대학인 IIT(Indian Institue of Technology) 출신이라는 점이다. 그 졸업생을 의미하는 IITian은 실력을 검증받은 고급두뇌란 의미의 고유명사가 되가고 있다. 우리나라 KAIST가 이 IIT모델이 아닐까 싶다.

IIT의 연원은 1950년대 초로 거슬러 올라간다. 1947년 신생국가로 독립한 인도의 초대총리 네루는 낙후된 인도 인프라 개발을 지원할 공과대학 설립을 추진했다. 미국 MIT를 모델로 하되 졸업시 즉각 현장에 투입될 실무위주의 공과대학을 출범시켰다. 1951년 동부 Khanpur에 설립된 이래, Bombay(서부), Madras(남부), Kanpur(북부), Delhi(수도)에 IIT가 1860년까지 순차적으로 개교했고, 이후 인도 전역으로 확산되, 현재 23곳이 인도 전역에 분포되 있다. 연간 학부생 10,000여명, 대학원 8,000, 박사과정 3,000명 정도를 뽑는다.

23개 IIT중에서도 Delhi, Chennai, Mumbai, Kanpur IIT명성이 높은데, 인도 전체의 대학 신입생 3,000만명중에서도 IIT는 의대, 법대에 앞서는 가장 앞선의 Dream College다.

미국 실리콘 밸리에서 전해지는 수많은 선배 IIT 출신들의 성공 신화, 수십억 달러 부자로 변신한 선배들의 진로를 쫒아 제 2의 Pichai, Narayana, Bansal을 꿈꾸는 학생들이 IIT로 몰려든다.

인도 정부의 IIT 지원도 각별해, 매년 IIT에 배정되는 연간 예산이 12억 달러를 넘는다. 인도의 빈약한 재정수준과 2,200달러 1인당 국민소득을 감안하면 엄청난 지원이다. 해서 인도IIT는 학생들은 물론, 교수진, 교과과정, 연구시설을 자랑한다.

국립대로 일반 합격생(인도의 국립대 진락경로는 일반카스트와 차별 카스트 SC, ST가 다르다) 4년간 학비는 우리나라 돈으로 약 150만원 (Rs 90,000)이지만 정부 및 내외부 장학금 경로도 많아 일단 입학하면 경제적 압박없이 공부와 연구에 매진할 수 있다. 3, 4학년때 개최되는 취업설명회 때 IIT, 캠퍼스에서 Google, MS, Intel 등 세계적 기업 인사담당자를 만나는 것은 일상의 일이다.

2) Global 경영인 산실, 인도 경영대학 IIM((Indian Institute of Management)

Master Card 전 CEO이자 최근 세계은행 총재로 지명된 Ajay Banga, 전 인도 중앙은행 총재 Ragjhuram Ranjan, Pepsico 전 CEO, Indra Nooyi, 인도의 제 1 여행가이드 앱 Makemytrip 창업자 Deep Kalra, Bombay Stock Exchange CEO, Ashish Chandrran,

인도 최대 유통기업 Reliance Retail CEO Damdar Mall… 이들은 인도 엘리트의 산실이자 IIT와 쌍벽을 이루는 인도 경영대학 IIM(Indian Institute of Management) 출신이다.

이과, 이공계에 IIT가 있다면 문과와 경영쪽에는 IIM이 있다. 아직까지 인도내 법조인, 의사보다는 공학계열에 대한 인기가 매우 높아 학생들 대부분 이과는 공대, 문과는 경영대족에 몰리고 그 선두에 IIT와 IIM이 자리잡고 있다.

IIM 역시 인도 중앙정부가 설립 운영하는 국립 경영대학으로 IIT와 마찬가지로 초대총리 J, Nehru가 주도해 1961년 동부의 IIM Calcutta와 북서부의 IIM Ahmedabad가 설립된 이래 확장을 거듭해 현재 인도 전역에 20개의 IIM이 산재해 있다. IIM Indor 등 몇곳이 5년 학사 설사 통합과정을 운영하지만 IIM은 기본적으로 석사 과정부터 운영한다.

특히 인도의 상인 사관학교로 불리는 인도 북서부 경제수도 Ahmedabad와 경제수도 Mumbai, 아시아의 실리콘 밸리이자 인도 스타트업의 성지인 Bangalrore III의 명성이 높다.

미국, 영국 등 서구에서도 이곳 IIM 출신들에 대한 평가가 매우 높아 대부분 미국, 영국의 최상위 대학들에 학생, 교수로 연결되고 또 주요 다국적 기업의 경영진으로 활동하고 있다.

IIM동문간 Network, 재학생-졸업생, 졸업생간 친목, 협업, 공조도 매우 끈끈하고 강력하다.

3) 인도판 대치동 KOTA : IIT Dream을 꿈꾸는 20만명이 매년 몰려드는 학원도시

인도 북서부 파키스탄과 접경한 Rajastan주는 인도에서도 가장 황량한 사막성 도시다. 인도 상권을 좌지우지하고 있는 인도 Marwari 상인의 본고장이 바로 이곳 Rajastan주다.

이 라자스탄 주 남쪽 변경 해발 300미터 지역에 위치한 이 KOTA는 80년대초 까지만 해도 인구 10만명에 불과한 인도의 어느 평범한 소도시였다. 그러나 이곳 KOTA는 현재 매년 인도 전역에서 20만명이 유입되는 인도판 대치동 학원도시가 되었다. 곳곳에 산재한 수천여 학원 간판에는 " Your Ticket to your dream IIT"라는 문구를 쉽게 볼수 있다.

인구 100만도 안되는 소도시가 교육도시로 출발하게 된 계기는 우연의 산물이다. 당시 인도 대기업 JK Synthetics의 KOTA 지부에 근무하던 V. K Bansal이 인도 제 1 상인집단인 Marwari 전통에 따라 자신의 사업모델을 찾는 중간과정에 자신의 모교인 IIT입학과정용 현지 과외를 하게 되었다. 열심히 가르친 학생 중 하나가 1985년 IIT 입학생을 배출하게 되었다. 시골 벽지에서 IIT 합격생을 배출했다는 소식에 주변 지역에서 수강생이 몰렸고, 마침내 그의 이름을 딴 Bansal Class PVT Ltd란 학원 기업을 차려 도제식 학원시스템을 도입했다.

몰리는 수강생에 인도내 여타 입시학원들이 이곳 KOTA로 몰려 들게 되었고, 지금은 매년 수천명의 IIT합격생을 배출하는 곳으로 자리잡았다. 10만이 안되던 이곳 인구는 전역에서 유입되는 학생들과 학원 관계자, 부대 서비스 종사자가 함께하는 인구 150만명의 중견도시로 도약했고 최근까지도 이 도시인구는 매년 2~3%씩 지속 증가추세에 있다.

이곳 소재 대부분의 학원들은 현지 고등학교와 협약을 맺어 고 3과정을 연계해 운영하는데 학교 출석은 형식적이다. 재수생도 몰려든다. IIT 등의 경우 시험 응시가 2회로 제한되어 있고, 당락에 따른 보상이 하늘과 땅끝 차이여서 새벽 6시부터 시작되는 스파르타식 교육, 모의 시험 과정을 1년여 반복한다. 머릿속이 오직 합격이라는 한 단어만 들어있는 시간이다.

일반 학원의 연간 수업료로 연간 700만원 전후로 인도 일반가정 2년치 생활비를 넘는 매우 부담되는 수준이다. 그러나 인도 카스트 시스템의 질곡을 평생을 걸쳐 짊어졌던 대다수 부모들은 기꺼어 자신과 가족의 희생을 담보해서라도 이런 모험을 자식들에게 권유하고 강요한다.

인도 공과대학, 인도 경영대학의 우수한 인재와 교육시스템, 학내 창업 열기에 더해지는 것이 카스트 요소다. IIT, IIM 출신 성공한 사업가, 대부분은 인도 전통 카스트 계급중 직장보다는 사업을 선호하는 상인계급에 해당하는 Baniya 출신이 많다. 수천년 내려온 Business DNA와 IIT, IIM의 교육이 결합되어 인도판 글로벌 기업인, 글벌 경영인, 글로벌 경제인을 배출하고 있는 것이다.

IIT Delhi

자료: IITD 홈페이지

인도 비즈니스를 할 때, 인도에 더해 더 알고자 할 때 이 IIT, IIM, 그리고 이곳 출신인 IITian, IIMian을 기억해 두자.

〈IIT, IIM, 출신 주요인사〉

Picture	Name	Title	School
	Sundar Pichai	CEO, Google	IIT Karagpur
	Naryana Murthy	Founder, Infosys	IIT Kanpur
	Arvind Kejriwal	Chief Minister, Delhi	IIT Karagpur
	Ragjhuram Ranjan	Governor, Reserve Bank of Inida	IIT Delhi
	Sachin Bansal Binny Bansal	Founder, Flipkart	IIT Delhi
	Vinod Khosla	Fonder, Sun Microsystems	IIT Delhi
	Deepinder Goyal	Founder Zomato	IIT Delhi
	Bhavish Aggarwal	Fonder, Ola Cap	IIT Mumbai
	Rohit Bansal	Fonder, Snap Deal	IIT Delhi
	Ajay Banga	Governor, World Bank/ fomer CEO, Master Card	IIM Ahmedabad
	Raghuram Ranjan	Chief Economist, IMF	IIM Ahmedabad
	Indra Nooyi	CEO, Pepsico	IIM Kolkata
	Deep Kalra	Founer, Makemytrip	IIM Ahmedabad
	Ajit Balakrishnan	Founder, Rediff	IIM Kolkata
	Damodar Mall	CEO, Reliance Retail	IIM Kolkata

자료: 필자 자체 작성

8. '일족양명(一族揚名)', 인도기업 작명법

1) 안동김씨 운송, 풍양조씨 패션 : 인도에 일반화된 일족·가족명의 기업명화

로스차일드(Rothschild), 월마트(Walmart), 듀폰(Dupont) 등 서구에서도 자기 가문 이름을 기업명으로 하는 사례는 많다. 인도 기업문화 특징 중 하나는 자기 가문 명을 기업명으로 삼는 예가 유독 많다는 점이다.

Tata, Birla, Mital, Godrej, Adani, Bajaj, Mahindra, Jindal, Oberoi, Kotak. 인도 대표 대기업 중 자기 출신가문, 일족명을 기업명으로 사용하는 대표적 사례다. 우리나라로 치면 안동김씨 운송, 풍양조씨 패션, 안동권씨 출판 식이다.

타타 그룹(Tata Group)은 9세기 전후 이란에서 인도로 넘어 정착한 조로아스터교 일족인 파르시(Parsi) 출신의 잠셋지 타타(Jamsetji Tata)가 1868년 창업해 현재 철강, 자동차, IT, 생활용품 등 전 분야에 걸쳐 100여개가 넘은 계열사를 거느리고 있는 인도 최대 재벌이다.

비를라 그룹(Birla Group)은 인도 북서부 사막지역의 라자스탄 출신의 인도 제1 상인집단 마르와리(Marwari) 가문 출신의 비를라(S. N. Birla)가 1857년 창업한 이래, 현재 섬유의류, 금속, 시멘트, 통신분야 40여 기업군으로 연매출 500억 달러에 달하는 인도 최고 기업군이다.

아다니 그룹(Adani Group)은 항구, 부동산, 인프라, 신재생 에너지 분야의 인도 선도 기업군으로 창업자 가우탐 아다니(Gautam Adani)는 인도 2대 상인집단으로 인도 북서부 해안가의 상인도시 구자라트를 배경으로 한 구자라티(Gujarati)다.

M&A를 통해 세계 최대의 철강기업군을 이룬 아르셀로미탈 스틸(Arcelor Mittal Steel)의 창업자 락슈미 라스크쉬미 미탈(Raskshmi Mittal)도 인도 제1 상인집단인 마르와리 출신으로 1970년 후 고착된 인도의 산업허가제를 피해 인도네시아, 중앙아시아의 국영 철강사 인수합병과 구조조정을 통해 결국은 세계 최대 철강기업 아르셀로 스틸(Arcelor Steel)을 인수, 세계 최대 철강사를 운영하고 있는 인도 해외교포(NRI : Non Residnent Indian) 출신의 인도상인이다.

이밖에 파르시 출신의 인도 소비재 분야 강자 고드레즈(Godrej) 그룹, 철강, 비금속 분야의 강자 진달(Jindal) 그룹 등이 자기 일족·가문명을 기업명으로 한 기업이다.

Jain Dairy, Agarwal Solution, Oswal Logistics 등 인도 중소·중견기업 중에서도 자기 가문·일족명을 기업명으로 하는 수많은 기업을 접하게 된다.

아시아 제일의 부자 Mukesh Ambani의 Reliance Group, 인도의 세계적인 IT 서비스, 통신 대기업 Infosys, Wipro, Bharti Airtel 등 예외도 많고, 인도경제의 현대화 추세에 따라 감소 추세에 있지만, 이런 '일족양명(一族揚名)' 작명문화는 굳건하다.

Birla(Birla Group), Bajaj(Bajaj Motor), Mittal(Arcello Mittal Steel), Adani (Adani Group) 등 인도의 기업명 대부분이 자기 가문 이름을 기업명으로 삼는다.

2) 수천 년 상인카스트 전통과 접착제식 유대관계

법적으로는 사라졌지만 인도인, 인도 상인의 내면과 사회, 정치 밑바닥에서 살아 움직이는 카스트 문화가 근원이다.

신생아든, 신생기업이든 이름을 지을 때는 자신과 주변의 모든 지혜, 경험을 다하는 것이 일반이다. 이름이 가져다주는 정체성과 동기부여, 주변 환경의 반응, 내가 통제할 수 없는 운이나 복이 이름과 관계되어 있다고 할 수 있다.

카스트는 선택할 수 있는 자율의 문제가 아니라 주어진 것, 그것도 자기 일대나 몇 대가 아니라 수천 년의 전통, 역사 내지 굴레가 함께하는 문제다. 상위 카스트의 하위 카스트에 대한 차별, 인도아대륙에서 수없이 되풀이 되는 지배계층의 교체와 그에 따른 전쟁, 기아, 질병 등에서 나와 가족, 일족을 지켜줄 곳은 오직 가족, 일족뿐이었고 이것이 대를 이어 DNA에 각인되고, 교육되고 공유되어 온 것이 인도 카스트 시스템이다.

브라민(사제), 크샤트리야(귀족, 전사), 바이샤(상인, 농민), 수드라(노예, 공인)로 대별되는 인도의 4위 카스트 내에서도 수많은 카스트, 심지어 10,000개가 넘는 하부 카스트가 존재한다. 태어나면서부터 부여된 카스트 내 일족 간 유대와 협동은 단순한 이익은 물론 생존, 번영과 직결되는 문제다. 조상 때부터 그랬고, 후손 몇 대에 이어지는 문제다.

바니아로 불리는 인도 상인카스트는 힌두 4계(세부적으로는 10,000개를 넘는 서브 카스트) 카스트 시스템에서 돈을 버는 것에 인생의 최고 가치를 부여받은 집단이다. 대를 이어 수천 년 상업, 무역, 금융 외길을 걸었고, 이런 DNA와 교육이 이어져 인도 10대 부자 중 9명이 이 바니아 출신이다.

사업, 기업을 통해 부를 키우고, 이를 성장시키되, 자신과 수천 년 생사고락을 같이했고 할 가문과 일족 이름을 드높이고 경제적 기반을 공유한다는 전통과 문화가 인도의 기업 작명법에 그대로 투영된 것이라 할 수 있다.

3) 일족경영 문화, 우리기업 이 일족 커뮤니티에 진입해야

아직도 많은 인도기업이 가족경영 체제를 유지한다. 중소·중견기업에 더 일반적이지만 많은 대기업도 가족경영 체제를 고수한다. 공동 창업자 아버지는 사장, 삼촌은 전무, 그리고 아들, 조카, 먼 친척 일가는 경영수업 중의 이사, 관리부장 식이다. 회계, 금전출납, 인사, 노무관리 등은 반드시 가족 또는 일족이 담당하고 아무리 신뢰가 가도 외부인을 앉히는 경우는 드물다. 좁은 영역에 몰려 있으면서도 서로 공유, 분담하는 문화, 시스템이 잘 구비되어 있다.

많은 인도기업이 사업 확장에 목을 맨다. 부대끼는 규모에서 포용하고 있는 삼촌, 조카에 새로운 사업기회를 연결해 주고, 이들 기업 간 상호 교차지분을 통해, 전체 파이를 키우려 하는 것이 일반적이다. 인도에서 상담 기회를 가지는 우리 기업이 의아해하고 있는, 자기 본업이 아닌 다른 분야에 대한 사업기회에 그렇게 관심을 가지는 이유 중 하나다.

커뮤니티 내 자기들 간의 신용, 유대관계는 각별하다. 세계 3대 상인의 하나로 지목되는 인도상인의 대표 주자는 마르와리(Marwari) 상인이다. 척박하고 황량한 인도 북서부 타르사막을 배경으로 수천 년 장사, 무역, 금융에 종사해 온 집단이다. 수천 리 대상길의 몇 달, 몇 년을 안심하고 떠날 수 있었던 것은 남아있는 일족 공동체가 제공하는 경제적, 심리적 안식이었다. 이 집단 내에서 빌린 돈을 못 갚는 것은 공동체에서의 퇴출을 의미했고 자신과 가족의 생명이 걸린 문제였다. 카스트 족쇄에 의해 갈 곳, 의지할 타 집단도 없었고 평생 노동으로라도 빌린 돈을 갚아야 했다.

타 지역에 먼저 진출하면, 무료 식사와 잠잘 공간을 마련해 자기 일족 간 정보와 경험을 공유하는 전통을 유지했다. 일족 출신 젊은이가 오면 일족 상조회를 통해 자금을 대주거나 기업 내 도제 기회를 제공했다. '디아스포라'의 유대인처럼 일족 간 사람, 자금, 정보를 합쳐 진출한 지역의 상권을 장악하고 자기들만의 울타리를 굳게 쳐오는 식으로 인도 전역을 장악했다. 우리를 포함 울타리 밖의 경쟁 일족에게는 전혀 다른 이야기로 인도 상인에 대한 일부 부정적 평가의 원인이다.

주 : 인도 다이아몬드 산업을 장악하고 있는 Ram Krishna krishna 가문 일족 사진. 필자 직접 촬영(SRK Exports, Surat).

인도에서 전국구적인 의미의 일반상인 개념은 크게 의미가 없다. 1947년 해방 전의 600여 제후국 난립 예에서 보듯이 인도 상인집단의 집단 간, 지역 간 상호 경쟁, 배척 정도는 우리와 비교가 안 되게 깊다.

인도 거래 파트너와 직원이 속해 왔고, 속해 있는 일족이 어떠한 배경을 가지고 있는가를 파악하고 이해하려 하는 것, 이 두터운 벽이 우리 기업이 인도시장에 제품을 팔고, 투자하고, 운영할 때 직면하는 가장 큰 어려움이다.

도매급 금으로 일반화하지 않고, 여지와 여백을 두고 대하는 것, 그리고 이를 통해 미래 G2 인도의 상인 커뮤니티의 경계선에만 접근해도 우리의 대인도 비즈니스는 또 다른 세계를 맞을 것이다. (이데일리 : 2020년 4월 25일)

9. 믿기지 않는 인도내 한류 열풍

1) 인도 네루대 한국어학과 30명 정원에 10만 명 지원해 3300대 1 경쟁률

'선무당이 사람 잡는다'는 말이 있다. 20여 년 인도와 연을 맺으면서 그동안 인도의 한류 및 한국어 전파 가능성과 관련해서 필자가 한 회의적인 말들은 '선무당 짓'이었다. 그만큼 인도에 불고 있는 한류와 한국어 열풍은 대단하다.

인도 최고의 국립대는 유서 깊은 네루대학교(JNU)다. 올 10월 가을 학기 한국어학과 학사 정원 30명을 뽑는데 무려 10만 명이 몰려 3300 대 1의 경쟁률을 기록했다. 1995년 개설된 네루대 한국어학과 학사과정은 2010년대 중반 이후 네루대 여러 외국어학과 중에서도 경쟁률이 가장 높은 과로 꼽혔는데, 이번에 경쟁률이 3000대 1을 돌파한 것이다. 학사과정 3년 뒤인 98년 한국어 석사과정을 개설한 네루대는 인도 내 한국어 열풍을 대변하는 곳이다.

네루대학교, 델리대학교(Delhi University)와 함께 뉴델리의 3대 국립대로 꼽히는 자미아대학교(Jamia Milia Islamia University) 역시 한국어 수요가 높아지면서, 올 9월 총장 주재 학처장회의를 열고 한국어 석사학위 과정 개설을 확정했다. 이에 따라 자미아대는 10월 시작하는 가을학기부터 한국어 석사학위 과정 신입생 25명을 선발하게 됐다.

자미아대는 현재 한국어 학사과정과 함께 초급·중급 각 1년 과정의 한국어 교육 프로그램을 운영하고 있는 중이며, 지난 7월에는 학사과정 1회 졸업생이 배출됐다. 한국국제교류재단 객원 교수인 김도영 교수가 네루대에 한국어학과를 개설한 뒤 2017년 자미아대로 이동, 한국어 수료 과정을 열고 학생을 지도해 왔다.

외국인에 대한 한국어 교육, 보급을 맡고 있는 공공기관인 (재)세종학당재단도 급증하는 인도 내 한국어 열기에 부응해 북부 델리 한국문화원에 이어 첸나이 등 인도 내 한국학당을 10곳까지 확대했다. 인도 힌디어는 한국어와 어순이 같고, 영어, 중국어와 같은 고저의 리듬이 아니라 장단에 기반을 둔 언어다. 인도 영어 발음이 영미계 영어와 다른 이유다.

지난해 8월 전 세계 2000여 명이 참가한 '2021 세종학당 한국어 말하기 대회'에서 인도 한국문화원 세종학당의 '아누부띠 카카티'가 대상을 받은 바 있는데 이러한 양 언어의 친숙한 구조도 대상 수상에 한 몫 하지 않았을까 한다.

K-팝, K-드라마 등 한국 문화에 대한 관심과 애정에서 시작된 인도의 한국어 열기가 한층 더 전문적이고 체계적인 한국어 전문가를 양성하는 단계로 발전하고 있는 것이다.

주 : 인도 3대 국립대인 JMI에서 한국어를 가르치는 김도영 교수(가운데 서 있는 이). [사진=연합뉴스]

2) 삼성, 현대, LG 등 진출 우리기업의 위상 제고, 고용확대도 한국어 열기에 한몫

인도 현지에 진출한 우리 투자기업의 위상과 역할이 크게 확대되고 있는 것도 이러한 한국어 열기의 배경이다. 삼성전자, LG전자, 현대자동차는 1990년대 중반 인도에 투자 진출한 이후 가전, 핸드폰, 자동차 분야 시장점유율 1~2위를 확고히 하면서 사세를 크게 키워왔다.

삼성전자 인도법인은 자체고용 인력만 해도 2만5000명 이상이고, 연매출도 100억 달러를 넘고 있다. 인도에 진출한 우리 투자 대기업은 급여, 복지는 물론 체면을 중시하는 카스트 문화 속에서의 주위 평판 등을 이유로 인도 젊은이들이 입사하고 싶은 최우선 직장이다. 필자가 근무한 KOTRA 뉴델리무역관도 업무능력이 정점에 달하는 입사 2~3년차 현지 직원들의 잦은 삼성, 현대 이직에 힘들어했다.

인도 내 체류 한인은 약 1만2000명이다. 이는 한-인도 간 200억 달러를 넘는 교역규모, 25년의 삼성, 현대, LG, 포스코의 공장투자 역사에 비추어 볼 때 매우 적은 숫자다. 5만 명의 태국, 20만 명의 베트남 주재 한인 수와 비교해도 크게 적다. 그만큼 인도의 기후, 생활, 정주 여건이 불편하기 때문이다.

이들 대부분이 현지에 진출한 우리 기업 주재원 및 가족으로 개인 사업을 하거나 서비스업에 종사하고 있는 우리 교민 수는 1000명이 안 되는 것으로 추정되고 있다. 인도 내 한류, 한국어 열풍은 대부분이 서비스업에 종사하고 있는 우리 교민들의 사업 확장에도 큰 도움을 주고 있다.

이와 같이 인도 현지 문화와 언어 기반을 갖춘 한국인, 즉 2~3세대 한인 수는 제한되어 있다. 따라서 인도에 진출한 우리 기업 입장에서도 한국어를 구사하는 인도인은 우선채용 대상이다. 급증하는 마케팅, 관리 수요를 한국 본사 파견인력 대비 10분의 1 이하 비용으로 대체할 수 있다. 한국어를 구사할 줄 아는 인도인 채용 확대는 현지화와 기업 이미지 제고에도 큰 도움이 된다.

3) 인도 정부, 2020년 한국어를 제2외국어로 지정하고 중국어는 제외

이런 한류, 한국어 열풍에 호응, 인도 교육부는 2020년 9월 사상 처음으로 한국어를 인도 정규 교육 과정 제2외국어 과목으로 채택한 바 있다. 이에 따라 한국어는 태국어, 포르투갈어, 러시아어와 함께 제2외국어 권장 과목에 추가됐다.

반면 기존에 포함되어 있던 중국어는 2020년 6월의 인도-국경 유혈 충돌과 인도 내 반중국 정서 확산으로 빠졌다. 중국어 자리를 한국어가 대체한 것이다.

인도는 1968년 처음으로 교육 정책을 수립한 이래로 1986년, 1992년에 이어 28년 만인 2020년에 이를 개정했다. 인도 정부가 매년이 아닌, 좀 더 긴 호흡으로 교육 정책을 개정하는 것을 감안하면, 우리 한국어가 앞으로도 상당 기간 인도 학생들의 제2외국어 선택지로 존재할 것이다.

이러한 인도의 한국어 열풍에는 초석을 놓은 숨은 공로자의 기여도 빠질 수 없다. 한국과 한국어라는 존재가 미미하고 희미할 때인 1995년 이후 인도 최고 국립대인 네루대에 한국어 정규과정이 신설되고, 최근 인도 3대 국립대인 자미아(JMI)대에 한국어 석사과정이 신설된 것은 1988년 인도 유학 이후 지금까지 초석을 놓은 김도영 교수의 노력과 헌신 없이는 불가능한 결과였다.

2020년 한국어가 기존에 들어가 있던 중국어 자리를 대신해 인도 정부의 중장기 초중고 제2 외국어 권장과목에 포함된 것은, 정책적 호기를 미리 숙지하고, 인도 교육부 관계자들을 끈질기게 설득한 당시 김금평 한국문화원장과 신봉길 주인도 한국대사의 노력이 없었다면 10년 이상을 더 기다려야 했을 것이다.

이 과정을 현지에서 지켜보면서 세상사, 모두 사람이 하는 것임을 재삼 확인하게 됐다. 인도에서 불고 있는 한국어, 한류 열기는 이미 G3로 부상한 인도와 우리나라 간 경제, 외교, 문화, 군사협력을 뿌리부터 단단히 하는 초석이 될 것이다.

Chapter

6

인도 문화를 알아야 인도에서 대박난다

인도 기업, 상인들과의 거래시 인도의 문화 및 상관행, 국민정서 등을 정확히 이해하는 것은 사업의 성패에 무엇보다 중요하다. 아래에서는 필자가 인도에서 생활하고 일하면서 실제로 경험한 우리 기업인들이 인도에 진출하거나 인도 내에서 사업을 운영하는 과정에서 반드시 알아야 할 문화적, 제도적 및 국민 정서적 특징에 대해 살펴보겠다.

1. 신뢰에 이중성이 강하고 저신뢰로 인한 비용이 많이 든다

인도 문화를 이해하려면 인도 문화 내에 존재하는 이중성을 이해해야 한다. 이중성 중에서도 자신이 속한 카스트내 구성원들에 대해 적용되는 도덕적 기준과 카스트 밖 상대방에게 적용되는 기준이 상당부분 다르다는 것이다. 카스트내 구성원들 간에는 신뢰에 기초해서 모든 일이 서로 상부상조하는 문화인 반면, 카스트 밖에서 사업을 할 경우에는 불신에 기초하여 비즈니스를 진행하다. 아래에서 살펴보는 바와 같이, 마르와리, 구자라트, 자인, 파르시 등 상인집단의 경우에도 상인집단 내에서는 서로 상호부조하고(win-win), 집단 내 결혼만 허용하는 등 강한 폐쇄성을 가지는 반면, 상인집단 밖과 사업을 할 경우에는 상호불신 하에서 사업을 진행하며 상대방의 이익보다는 자신들의 이익을 극대화하려한다. 이것이 인도상인이 교활하고(Business is cheating), 약탈적(exploitative)이라고 평가하는 이유중 하나다.

따라서 외국기업가들이 인도에서 사업 파트너와 신뢰를 구축하는데 많은 시간과 노력이 필요하다. 반면 한번 강한 신뢰가 형성되면 더 넓고 깊은 비지니즈 네트워크와 연결되고 더 많은 사업기회가 열린다. 또 인도내 국제화된 대기업의 경우 국제적 보편적 기준에 따라 비즈니스를 운영하는 경향이 강해지고 있으며, 경제가 발전하고 세계시장과 통합이 심화되면 신뢰의 이중성 문제는 상당부분 해결될 것이다.

인도에 살면서 가장 큰 불편은 모든 것에 시간이 많이 걸리고, 서류 등에 약간의 형식적인 차이가 있으면 진본으로서의 가치를 상실한다는 것이다[1]. 또한 계약서 속에 독소조항이 들어 있는 경우가 많아 계약 체결 및 서명과정에서 충분한 법률검토나 전문가의 자문을 받지 않으면 추후에 큰 손해를 보는 경우가 자주 있다. 아울러, 서로가 충분히 검토하고 확인한 사항에 대해서도 계약서에 법적 효력이 발생하는 최종 서명이 있기 전에 언제든지 합의를 번복하고 자신들에게 유리하게 수정해 줄 것을 요구하면서도 조금의 주저함도 없으며[2], 계약 후에도 새로운 조건을 지속적으로 요구하여 비용이 증가하고 계약이행이 어려워지는 경우가 많다[3]. 또한 약속한 시간 내에 대금 회수에 어려움을 겪는 경우가 많으며, 인도 직원들의 횡령이나 배임관련 사건도 자주 발생한다.

위와 같은 지연과 비효율성이 발생하는 주된 이유 중 하나가 아직까지 인도가 대표적인 저 신뢰 사회중 하나라는 것이다. 자신이 속한 씨족 공동체, 카스트, 가족과의 관계에서는 끈끈한 유대와 신뢰를 갖지만 동 범주를 벗어난 타인들은 믿지 못한다. 과거 우리나라에서 혈연, 학연, 지연에 기초한 연줄이 중요할 때 동일집단에 속한 경우 신뢰하고 상호 부조하는 것과도 유사한 측면이 있지만, 인도의 긴 카스트 제도, 인도 내 왕국 간 전쟁, 잦은 외세 침입과 지배 등으로 이러한 경향이 더 강해졌다. 아래에서 보는 바와 같이 이러한 저 신뢰 사회는 많은 비용을 야기하고, 인도의 경제발전에 장애요인으로 작용한다. 도시화, 산업

---

1) 인도에서 내일(Tomorrow)은 내일 문제가 해결된다는 것이 아니고, No Problem은 아무 문제가 없다는 것이 아니며, 검토해 보겠다는 것은 사실상 거절한다는 의미다.

2) 인도 문화 하에서 기 합의한 사항을 최종 서명 전에 뒤집는 것을 협상의 일부로 생각하는 경우가 많다. 실제 협상에 참여한 대표가 충분한 권한을 가지지 못해 상부로 보고하는 과정에서 상급자가 다른 생각을 가지고 있어 이러한 문제가 발생했을 가능성이 크다. 우리의 경우 기 합의된 사항이 이미 상급자들에게 보고되어 확정된 것으로 간주되는 상황에서 기 합의된 사항을 수정하는 것은 실무자의 무능으로 인정되어 실무자의 입장에서는 지극히 곤란한 상황에 처하게 되는 반면, 인도에서는 협상과정에서 일어날 수 있는 일반적인 현상이고 이에 대해 하급자를 질책하지 않는다. 인도측의 문화와 우리 문화가 달라 생기는 현상일 수도 있지만, 인도측 협상가들이 우리의 조직문화를 이용하여 자신들의 이익을 극대화하는 전략으로 사용할 수도 있는 바, 사전에 충분히 대비할 필요가 있다.

3) 인도에서 근무하는 주재원들의 애로사항 중 가장 큰 것 중 하나가 본사에 근무하는 경영진들이 인도의 문화와 환경에 대해 이해하지 못해 한국의 시간개념, 문화에 근거해서 빠른 시간 내에 성과를 내고 상대방의 결정을 받아 올 것을 요구하는 것이다. 불가능한 것을 요구하는 것이고, 인도의 문화와 시간개념에 맞게 단기적인 성과보다는 장기적인 관점에서 성과를 기대하고, 주재원들과의 업무관계를 형성하는 것이 중요하다.

화가 계속될수록 저신뢰 사회가 신뢰사회로 바뀌겠지만 많은 시간이 소요될 것으로 예상된다[4].

처음에는 왜 이렇게 많은 서류가 필요하고, 본질에, 실질에 차이가 없는 단순한 형식적 차이에 불과한데 모든 것이 멈추어야 하는지 이해를 못했고 개인의 문제로 접근하여 짜증도 나고 인도에 대한 정도 떨어졌다. 그러나 좀 더 시간이 지나면서 인도 전체적으로 아직 서로 간에 불신이 강하고, 신뢰를 담보할 수 있는 제도가 정착되어 있지 않아 쓸데없는 서류가 필요하고, 조그만 형식적 오류에도 전체가 부정되는 일이 비일비재하다는 것을 알게 되었다. 실제 토지소유권 관련 서류 등을 포함 정부기관에서 발급되는 공문서도 그 신뢰성에 의심 가는 경우가 많고, 또한 위조 서류도 많다.

인도의 행정절차 등이 시간이 많이 걸리는 것이 개인의 문제보다 신뢰성이 낮은 제도에 있다는 것을 알게 되면, 대응방법도 달라진다. 개인과 게으른 문화에 그 원인을 두면 원망하고 분노하게 되지만 신뢰가 부족한 제도적 요인에 있다는 것을 알게 되면 왜 불신하는지 그 원인을 찾게 되고, 귀찮고 짜증나더라도 형식적 요인을 사전에 완벽하게 충족시키는 것이 최선이라는 것을 알게 된다. 예를 들어, 한국과 인도 간에는 CEPA 협정이 체결되어 있고 CEPA상 무관세나 낮은 세율의 특혜를 받으려면 우리 정부기관에서 발급한 원산지 증명서를 인도 세관에 제출해야 한다. 원산지 증명서 진본 여부를 심사하는 과정에서 인도 세관은

4) 프란시스 후쿠야마는 'Trust: The Social Virtues and the Creation of Prosperity'에서 한 나라의 국가경쟁력은 그 나라가 가진 '사회적 신뢰'의 수준에 따라 결정된다고 주장했다. 즉 개인이 자신의 부족, 카스트, 가족을 뛰어넘는 타인을 신뢰할 수 있는 사회적 시스템(법의 지배 등)과 문화가 갖추어져 있느냐가 그 나라의 운명을 좌우한다(약탈적인 인도의 기업문화, 도대체 왜 이러는 걸까? by 호비와 호지의 아빠, 2022.10.23). 필자가 2009~2012년간 핀란드에 근무할 때 핀란드 사회의 사회적 신뢰가 높다는 것을 실제 강하게 느꼈다. 불신에 기초해서 제도와 과정을 운영하는 것이 아니라 신뢰에 기초해서 사회를 운영함으로써 불필요한 서류, 과정 등 많은 비용이 줄어들었고 이는 국가경쟁력 강화의 핵심 근본으로 작용했다(제출서류를 우선 신뢰하고 나중에 랜덤하게 점검해서 거짓이 판명되면 엄격하게 처벌). 또한 사회적 신뢰는 문화만이 아니라 제도에 기초한다는 것을 알게 되었다. 특히 세무행정과 관련하여 이웃 포함 모든 시민들의 소득과 납세 내역이 개인정보로 비밀이 보장되는 것이 아니라 누구나 열람할 수 있는 공공정보로 분류되어 있고, 이에 기초하여 고 세금에 기초한 복지국가를 유지하고 있었으며, 국가가 무료 교육, 의료 등을 통해 충분한 역할을 하고 있다는 신뢰가 강했다.

우리 시스템에 접근하여 원본여부 확인이 가능한데도 세세한 형식적 요건 충족 여부를 심사하고 약간이라도 형식적 차이가 있으면 원본으로 인정하기를 거부한다. 이는 인도 세관이 쓸데없이 귀찮게 하는 것이라고 생각할 수 있지만 인도의 불신문화를 이해하면 충분히 이해가 된다. 인도내에 위조문서가 다수 유통되고 공공기관에서 발급한 서류도 신뢰하기 어려운 경우가 많으므로 한국 공공기관에서 발급된 문서에 대해서도 불신에 기초하여 같은 기준을 적용한다. 이 경우 해결책은 완벽하게 형식적 요건을 맞추도록 우리 발급기관 및 관련 행위자를 교육해서 인도 세관원들에게 빌미를 제공하지 않는 것이 최선이다. 그리고 제도적으로 우리 시스템과 인도 시스템을 연결하여 서로가 전자적으로 원본여부를 확인할 수 있도록 함으로써 원산지 증명서 원본 제출 자체를 불필요하게 하는 것이고 양국간 공동노력에 의해 곧 시스템 구축이 완료된다.

아울러, 인도 내에서 합작 사업 등 사업파트너를 찾는데 있어 국제화 되어 있고 신뢰 문화가 강한 인도 대기업을 선택하는 것도 방법이다. 인도 대기업의 경우에도 기본적으로 인도 문화가 저변에 깔려 있겠지만, 다양한 국제경험, 외국 전문가 고용 등을 통해 문화 및 절차 등에서 국제적인 스탠더드가 우세하고 신뢰성이 더 강하다.

또한 불신과 함께 불신에 기초한 복잡한 행정절차가 지연되는 주요요인이 되고 있는 것이 사실이다. 인도정부에서도 행정절차를 간소화하고 부패를 줄이기 위해 비자, 세무 등 관련 절차를 100% 디지털화하여 민원인과 담당 공무원간의 대면 접촉이 필요 없게 하고, 사건 배당도 무작위로 해서 민원인과 공무원간 유착관계를 없애는 노력을 하고 있고 상당부분 개선이 되고 있는 것도 사실이다. 다만 불신문화가 깊게 뿌리 내려 있는 상황 하에서 단순히 절차만 디지털화 한다고 모든 문제가 개선되지 않고, 장기간에 걸쳐 사회 전체적으로 불신 대신에 신뢰가 지배하는 사회로의 전환이 필요하다. 이는 인도만의 문제가 아니라 저개발국과 선진국간의 근본적인 차이이다. 핀란드와 같은 선진국은 조세 등 모든 제도가 신뢰에 기초해 운영되므로 그 과정에서 비용이 크게 절약되는 반면 저개발국이나 개도국의 경우 불신에 기초하여 모든 판단과 심사가 이루어지므로 절차가 지연되고 비용이 많이 든다. 신용이 가장 큰 사회적 자본이고 신뢰가 불필요한 사회적 비용을 감소시키고 경제발전의 기반이 된다는 것을 다시 한번 생각해 볼 필요가 있다.

다만, 인도에서 살면서 또 하나 놀라는 것은 정부기관에서 발표하는 각종 통계에 대한 신뢰가 상대적으로 높다는 것이다. 경제성장률, 인플레이션 등 정부에서 발표하는 통계 등에 대한 신뢰가 높은 것은 인도가 민주주의 국가로 체제 내에 검증하는 시스템이 갖추어져 있고 관련 기관들이 상대적으로 우수한 인력으로 구성되어 있기 때문이다. 인도 출신 인사들 상당수가 IMF, WTO 등 국제기구에 핵심인사로 활동하고 있고 세계적인 기업의 CFO도 상당수 인도인이다.

2. 가격에 목숨 걸고 협상력이 최고다

인도에 진출해서 물건을 팔려는 우리 중소기업인들을 만나보면 인도에서 사업하기 가장 어려운 이유가 인도인들이 가격에 지나치게 민감해서 인도인이 제시하는 가격으로 이익을 내기는 어렵다는 것이다. 제품의 품질이나 성능에 대해 인도 바이어가 만족하더라도 인도 측에서 제시하는 가격을 맞추기는 쉽지 않다는 것이다. 아울러, 인도인들은 다양성이 일상화된 속에서 교육받고 생활하는 과정에서 협상이 생활의 일부가 되어 뛰어난 언변과 능수능란한 협상기술을 가지고 있다. 즉 인도 바이어는 가격 내리기와 조건 양보받기로 유명하며, 협상 전 상대에 대한 철저한 파악과 인내심과 침착함은 필수 요건이다. 상대에 대한 정보가 부족하고 충분한 인내심과 시간 여유를 가진 협상을 하지 못하는 경우 독소조항이 많은 협상 조건에 합의하거나 협상 이행과정에서 많은 어려움에 직면할 가능성이 크다. 이는 인도 바이어에게 물건을 파는 경우 뿐만 아니라 인도 사업가들과 합작사업 진행 등 다양한 경우에 모두 적용된다[5].

5) 한국 사업가들 중에 인도 및 상대방에 대한 철저한 파악없이 인도인을 상대했다가 큰 피해를 입고, 인도에 대한 나쁜 인상을 가지게 된 경우가 많다. 인도인들과 사업하기 전 인도 및 사업 상대방, 시장 등에 대한 철저한 조사·연구는 무엇보다 중요하며, 단순히 시장이 크다는 것에 대한 환상으로 준비없이, 단기적 이익을 위해 접근하는 것은 피해야 한다.

인도에서 가격에 민감한 특별한 이유는 인도 소비자들에게서 찾을 수 있다. 아직 인도의 1인당 소득이 높지 않고 가격이 높으면 소비자들의 선택을 받기 어렵기 때문이다. 여전히 품질보다 가격에 더 우선순위를 두는 특성 때문이다. 또한 비용을 최소화하려는 인도 상인들의 특성도 영향을 미친다.

가격 민감 성향을 극복하는 가장 효과적인 방법은 인도에 직접 투자해서 생산하는 것이다. 인도에 직접 투자하면 한국에서 인도로 수입하는 과정에서 소요되는 운송비, 관세, FOB 가격 등에 기초하여 부과되는 GST 등으로 인해 수입 제품가격이 높아지는 것을 막을 수 있다. 수입 완제품의 경우 한국에서 보다 2~3배 가격으로 인도에서 팔아야 수익이 난다. 한국산 완제품이 가격에 대해 극히 민감한 인도시장에 진출하기 어려운 이유고, 사실상 유일한 방법은 인도에서 투자하여 생산하는 것이다.

또한 인도 소비자들의 가격에 대한 민감성은 인도 경제가 발전함에 따라 품질이나 브랜드 위주로 바뀔 가능성이 크다. 또한 현재 급증하고 있는 인도 중산층이나 상위층들은 소득이 낮은 계층과 달리 가격보다는 품질, 브랜드에 더 비중을 두고 소비하는 경향이 강하다.

3. 상인족보와 가족 경영을 알아야 한다

1) 라자스탄, 구자라트, 펀잡 출신 상인 계급(비지니스 패밀리)에 주목하라[6].

- 인도에서 성공하려면 인도 상인집단을 알고 상인집단과 좋은 네트워크를 구축해야 한다.

인도 카스트 제도 하에서 상인계급은 바이샤(Vaisha)에 속하고, 바이샤 계급에 속하는 상인중 라자스탄과 구자라트에 속하는 상인계급을 Baniya라고 부른다. 바니아(Baniya)가 유명한 이유는 현 인도 대기업에 속하는 기업들 소유자

6) 인도상인에게서 배우는 기업가 정신(권평오, 중소기업신문, 2022.1.13.), 3000년 카르마가 낳은 인도상인 이야기(김문영, 필디앤씨, 2021.3.29.)

대다수가 바니아 출신이기 때문이다. 이들은 주로 금융업(banking, 고리대금업, Moneylender) 또는 상업에 종사하다가 영국 식민지 시대 하 산업화 과정을 거치면서 제조 및 상업부분에서 부를 축척하였다.

1947년 독립 후 인도의 사회주의적 Licence Raji 체제하에서 정부가 국가경제를 엄격히 통제하고, 중공업을 비롯한 기간산업을 국유화하고, 수입대체 정책을 엄격히 시행하는 기간 중 민간 기업 활동이 크게 위축되었다가 1991년 자유화 이후 크게 성장했다. 이들 기업들은 1991년 인도 정부가 외환위기[7]를 극복하기 위해 공기업을 민영화하고(privatization,), 민간기업들의 활동을 자유화하며(liberalization, 기업설립 및 생산에 있어 정부의 규제와 간섭 폐지), 대외에 시장을 개방(globalization, 자본재 등 수입 자유화 및 관세 인하, 외국인 직접 투자 허용, 1995년 WTO 가입)한 구조적 개혁 흐름을 효과적으로 활용하여 다양한 분야에서 대기업 집단으로 성장했다. 또한 인도의 경우 새로운 업종 진출에 대한 제한이 사실상 없고, 상속세가 없으며, 대가족 및 공동체 중심의 기업 문화가 이들의 성장에 큰 기여를 했다(아래 가족중심 경영에서 상세하게 논할 예정임). 또한 이들은 전통산업 뿐만 아니라 금융, IT, 제약, 스타트업(유니콘) 분야에서도 핵심역할을 수행하고 있다.

〈The top 10 biggest conglomerate companies in India〉

Real Estate News & Happening
https://realestateandepc.wordpress.com/2021/11/17/the-top-10-biggest-conglomerate-companies-in-india/

7) 정부의 과도한 재정지출로 인한 부채 누적, 경상수지 적자에 따른 외환보유고 감소에 더해 1900년 걸프전에 따른 국제 원유값 상승과 세계 경제침체가 겹처 1991년 외환위기를 맞게 되었다.

바니아 출신 유명한 상인집단은 마르와리, 구자라티, 자인, 파르시고, 인도 전체 인구의 2%에 불가하나, 인도 대기업의 대부분을 동 상인집단 출신들이 지배하고 있다. 마르와리와 구자라티가 특정 지역을 중심으로 한 상인 공동체를 지칭하는 반면, 자인은 자인교도를 지칭하고 구자라트, 마하라스트라, 라자스탄, 카르나타카 등 지역에 흩어져 살고 있으며, 파르시는 조로아스트교를 믿는 페르시아계 이민자 공동체로 최초 구자라트에 정착했다가 뭄바이로 대거 이주했다.

인도의 가장 유명한 상인집단은 마르와리로 인도 북서부 라자스탄주 마르와리 사막 지역에 기반을 두고, 영국 식민지 시절 전에는 대상무역과 영주를 상대로 한 금융업(고리대금업)에 종사하였다. 영국 식민지배 시기에 대기근, 정치적 무질서를 피하고 영국이 제공하는 새로운 사업기회를 찾아 동부 콜카타, 서부 뭄바이 및 인도 남부로 이동한 후, 그동안 축척된 경쟁력과 일족 간 유대를 통해 인도 전역에 크게 사업을 확장했다. 대표적 기업은 철강기업 미탈(Mittal), 영국 제1의 부자집단 힌두자(Hinduja), 비를라(Birla), 바자지(Bajaj) 등이며, 아가르왈(Agarwal), 오스왈(Oswal), 반살(Bansal), 진달(Jindal) 등의 성을 가진다. 또한 전통산업은 물론 플립카트(Sachin Bansal & Binny Bansal), 스냅딜(Snapdeal, Rohit Bansal), 민트라(Myntra, Mukesh Bansal), Lenzkart(Peeyush Bansal), IndiaMART(Dinesh Agarwal), OLA(Bhavish Agarwal), OYO(Ritesh Agarwal), Zomato(Deepinder Goyal) 등 전자상거래 유니콘 기업들을 지배하고 있고, Bansal, Agarwal, Goyal 등의 성을 보면 쉽게 구분된다. 인도 억만장자의 42%가 마르와리 출신이고, 인도 startups의 50%가 적어도 한명의 마르와리 창업자를 가지고 있다[8].

---

8) 여러 연구에서 마르와리 상인의 성공비결로 제시하는 것은 아래와 같다. 1) 근면(열악한 환경, 12시간 이상 근로), 2) 수세대에 걸친 경험과 노하우, 무수한 어려움을 극복하면서 진화(한세대, 단기간이 아닌 사업이 자녀들에게 계승되면서 지속 성장), 2) 탁월한 새로운 비즈니스 기회 포착 능력 및 팽창에 대한 믿음(사업 이익을 다른 다양한 사업을 시작하기 위해 사용, 주 사업지를 다수의 도시로 확대) 및 과감한 위험 감수(risk-taking) 3) 돈의 가치를 어릴 때부터 자녀들에 교육(돈과 이익이 가장 중요, treat money like god), 4)부모가 자녀들에게 창업자(새로운 사업 시작)가 되기를 조언하고 지원 4) 훈련된 전문 경영인들에 권한 위임 5) 가족 및 공동체와의 강력한 유대(상부상조, help each other like soldiers in the war, all for one, one for all), 6) 새로운 환경, 언어, 문화에 빠른 적응력 7) profit making(비용 최소화)

인도 상인집단의 양대 축인 구자라티도 척박한 사막(타르)지역에서 대상 업무에 종사한 마르와리 상인과 같이 긴 해안선을 따라 중동·아프리카와 해상무역, 내륙 사막 대상무역에 종사했다. 인도 10개 기업집단(위 그림 참고) 중 아시아 최대 부자인 무케시 암바니의 릴라이언스 그룹, 자인교도로 항만, 공항, 전력 등 인프라 사업을 중심으로 빠르게 성장한 아다니 그룹이 대표적이다. 또한 1960년까지 구자라트와 마하라스트라는 Bombay State라는 하나의 주에 속했고[9], 많은 구자라티들이 뭄바이로 이주하여 뭄바이 경제의 핵심적 역할을 수행하고 있다[10]. 또한 미국, 영국, 캐나다 등으로 대규모로 이주하여 인도 이주민 핵심집단을 구성하고 있고 높은 소득, 특히 미국 내 호텔과 모텔사업의 30%를 구자라티가 지배하고 있다.

자인 상인들은 자인교를 믿는 공동체로 지역을 기반으로 한 다른 상인 공동체와는 달리 마하라스트라주 140만, 라자스탄 62만, 구자랏트 57만, 카르카타카 44만 등 다양한 지역에 거주한다. 자인 상인그룹중에 가장 유명한 기업은 구자라트 출신 아다니 그룹이고 마하라스트라와 라자스탄에 더 많은 자인교 신자들이 살지만 일반적으로 구자라트 출신 자인 상인들이 잘 알려져 있다. 또한 인도 제약회사중 가장 큰 Sun Pharmaceuticals 소유한 Dilip Shanghvi, 인도내 최대 언론재벌인 Times of India의 소유주인 Indu Jain, 인도내 최고 부동산 회사중 하나인 Lodha Group의 MP Lodha도 자인 공동체 출신이며, Rosy Blue Diamonds의 Rusell Mehta 등 인도 다이아몬드 사업의 상당부분을 자인교도들이 장악하고 있는 인도 최고 부자 리스트의 1/4를 차지하고 있다.

또한 8~10세기 이슬람화한 이란 땅의 박해를 피해 구자라트 해안가에 정착한 파르시(Parsi)[11]도 유명하다[12], 현재 약 6만명의 소수민족이나 인구수에 비해

9) 두 개의 주로 분리된 주된 이유는 다른 언어 사용이고 마하라스트라주가 분리되는 것이 지연된 이유는 뭄바이를 마하라스타주에 포함시키는 문제에 대한 갈등 때문임.

10) 뭄바이 인구의 42%는 마라티(Marathi), 19%는 구자라티가 차지하는 등 많은 구자라티들이 뭄바이 포함 마하라스트라주로 이주해서 산다. 마라티보다 구자라티중에 성공한 사업가가 많은 이유는 구자라티는 창업을, 마라티는 정부나 기업에 취업을 더 선호하는 경향과 관계가 있다고 한다.

11) 아랍 이슬람 세력의 페르시아 점령이후 박해를 피해 인도로 이주해 온 조로아스터교를 믿는다.

인도 경제에 훨씬 더 영향력이 있고 큰 기여를 하고 있다. 주로 구자라트 남부에 기반을 두고 있다가 인도 경제수도 뭄바이의 개발·성장기 주역으로 참여해 대부분이 뭄바이에 살면서 구자라티 언어를 사용한다. 인도 산업화를 선도한 1위 기업인 타타와 고드레지, 와디아가 파르시계 기업집단이다. 또한 세계 최대 백신 생산능력을 갖춘 SII(Serum Institute of India, 코로나 백신을 포함 연산 20억개 백신 생산)도 파르시계다. 또한 인도 핵개발을 선도한 Homi Baba, 세계적인 지휘자 Zubin Mehta로 파르시계며. 그룹 Queen의 전설적인 리드보컬 프레디 머큐리도 영국의 식민지였전 아프리카 잔지바르에서 태어난 파르시였다. 또한 인도 제일의 그룹중 하나인 타타의 경우 타타그룹 지분의 3분 2 이상을 타타 손즈 등 자선재단이 소유하고, 인도내 수많은 학교, 연구소, 병원, 공공시설을 지원하는 등 인도내에서 사회공헌활동(CSR)을 선도하고 있다. 다만, 파르시 공동체내에서만 결혼을 허용하고, 높은 교육, 소득 등으로 출산율이 낮아 그 수가 빠르게 감소하고 있다고 한다.

인도 남부 타밀나두주의 대표적인 상인집단은 체띠아(Nattukotai Chettiars)로 인도 남부 최대 기업 그룹중 하나인 Murugappa 그룹이 대표적이다. 체띠아 상인은 과거 해상무역을 통해 소금 및 향신료 교역으로 부를 축척하였고, 영국 식민지 시절 미얀마에서 양곡거래 및 금융업(고리대금)[13]으로 큰 부를 축척했으나 2차 세계대전 후 미얀마로부터 추방되었다. 미얀마에서 획득한 부와 미얀마산 티크로 타밀나두 체따아드 마을에 화려한 체띠나드 궁전, 템플, 하우스 등을 건설했으며, 현재 과거 화려한 모습이 상당부분 남아있으며 경제적 성공뿐만 아니라 체띠아 음식으로도 유명하다.

인도 대표적인 상인집단과 관련 왜 유독 인도 대기업진단에 라자스탄 출신과

12) 8세기경 최초 인도 구자라트 지역으로 이주시 정착을 요청한 것에 대해 그 지역을 지배하고 있던 힌두왕이 가득찬 우유잔을 보내 허용하려 하지 않으려 하자, 가득찬 우유잔에 설탕을 넣어 넘치지 않으면서도 달콤하게 하겠다고 하여 힌두왕이 이주를 허용했다는 이야기가 있다. 현지 언어, 문화를 수용하면서, 자신들의 강점을 통해 현지사회 발전에 기여하겠다는 의지 표현이었으며, 그 후 현지 문화를 존중하면서 새로운 환경에서 큰 성공을 이루었다.

13) 현지 농민들에게 높은 금리를 받고 토지를 담보로 돈을 빌려 주어 큰 부를 축척했고, 이로 인해 악명이 높았으며, 2차 대전후 미얀마에서 추방된 후 아직까지 과거 조상들의 토지를 돌려받으려는 법적 움직임이 있다.

구자라트 출신 상인집단(인도 북서부 출신)과 자인 및 파르시가 많은가에 대한 의문이 남는다. 첫째, 구자라트와 라자스탄이 사막을 통한 대상무역 및 중동, 아프리카와의 해상무역의 중심지로 오랜 풍부한 상행위 전통을 가지고 있었고 영국 식민지 시대에 새로이 번성하는 뭄바이, 캘커타로 이주하여 공동체내에서 신뢰, 상부상조하며 빠르게 부를 축척했으며, 1991년 인도정부의 개혁·개방 정책을 효과적으로 활용하여 부를 축척했다. 둘째, 직업이 세습되는 동일한 카스트에 속하면서 폐쇄성과 함께 공동체내에서의 강한 상부상조 정신이 있었다. 부모들이 자식들에게 위험을 감수하고 창업을 할 것을 권하고 가족 및 공동체내에서 창업을 할 때 서로가 서로를 적극적으로 지원해 주는 강하고 뿌리 깊은 전통이 있었다. 정부나 대기업에 취업하라고 권하는 것이 아니라 기업을 새로 창업할 것을 권한다. 부모와는 다른 새로운 분야에서 창업하고 새로운 도시, 나라에서 창업하기를 강하게 권유한다. 자녀가 근면하고, 좋은 교육을 받도록 하는 것은 우리나라 부모와 같지만 좋은 직장에 취업하는 대신에 위험을 무릅쓰고 새로운 분야, 새로운 지역[14]에서 창업을 하도록, 진정한 기업가 정신을 어릴 때부터 키워주는 것은 우리와 너무 다르다. 셋째, 돈을 신으로 여기고, 상업적인 기회를 포착하고 도전하는 정신이 탁월했으며, 어음, 복식부기 등 교역을 활성화하고 회계를 효과적으로 관리할 수 있는 제도를 만들어 보급했다. 넷째 무엇보다 사막 등 척박한 곳에 살면서 많은 외적의 침입을 받는 과정에서 뛰어난 위기극복 능력, 생존능력을 터득했다. 갠지즈 강변 등 비옥한 지역이 아닌 사막 등 척박한 지역에 교역하기 좋은 지정학적 위치에 있으면서 상업, 교역을 통해 생계를 유지했다.

14) 한국의 경우에도 스타트업을 육성하기 위한 다양한 정책을 사용하지만 인도와 같은 창업을 통한 새로운 기업을 창출하려는 문화가 약하다. 중국이나 인도에서 다수의 스타트업이 생겨나 무수한 유니콘들이 만들어지는 것이 부럽다. 우리의 젊은이나 직장인들은 인도 상인들과는 달리 새로운 혁신기업, 유니콘 기업을 만들어 억만장자가 되겠다는 꿈을 꾸고 실행하기 보다는 안정적인 공무원이 되거나 대기업에 입사하는 것이 꿈이다. 부모도 창업보다는 좋은 곳에 취업할 것을 권한다.

2) 가족소유 및 경영 기업

인도 대기업들의 소유 및 경영 구조를 보면 가족기업이 대부분이다[15], 이는 인도문화 내 가족이 차지하는 중요성을 보면 알 수 있다. 우리 가족기업과 가장 큰 차이는 가족의 범위가 훨씬 확대된다는 것이다. 같은 형제뿐만 아니라 삼촌 등으로 그 범위가 확대되고, 그 가족이 소속된 공동체인 상인집단(Baniya)과 상부상조하면서 함께 발전한다. 이는 인도 역사상 많은 침략을 받는 과정에서 가장 신뢰할 수 있는 집단이 가족과 가족이 소속된 공동체라는 것에 기초하는 측면이 크다. 아울러, 인도법상 상속세가 없어 세대 간 기업승계가 상대적으로 쉬운 것에도 기인한다. 아울러, 기업 자금조달과정에서도 은행 등 제도화된 기관보다는 신뢰할 수 있는 개인 간 자금조달에 의존한다. 같은 상인집단에 속하면 새로운 사업을 시작하거나 사업확장 시 쉽게 자금을 빌릴 수 있다. 반면 빌린 돈을 갚지 않을 경우 상인 공동체에서 추방된다.

인도정부는 특정 가족(promotors)이 소유할 수 있는 주식 소유 한도를 75%를 정해 놓고 있으며, 아다니 등 상당수의 기업이 75%에 가까운 주식을 가족이 소유하고 있으면서 가족집단이 기업 경영권을 확실하게 장악하고 있다. 또한 나머지 25%도 일반인이나 인도 내 금융기관이 아닌 모리셔스 등 조세부담이 낮고, 각종 규제로부터 자유로운 지역으로부터 투자되고 있다[16]. 따라서 인도 증권시장에 상장되어 있는 기업의 경우에도 실제로 시장에서 유통되는 주식의 규모는 소규모에 제한되는 특성을 가진다. 아직까지 인도에서 제도적 투자자나 개미투자자와 같은 개인투자자들의 역할은 두드러지지 않고, 향후 자본시장의 발달과 함께 제도적 투자자나 개미 투자자의 역할도 함께 강화될 것으로 생각한다.

가족 소유 및 경영이라고 해서 전문경영자의 도움을 받지 않는다는 것을 의미하는 것은 아니다. 가족 소유 기업이 성공하기 위해서는 가족에 더해서 전문성

15) 인도에서 폐쇄적이고, 동족 결혼에 기초한 상인집단이 인도 대기업의 대부분을 차지하고, 가족경영이 주를 이루고 있는 것은 나름의 장점도 있지만, 인도 사회가 가족, 씨족, 카스트 내 신뢰와 밖에서의 저신뢰가 공존하는 것을 의미한다.

16) 인도 부자들과 관료들이 인도 내에 부를 보관하기 보다는 싱가포르, 모리셔스, 두바이 등으로 이전한 후, 다시 인도로 투자하는 경우가 많다.

을 가진 전문 경영인들을 어떻게 활용하느냐가 중요하고, 실제 인도 대기업들이 전문 경영인들을 효과적으로 활용하고 있으며, 향후 제도적 투자자 참여 활성화 등으로 인도 자본시장의 더 발전하고 기업 지배구조가 더 현대화되면 전문 경영인들의 역할은 더 활발해질 것이다. 가족주의와 마르와리, 구자라티와 같은 폐쇄성이 강한 공동체내 상부상조를 통해 기업을 확장해 나가는 인도의 가족 소유 및 경영이 향후 인도의 경제발전과 함께 어떻게 진화 발전되어 가는지를 살펴보는 것은 또한 흥미로운 일이다.

또한 인도의 경우 한국과 같은 업종 및 소유에 대한 재벌 규제가 없어 대기업들이 거의 모든 업종에 진출하여 서로 간에 경쟁하는 경향이 강하다. 사업다변화가 인도 기업문화의 두드러진 특징 중 하나고, 인도의 재벌기업들은 수평적 문어발식 확장을 통해 금융 분야를 포함한 사실상 모든 산업분야에 진출하여 서로 치열하게 경쟁하고 있다. 아래 표에서 보듯이 인도 최고 기업인 릴라이언스 및 타타 그룹은 사실상 거의 모든 산업부분에 진출해 있으며 이것이 인도 대기업들이 빠르게 사업을 확장하고 성장하는 비결 중 하나다.

Reliance Industries Limited(RIL)

Asset Yogi Facebook
https://www.facebook.com/assetyogi/photos/a.1869622343291456/2866511746935839/?type=3

List of Top Conglomerates in India | Tata

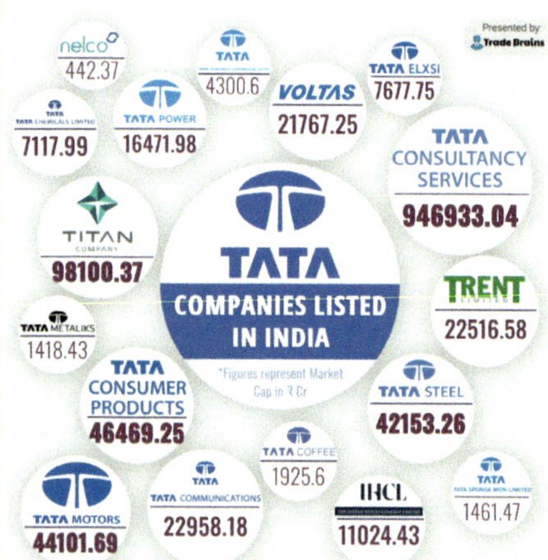

Trade Brains
https://tradebrains.in/top-conglomerates-india/

아울러, 인도 대기업이 커가는 과정을 보면 세계적인 기업의 M&A를 통해 규모를 키우고 흡수·합병한 기업을 성공적으로 운영하는 경우가 많다. 대표적인 기업이 대표적인 철강기업인 Mittal이다. 인도 대기업들이 세계 전역의 외국기업들을 흡수합병한 후 성공적으로 운영하는 것은 인도 기업인들이 다양한 종교, 문화, 언어 하에서 생활하고 교육을 받으면서 다양성을 다루는 능력이 탁월한 것에도 기인하는 측면이 있다.

4. 엘리트 교육으로 세계 최고 기업의 CEO가 된다

인도에서 교육은 한국만큼, 아니 한국 보다 더 중요하다. 이미 교육을 통해 성공한 다수의 사례가 존재하고 이를 통해 열심히 공부해서 IIT, NIT 등 명문 공대나 의대 등에 합격하면 인생 자체가 바뀐다는 것을 안다. IIT, NIT, IIM 등 명문 대학 졸업생들의 다수의 성공 스토리가 잘 알려져 있고 IIT 등 명문대 입학이 부와 성공을 보장한다고 생각한다(구체적인 성공사례는 위 디에스포라관련 설명 참고). 이는 인도 내의 성공에만 국한된 것이 아니고, 크고 강력한 디에스포라 집단과 연계하여 미국 등에의 유학, 취업, 이민 등을 통해 최고가 될 수 있다고 생각한다. 한국과 같이 부모가 자식 교육을 위해 모든 것을 희생하는 것도 일반화되어 있고 오프라인 및 온라인 사설학원도 크게 흥행하고 있다. 차이가 있다면 인도에서도 의대의 인기가 최상위 학과중 하나지만 의대보다 IIT 등 공대가 더 인기가 있다는 것이다.

또한 아래에서 설명할 할당제도는 카스트상 하위계급이나 경제적 약자에게 상위계급이나 부자가 아니더라도 좋은 학교에 입학하여 성공할 수 있다는 희망을 주는데 큰 역할을 수행하고 있다. 2023년 기준으로 IIT 최종 입학시험인 JEE Advanced Reservation Criteria에 의하면, 경제적 약자 및 하위 카스트에 배분된 쿼터는 GEN-EWS(경제적 약자) 10%, OBC-NCL(other backward classes-non creamy layer) 27%[17], SC 15%, ST 7.5%, Person with Disability 5%이고 나머지가 OPEN 경쟁이다. 각각의 카테고리별 쿼터 내에서 경쟁이 이루어지기 때문에 IIT 입학 시험인 JEE Mains 및 JEE Advanced 시험에서 카스트별 합격 점수에도 차이가 크다.

전국 23개 대학으로 구성된 IIT가 가장 우수한 공대로 1년에 총 1만 6~7천명 정도를 선발하고, 31개 대학으로 구성된 NIT(National Institute of Technology)가 다음으로 경쟁이 치열한 공대로 1년에 총 3만 7~8천명을 선발한다. 졸업생이 취업시 받는 초봉 평균이 IIT의 경우 20~30 lakhs(3천~4천 5백만원)인 반면[18], NIT 졸업생의 경우 10~15 Lakhs(1천 5백~2천 2백만원)으로 다소 차이가 나지만 인도의 1인당 평균소득이 2,000불 정도(3~4백만원)에 불과한 점 등을 고려시 엄청난 고연봉이다. 또한 IIT의 경우 JEE Mains을 통과한 후 다시 JEE Advanced 시험[19]을 봐야 하는 반면 NIT의 경우 JEE Mains 시험 성적만으로 충분하다.

첸나이가 소재하고 있는 타밀나두주의 경우 중앙정부에서 운영하는 IIT, NIT 외에도 주 정부에서 운영하는 우수성이 널리 알려진 공과대학인 Anna University가 있고, Anna 대학에 대부분 타밀나두주 소재 엔지니어링 칼리지가 소속(affiliating)되어 운영되고 있다. Anna University 자체가 4개의 칼리지로 구성되어 있고, Affiliated Collages로 6개 정부 운영 칼리지, 3개 정부지원-민간운영 칼리지, 426개 사립 칼리지가 소속되어 있다. 타밀나두주가 자동차, 전자, IT 산업 등의 중심이 된 것도 Anna 대학을 중심으로 한 대규모 우수한 엔지니어 교육에 기반하고 있다고 할 수 있다.

공대 다음으로 인기가 있는 학과는 의대며 의대에 지원하기 위해서는 NEET (National Eligibility cum Entrance Test, UG) 시험을 통과해야 하고, All India Rank에 따라 순서대로 우수한 의대에 지원한다. 시험과목은 Physics, Chemistry, Botany 및 Zoology 4과목이며, 전국 대학 의대 연간 신규 입학생 총수(2022)는

17) General-EWS는 카스트에 관계없이 1년 소득이 8 lakhs 미만(1천 2백만원), OBC-NCL은 OBC에 속하는 카스트중 1년 소득이 6 lakhs(9천만원) 미만인 경우 해당된다.

18) 졸업생들의 평균 임금을 의미하고, 미국 IT 기업 등에 취업하는 경우 억대 연봉을 받는 경우가 흔하며, 인도 1인당 GDP가 2,000불 정도인 점을 감안시 엄청나게 높은 임금이다.

19) 시험과목은 Physics, Chemistry 및 Mathmatics 세과목이다.

177,126명이고, 그중 의대 106,333, 치대 27,868, AYUSH 50,720 등이다.

공대, 의대, 법대 등 우수한 대학에 입학하기 위한 온라인 및 오프라인 사교육 시장도 발달되어 있으며 사교육에 도움을 받지 않고 입학허가를 받기는 사실상 불가능하다. IIT 입학 시험을 위한 사교육 기관(IIT Coaching)이 가장 번창하는 곳이 라자스탄주 Kota시며, 40여개 이상의 대형 사설 학원들이 소재하며 IIT 합격률도 전국에서 가장 높다. 15만명 이상의 학생들이 JEE 또는 NEET 시험을 준비하기 위해 사설 학원에서 평균 2~3년간 공부하고, 관련 연간 수입이 150억 루피(2,300억) 정도에 이른다.

또한 K-12(유치원부터 12학년) 사교육과 관련 가장 성공한 온라인 업체는 스타강사였던 바이주 라빈드란이 창업한 온라인 강의 서비스인 바이주스(Byju's)로 K-12 온라인 시장의 90% 점유율을 기록하고 있으며, 1억 5천만명의 회원을 보유하고 있다. 페이스북 설립자인 마크 저크버그의 자선재단인 CZI가 2016년 5,000만달러를 투자했고, 2018년 유니콘, 2020년 데카콘이 되었으며, 20억불 이상의 가치로 평가되고 있다. 세계적인 자산회사인 BlackRock을 비롯 Tencent, Sequoia Capital 등 글로벌 유명 기관투자자로부터 총 27억달러를 투자받았다.

그러나 이러한 교육의 혜택이 다수에게 공유되고 있다고 생각해서는 안된다. 교육의 혜택이 소수 엘리트에게만 집중되고, 대다수의 학생들의 경우에는 낮은 수준의 교육을 받고 있는 것이 사실이며, 전반적인 교육의 질을 높이는 것이 인도정부의 핵심 목표중 하나다. 공립 및 저 예산 사립 초등, 중등, 고등학교의 수준이 매우 낮고, IIT, NIT 등 소수의 학교를 제외하고는 대학 교육 수준도 크게 떨어진다. 즉 대다수의 학생의 경우 교육을 통해 성공하는 것은 불가능하다. 즉 소수 엘리트를 제외하고는 교육의 질이 크게 떨어지고 교육 불평등이 심하다. 이러한 이유로 산업 현장에서 원하는 수준의 교육이나 훈련을 제공하지 못하고 갭이 크다.

인도 주별 교육수준, 노동력 수준 등에서 차이가 큰 바, 우리 기업들이 인도내 투자처를 선택하는데 있어서 그 주의 교육 수준 등에 대한 사전 조사가 필요하다. 상대적으로 산업화에 앞서 있는 타밀나두, 카르나타카, 케랄라주 등의 교육 수준이 농업 위주인 비하르 등 북부주에 비해 훨씬 높다. 교육에서 상대적으로 모범적인 타밀나두주의 경우 저소득층 학생을 위해 먼저 무상 점심을 제공했고, 지금은 무상으로 아침도 제공하고 있다. 이는 영양부족 등으로 학습에 집중하지 못한 학생들에게 큰 도움이 되어 타밀나두주 산업발전 등에 큰 기여를 하고 있다.

인도가 Demographic Dividende를 수확하기 위해서는 대다수의 젊은 층에게 양질의 교육을 제공해야 하고, 노동집약적인 제조업 육성 등을 통해 낮거나 보통 수준의 교육을 받은 젊은 층에게도 양질의 일자리를 충분히 공급해야 한다. 만약 교육이나 양질의 일자리 제공에 실패할 경우 인구는 경제발전의 추동력이 되는 것이 아니라 큰 사회적 문제를 야기, 정치적 불안정의 요인이 될 수 있다. 우리 교육관련 기업들도 빠르게 성장하고 있는 인도 사교육 시장에 진출할 필요가 있고, 현재 이투스, 대교, 구몬 등 우리기업들이 인도시장 진출을 위해 도전하고 있다.

5. 카스트는 할당과 정치적 표밭이다

인도에 카스트가 여전히 강력하게 존재하고 인도의 발전을 가로막고 있다고 한다. 부분적으로 사실이고, 특히 농촌지역으로 가면 카스트 제도가 더 강하고, 결혼 시 동일한 카스트 간에 결혼하는 것도 사실이다. 연방정부 및 여러 주정부에서 카스트간 결혼(Inter-caste marriage)을 장려하고 금전적인 인센티브 등을 제공하지만 여전히 그 비율이 5~6%에 머물고 있고 크게 늘어나지 않고 있다. 가족(부모 허락), 공동체 및 사회가 다른 카스트를 받아들일 준비가 되어 있지 않고 카스트별 생활방식과 문화가 다른 상황 하에서 배우자도 자신의 방식을 고집하고 상대방의 방식에 따르려 하지 않는 경향이 강하다. 카스트내 결혼이 대부분을 차지하는 이유를 이해하려면 카스트 간 생활방식, 문화에 있어서의 차이가 크고 깊게 뿌리내려 있어 카스트간 결혼시 다양한 크고 작은 문화적, 현실적 도전이 직면하는 것이 여전히 현실이라는 것을 이해해야 한다. 인도보다 다양성이 적고 계급제도가 완전히 무너진 한국적인 시각에서 인도를 이해하려면 이해하기 어려운 측면이 있으며, 좀 과장하면 국제결혼에 비유할 수 있다고 하겠다.

하지만 인도의 카스트를 계급 간 차별로만 보는 것은 일부만을 보는 것인 바, 인도의 카스트를 제대로 이해하려면 아래와 같이 할당제와 민주주의 하에서 카스트의 정치적 중요성 두 가지를 동시에 고려해야 한다. 아울러, 주별로도 카스트에 접근하는 방법이 다른 바 이에 대해서도 살펴보는 것이 유용하다.

첫 번째는 할당제다. 인도의 공공기관, 대학의 경우 50%(EWS, Economically Weaker Section 포함 65%)가 할당제에 의해 OBCs, SC, ST로 배분된다. 배분하는 방법은 각 주정부에서 결정하도록 하고 있고 50%가 넘는 할당제를 실시하고 있는 주가 많다. 타밀나두주의 경우 69%를 할당하고 있고 2023년 현재 그 내역은 아래와 같다. 총 69%중 ST(Scheduled Tribes) 1%, SC(Scheduled Castes) 18%, BC(Backward Class) 30%, MBC(Most Backward Class) 20%, EWS(Economically Weaker Sections) 10%로 배분된다. 배분되는 기준은 해당 카테고리에 해당되는 총 인구수가 기본이 되고 정치적인 요소도 고려된다. 참고로 각 카테고리별 카스트/서브카스트 수 및 인구비율은 아래와 같다. ST 36개 카스트/서브카스트 1.10%, SC 76개 20.1%, BC 143개, MBC 41개다. 자신이 속한 카스트/서브카스트에 따라 주정부에 등록을 하고 확인서를 받아, 확인서에 기초하여 공직 및 고등교육기관에 지원한다. 카스트가 차별적인 요소로 작용을 하지만 대학입시, 공무원 임용 등에서 할당제의 혜택을 받기 위해 낮은 카스트 그룹 인증을 받으려 하는 경우도 많고, Merits 시스템 하에서 역차별이라는 비판적인 주장도 제기된다. 즉 OBCs, SC, ST 또는 EWG에 해당되지 않을 경우 상대적으로 우수하더라도 사실상 공직이나 공립대학에 입학하는 것은 어렵다.

다른 하나는 카스트가 정치적으로 중요하며 이는 할당제와 긴밀하게 연계되어 있다. 카스트는 연방 및 주정부 선거에서 승자를 결정하는 핵심적인 요소로 작용하다. 브라만, 크샤트리아 등 상위 카스트보다 하위 카스트에 속하는 인구의 수가 월등히 많아 선거에서 승리하기 위해서는 OBCs, SC, ST 등의 지지를 받는 것이 무엇보다 중요하다. 즉 과거 무굴, 영국지배 시대에는 소수가 강제 등 다양한 방법으로 다수를 지배하는 것이 가능하지만 1인 1표에 기초한 민주주의에서는 불가능하다. 할당제 등을 활용하여 규모가 큰 카스트 그룹의 지지를 확보하고 카스트 간 효과적인 연합을 형성하는 것이 선거에서 승리하기 위해서 절대적으로 중요하다. 특히 교육수준이나 산업화 수준이 상대적으로 낮은 주나 농촌지역의 경우 카스트의 영향력이 더 크다. 또한 하위 카스트 내에서도 정권을 잡아 상대적 이익을 본 집단과 소외된 집단 간 갈등이 강하게 존재하고, BJP의 경우 기존 정권에서 소외된 카스트 집단의 결집을 통해 세력을 확대하는 전략을 사용하고 있다.

카스트가 정치에 얼마나 영향을 미치고 시대가 변화함에 따라 그 영향력이 달라지는가에 대해서는 인도의 최대주인 UP주 정치를 보면 잘 알 수 있다. Dalits(Untouchable, 불가촉천민)와 다른 하위 카스트 연합을 통해 정권을 잡은 대표적인 예가 UP주의 BSP(Mayawati)다. Mayawati는 최초의 Dalits 출신 주 총리(여성)로 4번에 걸쳐 주 총리를 역임했으며, 특히 2007년 선거에서 상위계급인 브라만과 연합하여 크게 승리해 5년간 임기를 마쳤다. 2012년 선거에서 부패, 무능 등으로 SP에 크게 패배하여 그 이후 영향력이 크게 약화되었다. SP는 UP주에서 다른 하위 계급(OBCs)중 최대 커뮤니티인 Yadav의 지지를 받아 2012년 선거에서 BSP를 상대로 크게 승리한 정당이 되었다. 그러나 2014년 전국 총선, 2017년 주 총선, 2019년 전국 총선 모두에서 BJP가 대승을 거두었고, SP는 제1야당으로 전락하고, BSP는 사실상 몰락했다. BJP가 UP 선거에서 압승한 이유중 하나도 BJP가 카스트간 갈등과 분열을 잘 활용한 것이다. 최대 유권자를 차지(전체 인구의 40~45%)하는 OBCs내 분열(Yadav vs. others), BSP(dalits)와 SP(OBCs)간 갈등 및 이 과정에서 무슬림 표의 분산 등을 효과적으로 활용하여 대승할 수 있었다. 물론 카스트간 분열을 활용하고 새로운 카스트간 연합을 형성한 것에 더해 모디 총리의 하층계급 출신의 강력하고 수도사적 지도자로서의 이미지, 파키스탄을 상대로 한 강한 민족주의, 반-이슬람주의 및 신복지제도도 하층 카스트의 지지를 이끌어 내는 데 큰 역할을 수행했다. 2024년 선거에서 SP[20]와 BSP가 연합을 형성하여 BJP를 패배시키려 하나, SP와 BSP간 갈등 지속,

20) SP는 장기간 실시되지 못해 현실을 반영하고 있지 못하고 있는 인구 센서스 실시를 통해 OBCs 규모를 정확히 파악하여 보호해야 한다고 하는 등 OBCs를 단결시키려 노력하는 반면, BJP는 Yadav와 다른 하위 공동체가 단결하는 것을 막으려 한다.

BJP의 Yadav와 다른 하위 카스트 공동체간 분열 전략 등으로 쉽지는 않을 것으로 예상된다.

한편 산업화가 진전되고 쿼터제 실시 역사가 장기화됨에 따라 카스트에 기초한 쿼터제 및 카스트가 정치에 미치는 영향에도 변화가 일어나고 있다. OBCs (Other Backward classes, 기타 하위 계급), SC, ST 내에서도 상대적으로 교육을 잘 받고 정치적으로도 지배적인 위치를 가진 공동체와 다른 공동체간 경제적 격차가 심해져 내부 분열과 갈등이 발생해 이를 해결하기 위해 소득이 일정수준 이상이 되면 쿼터 혜택을 받지 못하게 하는 제도를 도입했다. 아울러 15%의 EWS(Economically Weaker Section)를 도입하여 카스트가 아닌 경제적 약자에게 추가적으로 쿼터를 배분하고 있다. 이는 카스트에 기초한 쿼터가 경제수준 등 계층에 기초한 쿼터로 일부 바뀌어 가는 것을 보여준다. 아울러, 2023년 카르나타카주 총선에서 보듯이 카스트보다 경제적 수준, Freebee 등 복지 정책이 선거에 미치는 영향이 더 강해지는 경향이 나타나며, 이는 지역적 이슈보다 국가적 이슈가 더 강한 전국 총선 및 산업화가 더 진전된 주총선 등에서 더 두드러진다.

아울러, 타밀나두주 등 남부주에서는 인도 독립 후 드라비디언 민주주의가 강력히 대두되어 산스크리트어를 쓰는 브라만 등 상류계급[21]이 공직 등에서 배제되었다. 드라비디안인들이 정치권력을 획득한 후 브라만뿐만 아니라 드라비디언인들도 힌두 사원의 사제가 될 수 있도록 하고 모든 힌두사원을 모든 카스트에 개방하였다. 드라비디언 민족주의가 대두되기 전 높은 교육수준과 전문성 등을 바탕으로 사실상 모든 공직을 독점했던 브라만 등 상류계급들은 69% 해당되는 쿼터제 도입 등으로 타밀나두주 주정부 및 공공기관 등에서 사실상 완전히 배제되었으며 현재 타밀나두 주의원 중 브라만 출신은 한명도 없다. 100% 선거를 통해 주의원이 선출되고 브라만 등 상위층의 유권자 수가 극소수라서 선거에

21) 타밀나두주 등 남부주에서는 박티운동 등을 통해 북부 주에 비해 카스트제도가 심하지 않고, 사회적 이동이 상대적으로 활발했으나, 영국 식민지 시대에 영어를 사용할 줄 알고 상대적으로 지식인인 브라만을 중용하여 카스트간 경계가 더 명확히 되었다. 브라만 사제계급들의 상당수가 북부주애서 이주 해 온 경우가 많고 드라비언계 언어인 타밀어 대신 산스크리트어를 사용하는 경우가 많았다.

서 승리하는 것은 불가능하다. 또한 전체 공직, 학생 선발의 69%를 할당으로 선출하는 제도 하에서 상위계층이 공직 등에 진출하는 것은 사실상 어려웠으며, 이러한 배경 하에서 타밀나두주 브라만 계급 구성원들은 인도 연방정부 등 인도 전역과 미국 등 전 세계로 이동했고, 높은 교육열 등을 바탕으로 인도 연방정부 및 미국 등에서 크게 성공하여 중요한 역할을 수행하고 있다. 또한 일부는 공직이 아닌 민간기업에서 사업적으로 큰 성공을 거두었다. 또한 다라비디언 민족주의을 바탕으로 정권을 잡은 DMK 및 AIA-DMK도 상대적으로 우수한 거버넌스 시스템을 구축하고 적극적으로 산업을 육성하여 인도내에서 가장 산업화되고 교육, 여성 사회진출 등에서도 모범을 보이고 있다.

카스트와 관련 타밀나두 등 인도 남부주가 북부주와 크게 다른 점은 타밀나두주 등 남부주에서 개인별 카스트를 알 수 있는 성(surname)을 법적으로 사용하지 못하게 했다는 것이다. 특정인이 속한 카스트의 성을 surname으로 사용하지 못하도록 하고 있고 대신 자신의 아버지 이름(first name)을 자신의 성(surname)으로 사용한다. 즉 자신의 이름(first name), 아버지의 이름(first name)이 자신의 전체 이름(full name)이 된다. 이름 말고도 다른 것을 통해 특정인의 카스트를 특정할 수 있고 여전히 카스트 제도가 실제 생활에서 살아 있지만 카스트를 유추할 수 있는 사용하지 못하게 한 것은 카스트 제도의 폐해를 없애기 위한 중요한 노력중 하나다.

6. 다양성과 분권을 다루는 기술이 탁월하다

- 베타 버전을 먼저 내고 반응을 보면서 수정하라.

인도는 종교, 문화, 인종, 언어적으로 다양하고, 어렸을 때부터 다양성을 다루는 기술을 자연스럽게 터득하게 된다. 어렸을 때부터 다양한 종교, 문화, 언어 등에 접하고 그 과정에서 함께 생존하고 논쟁하고 이끌어 가는 기술, 경험, 노하우를 터득한 경우와 단일 언어, 문화 하에서 교육받고 생활한 것은 실제 다민족,

다언어, 다문화로 구성된 나라 및 기업에서 생활하고 일하는 과정에서 갈등을 해결하고, 결과물을 내는 역량에 있어 차이를 가져온다. 이러한 다양성을 다루는 탁월한 기술은 인도인들이 미국 등으로 이주하여 적응하고, 다국적 기업에 취업하여 빠르게 승진, 성공하는데 큰 기여를 하고 있다. 또한 미탈 등 인도 대기업이 해외 다국적 기업을 합병한 후 성공적으로 사업을 정상화시키고 세계적인 기업으로 성장시키는데도 큰 도움이 된다.

다양성 속에서 살면서 다양성을 다루는 탁월한 기술을 획득하려면 단순히 다양성을 인정(acceptance)하고 허용(tolerance)하는 것만으로는 부족하다. 진정한 다양성을 다루는 기술은 다양성 속에서 생존을 건 치열한 논쟁을 통해 상대방을 설득하고 하나의 팀으로 같은 목표를 추구하게 하는 능력 속에 있다. 우리가 인도인들을 만날 때 큰 인상을 받은 것 중에 하나가 인도인들은 말을 많이 하고 논쟁을 즐긴다는 것이다. 국제회의 등에서 인도 대표가 길게 의견을 말하고, 회의를 주도하려 하는 경우 인도인들이 너무 말이 많고 장황하다고 비판하는 경우가 많다. 물론 어릴 때부터 영어를 자유자재로 사용할 수 있기 때문이기도 하지만, 어릴 때 부터 무수한 다양한 의견과 주장 등에 직면하면서 논쟁을 통해 상대방을 설득하는 방법을 자연스럽게 습득했기 때문이다. 이는 인도내 높은 평가를 받는 유치원, 초등학교 교육을 보면 분명해 지는데, 우리가 알고 있는 것과 달리 암기를 통해 시험을 잘 치는 교육이 아니라 특정 주제에 대해 논쟁할 포인트를 준비해서 발표하고, 논쟁하는 것이 교육의 핵심이라고 한다. 즉 어릴 때부터 철저하게 다양한 의견 속에서 논리적으로 자신의 주장을 하고 이를 뒷받침할 수 있는 논리를 개발하는데 많은 시간을 투자하는 과정에서 우수한 의사소통 기술을 습득한다. 아울러, 학교, 지역사회 등에서 다양한 종교, 계층, 언어 등이 공존하면서 자연스럽게 서로 눈치를 보면서 상대의 종교, 계급, 생각 등을 읽고 어떻게 상대를 다루어야 하는지에 대해 체득하게 된다. 논쟁과 발표보다 암기 위주인 우리 교육과 다양성이 크지 않은 환경 속에서 교육받고 생활하는 우리와 큰 차이가 있다.

인도인들이 왜 다양성을 존중하고, 다양성 하에서 논쟁을 즐기고 논쟁에 강한지는 인도 역사를 통해서도 이해가 된다. 서양의 민주주의나 다원주의가 인도에

도입되기 전에 마우리아 왕조의 아소카 대왕이나 무굴왕조의 악바르 황제는 다양한 종교, 사상, 문화, 언어가 공존하면서 서로 경쟁하고 조화롭게 살아갈 수 있는 제도적인 틀을 만들고 실행에 옮겼다. 도덕적인 절대주의에 기초한 이상주의보다 때론 종교적 다원주의, 세속주의, 회의주의에 기초한 다양한 종교, 이념, 이론 간의 자유롭고 치열한 논쟁 속에서 실용주의 관점에서 자신의 이익을 추구하는 것이 국가의 발전과 번영으로 이어지는 경우가 많다. 도덕적, 가치적 절대주의가 나찌즘, 공산주의, 종교적 독재를 가져오는 반면, 다양한 의견과 문화가 시장에서 경쟁이라는 보이지 않는 손의 메카니즘이 작동하여 과학, 기술이 발전되고, 경제가 발전하는 요인이 된다. 인도가 14억 이상의 인구를 가진 저개발국인데도 불구하고 왜 다원주의에 기초한 민주주의가 1947년 독립 후 확고히 실행되고 있는지에 대한 의문도 인도의 다양성과 인도인들의 다양성을 다루는 탁월한 역량을 통해 이해된다.

이러한 인도내 다양성은 인도 정부나 기업들의 의사결정과정(complex, and adapted decision-making model)에서 잘 나타난다. 인도 정부 등의 의사결정과정을 보면 모든 정책을 완벽하게 준비한 후 시행하는 것이 아니라 불완전한 상태에서 먼저 시행하고, 시행하는 과정에서 수정하면서 보완하는 것이 일반적이다. 사회가 상대적으로 단순하고, 변수가 많치 않은 경우 모든 상황을 미리 예측하고, 사전에 계획하고 준비한 후 시행할 수 있으나, 인도의 경우 사회가 너무 복잡하고, 다양하고, 변수가 많아 미리 모든 것을 예측하고, 준비하는 것이 불가하다.

이러한 의사결정 모델은 단점도 있으나 다양성 불확실성이 크고 존중되는 세계화, 디지털화 시대에는 단점보다는 장점으로 작용한다. 모든 것에 완벽함을 추구하는 일본과 같은 문화는 불량품을 최소화하는 것이 중요한 제조업과 잘 어울리지만, Beta 버전을 만들어 빠르게 출시하고 고객들의 반응을 보면서 에러와 버그를 수정하면서 보완해 나가는 것이 중요한 디지털 시대에는 complex, and adapted decision-making model이 더 유효할 수 있다. 미래나 소비자의 반응을 완벽하게 예측하기 어려운 경우 인도처럼 부족한 상태에서 빠르게 출시하고, 소비자나 고객들의 반응을 보면서 수정해 가는 모델이 더 효과적일 수 있다. 이러한 인도의 문화가 인도에서 소프트웨어 산업이 발달한 이유 중의 하나일지도 모른다. 또한 인도에는 Jugard라는 혁신이 유행하는 이유이기도 하다. 근본적인 변화보다는 작은 개선을 통해 비용을 줄이는 개선을 말하며, 이는 인도와 같이 다양성과 불확실성이 강한 사회에서 효과적으로 작용한다.

인도의 다양성을 설명하는 대표적인 사례가 인도에 통일된 민법이 없다는 것이다. 각 종교 집단별로 자신의 민법을 가지고 있고 인도 전체에 통일된 민법을 제정하는 것은 쉽지 않다. 실제로 정부가 통일 민법을 제정하려는 노력을 지속하고 있으나, 실제 이루어지지 못하고 있다. BJP에서 통일 민법을 제정하려 하고 이를 인구 80%를 차지하는 힌두교도들의 지지를 받는 도구로 활용하려 하고 있고, 대법원에서 통일 민법 제정을 권유하였지만, 국민 의회당 등 야당에서 강력하게 반대하고 있고, 인도 사회의 종교적 다양성 하에서 결혼, 이혼, 입양 및 상속 등에 대한 너무나 다양한 전통과 문화를 가지고 있어 통일된 민법을 가지는 것이 쉽지 않은 상황이다.

또한 인도는 연방시스템 하에서 경찰, 교육, 노동, 복지 등의 업무를 주정부에서 수행하는 등 권력이 분권화되어 있고 주정부간 언어, 문화, 경제발전 수준이 천차만별이다. 주정부의 경우 주정부 총선에서 승리한 정당이 주총리가 되는 의원내각제를 채택하고 있고 연방정당이 아닌 지역정당의 영향력이 큰 특징을 가지고 있다. 통일신라시대부터 하나의 통일한 중앙집권시스템을 가진 우리와 달리 인도는 1947년 영국으로부터 독립되기 전까지 인도 전체적으로 통일된 국가를 형성한 적이 없고 인도의 상당 부분을 지배한 마우리아, 무굴 제국 등도 중앙집권적인 시스템이 아닌 사실상 자율성을 주는 시스템을 택했다.

또한 인도는 다양한 언어를 가지고 있고, 동일한 언어를 사용하는 지역을 하나의 주로 인정 해주는 방법으로 주간 갈등을 최소화하고 있다[22]. 인도 남부를

---

22) 인도 헌법상 영어, 힌디어 포함 22개의 공식언어가 있고, 국어는 없다. 인도 연방정부의 공식언어는 영어와 힌디어고, 인도법상 연방정부가 주정부에 특정 언어를 사용하는 것을 강제할 수 있는 권한이 없고, 주정부가 스스로 자율적으로 선택할 수 있다. 인도 연방정부가 영어를 공식언어에서 제외하고 힌디어만을 공식언어로 하려다가 남부주 등으로부터 강한 반발을 받고 철회하였으며, 현재 영어와 힌디어가 공식어다. 또한 연방정부에서 힌디어를 주정부에서 의무적으로 교육하도록 하는 정책은 타밀나두 등 주정부로부터 강한 반발을 받

구성하는 타밀나두, 카르나타카, 안드라프라데시(텔랑가나), 케랄라의 경우에도 4개주 모두 다른 언어를 사용하고 있어 현지어로는 소통하는 것이 불가하고 영어를 link Language로 사용하여 의사소통한다. 남부 5개주의 언어는 드라비언 계통으로 힌디 등 북부 언어와는 계통이 다르다. 연방정부를 장악하고 있는 BJP에서 타밀나두주 등에 힌디어를 영어, 타밀어와 함께 의무적으로 학교에서 배우도록 하는 정책을 쓰면 언어 민족주의 관점에서 일본 식민지 시대에 일본어를 강요하는 것과 같은 심한 반대에 직면한다. 그리고 정치적으로도 BJP나 국민회의당이 남부주 선거에서 승리하는 것은 사실상 어렵다. 연방정부와 남부주들간의 정치적 갈등은 힌디어를 의무화하느냐하는 것 이외에도 선거구 재획정, GST 배분 등의 문제에서도 나타난다. 선거구 재획정과 관련 갈등이 생기는 이유는 현재의 선거구가 수십년전 인구 수에 기초해 설정되었고 상대적으로 산업화가 빨라 인구증가 속도가 느린 남부주들에 비해 북부주들의 출생률은 상대적으로 크게 높아 현재의 인구수를 기준으로 했을 때 남부주의 선거구수가 상대적으로 줄고 북부주의 선거구수가 상대적으로 늘어 의회내에서 역학관계가 변화되는 등 인도 정치 지형이 크게 바뀔수 있기 때문이다. 아울러, 산아제한이라는 연방정부의 정책을 충실히 따른 남부주들이 오히려 손해를 본다는 것이다. 또한 GST 도입 및 실행, 예산 배분 등과 관련, 남부주들은 상대적으로 산업화되고 부유한 남부주에서 북부주들로 세금이 이전되고 있다는 불만이다. 즉 기여하는 것에 비해 적게 받는다는 것이다. 선거구 재획정, 세수 및 예산 배분 등과 관련된 남부주들과 북부주들, 그리고 남부주들과 힌디어를 사용하는 북부주들을 기반으로 정권을 담당하고 있는 BJP와의 갈등은 상존할 것이다.

주정부내에서 지방정부는 독립성이 약하다. 주정부에서 시나 district의 장을 직접 임명하므로 지방정부의 자율성을 약하다. 다만 지방정부 자체적으로 존재하는 phanchayat 등 마을 공동체는 그 역사적 뿌리가 깊고 토지수용 등 현지 이슈에 대해 강한 발언권을 가진 경우도 있다. 우리 Posco가 오디샤 지역에 제철소를 건설하려고 했으나 마을공동체 중심의 현지 조직들이 토지 수용 등에 강

고 있다. 즉 영어, 주정부언어(타밀 등), 힌디어 3개 언어를 교육기관에서 가르치도록 강제하는 것에 대해 반발이 강해, 2언어(예: 타밀+영어)가 주 정부의 공식언어인 경우가 많다.

하게 반발하여 무산된 경우가 있다.

따라서 우리 기업들이 현지 투자지역을 결정하려고 할 때 상대적으로 신뢰할 만한 수준의 거버넌스 시스템을 가진 주정부를 선택하고, 주정부와 긴밀한 파트너십을 구축해 나가는 것이 중요하다. 실제로 우리 기업들이 직면하는 90% 이상의 이슈들이 주정부와의 이슈이고 국세, 관세 등 소수의 이슈를 제외하고는 연방정부의 영향력은 제한된다.

7. 물질을 숭상하고 목표를 추구하는 수단에 관대하다

인도에서 사업하는 과정에서 교활하고, 표리부동하고, 거짓말하고, 약속을 잘 지키지 않으며, 거짓말을 하고도 죄의식이 없는 인도인들을 많이 만날 것이다. 이러한 인도인들의 사업 문화를 이해하기 위해서는 인도의 물질주의 문화와 물질을 추구하는 과정에서 수단에 대한 넓은 관용에 대한 종교적, 역사적 배경 등을 깊게 이해해야 한다. 무조건 인도의 비즈니스 관행을 비윤리적이라고 비난해서는 안 되고 철저히 이해한 후 구두약속이 아닌 서면화 등 인도인들의 행태에 가장 효과적으로 대응할 수 있는 방안을 찾아 대응할 수 있다.

인도가 명상의 나라, 서구의 물질주의를 폐해와 정신적인 질병을 치유할 수 있는 해결책을 가진 곳으로 생각하고 인도를 방문하여 실제 인도의 현실을 보면 인도에 대해 크게 실망하는 경우가 많다. 거리에서 공격적으로 호객행위를 하고, 사원에서도 사제들이 일정한 금전을 주면 축복해 주고 금지된 곳까지 안내해 준다. 그리고 인도 명상의 위대한 스승으로 널리 알려진 인물들도 성이나 뇌물 스캔들에 휩싸이고, 수조의 재산을 가진 힌두 사원이 즐비하며, 유명한 사원을 순례하기 위해서는 내부 커넥션과 금전적 기여가 필수적이다. 그렇다고 인도의 요가나 정신문화가 모두 거짓이라는 것이 아니며 인도에 수천 년 간 누적된 명상, 요가 등에 대한 깊은 전통이 있고 실제 현대 문명의 질병을 치유하는데 도움이 되는 것도 사실이다. 또한 인도내에서 힌두교 성인이 존경받고 있으며,

모디 총리의 경우에도 힌두교 성인으로서 이미지 구축이 정치적 인기의 주요한 한 축인 것도 사실이다.

인도인들은 정신적인 해탈을 강조하는 것 이상으로 물질적 풍요와 생존을 강조하는 문화를 가졌다. 그리고 물질적인 것과 정신적인 것을 동시에 강조하면서 만족시키는 논리를 인생의 단계에 따라 설명한다. 그 대표적인 것이 힌두교의 교리다. 힌두교는 불교와 달리 젊었을 때 물질과 성적 쾌락을 추구하는 것을 죄악으로 간주하지 않고 장려한다. 힌두교에 따르면 다르마-아르타-카마-목크샤를 추구는 인생의 단계에 따라 무게 중심이 바뀐다. 유년기에는 학문을 연마해야 하고, 청년기와 중년기에는 아르타(물질, 권력) 및 카마(성적 즐거움)을 추구해야 하고, 노년기에는 모크샤(해탈)를 위해 다르마에 집중해야 한다. 즉 인생의 단계에 따라 핵심적으로 추구해야 하는 것이 다르고 청년기와 중년기에 물질과 권력, 성적 즐거움을 추구하는 것이 긍정된다. 카마슈트라가 인도에서 쓰여서 인기가 있고, 카주라호 사원에 성행위 조각들이 즐비한 것도 이러한 힌두교 교리를 이해하면 쉽게 이해가 된다. 또한 힌두교에서 가장 인기가 많은 신은 부의 상징인 '가네쉬(Ganesh)와 '락시미(Lakshmi)' 신이다. 인도인들은 사업을 시작하기 전에 가네쉬 신에게 제사를 지내고, 락시미 신을 믿으면 부를 축척할 수 있다고 생각한다. 또한 인도 언론보도에서 보면 유명한 힌두사원의 부는 상상을 초월하고 과거 힌두사원이 인도 상인들이 해외사업을 개척하는 과정 등에서 자금을 제공하는 현재의 은행과 같은 역할을 했다는 많은 기록들이 발견된다. 이와 관련, 이슬람 침략과정에서 힌두사원을 약탈하고 파괴해서 은행으로서 신용공급 역할을 했던 힌두사원의 기능이 약화되어 인도의 대외무역, 개척 등이 약화되었다는 기록이 있다. 이는 특히 북부 인도에 해당되는 사항이고, 상대적으로 이슬람 등의 침략이 적었던 타밀나두 등 남부인도에는 거대한 고프람을 가진 힌두사원들이 잘 보존되어 있을 뿐만 아니라 힌두사원의 경제적인 역할도 크다.

둘째, 인도인들이 물질을 강조하는 것은 실용주의 관점에서도 이해된다. 마우리아 왕조를 설립하고 나라의 기틀을 마련하는데 핵심역할을 한 차나키아는 블교 승려들이 세속을 버리고 해탈을 추구하는 것을 큰 죄악으로 간주하고 처벌하도록 한 것도 나라를 구성하는 구성원들이 부를 창출하고 성생활을 통해 자녀를 생산하는 활동을 하지 않을 경우 한나라의 경제가 붕괴되고 전쟁해서 패배하는 결과로 이어진다는 실용적인 관점에서 기인했다. 이러한 현실주의와 물질주의가 아마 인도에서 지나치게 명상과 해탈만을 강조하는 소승불교가 현실과 물질주의를 함께 강조하는 힌두교에 패배하고 사라진 이유 중 하나일지 모른다.

셋째, 위 인도의 상인계급에서 살펴본 바와 같이 한국에서 사/농/공/상으로 우선순위를 정해 공업과 상업을 낮게 대우해 준 것과 달리, 인도에서는 상인계급을 브라만/크샤트리아와 함께 핵심계급으로 대우해 주었고, 상인계급의 물질적 부의 추구를 장려했다.

또한 인도인들은 부를 추구하는 과정에서 목적이 수단을 정당화하는 것에 대해 관대한 경향이 있다. 유교 문화에 기초하여 도덕과 명분을 강조하는 우리처럼 엄격하지 않다. 해탈을 하기 위해서는 다르마를 따라야 한다고 하지만 다르마에 대한 해석도 다양하다.

인도인들의 부를 추구하는 과정에서의 수단에 대한 관대함은 다양한 방법으로 나타나고 유교적인 도덕에 익숙한 우리 기업인들이 인도에서 사업을 하는데 큰 어려움으로 작용한다. 인도인들과 기업들은 자신에게 유리하다면 언제든지 과거의 구두약속 등을 무효로 할 수 있고 너무나 당연한 것이다. 우리 정부 협상가나 기업인들이 인도 파트너와 상대 시 어려움을 겪는 이유 중 하나고, 인도에 실망하는 이유 중 하나다. 사전에 여러 번 만나서 확인하고 합의했지만 법적 구속력이 있는 최종 서명을 하기 전까지는 언제든지 구두나 서면 약속은 이해관계에 따라 뒤집을 수 있고, 이에 대해 어떠한 도덕적 또는 윤리적 책임 의식을 느끼지 않는 문화를 가지고 있다. 조직 내 상급자도 담당자가 회사의 이익을 위해 과거의 구두나 서면약속을 변경하는 것에 대해 나쁘게 평가하거나 징계하지 않고 당연히 수정할 수 있다고 생각한다. 우리 정부 협상가들이나 기업인들이 인도 파트너와 협상 시 명심해야 할 사항이고, 최종 구속력 있는 서명 등이 있기 전까지 수정가능성을 늘 열어놓고 협상에 임할 필요가 있다.

인도인들이 부를 추구하는 과정 및 수단에 대해 상대적으로 관대한 이유는 다음과 같다. 먼저 자기가 소속된 가족, 공동체, 카스트에 대해서는 신뢰에 기초 상호 부조하지만, 자신이 소속된 공동체 밖 대상에 대해서는 신뢰가 낮다. 따라서 공동체내에서 비윤리적인 행위도 공동체 밖 상황에서는 정당한 것으로 간주된다. 친구와 가족에 적용되는 기준과 전쟁터에서 허용되는 수단과 행위에서 차이가 나는 것과 유사하다. 공동체 밖의 비즈니스 대상을 상대할 때에는 훨씬 더 넓은 범위의 수단이 허용된다. 특히 외국인을 상대할 때 상대적 정보의 우위 및 홈 코트 어드벤티지를 최대한 활용하여 자신들의 이익을 극대화하는 것은 너무나 당연하다고 생각한다.

둘째 힌두교가 진리적 상대주의에 기초하고 있다는 것이다. 도덕적, 진리적 절대주의에 기초하여 그 기준에 어긋나면 비윤리적이라고 비난하는 대신에 다양한 관점에서 자신의 선택을 정당화할 수 있고, 상대방도 이를 인정한다. 상대방의 다른 입장이 비난받아야 하는 부도덕한 행위가 아니라 나와 다른 입장과 선택을 그대로 인정(acceptance)하고, 관용(tolerant)한다. 이러한 철학 하에서 부를 추구하는 과정에서 수단은 도덕적 절대성에 기초한 경우보다 훨씬 폭넓게 인정된다. 예를 들어 러시아-우크라이나 전쟁에서 미국 등 서구국가들이 인도에 러시아 제재에 동참할 것을 요구해도 인도는 서구국가들 방식이 절대적이라고 생각하지 않는다. 러시아에 대한 제재가 기름 및 식량 가격 폭등으로 이어져 개도국 및 저개발국에 큰 부담을 주고, 미국 등 서구 국가도 과거 식민주의, 이라크, 아프카니스탄 등에서 러시아와 유사한 행동을 했다고 생각하며, 아프카니스탄 철수에서 보듯이 미국, 유럽국가들이 유럽에서 일어나는 일에 대해서만 신경을 쓰고 아프카니스탄 등에서 일어나는 일이 인도 등에 큰 부정적인 영향을 미치는데도 무관심하다고 비판한다. 무엇보다 인도 국민, 국익을 위해 러시아로부터 낮은 가격에 석유를 구입하여 인도내 물가를 안정시키는 것이 선하고 정당한 행위라고 생각하고, 인도보다 훨씬 더 많은 원유를 수입하는 유럽 국가들이 인도로 하여금 러시아 원유 수입을 못하게 막는 것은 서구국가의 이중성을 적나라하게 보여준다고 한다. 즉 미국 등 서구의 입장에서 보면 부도덕한 행위지만 인도 입장에서 보면 너무나 당연하고 정당한 선택이다. 그리고 이와 유사한 사례가 무수히 많고, 도적적 상대주의, 진리적 상대주의에 보면 쉽게 이해된다.

셋째, 인도는 하나의 통일된 왕조로 다스려진 적이 없고 수백 개의 왕조가 서로 생존을 위해 치열하게 경쟁하고 무수한 침략과 전쟁으로 고통을 받았고, 그 과정에서 윤리와 도덕보다 생존과 물질적 안정이 더 중요하게 인식되었다. 무수한 적대적 국가에 둘러싸여 살면서, 늘 정치적 불안정으로 고통을 겪는 경우 생존을 위해 수단이 정당화되는 것은 일반적이다. 중국의 손자병법에서 전쟁에서 승리하기 위해 온갖 수단의 첩보활동은 정당화되고, 적을 이기기 위해서는 상대방을 잘 속이는 것이 무엇보다 중요한 것과 같은 논리다. 이탈리아의 마키아벨리의 군주론에서 군주가 국가를 통일하고 안정시키기 위해서는 여우처럼 교활해져야 하고, 목적을 위해 수단이 정당화된다고 한 것과 같은 이치다. 인도의 이러한 전통은 마우리아 왕조의 국가통치의 기본을 담고 있고 인도의 정치, 경제 등 국가통치의 기본이 되는 Arthashastra(by Kautilya, Chanakya)를 보면 잘 알 수 있다. 국가 통치에 있어 왕에게 개인의 이익이 아닌 국민의 이익, 국익이 가장 중요하고, 최대의 국익을 추구하기 위해 가치나 윤리, 도덕이 중요한 것이 아니라 어떻게 승리하고 국가의 안정과 번영을 유지하느냐가 중요하다. 즉 수단의 정당성은 필요하지 않고 모든 수단과 방법이 동원될 수 있다. 현재의 동맹이 잠재적인 적이 될 수 있고. 스파이 등 정보활동이 무엇보다 중요하다.

넷째, 다르마의 경우에도 다양하게 해석된다. 불교에서 말하는 8정도, 자비 등을 통해 해탈에 도달할 수도 있지만, 직업적 사명을 완수하기 위해 어쩔 수 없는 희생이 뒤따르는 것도 다르마다. 마하바라타의 Bhagavad Gita에서 크리슈나는 다르마와 관련 전사로서의 의무를 강조하면서 전사로서 정당한 의무를 수행하는 과정에서 발생하는 적진의 친족이나 친구의 죽음은 어쩔 수 없는 결과라는 입장을 취한다. 자신의 직업이 가지는 의무를 수행하는 과정에서 발생하는 어쩔 수 없는 비극적 결과는 받아들여야 한다는 입장을 취한다. 즉 인도에서 다르마는 모두가 동의하는 하나가 아니라 직업적 사명, 계층, 상황 및 관계(전쟁에서의 적, 경쟁자, 친구 또는 가족)에 따라 다르게 적용될 수 있다.

그러나, 인도에서 물질주의를 인정하고 목적을 위해 수단을 정당화하는 것이 가능하다는 것이 인도인들이 정신주의, 자비, 공유 등을 소홀히 했다는 것은 아니다. 먼저 위 인생단계별 우선적으로 추진해야 할 것을 보면 노년기에는 목크샤를 통해 해탈에 중점을 두도록 되어있다. 즉 인생의 궁극적 목표가 윤회로부터 벗어나는 모크샤고 해탈을 달성하는 다양한 방법이 존재하고, 잘 정립되어 실행되었다. 힌두교의 다양성에서 보듯이 일원론 하에서는 지식을 통해서, 조건적 일원론 하에서는 박티를 통해서, 이원론 하에서는 신에 대한 믿음과 구원을 통해서 해탈이 가능하다. 그리고 힌두 성인과 같이 모범적인 삶을 사는 사람을 존경하고, 성지를 순례하고, 갠지즈강에서 목욕을 통해 죄를 씻고 구원을 받는다.

둘째, 타타 사례에서 보듯이 인도의 기업인들은 어느 나라 기업인보다 사회적 봉사활동에 적극적이다. 최선을 다해 부를 축척하지만 사회봉사 활동을 통해 부를 사용하는 것에 대해 주저하지 않는다,

또한 인도의 물질주의는 긍정적인 측면도 가지고 있다. 인도가 독립 후 국가주도의 사회주의의 경제를 운영했는데도 민간부분의 기업과 정신이 죽지 않고 살아남았고, 1991년 개혁 조치 후 민간 부분의 시장경제가 활성화되었는지를 이해할 수 있게 된다. 특히 향후 인도가 구조적 개혁 조치를 통해 민간 기업가들이 더 자유롭게 활동할 수 있도록 할 경우 민간부분의 물질주의에 기초한 기업가 정신이 어떻게 더 폭발하여 인도 경제의 빠른 발전으로 이어질 수 있는지를 예측할 수 있는 단초가 된다.

8. 명분보단 실리다

우크라이나 전쟁과 관련 인도가 취하는 태도를 보면 인도의 외교정책의 핵심을 이해하는데 도움이 된다. 인도의 외교정책은 가치에 기초하기 보다는 상대주의와 실용주의, 즉 현실주의(transactional realism, not idealism based on values)에 기초한다. 절대적으로 맞는 진리가 있다고 보기 보다는 진리는 상대적이라고 생각한다. 세계를 선과 악의 대결이나, 민주주의나 권위주의의 대결로 보지 않고 국익을 극대화하려는 국가들 간의 경쟁으로 보고 민주주의 등 가치를 주장하는 밑바탕에 국익이 있다고 본다. 또한 세계가 미국, 중국으로 양극화(bi-polar)되어 있다고 보기보다는 다극화(multi-polar)되어 가고 있다고 보고 인도가 다극화된 구조 하에서 중요한 역할을 수행할 것이라고 본다. 따라서 외교정책을 결

정할 때 어느 한쪽편의 가치에 줄을 설 필요가 없고, 상대적인 상황 하에서 인도의 국익에 최대한 이익이 되는 방법으로 외교정책을 결정한다. 가치와 원칙에 기초한 동맹보다는 이익에 기초한 비즈니스 파트너쉽(an alignment of interests, not principles)을 외교정책의 기본으로 본다. 그리고 상대국도 인도의 자율성과 선택을 존중해 주길 원한다. 어느 쪽이 옳고 그르고를 판단해서 제재에 동참하기 보다는 실용주의 관점에서 인도의 국익을 극대화하기 위해 중립적인 입장을 취하면서, 러시아산 싼 원유를 대량으로 수입해서 인도 기업을 지원하고 유가 상승으로 인한 인플레이션 문제에 대응한다. 또한 유럽국가들이 여전히 러시아로부터 많은 원유와 가스를 수입하는 이중성을 비판하고, 과거 유럽국가들의 제국주의자로서의 침략 역사를 지적하며 이중성을 비판한다. 아울러 미국의 이라크, 아프카니스탄 등에의 군사개입과 관련 이중성을 비판한다.

인도가 우크라이나 전쟁 등과 관련 독자노선을 고집할 수 있는 이유는 3가지다. 먼저 인도 국내시장이 크고 빠르게 성장하고 있고 미국, 유럽 등의 국가들이 인도 시장에 진출하려하기 때문에 강하게 인도정부를 비난하기 어렵다. 둘째 미-중 경쟁 하에서 인도를 미국 편에 서게 하는 것이 미국 및 서방의 입장에서 중요하다. 세 번째는 인도의 미국, 유럽국가에 대한 경제적 의존성이 높지 않다. 따라서 인도는 미국이나 유럽 국가들의 인도에 대한 비난에 대해 크게 신경 쓰지 않는다. 즉 인도의 국익에 기초한 독자적인 외교정책은 인도가 가진 시장 크기, 전략적 중요성, 크지 않은 경제적 의존 정도 등 우리와는 전혀 다른 여건 하에서 가능하며 이와 전혀 다른 여건을 가진 우리가 이를 채택하는 것은 불가하다.

인도의 실용주의는 영국 식민지 유산 등을 사용하는데도 잘 나타난다. 영어를 Link Language로 사용하여 민족적 통합성을 높이고 영어를 사용하여 IT 서비스 분야 등에서 경쟁력을 강화했다. 인도 연방정부 및 주정부는 영국 식민지 시대에 건설해 놓은 영국식 건물을 대통령, 총리, 주 총리, 정부기관 등 청사로 활용하고 있다. 즉 과거의 부끄러운 역사 속에서 만들어진 것이지만 그것이 현재의 삶과 미래의 발전에 도움이 된다면 이를 부정하고, 파괴하지 않고 실용적으로 활용한다.

9. 민족적으로 민감한 이슈를 건드리지 마라

인도가 하나의 통일된 나라가 된 역사가 길지 않고, 종교적 다양성, 언어적 다양성 등으로 하나의 아이덴터티를 가지고 있지 않은 것이 사실이지만 민족, 국가 전체적으로 비판을 받거나 비난하는 보도가 나오면 어느 나라보다 민감하게 반응한다. 대표적인 사례가 카시미르 지역과 관련 파키스탄을 지지하는 반응이나 인도를 비난하는 반응에 정부뿐만 아니라 SNS 등에서도 일반 국민들과 소비자들의 격렬한 반응이 나온다. 예를 들어, 파키스탄내 독립적인 현대자동차 딜러가 카스미르관련 파키스탄 정부를 지지하는 성명을 발표했을 때, 파키스탄 내 딜러들과 어떠한 법적, 사실적 관계가 없는 현대 자동차에 대한 불매운동이 일어나고, SNS에 현대차를 비난하는 댓글이 급증한 사례가 있다. 사실관계를 명확히 해 사태가 빠르게 진정되었지만 우리 기업들이 인도 내에서 사업을 하면서 인도정부나 인도국민들이 민감하게 생각하는 것에 대해 더 신경을 써야한다는 것을 보여준 사례였다. 반면 인도 문화에 대한 존중을 표현하는 것에 대해서는 빠르게 긍정적으로 반응한다. 우리 대사관에서 인도 영화 RRR의 나투 나투 춤을 추는 것을 공개했을 때 모디 총리를 비롯 인도내 지식인 및 일반인들이 뜨거운 반응은 좋은 사례다.

국가의 자존심, 문화에 대해 민감한 것은 인도만의 현상은 아니지만 인도정부와 국민들이 민감하게 반응하는 것에는 다음과 같은 이유가 있다. 먼저 인도가 영국 등의 식민지가 되면서 과거 인도의 문화, 과학, 기술 등 자랑스러운 유산들이 수준 낮은 미개한 것으로 평가받았고 이러한 논리가 식민지배 이데올르기로 활용되었다. 식민지 지배를 받으면서 인도인들의 자존감은 큰 상처를 입었고 1947년 독립 후 잃어버린 자존감을 회복하기 위해 노력 중이다. 외국정부, 언론, 민간단체 등이 인도를 비판하는 것을 중립적인 입장에서 비판하는 것이 아니라 제국주의적 우월주의를 가지고 간섭하는 것으로 생각하는 경향이 있다. 이러한 인도정부의 태도는 인도정부가 외국으로부터 자금지원을 받는 국제, 또는 인도 국내 NGO를 강력하게 규제하고 있는 것에서 분명히 보여 진다. 이는 인도만의 문제가 아니라 과거 제국주의 침략을 받았던 중국 등을 포함 많은 국가에서 나타나는 현상이다.

둘째, 1947년 영국으로부터 독립하면서 파키스탄이 분리 독립하였고 그 과정에서 끔찍한 유혈사태와 카시미르 지역을 둘러싼 여러 번의 전쟁, 그리고 테러 행위가 빈번하였고 이에 인도정부 및 국민들이 극도로 민감하다. 아울러, 중국과의 문제에서도 국경분쟁 등이 상존하고 인도내에서 TikTok 등 중국 프로그램을 금지하고 중국 기업의 인도 내 투자 심사를 강화하는 등 중국 문제에 있어서도 민감하다.

우리 기업들이 인도 내에서 사업을 하면서 인도의 민족주의를 존중하고, 이를 사업에 활용할 필요가 있다. 인도 문화, 파키스탄, 중국 등에 대한 민감성을 이해하지 못하고 행동하면 큰 피해를 입을 수 있는 반면, 인도 문화를 존중하고 이를 활용하면 인도 내에서 더 사랑받는 기업이 될 수 있다.

Chapter

7

인도 상인 특성과 비즈니스 10계

1. 세계 3대상인, 유대상인, 화상 그리고 인도상인

1) 세계 제 1의 Diaspora 2000만 유대상인

"Rivers of Babylon",

독일의 인기그룹 Boney M이 1978년 리메이크한 이 노래는 경쾌한 리듬과 이국적인 분위기, 짙은 호소력으로 세계적인 명곡이 되었다. 그러나 경쾌한 리듬과 달리 이 노래는 기원전 586년에 예루살렘이 정복된 후 포로로 끌려간 바빌로니아 유프라테스 강가에서 옛날의 영화를 한탄하는 슬픈 내용을 담고 있다. 시편 137편(Psalm 137)의 내용을 기초로 한 것으로 알려져 있다.

이 바빌론 유수외에도 고대 로마제국에 맞선 결과로 기원후 135년 전후 유럽을 중심으로 전 세계로 흩어졌고, 1491년 스페인에서 20만 넘는 유대인이 쫒겨나고, 또 2차세전 당시 700만명 이상의 목숨을 앗아간 홀로코스트를 거치면서 미국을 포함한 전세계로 흩어지게 되었다.

유대상인집단은 자산규모, 인적 우수성, 지배력, 네크워크 면에서 명실공히 세계 제 1의 상인집단이다.

아이러니하게도 이렇게 유대 상인집단이 초일류 집단이 된 가장 큰 출발점이자 근원은 이 이산, Diaspora다. 좀 더 정확히 말하면 이 Diaspora란 고난과 역경을 자산과 경쟁력으로 바꾼 DNA와 네트워크다.

흩어진 유대민족은 토지를 소유할 수 없었고, 토착세력이 꺼리는 무역, 대금업에 종사할 수 밖에 없었고, 흩어지면서도 유지한 네트워크와 신앙적 동질성을 무기로 누구보다도 빠른 정보와 정보를 종합해서 내리는 판단력, 대를 이어서 내려보낸 비즈니스 DNA를 유대집단간 공유하고 상조했다. 개인적으로 그리고 집단전통으로 저축과 교육 그리고 네트워크 구축에 모든 것을 투자해 왔다.

이를 통해 13~15세기 이베리아 반도의 경제, 문화적 영화를 선도했고, 축축된 후 옮겨간 유럽의 벽지 벨기에, 네덜란드를 세계적인 무역, 경제, 금융의 중심지로 만들었다. 소금, 향신료 등 당시의 최첨단 고가상품군을 독점했고, 세계 최초의 주식회사, 증권거래소, 중앙은행 제도를 창안했다. 그 정점에 있는 유대계

Rothschild 가문은 19세기 이후까지 장막뒤에서 세계 금융계의 황제역활을 지속하고 있고, 다이아몬드, 석유등 산업계는 물론, 영화, 언론, 그리고 학계에 드리우는 전세계 2,000만 유대인은 영향력은 재삼 설명이 불요하다.

2) 중국판 유대상인 : 460만 Hakka(客家)

"Hakka Noodle" "Hakka House"

중화요리에서 빠짐없이 나오는 면 요리다. 이 Hakka Noodle은 중국의 대표적인 Diaspora 상인집단인 Hakka(客家) 상인들이 18세기 전란을 피해 인도 동북부 지역으로 이주하면서 인도산 향신료를 섞어 혼합한데서 그 기원을 찾는다. 이 Hakka Noodle, 그리고 원주형태의 집단요새 형태의 Hakka House는 이 중국계 해외화상의 기원과, 이동, 적응, 성공 과정을 대표사는 상징물이다.

전세계 흩어져 있는 5,000만 인구로 약 2조 달러 자산을 통제하고 있고, 연간 800억 달러를 중국 본토에 송금하는 해외거주 중국인중에서도 이 Hakka Family는 화상중의 화상이다.

가장큰 특징은 이주와 이동의 역사로, 본래 중국 화북지방에 기원을 갖고 있는 이 Hakka는 4세기부터 시작해 19세기의 태평천국의 난, 그리고 20세기 중국내 전란 등 수많은 전란과 재난을 중국 남부, 그리고 동남아 이주를 지속해 현재 타이페이, 태국, 인도네시아 등 동남아 지역에 약 460만명이 분포되어 있다.

이동하면서도 자신들의 정체성을 지켜왔고, Hakka간 끈끈한 네트워크를 유지해 동남아 상권내 가장 큰 세력으로 자리잡고 있다.

태국 제 2은행 Kasikorn Bank의 Choti Lamsam, Thai Telecom 창업자이자 총리를 배출한 Thaksin, 인도네시아 10대 부자로 Central Cipa Murdaya를 창업한 Murdaya Poo, Hanergy Group 창업자로 중국 7대 부호인 Llee He Jun이 Hakka계 상인이다.

경제외 영역에서도 Hakka는 수많은 역사적 인물을 배출했는데, 19세기 태평천국의 난을 일으킨 Hong Xiu Quan, 대청제국을 무너뜨리고 중화민국을 건국한 쑨원, 싱가포르의 국부 Lee, Kwan Yeu, 중화민국 총통을 지낸 Lee, Teng-Hui, 1989년 중국 천안문 사태의 주역 Hu, Yao Bang이 Hakka계의 대표적인 인물이다.

이 Hakka 집단도 고난한 이주와 이동의 역사를 거치면서도 저축과 교육, 그리고 그들간의 네트워크 구축이란 전통을 굳건히 지켜왔다.

3) 세계 초일류 상인집단 : 6만 인도 Parsi

2 년여전 전세계가 Covid 공포에 시달리고 있을 때, 연산 20억개 생산능력으로 아프리카, 중남미, 남아시아 등 개도국 인구의 코로나 공포를 덜어 준 곳은 이 인도 Parsi계의 Serum Institute of India(SII)였다.

20세기 이후 인류 최대의 기부자는 누구일 까? Edel Give Foundation 추계에 따르면 750억 달러를 기부한 Bill Gates도, 380억 달러의 Warren Buffet이 아니다. 현재가치로 환산했을 때, 1,050억 달러를 기부한 인도의 Parsi계 대표기업 Tata를 창립한 Jamsetji Tata다.

Tata 그룹은 기업가치가 1,500억 달러에 달하는 인도 제 1기업 TCS(Tata Consultancy Service)를 비롯해, Tata Steel, Tata Motors 등 100여개 이상의 기업군으로 구성된 인도 최대의 기업집단이다. 창업자의 공존 전통에 따라 Tata Group 지분의 약 2/3 이상을 Tata Sons, 등 자선재단이 소유하고 있고 이러한 산업군과 재단을 통해 그동안 인도내 수많은 학교, 연구소, 병원, 학교, 공공시설을 건립, 지원했고, 인도 근대화를 선도했다. 인도 제 1 소비재 기업 Godrej 등이 이 Parsi계 기업이다. 경제계 외에도 인도 핵개발을 선도한 Homi Baba, 세계적인 지휘자 Jubine Metha 등이 이 Parsi계로 파르시 두집 걸러 한 명이 박사일 정도로 성공한 집단이다. 그러나 이 Parsi계 인구는 불과 6만으로 우리나라 홍천군 인구보다도 적은 규모다.

이 Parsi 집단, Parsi 상인집단은 유대인을 넘어 선 초일류 상인집단이 아닌가 한다.

이 파르시계도 이주, Diaspora가 낳은 상인집단이다. Parsi는 이란에서 인도로 이주 정착한 아리안계 상인집단을 일컷는다. 본격적으로 진군한 이슬람 세력으로부터 세계 최초의 일신교로 알려지고 있는 Zoroaster교(배화교) 신념을 지키기 위해 8~10세기 중 인도 북서부 Gujarat주에 정착한 페르시아계 인도 상인이

Parsi다. 이주 후에도 자신들의 배화교 전통은 지키되, 언어, 복식 등에 인도적 전통을 받아들이고 자신들을 받아준 인도에 대한 자선, 공헌 전통을 지난 14세기 이상 지속해 왔다.

4) Diaspora, 고난을 경쟁력으로 바꾼 유대인, 客家, Parsi

이렇게 보면, 이들 세계 최고의 상인 집단은 박해와 고난, 이산, 이동이라는 원하지 않는 고통과 수난과 밀접히 연결되어 있다. 많은 개인, 집단, 사회가 박해와 고난과정을 통해 사멸해 갔다. 하지만 유대, Hakka, Parsi 집단의 이산은 자신들의 신앙, 전통을 지키기 위해 감수한 이산, 이동이기도 하다.

상대적인 가치와 여건에 대해서는 타협과 적응을 해야 했지만, 절대적인 가치나 신념에서는 타협하지 않았다 할 수 있다.

무엇보다 이러한 고난에 대해 개인이 아닌 집단으로 네트워크로 끈끈한 유대와 상부문화로, 네트워크로 고난을 극복해 왔고, 이를 최고의 자산으로 승화시켰다. 흩어져 있으면서도, 이동해 가면서도 천년 이상의 접착제 같은 유대관계, 네트워크를 지속, 강화해 왔다. 이러한 네트워크의 기본으로 신용과 신뢰를 최우선으로 두었고, 어긋날 시 공동체에서 퇴출하는 전통을 유지해 왔다. 후손 교육을 통해, 그리고 저축 문화를 통해 정신적, 물적 토대를 대를 이어 물려 줬다.

성공한 상인집단의 기반, 상술이 아니라 신용이었다. 개인적 노력, 능력이 아니라 집단적 대응, 응집력과 네트워크의 문제였다.

2. 印商, 사막과 바다가 낳은 세계 3대 상인집단

1) 풍요와 빈곤의 역설(逆說), 인도상인

“인도 상인집단의 역사에서 눈에 띄는 점은 인상(印商)을 대표하는 마르와리(Marwari) 및 구자라티(Gujarati) 모두 결핍과 고난의 땅, 사막을 근원으로 하고 있다는 점이다. 반면 황하와 함께 세계에서 가장 기름진 곡창지대로 전 인도아 대륙을 먹여 살렸던 갠지즈 및 인더스 강 평야지대에는 변변한 상인집단이 없다."

인도 근무시 필자의 사무실을 찾아 온 인도 기업인이 전해준 말로, 맞장구를 친 적이 있다.

2) 사막의 상인 마르와리(Marwari)

인도의 첫 번째 대표상인으로 마르와리를 든다. 인도 북서부 라자스탄 주의 마르와(Marwa) 지역에 기반을 두었고, 일반적으로 라자스탄 상인을 일컫는다.

비행기를 통해 본 인도 북서부 라자스탄 타르(Tar) 사막. 대표적인 인도상인인 마르와리는 이 척박한 결핍과 고난의 땅을 근원으로 하고 있다. 필자 직접 촬영.

이곳 라자스탄은 평균 강수량이 200mm 미만의 아열대 기후이고 국경 넘어 파키스탄까지 이어지는 세계 9위 규모의 타르사막이 절반 이상을 차지한다. 모든 것이 부족하고 특히 생명의 근원, 물이 부족하다.

자력으로는 먹고사는 것이 어렵고, 카스트 신분상의 상인(Baniya) 전통에 따라 한 번 떠나면 몇 달에서 몇 년이 걸리는 사막 대상(隊商)무역과 영주를 상대로 한 금융업에 종사했다. 척박한 환경과 대상의 여정에 수반되는 수많은 위험은 일족과 종족간의 피와 같은 유대, 연대 DNA를 쌓아갔다. 대상을 떠난 남자의 남은 처자를 일가와 일족이 서로 돌보아야 했다.

주요 이동 경로에 먼저 정착, 성공한 선대가 일종의 무료 게스트 하우스인 'Vasa'를 제공, 이곳에서 일족 대상들과 상품, 지역, 기타 상정보와 노하우를 교환하고 토론하는 '현장 Harvard Business School'을 운영했다. 교역 거점에서 먼저 성공한 마르와리는 새로 이주한 동족이나 젊은이들을 금전적으로 지원하고 도제 시스템으로 교육시켰다. 배신자나 빚을 지고 도망하는 자는 집단의 힘으로 철저히 응징해, 남은 가족을 위해서라도 평생을 통해 갚아야 했다.

대금으로 현금을 운반하는 번거로움과 위험을 우회할 수단으로 일종의 신용

어음인 '훈디(Hundi)'를 고안, 통용시켰다. 일단 주머니에 들어가면 나오는 법이 없었다. 근검에서는 자린고비였지만 기회라 싶으면 풀베팅 하기를 좋아했다. 현대판 선물시장에 앞서 작황과 날씨, 상품별 선물시장을 일찍부터 개화시켜 왔다.

19세기 중엽의 대기근과 고향의 정치적 무질서, 인도아대륙의 새로운 지배자 영국이 제공하는 새로운 사업기회를 찾아 이들은 고향을 떠나 동부 콜카타로, 서부 뭄바이로, 또 남부로 이동하기 시작했고, 축적된 경쟁력과 집단 내 유대를 통해 인도 전역을 지배해 갔다.

세계 제1의 철강기업 Arecello Mittal, 영국 제1 부자집단 Hinduja 그룹, 인도 중화학공업의 대표 Birla 그룹 등 전통산업은 물론, Flipkart, Snapdeal, Myntra 등 인도 전자상거래 및 ITeS 산업을 지배하고 있다.

3) 바다의 상인 구자라티(Gujarati)

인도 상인집단의 대표 2대축인 구자라티도 비슷하다. 구자라트(Gujarat) 출신 상인이라는 뜻이다. 라자스탄 남쪽 인접주로 꾸불꾸불 1,700 Km에 달하는 해안선을 통해 중동, 아프리카와의 해상무역 그리고 내륙의 쿠치(Kuchi) 사막 대상교역에 종사해 왔다.

수천 킬로미터에 달하는 바닷길 교역의 모험과 위험, 그리고 성공에 따른 보상은 사막보다 더했다. 일족 간 유대와 해상교역 문화와 돈 감각을 키워왔다. 경제 수도 암다바드는 인도의 상업과 장사의 현장 아카데미로 통한다. 구자라티 중 주식거래 계좌를 가지고 있지 않은 사람이 없다고 하고, 인도 주

구자라트의 젖줄인 암다바드의 니르마다 운하(Nirmada Canal). 구자라티 상인들은 라자스탄 남쪽 인접주로 꾸불꾸불 1,700 Km에 달하는 해안선을 중동, 아프리카와의 해상무역 그리고 내륙의 쿠치(Kuchi) 사막 대상교역에 종사해 왔다. 필자 직접 촬영.

식자금의 70% 정도가 구자라티에서 비롯된다고 한다. 중서부 수랏(Surat)을 중심으로 세계 다이아몬드의 90%를 이곳에서 가공, 수출한다.

현재 인도 10대 기업집단 중 아시아 최대 부자인 Mukesh Ambani의 Reliance Group, 자인교도로 당대에 인도 10대 재벌로 성장한 Adani의 Adani Group 등 5곳이 구라자티다.

이주, 모험정신이 해외 이주로 이어져, 4,100만에 달하는 해외거주 인도인(NRI :Non Resident Indian) 중 미국, 영국, 캐나다 내 인도이주민의 핵심집단이 구자라티다. 미주 한인 평균소득의 약 2배로 미국 내 가장 고소득 이주민이다. 미국 내 호텔, 모텔 산업의 30%를 파텔(Patel)가를 중심으로 한 구자라티가 지배하고 있다.

4) 6만 소수민족, 세계 초일류 상인집단 Parsi

파르시(Parsi)는 니체의 "짜라투스트라는 이렇게 말했다"의 조로아스터(Zoroaster)의 배화교 가르침을 믿는 인도 내 초일류 소수민족 집단이다. 17 18세기 영국에서 미국으로 이주한 청교도와 비슷해, 8~10세기에 걸쳐 이슬람화 된 이란 땅의 박해를 피해 인도 서부 구자라트 해안가에 정착한 이주민족이다.

주류가 아닌 소수민족의 삶은 고단하다. 약자로 항상 주류나 권력의 동향에 선을 대 놓아야 했고, 언제 다가올지 모를 위험에 대비가 돼 있어야 했다. 항상 깨어 있고 준비되어 있어야 했고, 집단 내 응집력을 높여야 했다. 주변, 환경과의 공존, 기여는 교리는 물론 생존과도 직결된 문제였다.

최고 번성기에 12만, 현재는 약 6만 명의 소수민족으로 주로 구자라트에 기반을 두다. 인도 경제수도 뭄바이의 개발·성장기 주역으로 참여, 현재 대부분의 파르시는 뭄바이에 거주한다.

인도 산업근대화의 선도 집단으로 인도 1위 기업집단 타타(Tata)와 고드레즈(Godrej), 와디아(Wadia)가 파르시계 기업집단이다. 연 15억 개로 세계 최대의 코로나 백신 생산능력을 갖춘 SII(Serum Institute of India)도 이 파르시계다. "팥으로 메주를 쓴다고 해도 믿을 신뢰집단"으로 사랑받고 있고, 한 집 건너 박사라고 할 정도로 교육 수준도 높아, 세계적인 지휘자 주빈 메타(Zubin

Mehta), 인도 원자력의 아버지 호미 바바(Homi Bhabba) 등 수많은 명사를 배출해 왔다. 유대인을 넘어, 세계에서 가장 성공한 초일류 소수민족 집단으로 불린다.

5) 고난과 유랑의 유대상인, 중국의 客家

많은 사람들이 "바빌론 유수와 유대민족을 세계로 흩은 디아스포라는 세계 경제를 지배하는 유대상인 집단을 만든 자양분이자 신의 축복이었다"는 의견을 제시한다. 세계 경제사는 물론 현재의 세계 금융, IT, 영화, 귀금속 산업과 학술, 과학분야에서 유대인을 제외한 논의는 무의미하다.

객가(客家)는 쑨원, 등소평 등은 물론 싱가포르의 리콴유, 태국의 탁신 등을 배출해 해외 화상(華商) 중의 화상으로 통하는 중국계 상인집단이다. 중국 내 한족 출신 8대 민계 중 하나로 대륙 내 수많은 전란과 기아를 피해 이동을 반복한 유민집단으로 해외 3,000만 화상의 본류다. 이주 후 근검절약과 저축, 교육에 목숨을 걸었다. 일단 자리를 잡게 되면 형제부터 친지까지 하나둘씩 불러 왔다. 혈연 및 지연과 동업조합 성격의 공동 운영, 분배시스템과 문화를 정착시키고, 경제·정치적 영향력을 키워갔다. 필리핀, 태국, 인도네시아 등 동남아는 물론 미국, 서구에 자리 잡은 화교 집단의 성장 경로이자 경쟁력의 원천이다. (한겨레 인사이트 : 2021년 1월 1일)

3. 인도 4대 상인족보를 알아보자

한국의 전통부자로 경주 최씨 가문이 유명하다. 부자 3대가 어렵다는 속설에도 10여대, 300여년 부를 유지한 그 전통과 여러 선행으로 회자되고 있다.

그런데, 만약 3,000여 년 동안 대를 이어 상인의 길을 걸어왔다면 아마도 그 DNA에 천착된 사업가 기질과 정신, 문화 경쟁력은 비할 데가 없을 것이다. 인도 현지에서 만나는 상인 대부분이 이와 같이 3,000여 년에 걸쳐 장사와 사업한 우물을 파 온, 13억 인도 인구의 약 2%, 2,500만 내외로 추산되는 바니야

(Baniya) 상인집단이다.

타타(Tata), 릴라이언스(Relainace), 비를라(Birla), 마힌드라(Mahindra), 아다니Adani) 등 현대 인도 10대 재벌 중 아홉이 이 전통적인 상인가문 출신이다. 이들 중 타타(조르아스교를 믿는 인구 6만의 페르시아계 파르시)를 제외한 대부분이 북서부 라자스탄(Rajasthan) 주에 기반을 둔 마르와리(Marwari)와 서부 구자라트(Gujarat) 주 출신의 구자라티(Gujarati)다. 전통산업은 물론 플립카트(Flipkart), 스냅딜(Snap Deal), 민트라(Myntra) 등 온라인 쇼핑몰의 창업주 모두 바니아 집단(마르와리 계열의 반살(Bansal) 가문) 출신이다.

자산 900억 달러의 인도 1위 부자 RIL의 Mukesh Ambani(맨위), 200억 달러 이상을 기부한 인도 IT 대부 Azim Premji(두 번째), 인도 1위 제약기업 Sun Pharma의 Dillip Shangvi(세 번째), 세계 제일 철강기업 Arcelor Mittal의 Lakshmi Mittal. 이들은 모두 인도 10대 부자 중 하나다. 출처 : 각 회사 홈페이지

고대와 중세에 걸쳐 인도아대륙에 산재한 봉건영주나 왕에 대한 대금업, 북서부 타르사막을 배경으로 한 중개무역, 근대의 동서양 중개무역, 19세 이후의 산

업자본가 등 시대여건과 환경에 따라 그 형태나 영역은 변해 왔지만 이들의 사업과 장사 전통은 3,000여 년 동안 지속되고 있다.

상인 카스트, 바니야 집단은 '돈'에 생의 최고 가치를 부여한다. 돈을 불려가는 것이 신이 자신에게 부여한 사명을 실현해 가는 최고의 가치이자 과정으로 여긴다. 안온한 직장생활보다는 리스크를 즐기고, 남이 아닌 자신을 위해 일하는 것을 최고의 가치로 여긴다.

인도 3대 전자상거래 기업인 스냅딜의 창업자 로힛 반살(Rohit Bansal)이 세계적인 명문 인도공과대학(IIT:Indian Institute of Technology) 졸업 후 장래가 보장되는 미국 다국적 IT기업에 취직했을 때, 가족들이 적극적으로 말린 것이 스냅딜 신화로 이어졌다는 일화가 대표적이다.

Birla(Birla Group), Bajaj(Bajaj Motor), Mittal(Arcello Mittal Steel), Adani (Adani Group) 등 인도의 기업명 대부분이 자기 가문 이름을 기업명으로 삼는다.

최근 들어 많은 변화가 있지만, 아직도 인도 대부분 기업의 시스템은 가족경영에 기반을 두고 있다. 형제나 사촌들이 한 기업에서 역할 분담을 하고 새로운 사업기회가 생기면 분사를 하면서도 서로 간 연계를 지속시켜 전체 파이를 키워간다. 인도 현지에서 만나는 많은 기업인이 자신의 주력 분야나 제품이 아닌 듯한 분야에 대해 관심을 기울이거나 사업파트너 물색에 몰두하는 이유도 이와 같은 가족경영 구조에 기반을 두고 있다.

이들은 정규교육보다 사업, 장사 현장의 교육을 중시한다. 인도 제일의 부자 주인 구자라트의 고등교육 수준이 상대적으로 떨어진다는 평가도 이런 정규교육보다 밥상머리 교육, 현장 교육을 중시하는 상인집안 전통에 원인이 있다고 회자된다.

마르와리나 구자라티가 자신의 출신지역을 벗어나 인도 전역으로 확산되면서 정착시킨 장거리 출장자를 위한 무료숙식 제공, 씨족공동체의 사업자금 대출, 자기 자녀를 가문 내 타 기업에서 교육시키는 교차 도제교육 등 끈끈한 연대와 상조 시스템의 뿌리는 아직까지 이어지고 있다.

인류역사에서 희소한 케이스라 할 이런 현상은 단순히 한 개인이나 가문의 노력이나 능력을 떠나 인도 사회가 3,000여 년 이상 유지해 온 카스트 시스템과 연결되어 있다. 끊임없이 바뀌는 지배계급, 이민족의 침입, 신분제 아래에서 자신과 가족의 안전과 번영을 담보할 수 있는 가장 확실한 방법은 자기 가족과 가문간의 유대와 상조시스템뿐이라는 교훈을 오랜 기간 뼛속 깊이 체험한 것이라고 볼 수 있다.

유대상인, 객가(客家) 등 세계적인 상인그룹에게서도 이와 비슷한 문화, 전통과 시스템을 볼 수 있다. 이렇게 보면, 세계적인 상인 집단의 형성과 번영은 한 개인을 넘은 역사적 배경과 사회적 노력, 집단적 접근의 결과가 아닐까.

4. 공존과 조화의 인도문화를 대변하는 기업 Tata와 Parsi

1) 개미 한 마리 못 죽이는 0.4% 인구가 인도 세금의 1/3을 낸다 : 자인 상인

인도 4대 상인 집단으로 마르와리, 구자라티, 파르시 그리고 jain 상인집단을 든다. 이중 마르와리와 구자라트가 인도 북서부 Rajastan주와 Gujarat란 주, 지역을 배경으로 한다면, Parsi는 인류 최초의 일신교로 이야기되는 배화교(조르아스터교), 자인 Jian 집단은 자이나교란 종교가 낳은 상인 집단이다.

신만 1억이 넘는다는 종교의 땅 인도에서도 자이나교는 아주 특이한 위상을 가진다. 2011년 인도 인구 센서스 기준 인도 자이나교는 450만명으로 인도 인구의 약 0.4%를 차지한다. 해외의 자이나교 500만을 합치면 전세계 약 1,000만 정도가 자이나교 신도로 알려져 있다. 그런데 이 0.4% 인구로 인도 세금의 약 1/3 정도를 내고 있다는 알려져 있다. Parsi의 근거지가 이웃 이란과 조르아스터교를 배경으로 하고 있다면, 자이나 상인집단은 오랜 뿌리를 가진 인도의 종교, 수행 전통의 산물이다.

신성을 품은 히말라야와 이것이 내려주는 갠지즈 강물이 드리우는 인생과 삶에 대한 근원적 질문이 인도의 고행, 수행 전통의 뿌리라 많이 말한다. 불교와 자이나교는 인도의 수많은 고행수도 전통중에서도 인도 북동부 갠지즈 중하류 지역에서 발원해 불교는 세계 종교로 자이나교는 인도를 대표하는 종료로 발전했다.

자이나교는 이 고행계열에서도 가장 극단의 수행, 구도 전통을 지닌 종교다. 세상 모든 만물에 영혼이 있고, 돌과 물, 풀, 식물, 인간에 깃든 영혼과 생명의 정도가 다르다고 믿는 이 종교의 가장 밑바탕 출발점은 생명을 죽이는 일은 가장 큰 죄를 짓는 일로 여기는 물할론과 불살생의 교리와 다. 힌두도, 불교도 이러한 관념이 강하지만, 자이나교는 해충을 포함한 동물은 물론 식물의 뿌리까지도 살생의 범주로 간주한다. 해서 많은 자인교도, 자인상인 식단은 양파, 마늘, 당근, 감자, 고구마 등 일체의 뿌리식물을 제외한 극단의 채식으로만 꾸려진다.

인도 북서부, 파키스탄과 접경하고 있는 구자라트주는 인도 경제수도인 중서부 항구도시 뭄바이와 함께 자인교도 및 자인 상인집단이 집중 분포되어 있는 지역이다. 필자가 2018년 이곳 구자라트주 경제수도인 암다바드에 인도내 6번째 무역관을 개설할 때 일이다. 예정 사무실과 가까운 아파트를 위해 별도 입주면접을 거쳐야 했다. 내돈 내고 들어가는데 입주자 대표회의의 면접을 통과해야 한다는 것이다. 가보니 회장님을 포함한 임원진들이 이것 저것 물어보는데 특히 음식관련 질문이 많았다. 첫 번째 인터뷰 결과는 보류였다. 황당해서 부동산 통해 알아보니 약 80여가구인 이 아파트 소유, 입주자 대대수가 자인교 및 자인상인 집단으로 자기들끼리 가능한 채식 임차인을 구하는 자기들끼리의 묵계 내지 전통이 지켜지는 가운데 육식동물이 들어온다니 그리 된 같다는 것이다. 아마

1868년 창업된 150년 역사의 뿌리깊은 기업집단이고, 철강, 자동차, 화학, 인프라, IT서비스, 소비재 분야의 30여개 선도기업군을 통해 연매출 1,300억 달러, 70만명을 고용하고 있는 글로벌 기업이다. 인도 IT 서비스 산업을 선도하고 있는 산하 TCS(Tata Consulting Service)의 1,000억 달러를 포함, Tata그룹 산하 기업 가치 평가총액이 3,000억 달러에 달한다. 초일류 기업으로 등극한 우리나라 삼성전자 평가액 3,000억 달러와 비슷한 규모다. 우리에게도 친숙한 영국의 Land Rover, Jaguar 자동차, 세계 제 1의 Tea 브랜드 Tetley도 이 Tata 그룹에 편입된 브랜드고, 2002년부터는 우리나라의 대우상용차(버스) 군산 공장 등 전 세계 100여 국에 사업장을 운영하고 있다.

인도 전역 어디를 가도 Tata Car, Tata Steel, Tata Infra, Tata Chemical, Tata

Telecom, Voltas(Tata Aircon) 등 기간산업은 물론 호텔(Taj Hotel), 유통(Croma), 보석(Tanishiq) 등 유통 레저에서 생필품(Tata Salt)에 이르기 까지 거의 전산업 영역에서 Tata를 만날 수 있다. Starbucks에 인도산 커피를 공급하고 있는 곳도 Tata Coffee다.

특이한 것은 핵심 산업군에서 지배적 위치에 있으면서도 독과점 횡포나 특혜 논란 없이, 인도 국민들의 Tata에 대한 애정과 믿음이 남다르다는 점과 사회적 기여를 강조하면서도 미래 산업군을 내다보는 사업적 감각과 수익성면에서도 발군이라는 점이다.

Tata란 기업명은 인도 대부분의 기업이 그러하듯 자기 가문명에서 따온 이름이다. 1868년 Jamsetji(인도에서는 존칭으로 Ji를 이름 뒤에 붙임, 순수이름은 Jamset) Tata가 인도 Parsi의 근거지인 봄베이(현 Mumbai)에서 무역업으로 창업한 이래 본인 및 아들 손자대에 걸쳐, 축적한 자본을 인도 최초의 근대식 방직공장, 인도 최초의 수력발전소, 인도 최초의 일관제철소에 연결시켰다. 피식민국 인도 땅에 세계 최초로 8시간 근무제와 의료보험, 연금제도를 도입했고, 북동부 Jharkand 산지에 제철소를 건립할 때는 의무에도 없는 도시내 학교, 병원, 공원, 주택 등을 Tata 자금으로 일괄 건설했다. 이러한 전통은 그 아들, 손자, 후손 대에 이어져 자신들의 부 대부분을 Tata Trust 등 자선기금에 출연해 왔다.

2) Tata Group 지분 2/3, Tata Trust등 자선단체가 보유, 교육, 보건, 불평등 해소에 투자

현재 Tata그룹은 Tata Sons를 정점으로 하는 지주회사 형태인데 이 Tata Sons의 약 2/3 지분이 Tata Trust 등 자선기금이다. 따라서 막대한 Tata 그룹 수익금이 20세기 초중반부터 현재까지 Tata Institute of Fundamental Research 등의 연구, 교육, 보건, 문화 진흥과 빈부격차 해소 분야에 투자되어 왔다.

해서 Tata는 Reliance와 함께 인도를 대표하는 양대 기업군이지만 Reliance의 Mukesh Ambani가 아시아 최고 부자인 반면, 최근까지 Tata Group의 도약을 이끈 Ratan Tata의 인도내 부자순위는 400위권 밖이다. 인도 Tata가 정부가 할 일을 기업이 하고 있다는 의미의 Private Government로 불리는 이유다. 상속세

회피용이란 혹자의 주장도 상속세가 없었고, 지금도 없는 인도에는 앞뒤가 않맞는 논리다.

이와 같은 Tata의 기업문화의 뿌리는 인도 Parsi다. 옛 Persia에서 이주해 온 사람이란 뜻으로 이슬람 물결이 이란 땅에 몰려오면서 세계 최초의 일신교로 알려진 조르아스터교 신념을 지키기 위해 8~ 10세기에 걸쳐 인근 인도의 구자라트 지역에 집중 이주, 정착했다. 좋은 생각, 좋은 말, 좋은 행동의 가르침과 종교의식을 이주한 땅에서도 지켜 왔고, 자녀 교육과 일족내 유대와 연대를 강화해 왔다. 19세기 중엽 구자라트 Surat 항의 대안으로 7개의 섬을 매립해 만든 봄베이가 대영제국과의 물류 중심지로 부상하면서 수많은 Parsi가 뭄바이 건설과정 및 산업화 과정에 주도적으로 이주, 참여했고, Tata 가문도 이 흐름에 동참하면서 Tata 그룹의 초석을 쌓았다.

3) 인도 Parsi : 6만 인구로 인도 산업계, 학계를 선도한 세계 초일류 이주 민족 집단

현재 인도내 Parsi 인구는 약 6만명 전후로 추산되고 있는데, 인도의 경제수도 이자 제 1 항구인 뭄바이와 인근 Pune에 집중되어 있고, 최초 정착지인 구자라트주에 일부 분포되어 있다. 뭄바이 시 남부의 Dadar Parsi Colony는 약 10,000명이 거주하는 대표적인 Parsi 집단 거주지역으로 배화교 양식의 Parsi Temple (Agiary라 불림)과 조장탑(배화교는 조장 전통을 고수하고 있음)이란 인도에서도 이국적인 풍경을 볼 수 있다.

파르시중 역 80% 정도가 경제계, 나머지는 교육 및 예술 분야에 종사하는 것으로 알려져 있다. Tata외 그 비싼 뭄바이 부동산을 배경으로 인도 제일의 200억 달러 부동산 기업을 일군 Mistry Group, 인도 소비재 시장을 선도하고 있는 Godrej, 인도 민항기 시장의 양강 Wadia Group, 그리고 그동안 구축한 세계 제 1의 백신 생산능력으로 최근의 글로벌 코로나 재앙 극복에 크게 기여한 SSI(Serum Institute of India)가 대표적인 Parsi 계 기업이다. 과학 및 연구, 예술, 정치 분야에의 기여도 매우 커 인도 핵폭탄 개발의 아버지 Homi Bhaba, 세계적인 지휘자 Zubin Metha, Indira Gandhi 전 총리의 남편 Peroz Gandhi

등이 파르시다.

한 때 융성했을 때는 15만을 넘겼으나 모계만 인정하는 순수혈통 고수와 타종교도와의 통혼 증가, 경제적 자립 후 결혼하는 관행 등으로 지속 감소 추세에 있어 지도층은 Parsi 증가 방안에 머리를 앓고 있다고 한다.

필자가 근무한 구자라트주 경제수도 암다바드(Ahmedabad)에 이교도와 결혼하면 풍요롭던 환경과 가족과의 연결이 단절되고 다니던 파르시 사원에의 출입이 봉쇄될 것을 알면서도 건축디자인 쪽으로 유학 온 한국 청년과 결혼한 용감한 파르시 여인이 있었다. 우리나라의 상의격인 인도 CII(Confederation of Indian Industry)의 서북부 회장은 인도 Powder 음료 시장의 선도기업을 할아버지 대로부터 물려 받은 Parsi로, 구자라트 거주 6,000여 파르시 족보를 꽤뚫고 있었다. Parsi 대부분이 이란의 아리안계 혈통을 그대로 온존하고 있어 현장에서 보면 마치 하얀색 피부의 건장한 서구인, 독일인을 보는 듯한 착각에 빠지곤 한다.

지난 주 한-인도경제협력 세미나 부산 행사에서 타타대우버스 사장님을 같은 테이블에서 만날 기회가 있었다. 본인이 내부에서 보고 느낀 Tata 기업의 특성은 무엇인가? 20년 이상 한국에서 성공적인 기업을 운영하면서도 왜 노사분규가 없나? 쌍용차 인수후 도주한 중국기업, 최근에 쌍용차에서 철수한 인도 Mahindra 그룹과 비교한 Tata의 특징은 무엇인가를 물어 보았다. 자기가 본 Tata 가문 및 Parsi 사람들은 누구보다 근면, 성실하고 평화를 추구하는 사람들이고, 물리적으로 다투는 법이 없으며, 끊임없는 대화를 통해 해결책을 반드시 찾아내는 사람들이란 답변이었다. 파르시의 80%가 비즈니스에 종사하고 가난한 Parsi는 없다는 이야기도 더해 주었다.

필자가 이해하고 있는 Parsi는 유대인을 넘어선 세계 초일류 소수 민족집단이다. 본토를 떠나 타국으로 이주한 10만도 안되는 소수민족 집단이 1,000년 넘는 세월 동안 자신의 종교, 생활전통을 온존하면서도 이주한 국가의 산업 근대화를 선도하고, 수많은 과학자, 예술가들을 배출했고, "파르시라면 콩으로 죽을 쑤어도 믿는다"고 할 정도로 온 국민들로부터 사랑과 신뢰를 받고 있는 이 드문 현상을 어떻게 이해하고 설명해야 하는가?

유대인의 Diaspora, 영국 신교도의 America 신대륙 이주는 아마 오늘의 이스라엘, 오늘의 미국을 있게 한 극적 전환점이었지만 그 과정에 수많은 피와 곡절을 낳았다. 혹자는 긴 역사적 여정과 결과물의 불가피한 과정이라 말할 수도 있겠다.

인도와 연을 맺은 지 30여년, 현지 생활 8년을 반추해 보면, 인도가 공존내지 조화의 땅인 것은 분명한 것 같다. 여지가 있으며 여백이 있다. 구지 한쪽으로 내것을 강요하지도 않고 주변의 사물과 사람과 그 사람들의 생각을 인정한다. 최소한 모르는 척해 주거나 그러러니 해 준다. 윤회적 세계관과 우주관을 만들었다. 이러한 인도아 대륙의 전통이 0이란 개념과 아라비아 숫자를 만들어 내고, 인도판 종교, 힌두스탄 철학이란 서양과도, 동양과도 확연히 구별되는 인도아 대륙의 독자적 전통과 유산을 인류에 더했다.

인도 Parsi, 그리고 이를 대표하는 Tata는 선을 추구하는 Parsi 종교 전통이 이주한 인도아 대륙의 관용성과 포용성과 만나, 1000년 이상을 서로 고마움과 교감을 주고, 받으면서 만들어 낸 [인도향 Diaspora]의 결정체가 아닐까?

자료 : Times of India

5. 인도판 유대상인, Jain상인

1) 불살생의 교리가 낳은 전세계 1,000만 자인 네트워크

인도 4대 상인 집단으로 마르와리, 구자라티, 파르시 그리고 jain 상인집단을 든다. 이중 마르와리와 구자라트가 인도 북서부 Rajastan주와 Gujarat란 주, 지역을 배경으로 한다면, Parsi는 인류 최초의 일신교로 이야기되는 배화교(조르아스터교), 자인 Jian 집단은 자이나교란 종교가 낳은 상인 집단이다.

신만 1억이 넘는다는 종교의 땅 인도에서도 자이나교는 아주 특이한 위상을 가진다. 2011년 인도 인구 센서스 기준 인도 자이나교는 450만명으로 인도 인구의 약 0.3%를 차지한다. 해외의 자이나교 500만을 합치면 전세계 약 1,000만 정도가 자이나교도로 알려져 있다. Parsi의 배경이 인접 이란과 조르아스터교라면, 자인 상인집단은 불교와 비슷한 2,500면 전통을 가진 인도아 대륙의 수행, 고행 전통의 산물이다.

신성을 품은 히말라야와 이것이 내려주는 갠지즈 강물이 드리우는 인생과 삶에 대한 근원적 질문이 인도의 고행, 수행 전통의 뿌리라 많이 말해진다. 불교와 자이나교는 인도의 수많은 고행수도 전통중에서도 인도 북동부 갠지즈 중하류 지역에서 발원해 불교는 세계 종교로 자이나교는 인도의 6대 종교로 발전했다.

자이나교는 이 고행 수행계열에서도 가장 극단의 수행, 구도 전통을 지닌 종교다. 세상 모든 만물에 영혼이 있고, 돌과 물, 풀, 식물, 인간에 깃든 영혼과 생명의 정도가 다르다고 믿는다. 자이나교의 출발은 이 생명을 죽이는 일은 가장 큰 죄를 짓는 일로 여기는 물활론과 불살생의 교리로 알려져 있다. 힌두도, 불교의 불살생 관념도 깊지만, 특히 자이나교는 해충을 포함한 동물은 물론 식물의 뿌리까지도 살생의 범주로 간주한다. 해서 많은 자인교도, 자인상인 식단은 양파, 마늘, 당근 등 일체의 뿌리식물을 제외한 극단의 채식으로만 꾸려진다. 채식만 하면 모두 홀쭉할 것이란 선입견도 틀렸다. 채식에서 오는 부족한 단백질과 기운 없음을 보충하기 위해 많은 음식을 기름에 튀기다 보니, 배가 불룩한 자인교도나 자인상인을을 북서인도 현지에서 자주 접한다.

개미 한 마리 못 죽이는 0.3% 인구가 인도 세금의 1/3을 내는 자인 상인

인도 북서부, 파키스탄과 접경하고 있는 구자라트주는 인도 경제수도인 중서부 항구도시 뭄바이와 함께 자인교도 및 자인 상인집단이 집중 분포되어 있는 지역이다. 2018년 이곳 구자라트주 경제수도인 암다바드에 인도내 6번째 무역관을 개설할 때 일이다. 예정 사무실과 가까운 아파트를 위해 별도 입주면접을 거쳐야 했다. 내돈 내고 들어가는데 입주자 대표회의의 면접을 통과해야 한다는 것이다. 가보니 회장님을 포함한 임원진들이 이것 저것 물어보는데 특히 음식관련 질문이 많았다. 인터뷰 결과는 보류였다. 황당해서 알아보니 약 80여가구인 이 아파트 소유, 입주자 대대수가 자인교 및 자인상인 집단으로 자기들끼리 가능한 사회적 지위가 있고 채식을 하는 임차인을 구하는 일종의 묵계 내지 전통에 동양의 육식동물이 들어온다니 그리 된 같다는 것이다. 두 번째 면접 때 채식을 즐겨하고 정부 공공기관이고 한국과 구자라트주간 교역증진에 노력하겠다는 이야기 후 입주할 수 있었다. 코트라가 인도에서는 대사관 부속기관이고 그에 따른 신분지원도 입주에 도움이 되었을 것이다. 수천에서 억대의 외제차가 한 집당 2-3대씩 되는 주차장속 인도 국산차(정확히는 1,400cc 인도산 현대차)는 내집 한 곳 뿐이었다. 거주 내내 음식에 신경을 써야 했다. 아파트 안뿐만 아니라 밖 어느 곳을 가도 온통 풀뿌리 계열일 뿐 고기가 섞인 식당은 가물에 콩나듯 찾기 어렵고, 가 보아도 맛이 안난다. 여기에 구자라의 공식 금주가 더해졌다. 구자라트 주 자체가 간디와 모디총리를 배출한 힌두 원리주의의 뿌리지역이고 자인교 영향력도 매우 커 더해진 결과였다. 암다바드 1년, 그리고 이어진 뉴델리 2년을 통해 90% 채식주의자로 변해 있는 자신과, 사람과 집단을 분류할 때 Vegetarian과 Non-Vegetarian이란 구분도 괜찮은 구분법이라는 것을 알게 되었다.

이런 극단의 불살생 자인 교리가 낳은 것이 현재의 자인상인 집단이고 인도내 500만, 해외 500만 도합 1,000만에 달하는 전세계 자인상인 집단이다. 교리상 살생이 수반되는 농업, 사체와 연결된 수공업, 사람을 죽이는 군대는 논외의 대상이었다. 오직 열려 있는 길은 상업과 금융업, 그리고 가르치는 직업뿐이었고 수천년 상업, 금융업 전통을 대를 이어 쌓아 왔다. 자인교도, 자인집단의 약 95% 전후가 문해율 그룹이고, 최하층 천민계열의 자인교도는 매우 드물다.

인도 세금의 1/3을 낸다고 회자된다. 500만 인도 자인의 정점에 있는 사람이 지난 11월 Fobes가 발표한 1,200억 달러 자산의 세계 4위 부호 Gautam Adani다. 1988년 창업, Adani Adani Ports, Adani Power, Adani Green Energy 등 인도 인프라와 그린산업화를 선도하고 있다. 이외 세계 제 일의 영자신문 Times of India의 Sahu Jain, 1980년대 인도의 IT아웃소싱을 최초로 정립한 Patny, 그리고 인도 정계의 2인자 Amit Shah 내무장관이 자인교도다.

2,500년을 넘는 전통으로 자인교 내에서도 극단내지 전통을 추구하는 나체파, 백의파 등 많은 지파로 갈리고 내부 규율과 위계도 엄격하다. 주로 인도 북서부, 중서부 지역에 집중 분포되어 있다. 자이나교 사원내 안치된 창시자 Maha Vir상을 보면, 통상 우리가 아는 부처님 상이 아닌 가하는 착각이 들 때 많고, 또 전체적인 자인사원의 구도나 모양도 힌두교 사원과 구분이 모호하다. 여름 몬순 기간 Muni라 불리는 벌거벗은 Jain Monk 들이 이마을 저마을로 도보로 움직이는 모습을 인도 북서부에서 접할 기회가 있다. 여러 Munis일행이 도보로 이마을 저마을 나체로 이동하면서 복을 마을사람들에 나누어 주고, 수행도 겸하는데, 살생을 피하기 위한 이동과정과 지극정성으로 수발하는 자인 여신도들의 지난한 과정을 보면, 인도가 종교의 나라, 그리고 종교가 개인적 신앙을 넘어 사회적 현상임을 실감하곤 한다.

2) Jain, Shah, Metha 등이 대부분 Jain 상인집단

인도 500만 자인교를 포함한 전세계 1,000만 자인 네트워크도 매우 공고하고 탄탄하다. JITO(Jain International Trade Organization) 본부가 인도 경제수도 뭄바이에서 설치되, 국내외 주요 지부를 엮어 각종 학술 및 체육대회, 2세들을 연결하는 교육, 친목 프로그램을 상시 운영하고, 해외 구매사절단을 수시로 파견한다. 2020년 상반기 Adani 회장의 부인을 단장으로 하는 50여명의 대한국 여성 구매사절단이 추진된 바 있으나 코로나 여파로 중단된 바 있었다.

JITO 총회가 열릴 때 인도 총리의 참석은 거의 필수고, 이때가 되면 Times Of India를 포함한 인도 주요신문에 자인교 관련 기사가 줄을 잇는다.

자인상인 집단 대부분 금융, 무역, 도소매 업종에 집중 종사한다. 급여생활자보다는 죽을 쑤어도 자기사업을 선호한다. 물론 인도의 근대화 과정을 거치면서 제조, 인프라 쪽 자인 기업도 많다. 구자라트 제의 공업도시 Surat은 세계 다이아몬드의 약 90%가 가공되고 있는 세계 다이아몬드 가공 수도인데, 이곳 주류 다이아몬드 업계가 Jain 계통으로 알려져 있다. 인도 일반 대중에게도 자인하면 부자집단이란 인식이 일반적이다.

Jain 교의 불살생 교리로 자인 상인집단의 상도덕 내지 상관행에 대한 국내외 평가는 상대적으로 우호적이다. 그러나 인도 그동안 인도 주식시장 사기 및 외화반출 사고에 빠지지 않고 있는 등장하는 것이 Jain 상인이다. 사업에 도가 텄고 도매급 사고는 금물이다.

Jain 상인과 교류시 여러 가지로 까다롭고, 또 신뢰관계 형성에 오랜 시간이 걸리고 또 오래간다. 인도 자인 상인을 자신의 집에 초대, 오로지 채식으로 마련한 식사를 하고는 대화도중 오간 어느 소스 성분을 듣고는 귀국 후 일주일간 자인사원에 들어가 그 죄를 씻었다는 이야기가 많이 듣는다.자인 상인 대부분이 해외 출장시 음식을 직접 마련해 쌓아 간다. 맺기가 어렵지 일단 맺으면 사업관계 여부를 떠나 10년 이상 관계가 이어진다는 이야기를 많이 듣는다. Diaspora 면에서 이란계 이주집단인 6만여 인도 파르시를 유대계와 비슷하게 본다. 하지만 정치, 경제적 영향력, 인구, 습성상 500만 인도 자인상인은 유대상인에 더 가까운 것 같다.

명함을 받아 보았을 때 마지막 성에 Jain이 있으면 거의 Jain 상인이라 보면 된다 그밖에 Shah, 사라바이(Sarabhai), 도쉬(Doshi), Methta이면 자인 상인인 경우가 많다.

6. 인도 비즈니스가 어렵다 느끼는 이유 : 한나라가 아니다, 폐쇄적인 상인 네트워크

인도 비즈니스를 경험해 본 우리기업인들 많은 분이 속을 모르겠다. 영악하다. 거래 조건을 자주 바꾸고, 눈앞의 이익에 너무 몰두한다. 너무나 느리다. 레드테이프가 극심하다 등 여러 어려움을 토로하신다. 맞는 이야기이고 속이 터질 때가 너무 많지만 知彼知己가 우선이라고 우선 인도인의 관점에서 접근해 보자.

우선 인도가 한 나라라는 인식에서 오는 오류다. 2,000년 이상 한족 중심의 한자문화권을 유지해 온 중국, 우리나라와 달리 인도는 70년전만 해도 한 나라가 아니었다. 우리나라의 50배를 넘는 남아시아 반도 5,000년 역사에 셀 수 없는 왕조가 각지에 난립했었다. 세계사에서 배운 마우리아 왕조, 굽타 왕조를 포함 이 큰 인도아 대륙을 통일시킨 왕조는 없었다. 17세기 전후 중국과 자웅을 겨루던 무굴제국도 남부를 굴복 시킬 수 없었고, 중.북부도 수많은 힌두 자치왕국과 타협을 해야 했다. 대영제국 지배시에도 560여 제후국이 난립해 있었고 1947년 인도 독립 후에도 그 후대들의 정치, 경제적 영향력은 인도 정치, 경제 곳곳에 스며들어 있다.

화폐에 표기된 문자만 17개에 달하고 공식언어만 22개에 달한다. 현재 28개 주는 이러한 인도아 대륙의 5,000년 넘는 그 복잡한 언어, 인종을 반영한 결과다. 무굴 등 북쪽 왕조의 수많은 정복 시도를 견디어 낸 남부의 자존심과 독립심은 거세어 BJP 등 북부기반 정당이 남부 또는 남서부 주에서 집권할 가능성은 제로다. 남부 어느 상점에서도 북부 기반의 힌디어로 이야기를 건네면 알면서도 대꾸를 안한다. 몽골계 소수민족 위주의 동북 7개 주(7 Sisters)와 파키스탄, 중국과 영토분쟁 중인 북서부 카시미르 지역의 분리 움직임은 인도정부의 최우선 관심사다.

따라서 대인도 비즈니스나 협상에서 인도를 하나의 나라, 인도 상인을 한 정체성을 가진 집단으로 대해서는 안된다. 이들의 근거지가 어디인지부터 먼저 확인하는 것이 좋다. 적어도 행정과 정치 전통의 북부, 상업과 비즈니스 본고장 서부, 과학과 기술 성향의 남부, 인문과 학문 전통의 동부 등 권역별로 대별해 접근해야 한다.

두 번째는 세계 3대 상인으로 지적되는 인도상인들의 상술과 폐쇄적 네트워크다. 상업을 경시하는 士農工商의 우리 반상체계와 달리 인도 카스트 시스템은 士商農工 위계다. Brahmin 사제 지식계급과 함께 商을 담당하는 Baniya 상인계급은 5,000년 인도 카스트 역사에서 절대적 영향력을 발휘해 왔다. 현재도 14억 인구의 약 4%인 6,000만 명이 브라만, Baniya 그룹이 3%, 4,000만 정도로 추산된다. 우리기업이 대인도 비즈니스와 관련해서 접촉하게 되는 대부분은 이들 Baniya 상인집단이다.

이들 Baniya그룹은 3,000년 넘게 사업, 장사 외길을 걸어 왔고, 돈을 모으고 불리는 문화와 기법이 대를 이어 DNA에 각인되어 있다. 인도 10대 부자의 9할,

100대 기업의 90% 이상이 이들 Baniya 출신이다. 철강, 자동차, 통신, 에너지 등 전통산업은 물론 전자상거래, Fintech, 인공지능 등 신산업, 신 기술분야 절대 다수도 이들 Baniya 그룹 출신이다.

인도 상인의 본류이자 주류 Marwari(북서부 라자스탄 지역), Gujarati(서북부 Gujarat 지역)간 경쟁과 알력도 극심하다. 북서부 외부세력의 대인도 진격로 한 복판에 위치한 곳이 시크교로 유명한 Punjab 지역이다. 북인도의 터주대감 Punjabi 상인집단의 적응성과 빠른 대처능력은 유명해서 타지역 상인들이 이들과 거래할 때 별도의 주의를 기울인다. 반면, 이란계 이주 소수민족의 Parsi와 불살생 교리에 기반한 Jain 상인집단은 우리나라 개성상인 못지 않은 신뢰로 정평이 나 있다.

북 또는 서부의 인도의 전통상점을 가든 집을 구하든 네 예산이 얼마냐, 얼마짜리를 구하냐라는 질문부터 받는 경우가 비일비재다. 상대방의 가용예산이나 용의를 우선 파악 후 고무줄 가격대의 자신의 최고가부터 던지기 시작한다. 어수룩한 고객으로부터 터무니 없는 가격을 받아도 죄책감은 없다. 몇 년 장기고객인 나에 주는 조건과 가격이 신규 고객보다 나쁨을 확인하고는 밀려오는 배신감에 허탈해 하는 사례는 셀 수 없이 많다.

가족과 친척, 그리고 커뮤니티 일원에 대해서는 각별하다. 집단내 신용에 대해서는 평생을 통해 지키는 전통을 이어오고 있다. 돈에 천착하는 폐쇄적인 커뮤니티 집단이다. 5,000년 인도아 대륙의 급변하는 생존환경과 카스트 질곡이 단련, 축적시킨 가족, 커뮤니티에 대한 각별한 애정은 반대로 밖의 세계와 사람에 대해서는 경쟁, 쟁취 대상으로 표출되는 듯 하다. 상도도 상문화도 [1]지역마다 다르고, 상인집단별로 천차만별이다.

대인도 비즈니스에 있어 가장 큰 진입장벽은 이와 같이 돈에 천착하는 폐쇄적 상인집단이다. 물론 어렵고 인내를 요구하는 과정이다. "10여년 전 뉴델리에서 사업을 시작할 때, 고교 동창이 돈도 안받고 자신의 큰 별장을 조건없이 몇 년간 제공해 주었다. 또 그가 연결해 준 든든한 Jain 커뮤니티를 통해 인도 코로나

1) [3,000년 카르마가 낳은 인도 상인이야기 : 김문영] 참조

바이러스 격랑을 헤쳐 나갈 수 있었다". 아버지 직장관계로 인도 현지에서 고등학교, 대학교를 마친 어느 재인도 사업가 이야기다. 어려워서 그렇지 일단 그 선을 넘거나 경계선에라도 있다면 이렇게 고구마 줄처럼 연결되는 상인 커뮤니티 집단은 내가 가진 대체불가의 경쟁력이다.

7. 3배는 느린 시간, 부패산업과 다른 도덕 관념

1) 양치기 소년…

인도 현지 우리 주재원들이 인도 프로젝트나 사업거래 관련, 본국이나 본사에 약속했던 사항이나 기한이 연기, 무산되는 일이 반복되면서 양치기 소년같은 거짓말쟁이나 무능력자가 되고 있는 듯한 자신의 처지를 자주 빗대어 쓰는 말이다.

인도의 경제수도 뭄바이와 제조업의 본산지 구자라트주 아메다바드간 500 km를 연결하는 인도 최초의 고속철은 우리나라의 개발연대 경부고속도로와 같은 국책 프로젝트다. 2020년 착공, 2023년 완공을 목표로 추진되었다. 전체 150억 달러중 일본의 JAICA[2)]가 80% 이상 자금을 지원하고 있음에도 토지수용과 보상을 둘러싼 갈등과 코로나 상황이 겹쳐 2028년 완공으로 크게 후퇴해 있다. 터널굴착 등 우리가 경쟁력을 가진 많은 우리기업이 참여를 추진해 왔으나 힘이 많이 빠진 상태다.

2000년대 중반 천혜의 철광석 단지로 유명한 인도 동부 Orissa주에서 추진된 포스코의 해외 최초 일관제철소 건설 프로젝트 무산은 지금도 회자되는 대표적인 대인도 리스크 사례다. 중앙정부는 물론 주정부의 승인과 토지 강제 수용권은 수용 및 보상을 둘러싼 법적, 물리적 충돌과 분쟁, 인도 토종 철강사들의 간접적 동조의 벽을 넘지 못했다. 포스코를 포함 이 프로젝트에 관여된 많은 우리기업과 기업인들이 조직 내외적으로 큰 피해를 본 바 있다. 현재 인도 남부를 중심으로 추진되고 있는 일관제철소 건설에 대한 우리기업 참여 주저의 가장 큰

2) JAICA(Japan International Cooperation Agency) : 일본정부의 대외 공적원조 기관

트라우마라다.

인도로 제품을 수출입 하면서 또 현지에서 법인이나 공장을 설립하면서 인증, 통관, 조세, 노무, 금융 등 각 단계별로 그 성사여부와 시기 결정권을 상대방에서 구해야 하고, 빨리빨리 문화에 익숙해 져 있는 우리 기업인과 본사 담당자의 속은 타들어가기를 반복한다. 부패도 심해 부패산업이란 용어가 일반화되어 있고 전반적인 부패수준도 아시아에서 최하위권으로 평가[3]되고 있다.

2) 곱하기 3, 힌두어의 어제=내일, 모래=그저께

인도 현지에 출장 오셔서 의견을 구하는 우리기업인들에게 먼저 말씀드리는 사항이다. 대인도 비즈니스 관련해서는 타지역 관행이나 본인 생각상 생각하는 시간이나 기한에 3을 곱하시라는 조언이다. 본인 마음가짐도, 대본사 보고도 그리 해 놓으시고, 사장님들에게는 직원들이 보고하는 기한에 3을 곱해 두시고 늦어지더라도 질책 말고 빨리되면 격려를 해주시 부탁드리곤 했다. 개인적으로 되돌아 보면 마음의 끈을 놓지 않았던 일들 대부분이 실현되 있었다. 답답하고 속타고 번거로왔을 뿐이다. 불과 2만명의 공무원과 군대로 이 큰 인도아 대륙을 통치했던 대영제국의 통치시스템이 현 인도에도 이어져 적어도 법행정적 기반과 기록과 보존 문화에 있어서는 우리에 못지 않은 것 같다. 많은 부분이 인도의 1인당 소득 2,200불과 우리의 30,000불과 차이로 설명될 수 있을 것이다. 우리도 70년대 Korean Time이란 시절이 있었다. 여기에 더해 인도인의 독특한 시간관념이 더해진다. 인도의 대표적 언어 힌디어의 내일과 어제(Kal)과 모래와 그저깨(Shabdkosh)는 같은 단어를 쓴다. 인도에 뿌리를 둔 힌두, 불교, 자이나교의 윤회적 세계관에서는 어제도 내일이고 모래도 그저께이다. 문맥의 전후관계를 보아서 확인할 뿐이다. 신선한 충격이었다.

---

3) 2020년 Transparency International 조사보고서에서 인도는 종합 Bribery Rate(39%), Using Personal Connection(46%)로 조사대상 아시아 17개국중 최하위. 인도는 조사대상자중 42%가 경찰에 뇌물을 제공하고 경찰, 법원, 증명서 취득시 38% 이상이 개인적 네트워크를 동원함, 동조사의 Bribery Rate 지표상 한국은 10%, 일본은 2%로 나타남.

3) 인도에는 도덕, 윤리 학교교육이 없다

일본과 싱가폴은 전체주의 국가를 방불케 할 정도로 어릴 때부터 주변과 공존하는 도덕 윤리 교육을 학교와 가정에서 반복해 주입하고 있고, 우리나라와 중국도 정도 차이는 있지만 비슷하다. 그러나 세계 7대 종교중 힌두교, 불교, 시크교, 자이나교 등 4대 종교를 배출한 종교의 나라, 이러한 다양성 속에서 공존을 추구해야 하는 인도에는 동양류의 도덕 사회윤리 교육이 학교 커리큐럼에 없다. 주변과 이웃에 폐를 끼지치 마라, 공중 도덕을 지켜라와 같은 일관된 기준을 적용할 공통된 기준도 없고 불가한 여건이다. 각 학교별로 특화된 종교교육을 통해, 집안 전통의 어르신 교육을 통해 전래의 가치를 전해줄 뿐이다. 그래서 공중도덕이 약하고 주변에 대한 배려가 부족해 보인다.

그러면서도 다른 생각, 인종과 종교, 문화에 대해 태어나서부터 Born To Global 하고 수용적이다. 일반 인도인의 경우 구지 국경을 넘지 않아도 다른 피부색깔, 언어, 종교, 계층을 태어난 순간부터 주변의 일상에서 접해야 한다. 이렇게 다양하고 복잡한 환경이 공존, 공유하는 여백의 문화를 3,000년 이상 다져왔다. 히말라야 산지에서 인도를 침공한 알렉산더 대왕 군대의 후손인 듯한 사람을 보게되고 미얀마와 인근한 동북 Mizoram에서 유대교 제식 전통을 따르는 동양계인들을 만날 수 있다.

인도 모디정부의 Digital India 정책과 행정개혁, 기강확립 운동 등으로 인도 중앙, 지방정부의 디지털화와 서비스 개선도 급속도로 개선되는 추세다. 1990년대 이중 청구 관행으로 전기세를 내고도 3-4년치 영수증을 보관해야 했던 인도의 전기 및 가스요금 납부시스템은 민간기업 주도로 온라인 결제와 확인, 보관이 크게 확대되고 있다. 서부 뭄바이에서는 도로의 싱크홀 신고 후 1일 이내 미조치시 신고인에게 Rs 500(약 8,000원) 보상하는 등 행정에 대한 주민통제 및 피드백 시스템을 급속히 확산시켜 나가고 있다. 지역별로도 큰 차이가 있다. 남부 Tamil Nadu주[4] 출장시 그곳의 산업단지 관리를 담당하는 TIDC 대비 서부

---

4) 인도 남부에 위치, 스리랑카와 바다를 두고 있고 우리나라 현대자동차 및 협력기업이 진출해 있음.

뭄바이를 관할하는 MIDC[5]의 업무관행에 많은 칭찬을 들은 바 있었다. 그러나 모디 13년의 주총리 기간중 행정기강을 다잡은 구자라트주에 투자한 포스코 등 우리기업 대부분 MIDC와 달리 이곳에서의 공장설립, 인허가 관련 주정부나 공공기관(GIDC)[6]에 뇌물을 제공한 기억이 없었다가 공통된 반응이었다. 한 나라가 아니다.

8. 대인도 비즈니스 10계

인도가 중국, 일본, 우리나라와 근본적으로 다른 첫 번째 출발점은 통일의 역사, 국민국가화 역사가 70년에 불과한 국가라는 점일 것이다. 불교를 세계종교로 전파한 기원전 3세기의 마우리아 왕조도, 17세기 중엽 세계 제일의 GDP 규모를 자랑하던 무굴제국도, 심지어 200여년 지배한 영국도 인도 남부는 합병하지 못했었다. 북으로 히말라야 산맥, 동서로 울창한 밀림과 산악지대, 양안이 바다로 둘러싸인 고립된 이 인도아 대륙 수만년 역사에 셀수 없는 수많은 국가, 종교, 언어, 문화가 명멸했고 지지고 볶아 왔다. 따라서 대인도 비즈니스에서 지키셨으면 하는 교훈 10계로 다음을 제시해 본다.

1) 첫째 : 인도는 크고 복잡한 나라, 도매급 사고는 금물이다.

우리나라 33배 땅 인도는 서북부 구자라트주의 구자라티, 북부 펀잡주의 펀자비, 중남부 카르나타카주의 칸다나어 등 언어를 기준으로 30개 주로 구분되 있다. 각주의 권한도 미국의 주보다 훨씬 강력하고 광범위하다. 따라서 인도인을 대할 때, 비즈니스 관계를 모색, 관리해 나갈 때 다 같은 인도인이라는 도매급 사고를 버려야 한다. 서쪽은 상인, 동쪽은 문인, 남부는 공인, 북부는 정치, 행정인 특성을 지니는 것으로 많이 회자된다. 남서부 케랄라주, 9세기 전후 조르아르서교(배화고) 신념을 지키기 위해 인도로 이주, 정착한 이란계의 Parsi 상인, 불

5) Maharashtra Industrial Development Corporatio, 뭄바이 관할 Maharashtra주 산업단지 관장
6) Gujarat Industrial Development Corporation, Gujarat주 산업단지 관할

살생의 교리에 기반한 자인교 상인집단에 대한 평판은 매우 긍정적이다. 반면, 대인도 침략 경로의 한복판에 있던 북부 출신 상인 집단에 대한 일반적 평판은 그리 좋지 못한 것이 현실이다. 따라서 사업 파트너로 인도인을 대할 때 다 같은 인도인일것이라는 도매급적 사고를 버려야 한다. 인도는 한나라가 된 역사가 고작 70여년에 불과하고 수천년 한나라가 된 적이 없었던 지역의 사람들을 인도라는 하나의 틀로 분석하고 있다는 사실을 인지해야 한다. 해서 의하한 부분이 많은 것이 당연하고, 따라서 여지를 항상 남겨두고 접근해야 한다.

2) 둘째 : 인도 상인 집단의 특성을 이해하고 네크워크를 이용하라

진상, 송상, 오오미 상인 등 동북 한중일 3국 대표 상인 집단이 다르듯이 지금은 한 나라가 된 인도의 상인 집단은 한중일 만큼 각자 달랐다. 통상 4대 인도상인 집단으로 분류되는 마르와리 상인, 구자라티 상인, 파르시 상인, 자인 상인 등은 그 지역, 종교적 기반, 상관습, 상관행과 전통 등이 판이하고 끈끈한 네크워크를 가지고 있다. 따라서 대인도 비즈니스 관계에 있어 이들 4개 상인 집단의 이름 및 대략적인 특징을 알고 접근하는 것은 이미 경쟁자들보다 대인도 시장에 절반 이상 가까이 가 있는 것이다. 미국, 영국, 중동, 아프리카에도 4,000만명 이상의 인도인들이 진출해 있다. 대아프리카 시장 공략의 지름길이 대인도 상인 네트워크 구축인 경우가 많다.

3) 셋째 : 이름, 명함을 분석하라

5,000년 넘은 인도의 카스트제도를 극명하게 나타내는 것은 그 이름이다. 복색, 피부색 등 다른 구별법도 유용하지만 가장 확실한 것은 거래상대방의 이름에 대한 이해를 하나씩 넓혀 가는 것이다. 14억 인도는 4% 브라만(사제계급)과 2% 바니아(상인그룹)이 지배하는 사회이고 이 힘의 역사는 어느 곳보다 오래되고 현재도 매우 깊다. 인도 상인 집단중에서도 마르와리 및 자인교 상인은 그 성을 보면 열에 아홉은 그 출신을 추적해 갈 수 있다. 인도 카스트 분류에 대한 검색력이 크게 높아져 검색엔진 Google에서 "Indian Caste : 해당 Surname"을 치면 최초 화면상에서 대부분의 검색, 추적이 가능한 경우가 많다. 이를 토대로

분석해 보고, 좋은 의미면 이를 상대방에 표현하면 할수록 결과도 과정도 매우 빨라지고 좋아질 것이다.

4) 넷째 : 우리의 시간에 3배를 곱하고 상대하라

인도의 우주관, 시간관은 우리와 다르다. 우리는 일직선이고 순차적인데 인도인의 그것은 둥글고 원이고 순환적이이다. 힌두어에서 "Kal"은 어제를 뜻하기도 하고, 내일을 뜻하기도 한다. 모래와 그저깨도 같은 힌두단어를 사용한다. 문맥의 전후 관계를 따져 보아야 그 시점을 정확히 파악할 수 있다. 인도인의 시간관을 극명하게 보여주는 예다. 따라서 서두르지 않는다. 1인당 평균 국민소득 2,300불대를 감안하더라도 인도인의 시계는 우리보다 3배는 느리게 가는 것 같다. 인도 관공서를 가보면 문서가 산더미처럼 싸여있다. 기다리다 지치고 잊어먹을 때인 6개월 뒤, 1년 뒤 처리 접수장을 받는 경우가 아직도 많고 많다.

따라서 대인도 비즈니스에 있어 서두르면, 재촉하면 안된다. 성질 급한 우리가 지게되어 있다. 현지 지사에 파견된 직원들의 대본사 보고기한에 3배를 곱해 놓고 기다리면 결과도 좋고 정신건강에도 항상 좋았다.

5) 다섯째 : 인도는 Top-Down사회임을 명심하라.

카스트 전통이 가해져 직장내 서열, 사회적 권위에 대한 인도 일반인의 복종과 순응도는 매우 높다. 관공서든 회사든, 기관이든 그 자리가 주는 힘과 영향력은 우리 및 서구 사회 대비 매우 크고 깊다. 따라서 가능한 한 높은 직급의 사람과 연결이 되도록 하는 것은 시간과 감정비용을 줄이는 지름길이다. Top에 대한 연결고리가 있다는 것이 중간과정의 흐름을 훨 부드럽고 빠르게 하는 경우가 흔하다.

6) 여섯째 : 독점권은 안된다, 적어도 4개 권역으로 나누어라

인도 상인들을 만나면 자신의 현 업종에 관계없는 사업 범위에 대한 인도 사업권이나 에이전트를 원하는 경우가 무수히 많다. 인도 대부분의 기업이 일족기업 형태로 한 기업내 사장, 임원, 감사 등을 일족이 나누어서 하는 경우가 많다. 이 경우를 포함해 대부분 에이전트내지 판매대리점으로 대인도 독점권을 요구하는 경우가 다반사다. 이 때 독점권을 주는 순간 내가 갑에서 을로 위치가 바뀐다. 인도는 드넓고 지역적 특성과 언어 등이 천차만별이라 한 기업, 상인집단이 인도 전역을 커버할 수 있는 경우는 극히 예외적이다. 독점권을 주는 순간 이를 되파는 경우가 흔하다.

7) 일곱째 : 주도권을 항상 쥐어라. 외상거래는 금물이다.

3,000년 이상 상업과 교역에 종사해 온 인도 상인 집단의 공통적 특징은 교역의 전단계, 과정에 걸쳐 자신에 유리한 여러 대안, 경우의 수를 제시하는 경우가 매우 흔하다. 따라서 거래의 전 단계에 걸쳐 내가 인도 거래선을 통제할 수 있는 수단을 꼭 가지고 있어야 한다. 인도 상인 집단이 나쁘다는, 신용도가 낮다는 의미가 아니다. 수천년 동안 당시는 한나라가 아닌 인도판 국제사회 환경속에서 확립된 자체 상관습이다. 좋은 의미든 아니든 현실이다. 따라서 D/A(Document Against Acceptance)와 같은 외상거래는 가능한 피하는 것이 좋다. 인도 전역에 대한 독점권도 이런 맥락과 상통한다.

8) 여덟째 : 문서화, 마지막 보루다

역사적으로 확립된 관료제 전통, 그리고 영국 식민지배 시절의 문서화 전통 등의 영향으로 인도 일반대중 및 비즈니스계의 문서에 대한 인정 및 수긍도는 매우 높다. 현지 진출, 투자시, 계약 시 합의 문서에 대한 인도 상대방 측의 검토 절차가 매우 까다롭고, 회신이 늦는 경우를 많이 접한다. 법적 구속력이 거의 없는 MOU 등을 검토하는데 있어서도 세부 문구와구체적인 경우의 수를 깊이 검토하는 것이 인도 현지 관행이다. 독소조항을 삽입해 놓는 경우도 많다.

9) 아홉째 : 以印齊印와 Incentive 시스템을 활용하라

인도인, 특히 북인도 인력의 관리 능력은 정평이 나 있다. 동부 아프리카에 많은 해외 인도동포 (NRI)가 많은 이유는 영국 지배과정에서 확인한 북인도인의 관리 능력을 아프리카 현지인력 관리과정에 이식시킨 결과다. 대영제국의 인도 지배당시 지금의 인도 땅보다 2배 넘는 지역을 영국에서 파견한 3,000 여명으로 행정, 재정적 요로 지점에 포진시키고 그 이하를 유능한 인도 관리인을 통해 성공적으로 관리, 경영한 역사를 가지고 있다. 우주, 세계관, 문화, 언어, 종교가 판이한 인도인을 밀착 관리하는 것이 가능하지도 효율적이지도 않다. 정확한 상벌, 인센티브 시스템을 적용해 인도인을 통해 거래선을 찾고, 관리하고, 회사를 관리하는 것이 더 효율적이고 성과가 많은 경우가 수없이 많다. 이 경우 구지 우리의 시간에 3배를 곱할 필요가 없다. 우리 시계보다 빠른 경우가 많다.

10) 열 번째 : 인도 고급공무원단 관리의 중요성을 명심하라.

우리나라에도 고시제도의 뿌리와 영향력의 크지만 인도의 그것은 우리보다 훨씬 더 강력하고 넣고 깊다. 해마다 인도 전역에서 100만명 이상이 지원해 30여개 직군에 150만명 전후가 지원해 이중 700~800명이 최종 합격하는 구조다. 일단 합격하면 각 직종, 일반관리직은 IAS (Indian Administrative Service), IPS (Indian Police Service), IRS (Indian Revenue Service), IFS (Indian Foreign Service)별로 해당 분야별로 배치되어 중앙부처 기준 과정부터 시작해 차관까지 대부분의 관직을 이들이 준독점한다. 의원내각제의 인도여서 주정부 및 연방정부 장관은 선거직 정치인으로 채워지지만 실질적인 정책 도입, 관리는 이들 고급 공무원단이 주도한다. 개인적 친분을 넘어 이익집단화 정도가 깊다는 비판이 있을 정도로 상호간 상부상조 관행도 뿌리 깊다. 가장 많고 영향이 큰 IAS 기준 중앙, 주정부에 걸쳐 약 5,000명이 있는데 이들 공문의 경우 반드시 명함에 IAS, IPS란 명칭을 반드시 포함시킨다. 명예와 차별성의 상징이자 영향력 발휘의 주요 경로이기 때문이다. 따라서 대인도 거래, 투자시 이들 고급 공무원과 각별한 신뢰, 감정 관계를 공유할 경우 대인도 비즈니스는 10배 빠르고 10배 시원한 느낌일 것이다.

9. 중국에서 인도로 공급망 전환 서두를 때다

미국과 중국의 21세기 세계 정치·경제 패권을 둘러싼 대립이 격화하면서 대중국 교역과 투자 대체점에 대한 논의가 본격화되고 있다. 현재 일고 있는 베트남 이전 열기를 넘어, 세계 1위 인구 대국이자 이미 G3로 부상한 인도로 우리 기업 투자와 공급망 전환을 서둘러야 할 때다.

1) 전 세계 연간 수출액 20조 달러의 40% 내외를 6만 다국적기업이 주도

세계무역기구(WTO) 추계에 따르면 2021년 전 세계 상품수입액 22조 달러 중 10% 정도가 농산물이고, 20%인 4조 달러 정도가 광물 및 광물성 원료다. 나머지 70%, 16조 달러가 공산품 교역이다.

전 세계 공산품 교역 중에서도 중간재(Intermediate Goods)의 연간 교역액은 이미 10조 달러를 훌쩍 넘어 전체 공산품 교역액의 60%를 넘어섰고, 이 중간재 비중은 2010년대 이후 지속 확대 추세에 있다.

유엔무역개발협의회(UNCTAD) 통계에 따르면 2020년 전 세계 외국인직접투자 누적 금액은 40조 달러를 넘어섰다. 이중 미국으로의 유입이 10조 달러 내외이고, 대중국 직접투자 누적액이 2조 달러 규모다.

대인도 직접투자 누적액도 2010년대 이후의 급증세를 반영 5000억 달러 수준까지 도달해 있다. 이 금액은 본국에서 해외로 송금, 유출된 기준으로 투자한 다국적기업이 현지 조달 금융 분을 합하면 외국인 투자의 영향력은 더욱 커지게 된다.

민간조사기업 Statista 추계에 따르면 전 세계에 3억3000만 개의 기업이 있다. 이중 다국적기업(모기업 기준) 수는 약 6만 개로 이들이 전 세계에 걸쳐 있는 50만 개 이상의 자회사를 관리, 통제하고 있다. 월마트, 토요타, 지멘스, 삼성전자 등 우리에게 친숙한 국내외 기업 모두가 이 다국적 기업군의 선두그룹에 속한다.

이들 다국적기업이 주도하는 연간 수출액은 2002년 기준 10조 달러 이상으로, 현재 전 세계 교역의 특성과 규모, 전망은 이 다국적기업과 이들이 전 세계에 걸쳐 거미줄처럼 짜 놓은 글로벌 공급망 체계를 벗어나 설명할 수 없다. 아이폰 시리즈의 애플이 대만, 중국, 한국, 미국 등 전 세계 200개 사와 넘게 구축해 놓은 1차 공급망은 애플 경쟁력의 원천이었지만, 최근에는 중국 리스크가 갈수록 커져가고 있다.

2) 중국의 연간 3조5000억 달러 수출 중 중국진출 외국투자기업 수출 비중 40% 넘어

중국의 연간 수출액은 3조5000억 달러다. 이 중 1억 달러 전후가 전 산업의 핵심 부품, 소재로 쓰이는 전자 관련 분야다. 이러한 수출의 힘을 통해 지난 20여 년간 중국은 글로벌 공급망의 핵심기지 역할을 해왔다.

중국 상무부 통계자료에 따르면 전 세계 수출액의 20% 가까운 중국의 대외수출액에서 중국진출 외국기업이 차지하는 비중은 2007년 무렵 60%였고, 최근 들어 비중이 감소 추세임에도 40%를 넘었다. 중국의 전체 수출액 3조5000억 달러 중 1조5000억 달러 전후가 중국에 진출한 외국 투자기업의 기여분이라는 의미다.

3) 대인도 수입액, 대중국 수입의 17분의 1, 베트남수입의 3분의 1 수준에 머물러

2022년 우리나라 총수출 6836억 달러 중 대중국 수출액은 1558억 달러로 약 23% 비중에 달한다. 3위 수출국으로 부상한 대베트남 수출도 610억 달러로 전체 수출의 9%를 차지해, 대중국 수출 비중의 4할 수준까지 급성장했다.

수입 측면을 보면 2002년 우리나라 전체 수입액 7314억 달러의 21%에 달하는 1545억 달러를 중국으로부터 수입했으며, 베트남으로부터는 전체 비중의 3.6%에 달하는 267억 달러어치를 수입했다.

우리나라 연간 해외직접투자 금액은 최근 3년간 연평균 700억 달러(2021년 788억 달러, 2022년 772억 달러)를 넘어서 외국인직접투자의 3배 가까운 규모다. 이중 대중국 투자액은 지난 5년 연평균 57억 달러, 대베트남 직접투자는 같은 기간 연평균 32억 달러 규모였다. 우리 기업의 대베트남 직접투자가 대중국 투자의 60% 가까운 수준까지 증가한 것이다.

이렇게 우리나라 수출입과 해외투자의 약 4분의 1을 차지할 정도로 중국과의 상호 경제관계가 강화된 상황이었다. 그러나 코로나19 혼란기를 겪고, 특히 미-중 간 헤게모니 전쟁이 격화되면서 우리 정부와 기업들도 중국을 대체할 보완지역 물색 및 구축에 골몰하게 됐다. 대표적인 지역이 이미 수출과 직접투자 금액이 중국의 60% 수준까지 근접한 베트남이다.

4) 인도로 몰려드는 다국적기업

현재 인도에 대한 외국기업의 직접투자는 연 800억 달러를 넘어 중국의 70% 수준까지 올라와 있고, 특히 코로나 이후, 미중 분쟁이 격화되면서 급속한 증가세를 보이고 있다.

거의 중국에 '올인'했던 미국 애플은 인도 남부 해안지역에 협력기업 폭스콘(Foxcon)과 페가트론(Pegatron)을 통해 지난 2~3년부터 중국 생산시설을 옮기기 시작했다. 올해 안에 전 세계 아이폰 공급량의 4분의 1 정도를 인도에서 조달할 계획이다.

외국기업의 투자를 인도로 유도하려는 인도 정부의 야심 찬 인센티브 정책에 댜한 애플, 삼성전자의 호응에 따라 지난해 인도의 핸드폰 수출은 전년 대비 100% 넘게 늘어난 112억 달러에 달한 것으로 추계되고 있다.

대만계 폭스콘은 인도계 베단타(Vedanta)그룹과 협력해 인도 북서부 구자라트주에 반도체 후공정 분야에 200억 달러를 투자할 예정이다. 인도 부동의 1위 자동차 기업 스즈키사는 2025년까지 전기차 설비 80억 달러를 추가 투자하기로 했다.

벤처 및 IT분야에 대한 투자도 본격화되고 있는데, 미국 구글이 이미 인도 통신 대기업 릴라이언스 지오(Reliance Jio)에 지분 7.7%로 100억 달러를 투자한 바 있다. 일본계 소프트뱅크의 대인도 벤처투자 평가액은 코로나 여파로 많이 하락했음에도 110억 달러에 이르고 있다.

5) 우리도 대인도 투자를 서둘러야 한다

올해부터 중국을 제치고 세계 제1위 인구 대국으로 올라선 젊은 인구구조의 인도지만, 인도시장에 대한 우리 기업의 직접투자는 기아차 공장진출 여파로 11억 달러로 급증했던 2018년을 제외하면 아직도 연평균 4억 달러대 수준에 머물고 있다. 중국과 비교하면 15분의 1, 베트남에 비하면 8분의 1 정도 수준이다.

2022년 대인도 수출액은 189억 달러로 대중국 수출액의 8분의 1, 대베트남 수출의 약 3분의 1 수준에 불과하다. 특히 인도로부터의 우리나라 수입액은 89억 달러로 중국 수입액의 17분의 1이자 베트남 수입액의 3분의 1 수준에 머물고 있다.

반면 최근 미국, 일본, 유럽을 필두로 한 외국기업의 대인도 투자 진출 및 중국 대체지로서의 인도 중심의 공급망 재편이 활발한 데 비해 우리 기업의 대인도 진출과 공급망 재편 노력은 미약한 수준이다.

우선 GDP 시장규모 면에서 보면 중국이 18조 달러로 인도의 3조4000억 달러 대비 5배 이상 크다. 그러나 최근 인도의 실질 경제성장률은 전 세계 대국 중 가장 높은 6~7% 전후대로 2020년대 말까지 지속할 것으로 전망되는 반면 중국은 이미 성장률이 4%대로 접어들었다.

인도는 올 4월부터 중국을 추월 세계 1위 인구 대국이 되었다. 특히 평균 연령이 중국의 38세 대비 10세 이상 젊은 역동적인 인구구조를 가지고 있고, 이런 추세가 최소 2040년까지 지속될 전망이다.

반면, 중국 인구는 21세기 말 8억5000만 명까지 급감해 인도의 절반 수준이 될 것으로 전망된다. 인구 1억 명에 불과한 베트남의 경우, 우리 기업 및 일본 등 외국기업 진출 러시로 최근 인력 부족 속에 임금 상승세가 가팔라지고 있다. 4000억 달러에 불과한 베트남의 GDP 규모도 중국시장을 대체하기에는 작은 규모로 평가된다.

무엇보다 정치적 리스크 측면도 감안해야 한다. 북-중-러와 한-미-일 블록과 그 대결양상이 더욱 공고해지고 격렬해져 가는 지금의 국제 정치, 안보적 측면에서 인도는 경제적으로도 정치적으로도 큰 의미가 있는 국가다. 중국에, 러시아에, 북한에 대해 일정한 지렛대와 조정자 역할을 기대해 볼 규모이고 그런 정치, 외교적 유산을 오랫동안 쌓아왔다.

인도는 5000년 만에 하나의 국가로 거듭난 조화와 다양성의 전통과 문화를 지켜온 나라다. 정치적 역학관계도 미국과 유럽의 중간단계라고 볼 정도로 30여 주의 정치, 경제적 권한이 막강해서, 중국 및 베트남 공산당과 같은 중앙 통제기구가 일거에 작동할 여지가 원천적으로 불가능한 구조다. 사드 배치 때 중국이 보여준 적대적 반응이나, 배가 부른 듯한 최근의 베트남 정부 정책과 같이 하루아침에 태도가 급변하는 것이 불가능한 국가다.

중국, 일본, 베트남처럼 역사적, 지리적으로 부정적 유산이 없고, 한류와 한글에 대한 호응이 여느 곳 못지않게 뜨거운 곳이 인도다. 1990년 중반부터 진출한 우리 투자기업의 성과는 세계 어느 국가보다 좋았고 앞으로의 전망도 밝다.

한반도 주변의 정치, 군사, 경제환경이 급변하는 가운데 대중국 리스크 관리와 포트폴리오 재조정이 시급한 시점이다. 그 대체지이자 보완지로 거의 유일무이하다 할 인도에 대한 우리 기업의 투자, 공급망 구축 그리고 우리 정부의 전략적 접근과 지원을 서둘러야 할 때다.

〈전 세계 외국인직접투자 동향(누적액 기준)〉

구분	M$	1980	1985	1990	1995	2000	2005	2010	2015	2020
세계	Inbound	479,175	745,171	1,726,199	2,865,839	6,258,263	11,525,332	19,898,878	26,523,698	41,354,238
	Outbound	518,869	690,423	1,690,082	2,811,007	6,086,428	10,671,889	20,803,747	25,044,916	39,247,013
미국	Inbound	83,046	184,615	394,911	535,553	1,214,254	2,817,970	3,422,293	5,731,383	10,802,647
	Outbound	220,178	251,034	435,219	709,200	1,293,431	2,051,584	4,809,537	5,982,787	8,128,494
일본	Inbound	3,270	4,740	24,235	33,508	50,323	107,901	214,880	174,146	243,046
	Outbound	18,833	44,296	204,659	238,452	278,445	386,581	831,076	1,226,554	1,982,134
중국	Inbound	6,251	10,499	24,762	137,435	348,346	272,094	536,882	1,219,930	1,918,828
	Outbound	-	131	2,489	15,802	25,804	46,311	317,211	1,020,202	2,351,800
인도	Inbound	1,177	1,075	1,667	5,652	18,916	43,202	205,580	282,617	480,297
	Outbound	4	19	30	124	311	9,569	96,901	138,967	191,304
한국	Inbound	1,327	2,160	5,864	9,991	62,786	104,879	135,500	179,441	264,920
	Outbound	142	526	2,301	7,787	50,552	36,478	144,032	278,395	500,901

자료: UNCTAD World Investment Report 각연도 자료 자체 집계

10. 한-인도 FTA, 전략적 접근이 필요하다

한-인도 CEPA(Comprehensive Economic Partnership Agreement : 포괄적 경제동반자 협정)가 발효 13년을 지나가고 있다. 최초 발효된 2010년 양국간 교역액은 171억 달러(한국의 대인도 수출 114억 달러, 대인도 수입 57억 달러)였

던 것이 그동안 1.6배 증가해 2022년 276억 달러 (대인도 수출 187억 달러, 대인도 수입 89억 달러)에 이르고 있다. 2022년 대인도 수출액은 187억 달러로 인도는 우리나라의 7대 수출국으로 부상했다.

다음은 그동안 한인도 CEPA를 활용한 우리기업 카테고리별 사례다.

"관세혜택(유리섬유 커버 : HS 7019.69) : A사는 한국에 본사를 두고 선박 및 산업용 장비용 흡음·단열 소재를 자체적으로 개발하여 제조하는 기업이다. 2017년부터 한-인도 CEPA의 0% 관세율 적용을 받아, 중국 등 주요 경쟁국이 지불하는 기본관세 10% 이상 가격상 혜택을 보고 있다. KOTRA 뉴델리무역관 FTA 지원센터와의 긴밀한 상담과 자체 노력을 통해 2022년 12만 달러 수출을 처음으로 성사시킨 바 있다."

"인증협력(메이크업 제품류 : HS 3304.99) : 화장품 제조기업 B사는 14억 인구와 급증하고 있는 중산층 수요를 겨냥, 인도 기초화장품 수출을 모색해 왔다. 관세청, 코트라를 통해 확인, 추천받은 현지 에이전트를 통해 수출의 전제조건인 CDSCO(인도 식약처)에 제품 안정성 등록 절차를 현지 에이전트를 통해 진행하고 있다. 이 절차가 끝나면 인도의 화장품 기본관세 20% 이상의 가격경쟁력을 배경으로 뭄바이, 뉴델리 등 인도 주요 시장 에이전트를 확대해 갈 예정이다."

"비관세 장벽완화 (Acrylonitrile Butadiene Styrene : HS코드 3903.3000) 인도에 진출해 있는 우리나라 주요 화학, 철강기업은 인도의 비관세 장벽 확대에 골머리를 앓고 있다. 인도표준국(BIS : Bureau of Indian Standard)이 인증에 오랜 시간과 큰 비용이 드는 BIS 인증품목을 지속, 확대하고 있기 때문이다. BIS 인증의 경우 담당 공무원의 한국 생산공장 방문, 검인 절차가 필수적이다. 신규로 지정되는 품목의 경우 관련 다국적 기업들간 BIS 공무원들을 한시라도 빨리 자기 공장에 유치하기 위한 물밑 경쟁이 심하다. 주인도 한국대사관 및 우리정부는 강화되고 있는 인도의 BIS 규제 확대에 대해 한-인도 CEPA 기본정신에 입각해 자제해 줄 것을 지속 요청하고 있다 "

매년 1,500억 달러가 넘는 만성적인 무역적자에 시달리고 있는 인도는 수입억제를 위해 고관세 및 여러 비관세 장벽을 운용, 신설하고 있는데, 한인도 CEPA는 이러한 인도의 교역장벽을 뚫는 가장 강력한 제도적 툴로 작용하고 있다.

1) 인도, 발효중인 10개 FTA 모두 CEPA란 명칭을 고집

한-인도 CEPA를 포함, 인도가 당사국으로 하는 발효중인 FTA는 10개인데, 특이하게도 국제적으로 통용되는 FTA(Free Trade Agreement : 자유무역협정) 대신 CEPA란 명칭을 사용하고 있다. 수입에 대한 인도 일반대중 및 정치권의 우려를 고려해서 선택한 용어다. 영국 식민지배 시의 뼈아픈 수탈 경험과 1947년 이후 50여년 이어져 온 사회주의 정책의 여파로 수입에 대한 부정적 시각은 인도 일반 대중에게 아직도 뿌리깊게 자리잡고 있다. 1997년 아시아 외환위기를 목도한 인도 엘리트들의 최우선 목표는 외환보유고의 확대다. 이런 요인이 복합되 CEPA란 복잡하고 아리숭한 단어를 선택한 것이다.

한-인도 FTA는 인도-일본 FTA, 인도-ASEAN FTA와 함께 인도가 운용중인 3대 FTA 중의 하나다. 2000년대 중반 이후 전세계적인 FTA 체결 열풍과 발전모델로 서구모델보다는 동아시아 모델을 쫓자는 인도 정부의 Look East Policy(동방정책) 가 맞물린 결과로 인도는 2008년 ~ 2012년간 아세안, 우리나라, 일본과 FTA를 잇따라 체결했다.

그러나 일본을 제외하면 지난 15년 성과는 인도정부 기대에 크게 못미친다. 한국과의 무역적자는 연 100억 달러 가까이 급증했고, 인도-ASEAN FTA는 양 지역간 경쟁적 산업구조로 인해 보완효과보다는 대체효과가 더 컸다. 인도의 대외교역 구조에서 가장 큰 현안은 연 800억 달러에 달하는 대중국 무역적자 축소다. 해더 인도 세관당국은 인도-ASEAN FTA 루트를 통한 중국산 제품의 대인도 우회수출에 불을 켜고 지켜보고 있고, 아세안 진출우리기업의 대인도 수출등에 있어 우리기업도 같이 피해를 보고 있다.

세계 최대의 Mega FTA인 RCEP 협상에 적극적으로 참여하고도 마지막 순간 인도가 발을 뺀 이유도 범람하고 있는 인도내 중국산 홍수에 더해 RCEP이 이러한 추세를 더욱 악화시킬 것을 우려했기 때문이다.

FTA활용 사례에서 보듯이 철강, 화학, 전자제품에 대한 인도표준국(BIS) 인증품목이 최근 급속히 증가하고 있는 것, FTA 원산지 증명서 외에 2020년 9월부터 CAROTA Form 1을 별도로 중복 요구하고 있는 것은 당초 기대했던 FTA 효과가 부진한 것, 중국산에 대한 인도 정부의 불만과 피해의식이 복합되어서 나타난 결과다.

2) 한-인도 CEPA, 양국 경제협력 핵심 프레임 기대

우리나라 최초의 FTA인 한-칠레 FTA가 발표된 2004년 전체 교역액중 FTA를 활용한 비중은 0.6%에 불과했다. 2000년대 초반 FTA 후진국이었던 한국은 한-칠레 FTA를 시작으로 최근까지 아세안, 인도, EU, 미국, 호주, 중국 그리고 지난 4월 발효된 RCEP까지 FTA 드라이브를 걸어 왔다.

현재 현재 우리나라는 21개 협정을 통해 전세계 59개국과 FTA를 발효시키고 있다. 이에 따라 우리날 전체 교역액중 FTA Route를 통한 교역은 전체의 78%까지 급증했다. 전세계 주요국중 FTA 활용율이 가장 높은 국가로 FTA는 우리나라가 대외교역과 관련해서 구축해 놓은 가장 강력한 인프라다. 베트남, 인도네시아 등 동남아에 투자 진출한 우리기업 수도 급속히 증가추세다. 아세안 진출 우리기업의 대인도 수출 시 인도-ASEAN FTA에 대한 적극적인 활용이 필요하다.

한-인도 CEPA도 여러 복잡하고, 다기한 인도의 각종 관세, 비관세장벽을 뚫을 수 있는 가장 강력한 무기이자 Infra다. 현재 우리나라의 대인도 FTA 활용율은 금년도 1분기 기준 수출이 83.7%, 수입은 75.7%에 달한다. 국제적으로 일반적인 전자제품, 부품에 대한 무관세, 저관세 관행을 고려하면, 이러한 수치는 우리나라의 대인도 수출입에 있어 한-인도 CEPA가 대부분의 경우에 활용되고 있음을 의미한다.

인도 경제가 개방화 되기 직전 년도인 1990년 인도의 실효수입세율 57%로 이후 지속 감소 추세로 2022년 6.2%까지 낮아졌다. 그러나 전자, 전기제품을 제외한 인도의 기본관세 대부분은 20~40% 대인데 반해, 한-인도 FTA 대부분의 품목은 무관세 내지 저세율을 유지하고 있다. 인도의 비관세장벽은 지속 증가추세다.

반면 인도와 중국, 인도와 미국, 인도와 EU간에는 FTA가 아직 없다. 인도의 RCEP 철수 사례에서 보듯이 인도가 중국과 FTA를 체결할 일은 향후에도 없고 진행중인 EU, 미국과 인도는 샅바싸움을 지속하고 있다. 바꾸어 말하면 G2로 부상하고 있는 인도시장에서 미국, EU, 중국산 대비 한국산 제품의 경쟁력은 한

-인도 FTA가 가져다 주는 여러 가격, 비가격 측면에서 우리기업의 경쟁력을 크게 끌어올리는 장치다.

가격 외에도 FTA 당사국이란 플랫폼이 가져다 주는 우리나라-인도 정부간, 관세당국간 교류와 협력의 이력은 최근 급증하고 있는 인도시장내 인증, 검역 등에 대한 우리의 접근을 한결 우호적으로 할 수 있는 제도적 틀로 작용하고 있다.

확대되고 있는 대한국 무역적자에 대해 인도 정부당국이 우리나라에 대해 가지고 있는 불만은 확대되고 있고, 우리 정부도 한-인도 CEPA의 건설적 발전에 대해 여러 대안을 검토 중인 것으로 알려져 있다. 6월 중 있은 인도 모디 총리의 미국 국빈방문 시 미국 조야의 극진한 환대에서 보듯이 전세계적으로 China Plus One의 Special One인 인도에 대한 전세계적 구애 열기가 뜨거워지고 있다.

금년은 한-인도 수교 50주년 해당 해로 양국간 정상회담 등 정부, 기관차원의 교류 협력이 어느때보다 활발해 지고 있다. 기존의 무역을 넘어, 산업, 국방, 문화협력 확대가 한층 강화되고 있다. 한-인도 CEPA가 상호보완적인 발전을 통해 양국간 교역, 투자, 산업협력을 한단계 도약시키고, 우리 경제에 제 2의 중국시장을 가져다 주는 전기가 되기를 기대한다.

Chapter

8

G3 인도 앞에 놓인 과제

위에서 살펴본 바와 같이, 인도가 인구 배당, 국내시장의 통합, IT 및 스타트업, 크고 강력한 diaspora 등을 바탕으로 향후 20~30년간 7~8% 이상의 빠른 성장을 달성할 가능성이 크다. 하지만 여전히 인도가 지속적으로 빠르게 발전하는데 장애요인이 많고 인도 정부가 이를 얼마나 빠르게 극복하느냐가 인도경제의 성장속도와 지속가능성을 결정할 것이다.

1. 정치적, 경제적 불안을 극복해야 한다

– IAS가 연속성의 핵심이다.

인도는 상당기간 동안 정치적, 경제적 안정을 유지할 가능성이 크고, 정책의 연속성과 중앙-주정부, 주정부간 통일성을 유지하는데 IAS 공무원들이 핵심적인 역할을 수행할 것으로 예상된다. 그러나 여전히 정치적 불안 요소 및 외환 등 거시경제적 불안 요소가 상존하는 바, 지속적인 빠른 경제성장을 유지하기 위해서는 정치적, 경제적 안정과 예측가능성을 유지하기 위한 지속적인 노력이 필요하다.

1) 정치적 불안 요소

2014년 이후 모디 총리의 BJP 정권이 집권하고 있으며, 2024년 선거에서도 BJP가 승리할 것으로 예상되는 등 파키스탄, 스리랑카 등 다른 남아시아 국가들에 비해서 인도는 정치적으로 안정되어 있다. 특히 다른 저개발국 또는 개도국과는 달리 인도는 민주주의 전통에 강하고, 군부가 정치에 개입한 적이 한 번도 없으며, 앞으로도 구테타 등이 일어날 가능성이 없는 국가다. 군부가 정치에 개입하지 않는 것은 저개발국 및 개도국 역사에서 아주 특이한 현상이며, 인도 군은 확실한 문민통제 하에서 정치에 중립을 지키는 오랜 강한 전통을 가지고 있다. 국민들도 군부가 정치에 개입하는 것에 대해 강하게 반대하고 있으며, 인도의 연방제적 성격 및 다양성을 고려시 군부가 정치에 개입하려 해도 현실적으로 실현하기 어려운 여건을 가지고 있다. 이는 인도와 함께 영국으로부터 독립한 파키스탄이 군부에 의해 사실상 지배되는 것과는 대조적이다.

모디 총리가 2014년부터 10년간 집권하고 2024년 선거에서도 승리할 가능성이 큰 것은 다음과 같은 이유 때문이다. 1) 힌두교하에서 수도사적 이미지(미혼, 청렴, 명상)와 하위계급 출신의 뛰어난 정치력, 2) 힌두-이슬람 대결(8:2) 구도, 3) 반 파키스탄(민족주의, 반 테러리즘) 감정, 4) Anti-dynastic(권력이 세습되는 Congress와 대조, 카스트와 연령에 관계 없이 기회 개방), 5) 새로운 카스트간 연맹(현 지배정당에 불만을 품은 다른 OBC, SC, ST를 브라만과 결합), 6) 신 복지주의(New welfarism, 다양한 복지 프로그램, 아다르 카드에 기초 개설된 은행 계좌에 실시간 입금) 등이다. 또한 국민의회당의 활력 상실과 약화도 BJP에 대항할 전국적 야당의 상실로 이어져 BJP가 경제분야에서 뚜렷한 성과가 없이도 재집권할 수 있도록 하는 요소가 되고 있다.

인도의 정치적 안정을 위협하는 요인은 크게 3가지, 즉 불평등, 종교적 긴장, 연방-주간 갈등이다. 인도의 정치적 안정을 위협하는 가장 중요한 요인 중 하나는 심각한 불평등이다. 가난하고 소외받는 사람들의 요구가 받아들여지지 않을 경우 큰 정치적 불안정이 올 수 있다. 불평등에 대한 불만을 해소하기 위해서는 빠른 경제발전으로 많은 일자리를 지속적으로 창출해야 하고, 복지제도[1]를 통해 기본적인 생계가 가능하도록 해야 한다. 아울러 하위 카스트 및 경제적 약자에 대한 쿼터제 등을 통해 교육 및 공직 등에 나갈 수 있는 길을 열어주어야 한다. 쿼터제를 잘 활용하면 교육을 통해 신분상승, 사회적 이동이 가능하다는 것을 보여주어야 한다. 선거에 의해 정권이 교체되는 민주주의 하에서 다수의

---

1) 인도 주정부 선거에서 populiam은 일상화되어 있고, 선거에서 공짜 TV, 전기 등 Freebee 제공을 약속하는 것은 일상화되어 있고, 다수 유권자의 지지를 받은 핵심 수단이다. 다만 Freebee 모두를 낭비라고 생각하는 것은 잘못이다. 타밀나두주의 경우 학생들의 학습 참여를 높이기 위해 공짜 점심을 제공해서 교육참여를 획기적으로 늘려 산업발전을 기반을 마련했다. 또한 여성에 대해 무료로 버스를 타도록 해 여성들이 더 자유롭게 직장으로 출근하게 하여 여성의 사회 참여를 확대했고, 무료 TV 제공으로 여성을 포함한 농촌 인력의 교육에 기여하고, 학생들에게 무료로 노트북을 제공하여 IT 인력을 양성했다. 즉 Freebee도 투자로 활용되면 경제발전에 기여하고, 단순히 효과 없이 낭비되면 재정에 큰 부담이 되고, 결국 경제발전에 장애요인이 된다.

표를 가진 계층, 카스트들이 원하는 것을 충족시켜 주지 않고 안정적으로 정권을 운영할 수는 없다. 과거 무굴, 영국 식민지 시대의 경우 무력 등 다양한 방법으로 소수가 다수를 효과적으로 통제할 수 있었으나 1인 1표를 가진 민주주의 하에서 소수가 다수의 의견을 반영하지 않고 정치적 안정을 지속할 수 있는 방법은 없다.

두 번째. 정치적 불안요소는 종교적 긴장이다. 인도 헌법상 세속주의(국가와 종교의 분리) 및 종교적 다원주의에 기초하여 종교집단 간 조화로운 관계가 유지되면 정치적 안정이 유지되나, 전체 인구의 80%를 차지하는 힌두의 지지를 얻기 위해 종교적 갈등 등을 활용하여 종교적 관용이 약화되면 정치적 불안이 가중될 수 있다. 시민법 개정, 이슬람 사원의 힌두템플로의 전환, 소고기 도축·운반 등과 관련 무슬림 신자들과 힌두 근본주의 힌두투바 세력과의 갈등과 긴장이 계속되고 있다. 그 중심에는 현 집권당인 BJP가 뿌리를 내리고 있는 힌두투바 운동이 있으며, 종교적 갈등이 효과적으로 관리하지 못할 경우 정치적 불안으로 이어질 수 있다.

미국 등 서구국가에서는 힌두투바(Hindutuva, 힌두 민족주의, RSS 중심으로 활동) 운동이 종교적 갈등과 인권탄압으로 이어지고 있다고 비난하고 있고, 실제 우려가 있는 것도 사실이다. 힌두투바 운동을 이해하려면, 힌두즘과 힌두투바 운동과의 역사, 종교 등에 대한 인식의 차이를 정확히 이해해야 한다. 먼저 델리 술탄, 무굴 등 이슬람 지배 및 영국 식민 지배에 대한 인식 차이가 크다. 힌두 자유주의(Hindu Liberal)의 경우 이슬람 지배는 실제로 인도에 이주하여 지배한 것으로 인도의 역사로 받아들이고, 영국 식민지 지배는 식민지 지배로 봐야 한다고 하는 반면, 힌두투바의 경우 이슬람, 영국지배 모두 외세 침략과 지배로 인도의 역사로 받아들이지 않고 배척하고 배제해야 한다고 본다. 둘째, 간디와 관련해서도 힌두 자유주의자들은 독립 및 인도 건국의 영웅으로 보는 반면, 힌두투바측에서는 간디는 파키스탄 및 이슬람을 옹호한 인물로 힌두 민족주의자에 의한 암살도 정당한 것으로 본다. 또 이슬람 지배 및 영국지배에 대해 대응하는 방법에 대해서도 힌두 자유주의자들은 간디의 비폭력, 무저항을 지지하는 반면, 힌두투바는 무굴 제국에 군사력으로 저항한 마라타의 시바지와 영국 식민지 시대에 INA(Indian National Army) 지도자로서 독일, 일본과 함께 영국 군대에 무력으로 저항한 Subhas Chandra Bose 등을 옹호한다. 셋째, 힌두교에 대해서도 힌두 자유주의자들은 하나의 종교로 인식하는 반면, 힌두투바는 종교가 아닌 인도 문화라고 보고, 힌두교뿐만 아니라 불교, 자이나교 등도 힌두투바 정신에 포함된다고 한다. 넷째, 영어에 대해서도 힌두 자유주의자들은 link 언어로 인정하는 반면, 힌두투바측은 영어를 공용어로 사용해서는 안 되고 힌디어 등 인도 고유어(특히 힌디어)를 공용어로 사용해야 한다고 주장하고, 소(cow) 도축 및 식용에 대해 강력하게 반대한다.

이러한 양측의 인식의 차이는 특히 과거 힌두 사원을 파괴하고 이슬람 사원을 건축한 것에 대해 이슬람 역사도 인도 역사의 일부로 보고 그대로 인정해야 한다는 힌두 자유주의자들과 힌두 문화에 대한 침략의 상징인 이슬람 사원을 부수고 힌두사원을 재건해야 한다는 힌두투바와 정면으로 대립한다. 이와 관련, 1992년 Ayodhya의 Babri Mosque의 힌두투바 세력에 의한 파괴와 그 후 벌어진 종교 집단 간 갈등[2](communal conflicts, 2000명 이상 사망)은 잘 알려져 있으며, 인도 대법원은 2019.11월 파괴된 Babri Mosque 위치에 Ram Mandir 힌두 사원건립을 허용하는 동시에 Ayodhya 지역내에 이슬람 사원을 지을 수 있도록 부지(5 acres) 등을 마련하는 방법으로 동 문제를 해결했다. 현재 힌두사원이 건축 중이며 동 사원 건축 기공식에 모디 총리가 직접 참석했다.

한편, 인도 의회가 위 Babri Mosque 관련 갈등이 한창이던 1991년 Places of Worship Act(1991)을 제정하여 '종교적 장소는 다른 종교나 종파로 전환될 수

---

2) Babri Masjid 사건 후 BJP의 인기가 상승하여 1996년, 1998년 총선에서 가장 많은 의석(과반수 획득에는 실패)을 얻어 연립정부를 수립하였으나, 연립 정부 내 갈등으로 Atal Bihari Vajpayee 총리의 임기가 각각 16일, 13개월간 지속된 후 새로운 총선이 실시되었다. 1999년 실시된 총선에서 BJP가 과반을 획득(543석 중 303)하는데 성공하여 1999~2004년 5년간 Vajpayee가 5년 임기를 모두 마칠 수 있었다. 한편 2002년 힌두-무슬림 간 종파 간 충돌이 구자라트에서 일어났을 때 당시 구자라트 총리였던 모디 총리가 소극적으로 대응했다는 비판이 존재한다(2012년 인도 대법원에 의해 구성된 특별조사팀은 모디 총리를 기소할 어떠한 증거도 찾지 못했다고 결론). 2002 소요사태(riots) 후 모디 총리의 인기는 급상승했으며, 2001~2014년간 최장수 주총리를 역임하며 구자라트주를 빠른 경제발전으로 이끈 강력하고 개혁적이며 하위계급 출신 수도승적 지도자의 이미지와 결합하여 2014년 선거에서 BJP가 과반수 의석을 획득하는데 성공했다.

없으며, 1947.8.15.일 현상(Status Quo)가 유지되어야 한다'고 규정하는 있는 등 종교적 장소의 성격이 다른 종교(religion)나 종파(denomination)적 장소로 전환될 수 없다는 것을 명백히 했다(다만, Ram Mandir 사원은 적용대상에서 제외되도록 규정되어 있어 위 대법원 판례와 충돌되지는 않는다.). 위 법에도 불구하고 바라니시 소재 Gyanvapi Mosque(시바 링가 발견) 등 다수의 이슬람 사원과 관련 법적 분쟁과 정치적 갈등이 지속되고 있다. 또한 힌두투바 운동은 파키스탄과 갈등 등과 연계 여전히 인도 선거 등에서 BJP가 8:2(힌두:무슬림) 구도 하에서 선거에서 표를 획득하는 과정에서 효과적이다. 다만 2023.6월 카르나타카주 총선에서 보듯이 힌두-무슬림간 갈등이 심하지 않은 남부주의 경우 오히려 역효과가 나는 경우도 있다[3].

세 번째, 연방정부와 주정부간 갈등이다. GST 및 예산배분, 선거구 재획정, 힌두어 사용 강제화 등이 연방정부와 주정부간 주 갈등요소다. 타밀나두 등 산업화가 더 진전된 남부 주들은 상대적으로 농업 위주이고 소득수준이 낮은 북부주들에 비해 GST 등 세수에 기여하는 것보다 더 적게 연방정부로부터 지원을 받는 것에 불만을 가지고 있다. 아울러, 연방정부를 지배하고 있는 BJP가 힌디어를 의무적으로 학교에서 교육하도록 하는 3언어(영어, 힌디, 타밀) 정책을 실시하려는 것에 대해 강하게 반대하고, 2언어(영어, 타밀) 정책을 고수한다. 아울러, 인구 증가율이 상대적으로 높은 북부주의 인구에 비해 산업화, 산아제한 정책 등으로 인구 증가가 정체된 남부 주의 경우 변화된 인구수로 선거구를 재획정할 경우 하원 의석수 등에서 남부 주 의석이 상대적으로 줄어 현재의 불균형이 더 심화될 것으로 생각하고 변화된 인구수에 기초한 선거구 재획정에 강하게 반대한다. 분리 독립 움직임으로 갈 정도로 심각한 갈등이 야기될 가능성은 크지 않으나, 상당한 수준의 중앙정부와 주정부, 북부주들과 남부주들 간의 갈등이 야기될 가능성은 크다. 또한 인도 중앙정부 사정기관인 CBI(Cental Bureau of Investigation, FBI와 유사), ED(Enforcement Directorate, 돈세탁, 외환범죄

---

3) 집권당이 었던 BJP가 히잡의 대학내 착용 금지, 종교적 개종 형사 처벌, 소고기 도축 금지 등 힌두투바에 기초한 정책을 입법화 하려하였으나, 오히려 선거에서는 참패했으며, 타밀나두주 등에서도 힌두투바 이념에 기초한 다양한 시도가 관심을 끄는데 실패했다.

등) 등이 주정부 정치인 등의 부패혐의 등에 대한 과도한 조사를 통해 주정부를 통제하거나 주정부 지배정당을 바꾸려 한다는 비판이 존재한다. 실제 과거 마하라스트라, 카르나타카 등에서 중앙 정부 사정기관 조사를 받던 캐스팅 보트를 진 제3당이 지지하는 정당을 바꾸어 BJP와 연합하여 집권연정이 바뀐 사례가 다수 있다.

2) 경제 및 금융시장 불안

경제적, 특히 금융, 외환부분에 있어서의 불안요소도 여전히 남아 있으나 다른 개도국에 비해 크지 않다. 인도의 외환보유고가 2023.5월 기준 6,000억불에 가깝고 루피화의 변동률도 다른 화폐에 비해 상대적으로 크지 않다. 다만 여전히 무역적자(상품수지)가 큰 바[4], 이를 서비스 수지 흑자, 해외거주 인도인으로부터의 이전수지(remittance) 등으로 줄이고 있는 상황으로 안정적인 경상수지 유지를 위해서는 제조업 강화를 통한 무역수지 적자를 줄이는 노력을 지속해야 한다. 아울러 국제수지 측면에서는 매년 700억불에 가까운 FDI가 유입되어 전체적인 국제수지는 흑자를 유지하여 인도의 외환보유고가 지속적으로 증가해 왔다.

무역수지 적자 규모에 가장 큰 영향을 미치는 것은 한국과 같이 90% 이상을 수입에 의존하고 있는 원유가격 상승과 중국과의 1,000억불에 달하는 적자다. 원유가격의 급격한 상승은 수입 급증 및 적자 확대, 국내 물가 상승으로 이어진다. 인도가 러시아의 우크라이나 침공과 관련 서구의 제재 조치에 동참하지 않고 싼 가격에 러시아 원유를 구입한 것도 이런 측면에서 이해할 필요가 있다. 중국과의 큰 무역적자는 인도가 RCEP 등에 가입하여 시장을 개방하는 것을 주저하는 주요 요인으로 작용하고 있다. 인도 제조업의 중국산 중간재 의존이 큰 바, 인도 제조업이 발전, 중간재 분야에서 국산화 및 경쟁력이 강화되지 않으면 경제발전과정에서 중국과의 무역적자가 더 심화될 가능성이 크다. 다만 인도내 여건을 종합적으로 고려해볼 때 단기간 내에 인도 내에 중간재를 생산하는 경쟁

4) 22-23년 무역 적자규모는 1,220억달러(수출 7,700억불, 수입 8920억불), 상품수지(수출 4,470억불, 수입 7140억불, 적자 2,558억불), 서비스 수지 수출 3,227억불, 수입1,780억불, 흑자 1,448억불)

적인 클러스터를 조성하기는 쉽지 않을 것으로 분석되는 바, 인도의 상품수지 적자는 장기간 지속될 것으로 예상된다.

인도정부가 2023~2024년 예산 계획 발표한 Economic Survey에 따르면, 2022~2023년간 인도의 정부, 민간기업(금융제외), 가계 전체의 core debt는 GDP의 170%로 세계평균 248%보다 훨씬 낮아 안정적이다. 가계부채가 GDP의 36%(세계 평균 62%)로 아주 낮고, 기업부채도 GDP의 88%(세계 평균 160%)로 낮은 편이며, 정부부채는 GDP의 82%다. 이는 부채측면에서 정부부채가 상대적으로 높고 증가 속도가 빠르다는 것을 제외하고는 안정적이라는 것을 보여준다. 또 인도 금융기관들이 부실채권을 정리하고 적극적인 유동성 공급이 이루어지면 기업 투자 및 민간 소비 부분에서 향후 크게 팽창될 여지가 있음을 보여 준다. 예산적자(fiscal deficit) 규모도 2021~2022년 6.7%에서 2022~2023년 6.4%로 줄어들었으며, 2025~2026년에는 4.5%까지 줄일 계획을 가지고 있다. 예산 규모가 빠르게 늘어나는 가운데 예산적자 규모가 줄어드는 것은 UPI 도입 등을 통해 비공식 거래가 공식 거래로 전환되고 경제가 빠르게 발전하면서 간접세 등 세수가 빠르게 증가하고 있기 때문이다.

위에서 살펴본 바와 같이, 인도에서 정치적 불안 및 금융위기가 발생할 가능성은 높지 않은 편이다. 그럼에도 불구하고 연방정부, 주정부 모두 정권 교체시 과거 정부의 정책 및 계약, 약속 등에 대한 재검토가 이루어지는 경우가 많아 투자 결정 등과 관련 위험요소가 상존한다. 또한 주정부간 정치적 안정성, 정책의 연속성 등에서 큰 차이가 나는 바, 정치적으로 안정되고, 거버넌스의 수준이 높은 주정부를 선택하는 것이 중요하다.

3) IAS(Indian Adminastrative Services) ; 연속성과 중립

* All India Services는 IAS, IPS 및 IFOS(Indian Forest Service)로 구성됨.

인도 연방정부, 지방정부, 경찰 등 핵심 기관들과 핵심 공무원들을 면담하고 협력하면서 느끼는 가장 큰 것은 연방정부, 지방정부, 경찰조직의 핵심을 차지하면서 정치적 변동이나 정권 교체시 정책적 연속성을 유지하고, 인도 정부조직의 우수성을 유지하는 것이 IAS 공무원 집단이라는 것이다. 인도 주정부의 주

총리 및 각부 장관은 선출된 정무직 주 의원이지만 총괄 차관, 각부 차관, 주를 구성하는 핵심 지방조직인 District의 장(collector) 등 행정을 총괄하는 것은 IAS 공무원들이다. 인도 내에서 가장 우수한 인재들이 선발되었을 뿐만 아니라 다양한 핵심 보직을 거치면서 다양한 경험과 깊은 전문성을 가지게 된다. 또한 정치적 중립성 하에 정권이 바뀌더라도 정책적 연속성과 신뢰성을 유지하는데 핵심 역할을 수행한다.

IAS 공무원은 인도 연방정부 UPSC(Union Public Service Commission)에 의해 매년 180명씩 시험을 통해 선발된다. 180명 선발인원은 카스트와 경제적 수준에 기초한 쿼터에 따라 일반(자유경쟁) 75명, OBC 45명, SC 29명, ST 13명, EWS(경제적 약자) 18명씩 선발된다[5]. 인도 전체에서 매년 180명만 선발하는 것으로 수천 대 1의 경쟁을 통과해야 하는 등 가장 어려운 시험이다. 연방정부 UPSC에 의해 선발된 후 2년간 연수과정을 거쳐 연방정부 및 각 주에 배치된다. 한번 특정 주에 배치되면 다른 주로 옮기는 경우는 많지 않으며, District(한국의 시·도)의 부기관장을 시작으로 주정부 본부 등 요직을 거치면서 주정부 부처 차관(Secratary, Princiapl Secretary, 또는 Chief Secratary) 등으로 옮겨 다니면서 핵심 역할을 수행한다. 주정부에 근무하다가 연방정부로 이동하는 것(deputing)을 선호하지 않으며, 처음 근무한 주정부가 평생 직장이 되는 경우가 많다. 또한 UN, WTO, IMF, WORLD BANK 등 국제기구에 근무하는 경우도 많다.

많은 우리기업들이 집중되어 있는 Tamil Nadu 주의 경우 2022년 기준으로 289명의 IAS 공무원이 근무 중이고, 이들이 총괄차관, 각부 차관, District의 장, 규제 및 공공기관 장 등 핵심 요직을 모두 차지하고 있다. 주정부내 IAS 인사는 주 총리 책임 하에 이루어지며, 연방정부-주정부, 주정부간 이동의 경우에만 연방정부가 관여하는 것이 관례다. 선거를 통해 새로운 주총리가 선출되면 총괄 차관을 비롯 IAS 공무원 자리 이동도 이루어지지만 그 폭이 크지 않은 것이 일반적이다. 각 주에 따라 IAS 공무원들의 정치적 중립성 등의 정도에 차이가 있는 것은 사실이나, 전반적으로 IAS 공무원들의 정치적 중립성과 신분은 보장되

5) 시험을 통해 직접 선발되는 인원에 더해서 주정부 공무원 등에서 선발하는 경우가 있으며 그 비율은 2:1이다.

며, 인도 연방정부와 주정부간 통합, 주정부 행정의 연속성과 질은 IAS 공무원들에 의해 지켜진다. IAS 공무원들과 현지에서 카스트별 쿼터제도에 기초하여 선발된 주정부 공무원들과의 수준은 크게 나는 편이며, 이는 인도 공무원제도가 엘리트주의에 의해 운영되고 있다는 것을 보여준다.

IPS(Indian Police Service) 공무원의 경우 UPSC에 의해 매년 150명(2020년 이후 200명) 선발되며, IAS 공무원과 마찬가지로 연방정부 및 주정부 경찰에 핵심인물로 근무한다. 인도의 경우 CBI(Central Bureau of India) 등 연방정부 관할 경찰권한을 제외한 대부분의 경찰관련 권한이 주정부에 있고, 연수를 받은 후 주정부에 배치되어 핵심 경찰간부로서 평생 같은 주에서 근무하는 것이 대부분이다. 연방정부 및 주정부 핵심 경찰그룹이 모두 IPS 출신으로 인도 전체적인 통일성과 정치적 중립성을 지키는데 기여한다.

All India Services Act(법, 연방정부 및 주정부 모두에서 근무) 하에서 선발되는 IAS, IPS 및 IFOS(Indian Forest Service) 이외에도 Central Civil Services(연방정부에만 근무)에 속하는 외교업무의 핵심을 수행하는 IFS 및 조세업무의 핵심을 수행하는 IRS가 있다. 우리 기업들이 조세 문제와 관련하여 주로 접촉하는 기관은 Indian Revenue Service(Income Tax, CBDT에 의해 통제)와 India Revenue Service(Customs and Indirect Service, 관세 및 간접세, CBIT에 의해 통제)이며 두 기관은 분리되어 운영된다. 우리의 특별지방행정기관처럼 주정부와 분리된 주별 관할권[6]을 가진 특별지방행정기관들을 가지며, IRS 공무원들이 핵심역할을 수행한다. 우리 기업들이 사업을 하면서 법인세, 소득세, 관세, GST 등 간접세 등과 관련된 문제에 직면하는 경우가 많으며 조세와 관련된 문제를 효과적으로 해결하는 것이 무엇보다 중요하다. 인도의 조세관련 제도가 복잡하고, 불확실한 부분이 많으며, 그 집행과정에서 자의적인 경우도 많은 바, 우리 파견 기업 주재원들이 조세와 관련 일정부분 전문성을 가지는 것이 필요하며, 조세 등과 관련된 지원을 받을 수 있는 내부 및 외부 전문기관을 선정하여 지원을 받는 것이 좋다. 조세와 관련 불확실성이 있는데도 불구하고 그대로 사업을

6) 주 경계와 특별지방행정기관간 관할권이 반드시 일치하는 것이 아니며, 2~3개의 주를 동시에 관할하는 경우도 많다.

진행하다가 보면 소멸시효가 5년인 경우가 많아 한참 후에 DRI(Directorate of Revenue Intelligence) 등의 조사가 나와서 상당금액의 세금을 추징당하는 경우가 있어 사업 운영에 큰 장애요인으로 작용한다. 예를 들어, 통관과 관련 상품 품목분류에 대해 DRI가 사후에 이의를 제기하여 어려움을 겪는 경우가 있으며, 이 경우 인도 당국은 먼저 추징금 등 막대한 금액의 세금을 부과하는 방법으로 타협을 하게 하는 경우가 많다. 소송을 통해 구제받으려 해도 인도의 비효율적인 사법시스템으로 인해 상당기간 판결이 지연되어 어려움을 겪는 경우가 많다.

인도 진출 우리기업들이 인도에서 원활하게 사업을 하면서 성공하기 위해서는 인도 정치인들과의 긴밀한 관계를 유지하는 동시에 인도 행정의 핵심을 차지하는 IAS, IPS, IRA 등과의 긴밀한 관계를 유지하는 것이 무엇보다 중요하다. 특히 주정부 등에 근무하는 일반 공무원들과 달리 IAS 공무원들은 영어로 의사소통이 완벽할 뿐만 아니라 전문지식을 바탕으로 합리적이고 공정하게 일을 처리하는 경우가 많다.

2. 질 낮은 교육을 개혁해야 한다

인도가 14억 이상의 젊은 인구의 인구배당효과를 충분히 누리기 위해서는 교육의 기회와 질 향상이 무엇보다 중요하다. IIT, NIT 및 IIM 등 엘리트 교육에서는 상대적으로 성공하였고, 동 엘리트 교육기관을 졸업한 엔지니어들이 미국 등 전 세계 및 인도 내에서 중요 역할을 수행하면서 경제발전에 큰 기여를 하고 있는 것도 사실이다. 그러나 전반적인 교육에의 접근성과 교육의 질은 여전히 낮다. 국가교육정책 등을 발표하고, 교육개혁을 실현하려 하지만 교육의 접근성과 질은 크게 향상되지 않고 있다.

교육의 문제는 교육만 관계된 것이 아니라 인도의 가장 큰 문제 중 하나인 빈곤 및 불평등, 카스트 등과 밀접히 연계되어 있다. 또한 대학을 졸업하더라도 충분한 직업훈련이 되지 않아 재교육을 해야 하는 경우가 많다. 교육의 접근성과 질은 인도 28개주별로 차이가 크다. 우리기업이 많이 진출해 있는 타밀나두 주의 경우 600여개 이상의 엔지니어링 칼리지가 있고 아침, 점심 무상제공 등 주정부 정책에 의해 교육이 상대적으로 우수한 반면, 교육 수준이 훨씬 낮은 주도 많다.

또한 인도의 인구규모, 빈부격차 등을 고려 시 모든 사람이 좋은 대학을 가서 좋은 직장을 가지기는 어렵다. 취업 연령층의 다수는 중고등학교 정도나 그 이하의 교육을 받을 가능성이 크다. 특히 여성의 경우 좋은 교육을 받지 못할 가능성이 큰 바, 비숙련 노동자들도 상대적으로 쉽게 일자리를 구할 수 있게끔 섬유, 신발 등 노동집약적 산업의 육성이 필요하고, 학교 교육에 더해서 직업교육 역량을 강화해야 한다.

3. 관료주의를 극복해야 한다

인도가 장기간 빠른 경제성장을 기록하기 위해서는 무엇보다 행정개혁을 통한 관료주의와 국가주의의 극복이 필요하다. 국가나 공공기관의 불필요한 개입과 간섭을 줄이고, 교육, 건강, 인프라 등 국가가 꼭 해야 하는 일에 집중하고 잘 해야 한다. 다만 인도의 과거의 실패한 행정개혁 경험, 불신에 기초한 인도 문화, 분권화되고 populist 성격이 강한 정치 등을 고려해 볼 때 빠른 시간 내에 인도의 관료주의 및 국가주의가 개선되기를 기대하기는 어렵다. 즉 단기간에 국영기업의 사유화, 규제개혁, 인프라, 교육 등의 확충은 기대하기 어렵고, 점진적인 개선 하에서 현재의 문제가 지속될 것이라는 가정 하에 비니지스 계획을 수립·시행하는 것이 현실적이다.

인도에서 기업을 하는 우리기업들이 가장 어려움을 겪는 것이 인도의 뿌리 깊은 관료주의다. 기업 설립, 토지 구매 및 수용, 각종 인허가 등에 시간이 많이 걸리고 예측가능성이 떨어진다. 아울러, 기업 활동 중에도 관세, 통관, 세무, 환경, 노무 등 각종 활동과 관련된 규제가 많고 예측가능성이 부족하다.

또한 관료주의는 부패와 연계되고 부패가 만연되어 있다는 비판도 존재한다. 인도 정부, 규제, 세무기관 등과 접촉 시 금품을 요구하는 경우가 많고 금품을 제공하지 않고는 행정절차가 지연되거나 불허되는 경우가 많다고 불평하는 기업인들이 많은 것도 사실이다. 또한 인도 내에 네트워크가 좋은, 영향력이 있는 인사의 도움을 받지 않고는 행정절차가 장기간 지연되고, 불허되는 경우가 많다. 따라서 인도 내 원활한 사업을 위해서는 조직 내에 효과적으로 대관(public relations) 업무를 수행하는 조직과 인력을 갖추는 것이 중요하다.

인도 정부에서도 이를 인식하고 연방정부에 Invest India(우리 산업부 및 코트라 직원 근무)를 설립하여 싱글 윈도우 역할을 수행하고, 주정부에서도 투자청에 한국 데스크 등을 설치하여 관련 문제를 빠르게 해결하기 위해 노력하고 있으나, 여전히 다양한 애로사항에 직면한다. 규모가 큰 기업의 경우 대관업무(Public Relations)을 담당하는 부서를 설치하여 대응하지만, 중소 협력업체의 경우 별도의 대관업무를 수행할 조직을 둘 수 없고, 법인장 등 인도에서 근무하는 주재원들 대부분이 생산 등 엔지니어링 업무에 전문성을 가진 반면, 조세, 행정 등의 업무에는 전문성과 경험이 없어 관련 문제를 풀기가 쉽지 않은 경우가 많다.

인도의 관료주의가 심한 이유는 다양하다. 1947년 영국으로부터 독립 후 자유시장 경제가 아닌 사실상의 사회주의 경제를 유지하면서 정부가 모든 경제활동에 개입하는 개입주의 국가를 유지했다(Government's Work is God's Work, 금융부분 등 국유화, Licence Raji). 반면 국가가 집중해서 잘해야 하는 교육, 건강, 인프라 등에는 소홀했다. 1990년대 초 외환 및 금융위기를 극복하기 위해 자유화 조치를 취했고 이는 인도 경제 발전에 상당부분 기여를 했다. 현대, 삼성, LG 등 우리기업들도 1990년대 초 인도 정부의 자유화 정책이후 인도에 본격적으로 투자하기 시작했으며, 타타, 릴라이언스 등 인도 대기업들도 자유화 이후 본격적으로 성장하기 시작했다. 90년대 초 자유화 조치가 제한적이었으며, 그 이후 지속적인 개혁이 부족했고 여전히 개입주의적 및 보호무역주의적 정책이 상존했다. 아울러, 교육, 건강, 인프라 등 국가가 해야 할 역할에는 효율적인 서비스를 제공하지 못하고 있다. 2014년 모디 정부가 들어선 이후 GST 도입, 토지 및 노동 개혁, 아다니 등 민간기업의 투자에 기초한 인프라 확충 등을 위해 노력하고 있지만, 근본적인 변화는 없다.

인도의 관료주의가 단기간 내에 개선되기는 쉽지 않다. 먼저 인도는 세계 어느 나라보다 다양하고 분권화되어 있는 민주주의로서 과감한 개혁이 어렵고 점진적인 개선만이 정치적으로 가능하다. 연방정부가 개혁 드라이브를 걸더라도 90% 이상의 권한을 가진 주정부가 함께 동참하지 않으면 개혁이 실현되기 어렵다. 아울러, 주정부간 수준 및 정치적 안정성에 큰 차이가 있고, 일부 주정부는 다른 정부보다 빠른 개혁을 실시하여 더 효율적인 정부를 가진 반면, 개혁 속도가 느린 정부도 많다. 따라서 인도내 투자지를 선택하는 과정에서 기업의 성패에 중요한 역할을 할 좋은 파트너 주정부를 선택하는 것이 중요하다. 또한 인도는 인도 전체의 총리를 뽑는 선거뿐만아니라 주 총리를 뽑는 선거도 선거를 통해 민주적으로 이루어지고, 선거 과정에서 다수를 차지하는 카스트, 농민, 도시빈민 노동자들로부터 표를 얻기 위한 popualist 정책들이 많다. 좋은 의미에서는 welfare state, inclusive state이지만 그 과정에서 다양한 할당제, 주정부 출신 의무 고용제 등 다양한 기업에 대한 규제가 생성되고 기업의 부담으로 작용한다. 아울러, 다양한 Freebee 제공 등을 통해 주정부의 재정적 불안정으로 이어져 주정부가 투자 시 약속한 인센티브를 제대로 제공하지 못하는 경우도 있다. 또한 민주주의하에서 집권당이 빈번하게 교체되는 경우가 많다. 인도에서도 Anti-incumbent 성향이 강해 5년마다 정권이 교체되는 경우가 많고 거버넌스 시스템이 제대로 작동되지 않는 주 정부 같은 경우에는 과거 정부가 약속한 정책이나 투자계약 등을 부패 등의 관점에서 처음부터 재검토하는 경우도 빈번하여 기업들이 애로를 겪는 경우도 많다. 특히 이점에서 투자처 선택 시 정권교체와 관계없이 정책의 안정성과 예측가능성을 가진 정부를 선택하는 것이 중요하다. 이런 측면에서 남부주 중 타밀나두주 및 카르나타카주가 경쟁력을 가진다. 정권교체가 빈번한데도 새로운 정부가 과거 정부의 약속을 뒤집는 일은 거의 없다.

또한 관료주의는 제도적인 요인뿐만 아니라 인도의 뿌리 깊은 문화에 기초해 있어 개선하기 쉽지 않다. 관료주의가 개선되기 위해서는 인도의 뿌리 깊은 불신문화가 개선되어야 한다(위 인도문화관련 장 참고). 불신문화가 개선되지 않고는 절차의 간소화나 효율화에 한계가 있다. 또한 영향력이 있는 개인이나 기업의 경우 현재의 관료제와 절차 하에서도 충분히 빠르게 해결할 수 있는 네트워크가 존재하고 개혁을 하려는 동기가 약하다. 힘과 영향력을 가진 기업이나 개인의 적극적 개혁 요구가 없이 개혁이 실현되기는 쉽지 않다. 인도와 같이 정경유착이 강한 국가에서 기득권을 가진 세력이 개혁에 동참하기를 바라는 것은 쉽지 않다.

그렇다고 너무 비관할 필요는 없다. 문화적으로 제도적으로 뿌리 깊은 관료주의를 근본적으로 극복하기는 쉽지 않지만 점진적인 변화는 지속적으로 이루어질 것이다. 특히 주정부간 투자 유치를 위한 경쟁이 노동, 환경기준 등에 대한 to the bottom으로의 경쟁이라고 비판도 있지만 지나친 개입주의와 비효율을 개선하는 동력으로 작용할 수 있다. 주정부가 많은 권한을 가지고 서로 경쟁하는 것이 시스템을 더 효율화하고 개혁으로 이어지는 요인으로 작용한다. 타밀나두주에서 교육을 향상시키기 위해 공짜 점심을 제공한 사례가 인도 전역으로 확산된 것이 좋은 예다.

4. 개방을 확대하고 보호무역주의를 극복해야 한다

보호무역 정책은 인도가 제조업 강국이 되지 못하는 주요한 이유 중의 하나로 작용하고 있다. 세계의 공장이 되려면 인도에서 생산해서 미국, 유럽 등 거대시장으로 무관세나 낮은 관세로 수출할 수 있어야 하는데, 넓은 FTA 망이 형성되어 있지 않아 높은 관세를 물고 수출해야 한다. 이는 가격 경쟁력과 품질 경쟁력을 크게 약화시킨다. 아울러, 경쟁력 있는 상품을 인도 내에서 생산하기 위해서는 기계, 중간재, 부품 등을 낮은 관세로 수입하여 제품 제조에 활용할 수 있어야 하는데 소부장 등에 대한 관세 등이 높고, 부품 등이 국내에서 생산되는 경우에도 수입품에 비해 가격이 높고 품질도 낮은 경우가 많아 인도 내에서 국제적으로 경쟁력 있는 상품을 생산하는 것을 제약하는 요인으로 작용한다.

인도가 자유무역보다 보호무역을 우선시하는 이유는 아래와 같다. 또한 아래와 같은 이유로 인도가 단기적으로 개방에 적극적인 국가로 바뀔 가능성은 매우 낮다. 이는 RCEP에 인도가 불참하고 있는 것을 보면 잘 알 수 있고 최근 UAE, 오스트레일리아 등과 CEPA 등을 체결하였으나 큰 의미가 없는 낮은 자유화 수준에 그치고, EU, 미국 등 큰 경제권과의 의미 있는 개방에는 소극적인 바, 그 이유는 아래와 같다.

첫째, 과거 영국 식민지 시대에 강제로 인도의 주요산업이었던 섬유산업이 완전히 붕괴되고 영국의 면직 산업으로 대체된 경험이 있다. 간디의 국산품 애용 운동(스와라시)으로 독립을 쟁취하였고 그 후에도 오랫동안 사회주의, 국가주도 경제를 유지하면서 개방에 소극적인 태도를 취했다.

둘째, 중국 경제가 불공정한 방법으로 경쟁력 우위를 가지고 있고, 개방 시 영국식민지 경험에서와 마찬가지로 인도 제조업이 붕괴될 것이라고 생각한다. 2022년 기준으로 인도의 중국에 대한 무역적자는 1000억불이 넘는다. 전체 무역규모가 1,360억불이고, 그중 중국으로부터의 수입이 1,180억인 반면, 인도의 중국으로의 수출은 170억불이 불과하다. 중국으로부터의 중간재 수입이 수입 중에서 가장 중요한 부분을 차지하고, 중국으로부터의 중간재 수입이 없이는 인도 제조업에 한계가 있다. 인도의 중국으로부터의 수입의존도는 석유를 포함할 경우 15%, 석유를 제외할 경우 25%에 달한다. 중국과의 무역적자를 줄이기 위해 수입대체 정책을 강력히 시행하고, 반덤핑 등 무역구제 조치를 광범위하게 시행하지만, 전자 부품, API 등의 중간제의 중국 의존도는 줄어들지 않고 오히려 커지고 있다. 이러한 상황을 감안 인도는 RCEP에 가입하면 중국으로부터의 수입이 급증하여 국내산업, 특히 중소기업의 피해가 막대할 것이라는데 국민적 공감대가 형성되어, 어느 이해관계자도 RCEP에 가입하는 것에 찬성하지 않았다. 또한 중국은 인도 수출의 핵심부분을 차지하는 IT관련 서비스에 대해 적극 활용하는 미국, 유럽 국가 등과는 달리 철저히 접근을 막고 있고, 인도 인력 개방에 대해서도 어느 나라 보다 소극적이어서 양국간 균형 있는 교역이 사실상 불가능한 상태다.

셋째, 개방 시 필수적으로 경쟁력이 약한 부분에 대한 구조조정이 필요하고, 인도의 경우 농업, 제조업 포함 경쟁력 없는 산업이 다수 있는 반면, 정부차원의 이에 대한 대책이 전무하다. 한국의 경우 FTA 등으로 피해를 입을 경우 이를 보상할 방법을 규정한 FTA관련 국내대책법을 만들어 시행한 반면, 인도는 피해자에 대한 어떠한 대책도 가지고 있지 않고 인도의 재정능력 등을 고려 시 단기간내에 보완대책을 마련할 가능성도 크지 않다. 특히 인도의 농업 종사 인구가 50%를 훨씬 넘어 정치적으로 강력하고 농업부분의 낮은 경쟁력으로 농민들이 개방에 반대하는 입장을 취하고 있는 점 등이 인도가 적극적으로 개방하지 못하는 주요한 이유로 작용하고 있다.

그러나 인도의 경우에도 한국, 중국, 대만 등 아세아의 다른 국가들이 수입대체 대신에 수출주도 정책을 채택하여 빠르게 성장했는지를 보면서 현재의 보호무역주의 수입대체 정책에 대해 재평가할 필요가 있다. 특히 인도 내에서 활동하고 있는 기업들이 이미 개방된 환경 하에서 경쟁할 준비가 되어 있는데도, 이들에 대한 불필요한 보호가 이들이 세계적인 기업으로 성장하는 것을 막고 있지 않는 지를 생각해 볼 필요가 있다.

한국, 대만 등의 경우 수출주도 정책으로 초기단계에서 국가의 지원으로 기업을 성장시킨 후 그 기업이 과감하게 세계시장에서 경쟁하도록 하고, 일정시간이 지난 후 국내시장마저 과감하게 개방하여 다수의 세계적 경쟁력을 가진 국내기업들이 창출된 반면, 수입대체 정책을 취한 경우 국내시장에 안주하고, 정부의 보호에 의존하는 경쟁력 없는 기업으로 남아 있게 되었다.

수출주도 정책을 취하느냐, 수입대체 정책을 취하느냐에 관계없이 초기 단계에서 국가가 산업정책을 통해서 깊이 개입한다는 것에는 차이가 없으나, 국내기업들이 일정수준의 경쟁력을 가진 후 개방을 통해 경쟁을 강화하여 세계시장을 정복하느냐 아니면 지속적으로 국내시장 보호에 중점을 두느냐에 따라, 국가경제 발전에 엄청난 차이를 가져온다.

첫째, 수출 주도정책을 취하면 성공하면 세계시장을 상대로 어머 어마한 규모의 경제 실현이 가능한 반면, 수입대체 정책에 머물면 인도, 브라질처럼 큰 내수시장을 가진다 하더라도 규모의 경제의 실현에 한계가 있다. 한국의 삼성이 세계적인 경쟁력을 가져 한국경제에 기여하는 정도와 수입대체 하에서 외국기업이 인도, 브라질에 투자해서 인도나 브라질 국내시장에만 의존하여 사업을 하는 것을 비교하면 그 차이가 얼마가 큰지 알 수 있다.

둘째, 수입 대체 정책을 취하면 국가의 보호무역 정책에 의존하게 되고 일정 부분 성장한 후에도 국가가 계속적으로 보호해 주기를 원한다는 것이다. 높은 수입관세 등을 통해 보호받고 있기 때문에 외부의 세계적인 경쟁력을 가진 기업과 경쟁할 필요가 없으며, 국가의 보호 하에서 국내시장에서 적은 경쟁 하에서 이익을 창출할 수 있다. 반면, 수출주도 정책을 쓰는 경우에는 초기에는 정부의 보호를 받아 성장하지만, 수출을 해야 하기 때문에 세계시장에서 치열하게 경쟁하면서 생산성과 기술향상에 매진할 수밖에 없다. 또한 일정수준 성장하면 국가가 수출주도 경제를 유지하기 위해 국내시장을 개방할 수 밖에 없고 국내시장도 안전할 수 없다는 것을 알기 때문에 더욱더 치열하게 무한경쟁에서 살아남고 번영하기 위해 노력해야 한다.

셋째, 정부차원에서도 최종 목표가 수입대체가 아닌 수출주도로 세계시장 진출이므로 이에 집중해서 정책을 추진할 수 밖에 없다. 즉 기업이 최소의 비용으로 경쟁력 있는 제품을 생산할 수 있도록 정부시스템을 지속적으로 개혁하고, 인프라, 교육, 연구개발 투자 등을 통해 기업이 비용을 줄이고 기술을 혁신하고 경쟁력을 가질 수 있도록 지원할 수 밖에 없다. 이는 외부 경쟁으로부터 국내시장을 보호하는데 집중하고 국내개혁과 개방의 필요성을 느끼지 않는 수입대체 정책 국가와 분명한 차이를 보인다.

5. 사법부를 개혁해야 한다

우리 기업인들을 만나보면 인도 사법제도에 대한 불만이 많다. 가장 큰 불만은 시간이 많이 걸린다는 것이다. 특정 법적 이슈가 해결되는데 10, 20년 걸리고 승소하더라도 사업적으로 큰의미가 없는 경우가 많다는 것이다. 특히 인도 정부

당국, 예를 들어 국세청, 관세청 등의 자의적인 판단에 기초 잘못된 세금 부과를 하더라도 사법적으로 해결하는데 너무 많은 시간이 소요되어 소송을 통해 부당함을 주장하고 해결하는 것을 포기하는 경우가 많다. 다만 의외로 인도 사법부가 내리는 최종결정이 외국기업에 불공정하다는 비판은 그렇게 많지 않다.

인도 법원이 절차가 느린 이유는 너무 많은 계류 건수(고등법원 계류 건수 5백 8십만건, 1년 처리 가능건수 1백 8십만건, 계류건수 지속 누적)와 판사 등 관련 인력의 부족이다. 또한 영국법의 전통을 이어받아 소송 진행과정에서 양 당사자의 다양한 이의와 조치 요구에 대해 판사가 관대(판사들이 강력한 영향력을 가진 변호사들과 갈등하기 싫어 절차적인 요구사항에 대해 관대한 것도 하나의 요소)하여 소송 절차를 무한정으로 지연하는 것이 가능하다는 것이다. 계류건수를 줄이고, 사건 처리의 효율성을 높이기 위해 판사 수를 늘리고 절차적 개선방안을 강구하기 위해 노력하지만 실질적인 개선은 없는 상황으로 인도 사법부의 사건처리 지연이 가까운 시일내 해결될 것으로 기대하는 사람은 없다.

한편 관련 법적 분쟁을 빠른 시일내에 공정하게 해결해주는 신뢰할 수 있는 사법적인 제도가 없이 빠른 경제발전을 기대하기 어려운 것도 사실인 바, 비효율적이고 신뢰가 낮은 사법제도가 인도의 빠른 경제발전을 막는 제도적 요인으로 장기간 작용할 가능성이 크다. 소송 비용이 크게 늘어날 뿐만 아니라 중요한 경제적 결정 사항이 적기에 해결되지 않아 사업진행에 어려움을 겪는다. 이러한 지연은 법원에서만 일어나는 것이 아니라 행정심판 등 specialized tribunals에서도 나타나는 등 인도 사회 전반에 나타나는 문제다.

또한 인도 사법부의 넓은 관할권, 정부 기관의 소송 남용 등도 계류 건수가 많은 이유 중 하나다. 다른 나라에서는 사법부의 관할이 아닌 개별적 청구인 적격이 없는 public interest에 관련되는 것에 대해서도 일반 공중이 소를 제기할 수 있을 뿐만 아니라 대법원, 고등법원에서도 스스로 사건화(suo moto)할 수 있다. 또한 인도 정부기관들도 세수 확보 등을 위해 일단 소를 제기하고 상대가 타협해 오기를 기다리는 경우도 많고 1심에서 지더라도 항소 등을 통해 상대가 포기하고 타협하도록 유도하는 경우가 많다.

Chapter

9

G3 인도 시장, 어떻게 선점할 것인가?

1. 이미 많은 우리기업들이 인도에서 성공의 역사를 쓰고 있다

가. 커지는 양국간 교역과 투자

한-인도간 교역규모는 코로나 확산 전인 2019년 200억불을 기록했다가 2020년 코로나로 160억불로 감소했다가, 2021년부터 다시 증가하기 시작하여 2022년 280억불에 도달했다. 양국은 2030년까지 500억불 달성을 목표로 하고 있으며, 한-인도 CEPA 협정 업그레이드 등을 통해 양국간 자유화 정도를 높일 예정이다. 2022년 기준으로 우리는 100억불 가까운 무역흑자(수출 189억불, 수입 89억불)을 기록하는 등 연 평균 100억불 정도의 무역흑자를 기록하고 있다. 22년 기준 인도는 우리의 4위 무역흑자대상국, 8위 수출국(189억불), 11위 교역대상국이다.

우리 기업들의 대인도 투자는 1990년대 초 인도 경제 자유화 조치 후 바로 시작되었고, 자동차, 전자 분야 등에서의 공격적 투자를 통해 인도시장 점유율을 지속적으로 늘리고 있다. 지금까지 누적 총 투자금액은 78억불에 달하고, 주요 투자지역은 뉴델리/NCR/노이다(삼성, LG, 포스코 등), 첸나이(자동차 허브, 현대, 삼성전자 등), 뭄바이/푸네(LG, 효성, 포스코 등), 벵갈루루/아난타푸르(기아, 삼성 R&D, LG Soft, 크래프톤 등) 지역이다.

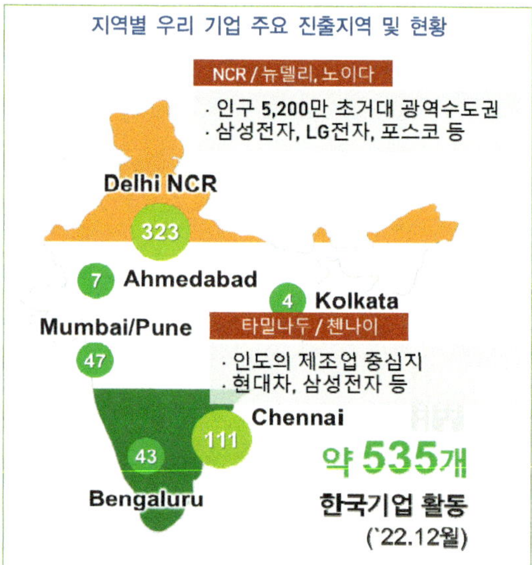

[자료: Invest India, KOTRA 뉴델리무역관 등 자료 종합]

우리 기업의 인도내 투자의 특징은 미국, 일본, 유럽 기업들과는 달리 기존 기업의 흡수·합병이나 지분 투자 등 위험부담이 낮은 간접투자나 인도 기업과의 합작투자가 아닌 큰 위험 부담을 감수하고 관련 협력업체들과 함께 새로운 공장을 짓고 새로이 서플라이 체인, 클러스터를 창출하는 전략을 취했다. 아울러, 인도기업들과의 합작투자보다는 단독 투자, 그리고 현지 인력에 경영을 맡기기보다는 핵심 인력들을 직접 파견하여 관리하는 전략을 취했고 이는 유럽, 미국, 일본 기업들과 차별성이고 한국 기업들이 인도에서 성공한 주요 요인 중 하나다. 아울러, 인도가 저개발국이라고 해서 국내나 선진국보다 낮은 수준의 기술이 필요한 제품을 인도에서 생산하는 것이 아니라 최첨단 기술의 최고의 제품을 인도의 선호에 맞게 변형하여 생산한 것이 국내에서 경쟁력이 없는 생산라인을 인도로 이전한 미국의 자동차 업체 등과의 큰 차별성이라고 할 수 있다. 이는 인도의 자존심을 살리는 방법일 뿐만 아니라 인도 소비자의 사랑과 선택을 받는 주요 요인의 하나가 되었다. 가장 대표적인 예로 들 수 있는 것이 현대 자동차다. 현재 자동차 현대법인이 현대 자동차가 해외 투자에서 최초로 성공한 사례고, 인도에서 성공한 모델을 미국, 유럽, 브라질 등 전 세계로 이전하여 다른 성공사례를 만들고 있다.

아울러, 한국에서 인도로의 수출품목 현황을 보면 한국으로부터의 인도로의 수출 증가가 한국 기업들의 인도 투자 증가와 밀접히 연계되어 있고, 우리 기업들의 기계, 중간재, 원자재, 부품 수입이 상당한 비중을 차지하고 있음을 알 수 있다. 즉 한국으로부터 인도로의 수출 증가를 위해서는 우리기업들의 인도로의 과감한 직접 투자가 필요하다.

〈한-인도 교역동향〉

(단위: 백만 달러)

구분	2018년	2019년	2020년	2021년	2022.1~11월	2022.1~12.25.
수출	15,606	15,096	11,937	15,603	17,391	18,881
수입	5,885	5,565	4,901	8,056	8,403	8,901
총교역액	21,491	20,661	16,838	23,659	25,795	27,782
무역수지	10,108	9,721	9,531	7,037	8,987	9,980

[자료: K-Stat, 관세청, 산업통상자원부]
(뉴델리무역관 채정훈, KOTRA 뉴스, "2022년 인도 경제 요약 및 2023년 전망")

〈대인도 주요 수출입품목(2022.1~11.)〉

(단위: 백만 달러, %)

연번	수출				수입			
	MTI	품목명	금액	증감률*	MTI	품목명	금액	증감률*
1	613	철강판	2,091	124.6	133	석유제품	2,587	96.3
2	831	반도체	2,060	229.8	621	알루미늄	1,526	110.1
3	214	합성수지	1,475	△5.6	013	식물성물질	571	88.9
4	742	자동차부품	1,032	2.3	228	정밀화학원료	402	208.2
5	746	선박해양 구조물	980	33.7	618	합금철선철 및 고철	285	48.6
6	133	석유제품	880	51.0	226	농약 및 의약품	261	9.8
7	812	무선통신기기	559	65.1	625	연제품	241	△4.8
8	219	기타 석유화학제품	441	△6.2	742	자동차부품	161	1.7
9	211	기초유분	382	18.1	421	천연섬유사	126	60.7
10	626	아연제품	327	222.5	290	화학공업품	116	1.7
전체 수출			17,391	429.0	전체 수입		8,404	474.9

주: (*)는 품목별 수출입 평균증감률

[자료: K-Stat, MTI 3단위 누적 기준(2023.1.13.)]

(뉴델리무역관 채정훈, KOTRA 뉴스, "2022년 인도 경제 요약 및 2023년 전망")

〈연도별 대인도 투자진출 현황〉

(단위: 백만 달러, 건)

구분	2018	2019	2020	2021	2022.1~9.	누적(1980년대 이후)
투자금액	1,072	453	625	336	286	7,684
신고건수	410	452	308	246	186	4,662
신규법인수	119	129	74	56	45	1,403

[자료: 한국수출입은행(2023.1.13.)]

(뉴델리무역관 채정훈, KOTRA 뉴스, "2022년 인도 경제 요약 및 2023년 전망")

나. 인도에서 성공하고 있는 우리 주요 기업

1) 현대자동차 인도법인

1996.5월 설립되어 98.9월 인도법인 최초 자동차 Santro를 출시한 현대자동차 인도법인은 현재 22년 기준 시장점유율 15% 가량으로 인도에서 두번째로 큰 자동차 제조사이다. 21.6월에는 인도에서 차량을 생산한 지 23년만에 천만번째 차량을 생산하는 등 초고속 성장을 하고 있다. 인도 남부 타밀나두 주 첸나이 인근에 2개의 제조공장을 가지고 있으며, 연간 70만대 이상을 생산하고 그중 20여만대는 수출을 하고 있다.

현대차 첸나이 법인이 현대차 최초 해외 투자 성공사례[1]이며, 첸나이 투자 성공사례를 미국, 브라질, 체코, 터키 등에 적용하여 성공사례를 확산하고 있다. 현대자동차 인도법인이 성공한 이유는 아래와 같다. 첫째, 다른 많은 기업들이 현지 법인과 합작투자 방식을 취하는 것과 달리 현대 자동차는 인도기업과의 합작투자가 가져오는 많은 문제점을 회피하고, 과감하고 빠른 의사결정과 공격적인 시장 확대가 가능하도록 단독투자를 선택하고 어렵게 인도 정부의 허가를 받았다[2]. 둘째, 포드, GM 등 다른 다국적 기업이 자국에서 이미 한물간 생산라인과 모델을 인도에서 생산하는 것과 대조적으로 현대 자동차는 최신▫최첨단▫고품질의 제품을 인도에서 바로 생산하는 동시에, 인도 소비자 기호, 현지 기후 및 도로 사정에 맞게 디자인 등을 변형[3]하여 인도에서 생산▫판매하여 인도 소비자

---

1) 초창기에 인도 현대자동차 법인에 근무했던 주재원들은 첸나이가 현대 자동차 최초 해외 투자 성공사례라는 것에 대해 큰 자부심을 가지고 있고, 인도 투자 경험에 기초하여 미국, 브라질, 체코, 터키 등으로 이동하여 새로운 생산기지를 개척하는데 핵심 역할을 수행했다.

2) 원칙적으로 단독투자가 불가능했으나 4억달러에 이르는 대규모 초기 투자, 높은 부품 현지 조달률, 높은 수출 비중 등 조건을 앞세워 인도정부를 설득했고 단독 투자 허가를 받을 수 있었다.

3) 초기에는 인도인의 저가 모델 선호 경향을 고려하여 소형차인 엑센트 대신에 경차인 '상트로'를 출시하되, 무더위에 대비하기 위해 에어컨 성능 강화, 열악한 도로 사정을 고려하여 서스펜션과 브레이크 성능을 강화해서 큰 성공을 거두었다. 2015년부터는 인도의 열악한 도로 사정 등으로 인한 인도 소비자의 SUV 선호 경향을 고려하여 크레타 등을 개발▫판매하는 것으로 방향을 전환해서 빠르게 시장점유율을 확대했다 크레타 등 인도에서 개발한 SUV 모델이 인도내에서 큰 인기를 얻고 있을뿐만아니라 러시아, 브라질 등 다른 신흥시장에서도 큰 인기를 끌고 있다.

의 자존심에 부응했을 뿐만아니라 최첨단 프리미엄 제품이라는 인식을 자연스럽게 확산시킬 수 있었다. 셋째, 현대 모비스, 만도, 1차 및 2차 협력업체들과 함께 진출하여 인도내 부족한 자동차 관련 클러스터를 빠르게 새로이 창출했다. 협력업체와의 동반진출은 관련 클러스터가 형성되어 있지 않은 상황에서 빠르게 경쟁력 있는 제품을 생산하는데 도움이 될 뿐만 아니라 우리 기업들이 인도 정부가 요구하는 국내 부품 조달 비율을 쉽게 충족할 수 있도록 해주고[4], 동반진출 기업들의 우리 소부장 제품의 한국으로부터의 수입 규모 및 비중도 크다. 특히 동반 진출 우리기업들이 당초 고객이었던 한국 대기업에 더해서 인도 대기업, 다국적 기업 등으로 고객을 확보하는 등 경쟁력과 규모를 확대하는 경우 한국으로부터의 소부장 수입은 더 커질 것이다.

2) 기아자동차 인도법인

2017년 법인이 설립되었으며, 인도 남부 안드라프라데시주 아난타푸르에 2019년 8월 제조공장을 준공하고 차량 생산을 시작하였다. 2022년 1년간 34만대를 생산ㅁ판매하였으며, 시장점유율 6%이상으로 인도내 5번째 큰 자동차 제조사로 빠르게 성장했다. 현대와 기아를 합산한 인도내 시장 점유율은 20% 이상이다.

기아자동차 설립시 현대자동차와 경쟁을 통해 제로섬 게임이 될 수도 있다는 우려가 있었던 것은 사실이나, 기아자동차가 생산을 시작한 2019년 말 이후 현대자동차, 기아자동차 모두 빠르게 시장점유율을 확대하고 있는 등 시너지 효과가 크게 나타나고 있다. 특히 기아자동차의 경우 인도내에서 수요가 빠르게 증가하고 있는 Seltos 등 부가가치가 높은 SUV 시장에 집중하는 전략이 주효했다. 아울러 현대자동차 및 기아자동차의 동시 인도시장에서의 빠른 시장 점유율 확대로 동반 진출한 우리 협력업체들이 인도내에서 규모를 경제를 확보하고 경쟁력을 강화하는데 큰 도움이 되고 있다.

3) 삼성전자 인도법인

1995년 최초로 인도에 진출한 후 현재 뉴델리 인근 노이다에는 세계 최대 규

4) 동반진출 우리기업에서 생산한 부가가치도 인도내에서 생산된 것으로 인정된다.

모의 스마트폰 공장을, 타밀나두주 첸나이에는 가전제품 생산공장을 운영하고 있으며, 단기간에 100억달러 매출 기업으로 성장했다. 인도의 노이다 공장은 2018년 신공장을 준공해 삼성의 주요 휴대폰 생산기지가 되었고, 2023년 현재까지 총 6억 5000만대가 넘는 휴대폰이 생산되어 인도 내수 및 유럽□북미□중남이 등 해외로 수출중이다. 삼성전자의 스마트폰은 22.4분기 기준 20%로 인도내 시장점유율 1위이다. 첸나이 공장은 2007년 TV 생산을 시작으로 현재는 세탁기, 에어컨, 냉장고를 생산하는 가전 종합법인으로 자리매김했다. 특히 2022년에는 3,000억원을 투자하여 가전제품의 핵심부품인 콤프레샤 생산을 시작했고, 현재 통신장비관련 신규 투자를 진행하고 있는 등 꾸준히 투자를 늘리고 있다.

또한 생산공장뿐만아니라 벵갈루루, 델리, 노이다에 3개의 연구소, 노이다에 1개의 디자인 연구소를 운영하고 있다. 1996년부터 벵갈루루에 설치되어 운영되고 있는 벵갈루루 연구소(SRI-B, 3,000명 연구인력), 2007년 설립된 노이다 연구소(SRI-N, 2000명) 및 2002년부터 설립되어 운영되는 델리연구소(SRI-Delhi, 1,700명)는 초창기에는 한국 연구소에서 하청을 받아 연구하는 수준이었으나 현재는 삼성전자 해외 연구소 중 가장 큰 규모로 성장했고 삼성 미국연구소와 더불어 특허 출원 등 삼성의 핵심연구소가 되었다. 1년에 IIT 졸업생들을 중심으로 1,000여명을 채용하고 있으며, 임금은 동일수준 한국 엔지니어의 1/3수준으로 한국보다 훨씬 낮으며 IIT 졸업생 등에도 인기가 높다.

4) LG 전자 인도법인

1997년 노이다에 법인을 설립하였고, 현재 뉴델리 인근 노이다와 마하라슈트라 푸네 지역에 생산공장이 있으며, 2022년 매출이 약 3조가 넘는다(2022년 약 2조 6천억원). TV, 냉장고, 세탁기, 에어컨 등 가전제품을 생산하여 인도 내수시장 판매는 물론 중동, 아프리카 지역 등 해외 수출도 하고 있다. 또한 벵갈루루에 LG 소프트웨어 센터가 핵심 연구개발센터로 역할을 수행하고 있는 등 생산□판매□연구개발 등을 포괄하는 현지 완결형 사업구조를 가지고 있다.

최근 노이다 공장과 푸네 공장에 신규 투자를 단행하여 생산량을 늘리고 있으며, 특히 푸네 공장에 양문형 냉장고 생산 신규 라인을 증설하는 등 프리미엄 가전 시장 공략을 위해 노력하고 있다. 인도의 소득 수준 향상과 중산층 확대에 따라 과거 1도어, 2도어 시장에 더해서 양문형 냉장고에 대한 수요도 빠르게 증가하고 있다. 40% 압도적인 시장점유율을 가진 전자레인지 분야에서는 광파 오븐이, TV분야에서는 올레드 TV 등 프리미엄 제품에 대한 수요가 빠르게 증가하고 있다.

5) POSCO 인도법인

포스코는 2005년 푸네에 설치한 가공센터를 시작으로 인도에 진출했다. 오디샤 주에 제철소를 건립하는 계획을 추진했으나 오디샤 제철소 건립이 무산되고, 2012.5월에 마하라슈트라에 POSCO-Maharashtra 법인을 설립하고 연간 180만톤 규모의 냉연-도금 공장과 가공센터를 운영 중이다. 아울러, 푸네, 델리, 첸나이, 아마다바드 등 인도 주요지역에 가공센터를 운용하고 있고, 인도 고급 자동차 강판 시장에서 최고의 품질을 보유한 철강사로 평가받고 있다.

포스코는 최근 재생에너지와 그린수소 생산의 최적지(세부내용은 인도 대기업들의 태양광 등 재생에너지 분야 대규모 투자 분야 참고)로 평가받고 있는 인도를 수소환원 제철을 위한 HBI 생산지 후보의 하나로 검토중에 있고, 인도와 그린수소 분야 협력을 강화하기 위해 노력하고 있다. 그린수소 등과 관련 지난해 9월 인도 2위 재생에너지 전문기업인 그린코사와 양해각서를 체결하는 등 인도와 그린수소 생산프로젝트 관련 협력을 논의중이다.

6) 효성 인도법인

2007년 최초 뉴델리에 사업을 진출한 이래 2016년 푸네에 초고압 차단기 생산 공장을 설립하여 운영하고 있다. 인도 중앙정부, 타밀나두 등 인도 주정부가 추진하는 다수의 전력망 효율화 사업에 적극적으로 참여하고 있으며, 현지 공장 설립을 통한 현지생산이 생산 비용과 가격을 줄이는 동시에 중앙정부 및 주정부에서 추진하는 다양한 전력 인프라사업에 인도 국내기업과 동등한 자격으로 참여할 수 있는 기초가 되고 있다.

또한 효성TNC는 2019년 아우랑가바드에 스판덱스 공장을 설립하는 등 투자를 강화하고 있다. 특히 효성TNC의 인도내 스판덱스 시장점유율은 60%로 인도내 압도적인 1위를 차지하고 있고, 인도내 빠른 수요 확대에 대비하여 21.9월부터 스판덱스 공장은 증설을 시작하여 23년 초 증설을 완료하는 등 추가 인도 투자를 통해 시장점유율을 더욱 높이려 하고 있다.

7) 롯데제과 인도법인

1990년대 말부터 인도에 상품을 수출해 오다 2004년 인도 제과업체 '패리스'를 인수하고 본격적으로 인도에 진출하였다. 2010년 제1 초코파이 공장을 세우고, 2015년에는 델리 지역에 신공장을 건설하였고, 2017년에는 인도 아이스크림 업체 '하브모어'를 인수하여 월드콘을 생산하는 등 빙과사업도 강화하였다.

롯데제과의 인도진출 방법이 현대 등 다른 한국기업과 큰 차이가 나는 것은 신규로 공장을 설립한 것이 아니라, 기존 인도 제과업체들을 인수한 후 초코파이, 월드콘 등 생산라인을 확장한 것이다. 가공식품 등의 경우 기존 유통망 활용 및 인도 소비자들과의 유대가 무엇보다 중요하고 인도 내에도 충분한 역량을 가진 다수의 인도 국내기업이 존재하는 바, 새로 공장을 설립하는 것에 더해서 기존 인도 국내기업을 인수하는 것도 인도 시장을 공략하는 효과적인 방법중의 하나다[5].

2. 인도시장 선점을 위해서는 PPRC가 필요하다

인도에 투자해서, 인도와의 무역에서 성공하기 위해서는 무엇보다 인도에 대한 태도와 마음가짐이 중요하다.

인도가 빠른 시일 내에 개혁을 통해 모든 문제를 극복할 것으로 기대해서는

5) 롯데제과 보다 늦게 21년 초에 인도에서 생산을 시작한 오리온의 경우 현지 인도기업을 인수하는 대신에 라자스탄주에 직접 공장을 지어 초코파이, 초코칩, 쌀과자. 카스타드 등을 생산 또는 수입하여 판매하고 있는 바(인도 시장을 고려 현지 제조업체인 만 벤처스와 생산관리 계약 체결, 오리온은 제품관리, 영업, 마케팅 등 생산을 제외한 전 과정을 관할), 현지 기업을 인수하는 것과 공장을 직접 건설하는 것의 장단점을 비교해볼 수 있는 좋은 사례다.

안 된다. 인도에서의 개혁은 느리고, 개혁된다 하더라도 일부에 그친다. 인도가 직면한 구조적인 문제는 쉽게 변할 수 있는 변수가 아니라 장기간 함께 살아야 할 상수로 생각해야 한다. 상수로 생각해야 하는 것은 인도에 투자하는 우리 기업뿐만 아니라 인도 국내기업도 마찬가지다. 인도 국내기업의 경우 자신들이 구축한 국내 네트워크 등을 통해 더 잘 극복할 수 있을지 모르나, 우리 기업 등 외국 기업들이 직면하는 어려움과 똑같은 어려움에 직면하고 있다.

따라서 인도에서 살아남기 위해서는 PPRC(Patient, Persistent, Resilient, Creative)가 필요하다. 무엇보다 인도인들보다 더 오래 끈질기게 인내하면서 인도인들을, 인도 문화를 이겨내는 동시에 인도의 문화를 존중하면서 하나가 되기 위해 노력하는 것이 중요하다(patient). 아무리 절차가 느리고 진전이 없더라도 인도에서 화를 내고 분노하는 것은 하수고, 인격수준이 낮은 사람으로 취급 받는다. 쉽게 빠르게 무엇이 이루어질 것으로 생각해서는 안 된다. 다만 인내만 해서는 안 되고 끊임없이 요구하고 도전해야 한다. 지속적으로 요구하면서 귀찮게 해야 한다. 내가 원하는 것을 얻을 때까지 포기하지 않고 요구해야 하고, 상대가 내가 더 독한 놈이라는 것을 인정하게 만들어야 한다(persistent). 그러고도 안 되면 넘어졌다가 다시 일어나야 한다(resilient). 실패 속에서 교훈을 배우고 다시 도전해야 한다. 그러고도 안 되면 인도에 대해 더 연구하고 창의적인 새로운 방법을 찾아야 한다(creative). 안 되는 이유를 다시 분석하여 창의적으로 새로운 방법으로 접근해야 한다. 다른 영어로 말하면, 'Don't hurry up, Don't give up, Nothing is easy, but everything is possible' 정신이다. 14억 인구의 거대국가가 정부는 관료주의로, 사업파트너는 교활함으로, 시장과 정치체제는 분절화(fragmented)로 무장되어 있는데 그 시장에 진입해서 성공하기가 쉽겠는가? 5천만 인구인 한국에서 성공하는 것보다 10배 이상의 시간과 노력이 필요하다는 각오로 인도시장에 접근해야 성공할 수 있다. 또 성공과 실패 경험이 축척되면 성공하는데 걸리는 시간이 단축될 것이고, 경제가 발전함에 따라 느리지만 인도도 개혁을 통해 변화해 나갈 것이다.

3. 인도는 우리의 미래, 어떻게 선점할 것인가?

위와 같은 정신자세와 개도국 시장 개척의 어려움 하에서 인도가 빠르게 성장한다는 가정 하에 인도 정부의 정책 및 인도의 문화를 고려하여 우리기업들이 인도에 진출하여 성공하기 위한 전략과 전술은 아래와 같다. 이 글에서 제시하는 인도시장 선점 방법은 인도시장에만 적용되는 것이 아니라 각각의 시장과 문화적 특성에 따라 수정한 후 다른 개도국 및 저개발국 시장 개척에도 상당부분 적용될 수 있다.

가. 투자하라, 투자하라, 투자하라

보호무역정책이 강한 인도 시장에서 성공하기 위해서는 직접투자가 최선이다. 인도는 아래 이유로 개방에 소극적이며[6] 인도가 단기적으로 개방에 적극적인 국가로 바뀔 가능성은 없으며, 인도가 개방에 소극적인 상태에서 우리가 인도 시장에 진출할 수 있는 유일하고 효과적인 방법은 인도에 직접 투자하여 인도에서 생산하는 것이다. 한국에서 완제품을 만들어 인도에 수출할 경우 운송비뿐만 아니라 높은 관세, GST 등 국내 세금을 포함하면 쉽게 당초 가격이 2~3배로 급증하여 인도 국내시장에서의 경쟁력을 가지는 것은 불가하다. 특히 인도인들이 가격에 민감한 점을 고려 시 한국에서 완제품을 생산후 인도에 수출하는 방법으로 인도 국내시장에서 살아남는 것은 불가하다.

인도가 개방에 소극적인 이유는 아래와 같다. 첫째, 과거 영국과의 식민경험으로 인도의 주요 산업이었던 섬유산업이 완전히 붕괴되고 영국의 면직산업으로 대체된 아픈 경험이 있다. 간디의 국산품 애용운동(스와라시)으로 독립을 쟁취하였고 그 후에도 오랫동안 사회주의, 국가주도 경제를 유지했으며, 모디정부도 Make in Inida, self-relianent를 어느 나라보다 강조한다.

둘째, 인도 정부나 전문가들은 중국 경제가 불공정한 방법으로 경쟁력 우위를

6) 인도가 개방에 소극적인 것은 RCEP에 인도가 불참하고 있는 것을 보면 잘 알 수 있고 최근 UAE 오스트레일리아 등과 CEPA 등을 체결하였으나 큰 의미가 없는 낮은 수준에 그치고 있다.

유지하고 있고, 개방시 영국식민지 경험에서와 마찬가지로 인도 제조업이 붕괴될 것이라고 생각한다. 2022년 기준으로 인도의 중국에 대한 무역적자는 1000억불이 넘는다. 전체 무역규모가 1,360억불이고 그중 중국으로부터의 수입이 1,180억인 반면, 인도의 중국으로의 수출은 170억불이 불과하다. 중국으로부터의 중간재 수입이 수입 중에서 가장 중요하고, 중국으로부터의 수입하지 않고는 인도 제조업이 경쟁력을 유지하는데 한계가 있다. 인도의 중국으로부터의 수입 의존도는 석유를 포함할 경우 15%, 석유를 제외할 경우 25%에 달한다. 중국과의 무역적자를 줄이기 위해 수입대체 정책을 강력히 시행하고, 반덤핑 등 무역구제조치를 광범위하게 시행하지만 전자 부품, API(Active Pharmasutical Ingredient) 등의 중간재의 중국 의존도는 줄어들지 않고 오히려 커지고 있다. 이러한 상황하에서 인도가 RCEP에 가입하면 중국으로부터의 수입이 급증하여 국내산업, 특히 중소기업의 피해가 막대할 것이라는데 국민적 공감대가 형성되어, 어느 이해관계자도 RCEP에 가입하는 것에 찬성하지 않았다.

셋째, 개방시 필연적으로 경쟁력이 약한 농업, 제조업 등에서 피해를 받는 산업이 발생하나, 이에 대한 대책이 전무하고, 개방과 관련하여 전체 인구의 50% 이상을 차지하고 강한 정치력을 가진 농민들을 설득할 수 있는 정치력도, 대안도 없다.

인도가 개방에 소극적인 상태 하에서 인도 시장을 선점하고 인도로의 수출을 확대하는 최선의 방법은 인도시장에의 적극적인 투자를 통해 인도에서 직접 생산하여 판매하는 것이다. 즉 우리기업들이 인도에 대한 투자를 늘리고, 인도 내에서 살아남고 성공하는 것이 반드시 필요하다. 이 과정에서 인도내 투자한 우리기업들은 최종 제품을 생산하기 위해 다양한 중간재, 부품, 원자재를 한국으로부터 수입할 것이고, 우리 기업이 인도내 투자자 늘어나면 날수록 한국으로부터의 소부장 제품의 수입은 늘어날 것이다. 우리와 인도와의 무역흑자의 가장 중요한 요인은 인도에 진출해 있는 우리기업들의 중간재, 기계, 부품 등의 수입이다. 중국, 베트남 등으로 우리 수출이 급증한 것도 우리 기업이 생산한 완제품 수출이 크게 늘어난 것이 아니라, 현지에 투자한 우리 기업들이 기계, 부품, 원자재 등을 대규모로 수입했기 때문이다. 투자와 수출이 둘이 아니라 하나로 연결되고 있고, 우리 기업의 대규모 투자가 없이 빠른 수출 확대는 불가하다.

삼성, 현대, 기아, 포스코 등 우리 대기업들은 인도 정부가 91년 자유화 조치를 한 이후 발 빠르게 인도에 그린필드 직접 투자를 시작하여 상당한 성공을 거두고 있고 이를 바탕으로 추가 투자를 계획하고 있다. 다만 아쉬운 점은 우리 기업의 인도내 투자가 자동차, 전자, 철강 등 대기업 위주, 특정 산업 위주의 투자에 제한되어 있다는 것이다. 향후 우리기업의 인도 투자가 지금보다 훨씬 다양한 제조업 분야와 서비스업 등으로 확산되고, 대기업과 동반진출하는 것에 더해 기술력을 가진 우리 중견기업의 단독진출도 늘어나면 인도내 우리 기업들의 투자로 인한 우리 나라로부터의 수입도 크게 증가할 것이다.

우리기업들의 인도로의 수출이 확대되기 위해서는 단순히 우리기업의 인도내 투자 확대만으로는 부족하고 우리 기업들이 생산하는 소부장 제품의 경쟁력이 강화되어야 한다[7], 현지 동반진출 우리 협력업체 포함 한국 소재 우리 소부장 관련 업체들의 지속적인 경쟁력 강화 없이는 우리 기업의 인도 투자로 인한 국내 부가가치 및 고용 창출 효과는 시간이 지나면 줄어들 것이다. 현지 투자 우리 기업들에게 경쟁력이 없는 우리 협력업체 제품을 구매하도록 강요할 수도 없고 경쟁력 없는 부품을 사용해서는 경쟁력을 유지하기도 어렵다. 또한 인도 정부는 지속적으로 우리 기업들이 현지 부품 조달 비율을 높일 것을 요구하고 있고, 기업 입장에서도 비용 감소 등을 위해서는 현지 조달 비중을 늘릴 수 밖에 없으며, 인도 기업들의 소부장 분야 경쟁력도 지속적으로 향상될 것으로 예상된다.

소부장 분야 우리기업 진출과 관련 특히 관심을 가지고 추진해야 할 부분이 배터리와 반도체 부분이다. 배터리 분야의 경우 인도 투자 현대, 기아자동차 등 우리 자동차 회사들의 배터리 수요뿐만아니라 인도가 세계적인 경쟁력을 가지고 있는 이륜차, 삼륜차 분야(Bajaj, Hero, TVS, Ola 등)에서의 수요가 급증하고 있으며, 타타 등 인도 국내 자동차 및 다국적 자동차 기업으로부터의 수요도 빠르게 증가할 것으로 예상된다. 무엇보다 인도의 자국산업 보호 및 수입대체 정책은 인도내 생산공장 설립 없이 해외에서 생산하여 인도내 수출하는 것에 대한

---

7) 소부장 분야의 경쟁력 강화는 아래에서 살펴보는 바와 같이, 인도내에 투자하고 있는 우리기업으로의 수출증가뿐만 아니라 인도 소재 인도 국내기업, 다국적 기업으로의 수출 증대에 기여하고, 대기업과 동반진출한 우리 협력업체들이 인도내에서 고객을 다변화하는데 기여할 것이다.

위험을 크게 증가시킬 것인 바, 인도내 생산공장을 설립하지 않고 배터리 분야에서 인도시장을 안정적으로 확보하는 것은 불가능하다[8]. 반도체 분야의 경우 인도내 우수한 연구개발인력이 풍부하고, 인도정부가 전폭적으로 지원하고 있으며, 수요도 크고 빠르게 증가하고 있어 투자 필요성이 크나, 반도체 공장 설립에 필요한 전력, 도로, 물 등 인프라가 부족한 상태로 최첨단 반도체를 인도에서 바로 생산하기는 어렵고 범용 반도체부터 시작하는 것이 바람직하다[9]. 또한 최근 삼성 벵갈루루 연구개발 센터에 반도체 관련 부분이 보강된 것과 같이 인도내 우수 반도체 관련 연구개발 인력을 적극 활용하는 방안도 검토할 필요가 있다.

배터리, 반도체 등 소부장 분야 우리기업 인도 투자와 관련, 인도 정부의 과거 산업, 관세정책 등을 참고하는 것도 유의미하다. 과거 인도정부의 정책을 보면 인도 내 생산이 불가한 부품 등에 대해서는 일시적으로 낮은 관세로 수입을 허용하다가 인도 내 여건이 어느 정도 갖추어지면, 갑자기 관세를 인상하여 수입이 불가하도록 하여, 우리기업 포함 다국적 기업이 생산을 중단하는 경우도 다수 목격되었다. 예를 들어 첸나이 소재 삼성전자 인도법인의 경우 디스플레이 패널에 대한 낮은 관세하에서 동 패널을 수입하여 안정적으로 인도내에서 TV를 생산하다가 인도 정부가 예고 없이 국내산업 보호차원에서 디스플레이 패널 관세를 급격히 인상하여 장기간 인도내 TV 생산을 중단한 사례가 있다.

마지막으로 방위산업분야에서의 우리 기업들의 인도 투자를 위한 사전 정비 노력이 필요하다. 인-중, 인-파키스칸 갈등 등 고려시 인도의 빠른 경제발전과 함께 방산 관련 시장이 빠르게 확산될 것으로 예상된다. 우리 한화에어로스페이스에서 인도에 K9 자주포를 수출[10]하고 있을뿐 아니라 우크라이나 전쟁에서 명

---

8) 전기차 배터리의 경우에도 현재는 인도정부가 낮은 관세로 수입을 허용하고 있지만 어느 정도 시간이 지나면 급격히 관세를 인상, 수입이 불가하게 할 가능성이 큰 바, 향후 우리 자동차 기업이 인도 내 전기차 시장에서 안정적으로 성장, 시장점유율을 높이기 위해서는 우리 배터리 기업들이 동반 진출하여 안정적인 서플라이 체인 구축이 무엇보다 중요하다.

9) 미-중 전략적 경쟁 하 공급망 다변화 과정에서 미국정부도 범용반도체나 OSAT 등 조립 등 분야에서 인도의 역할을 강화하기 위해 노력하고 있다.

10) 구자라트주 소재 L&T(인도의 대표적 엔지니어링 및 방산 기업) 생산시설에서 제조되었다. 주계약자가 인도회사인 L&T고 인도내 부가가치생산이 50%이상 조건을 충족시켜야 하는 등 Make in India 방식으로 제조, 인도 정부에 공급되었다.

확해진 인도가 의존하고 있는 러시아 무기시스템의 취약성 등을 고려시 향후 인도 정부가 현재의 러시아 무기 시스템에 대한 의존도를 줄이고 미국 시스템으로 전환을 가속화 할 가능성이 큰 바[11], 이는 미국시스템과의 호환성이 좋은 우리 무기의 인도로의 수출가능성을 크게 확대할 것이다. 현재 진행되고 있는 육군, 해군관련 무기 수출에 더해서 공군분야에서의 수출도 가능하게 될 것이다.

방산분야에서의 인도정부와 협력과 관련해서 명심해야 할 것은 인도정부가 방산분야에서도 Make in India 정책을 강하게 추진하고 있고, 자동차 등 완제품 수출과 마찬가지로 방산분야에서도 부가가치의 50% 이상을 인도에서 생산할 것을 요구하는 등 한국에서 만들어 인도에 완제품을 수출하는 것은 쉽지 않을 것이라는 것이다. 우리 방산기업들이 인도에 투자를 결정하고, 생산공장을 설립하기 위해서는 인도 정부와 대규모 수출 계약이 선행되어야 하겠지만, 향후 양국간 방산분야 협력확대에 대비 우리 방산기업의 인도 투자를 위한 사전 준비가 필요하다. 인도내 국방관련 R&D 센터 사전 설립, 인도 방산기업과 JV를 통한 공동생산(K9사례 참고) 또는 인도 방산관련 서플라이 체인과의 협력강화를 위해 노력할 필요가 있다. 아울러, 우리 방산관련 부품업체들의 인도 방산업체로의 수출확대를 적극 추진하는 동시에, 우리 방산업체들의 인도로부터의 조달 확대 등을 동시에 추진할 필요가 있다. 이러한 방산분야에서의 사전 노력들이 이루어질 경우 향후 인도정부가 발주하는 대규모 무기조달 프로그램에서 한국기업이 선정될 가능성을 크게 높일 뿐만아니라 인도 투자를 통한 공장설립과정에서 비용 및 시행착오도 크게 줄여줄 것이다.

나. 수출기업이라면 경제자유구역이 답이다

현재까지 인도에 투자하는 우리기업들 대부분이 인도 국내시장을 목표로 하고, 수출이 주목적이 아니었지만, 향후 인도가 제조업 강국이 되는 과정에서 인

11) 23.6월 모디 총리의 미국방문시 미국의 GE는 인도 국영항공우주회사 HAL(Hindustan Aeronautics)와 인도공군이 사용할 전투기 엔진(F414)을 공동 생산하고, 관련 기술을 이전하기로 하는 등 양국간 국방분야에 있어서의 협력이 강화되고 있다. 이는 인도의 러시아 무기시스템에 대한 의존을 약화시키고 미-중 갈등에서 인도의 역할을 강화하기 위한 미국의 전략에 기초하고 있으며 향후 미국과 인도간 방위산업 분야에서의 협력이 빠르게 강화될 것으로 예상된다.

도 국내시장이 아닌 다른 나라로의 수출을 위해 인도에 투자하는 우리기업들이 늘어날 것이다. 우리기업들이 인도에 투자하는 주목적이 내수시장이기보다 수출인 경우 인도정부에서 직접 운영하거나 인도정부의 승인을 받아 민간에서 운영하는 특별경제구역(Special Economic Zone, SEZ)에 투자하는 것이 여러 가지 면에서 유리하다.

자동차, 전자 산업의 경우에도 인도 공장에서 제조하여 상당부분 수출(현대자동차의 경우 30%정도)하지만 여전히 인도 내수가 핵심인 반면, 새로이 인도 투자에 관심이 있는 신발산업 등의 경우 인도 내 판매에는 관심이 없고 나이키, 아디다스 등에 100% 납품(수출)하는 비즈니스 모델에 기초하고 있다. 이 경우 SEZ법에 기초 운영하는 SEZ에 투자할 경우 다양한 인센티브를 받을 수 있을 뿐 아니라 사실상 인도 영토 밖으로 인도정부의 통제에서 상당부분 벗어나 있을 수 있다. SEZ에 투자할 경우 수입·수출관세 면제, GST 면제, 법인세, 소득세 등 감면 등 다양한 혜택이 존재한다. SEZ가 가장 많은 지역은 산업화가 진전되어 있는 남부 타밀나두, 카르나타카, 안드라프라데시 및 뭄바이, 뿌네가 소재하고 있는 마하라스트라와 구자랏이다.

SEZ의 가장 성공적인 모델인 중국과 달리 인도의 SEZ는 크게 성공하지 못한 것이 사실이지만 현재 인도정부에서 관련법을 개정하고 있고 인도가 세계 공장으로서 역할을 강화하는 과정에서 SEZ의 중요성이 증가할 것이다. 인도 SEZ법상 지정절차는 민간 개발업자가 주정부를 거쳐 연방정부(상무부)에 설치된 위원회에 신청하면, 연방정부에서 동의를 하는 시스템인데, 토지수용 어려움 등으로 중국보다 규모가 상당히 작고, 주위 농촌지역 등과 불평등 문제 등으로 제대로 활용되지 못하고 비어있는 곳이 많다. 아울러, 제조업보다 인도에서 경쟁력을 가진 IT 서비스 기업들이 인도정부의 규제를 피하기 위해 활용하는 경우가 많다. 현재 인도 연방정부에서 SEZ가 제공하는 보조금의 WTO 규범 위반 문제, 활용도 저하 등의 문제를 개선하기 위한 법 개정 작업이 진행 중이다.

인도 정부와 민간에서 운영 중인 SEZ 현황 및 장·단점 및 기회·위협 등에 대한 SWOT 분석은 아래 표와 같으며, 아래 사항들을 참고하여 SEZ 지역 선택 및 SEZ 투자시 인센티브를 최대한 활용하는 투자 모델을 만들 필요가 있다.

〈지역별 특별경제구역 비교 현황〉

구분	첸나이		벵갈루루		뭄바이	
	Sri City	MEPZ	Manyata 기술단지	KIADB 항공우주특구	JNPT 특구	SEEPZ
개발주체	민간	중앙정부	민간	중앙정부	민간	중앙정부
개발연도	2006년	1984년	2006년	2009년	2019년	1973년
구성	경제특구, 국내관세특구, FTWZ	경제특구	경제특구, 비경제특구	경제특구	경제특구	경제특구
크기	7,500에이커	262에이커	122에이커	252에이커	684에이커	111에이커
위치	첸나이공항 2시간 거리	첸나이도심, 첸나이공항 8km	국제공항 20분 거리	국제공항 직접 연결	JNPT항구 부지	국제공항 6km
세제 혜택	수출입면세, 신속통관	수출입면세, 신속통관	수출입면세, 신속통관	수출입면세, 신속통관, 인지세·전기세 등 면세	수출입면세, 신속통관	수출입면세, 신속통관, 소득세 면제 등
임대료 (㎡/월)	100루피 (1.25달러)	176루피 (2.2달러)	-	-	-	-
승인·입주 준비기간	1년 이내	1년 이내 승인 후 즉시입주	1년 이내 승인 후 즉시 입주	1년 이내	1년 이내	1년 이내 승인 후 즉시입주
인프라	도로·전력·상하수처리	도로·전력·상하수처리	최첨단시설	최첨단시설	인프라 건설 중	도로·전력·상하수처리
사회 인프라	주거단지·의료기관·문화 시설 등	보육시설 등	야외스포츠 공간·호텔 등	주거단지·의료기관 등	없음	은행·체육관 등
노동력/노조문제	직업훈련센터, 노조 문제 없음.	직업훈련센터, 노조 문제 없음	직업훈련센터, 노조 문제 없음	직업훈련센터, 노조 문제 없음	없음	직업훈련센터, 노조 문제 없음.
보안	외부인 출입 통제 철저	외부인 출입 통제 철저	외부인 출입 통제 철저	외부인 출입 통제 철저	외부인 출입 통제 철저	외부인 출입 통제 철저
입주 기업 수	28개국 190개 기업	105개 인도기업	글로벌 68개 기업	보잉 등 우주항공업체	6개 기업	260개 인도 기업
주요 분야	전자, 화학 등	전자, 엔지니어링 등	IT 서비스	우주항공	물류	제약, 보석
우리 기업 유무	2개 기업 입주 중	-	-	-	-	-
입주기업 만족도	매우 높음	매우 높음	매우 높음	매우 높음	매우 높음	매우 높음

[자료: 주 인도 대한민국 대사관(김정화 연구원, '22.10.31.)]
(뉴델리무역관 채정훈, KOTRA 뉴스, "인도 특별경제구역(SEZ) 현황 및 비교분석")*경제특구의 SWOT 분석(자료: 인도 대한민국대사관), 인도 특별경제구역(SEZ) 현황 및 비교분석(kotra, 2022.11.15.)

〈경제특구의 SWOT 분석〉

Strength (강점)	Weakness (약점)
- 전략적 위치 및 교통망 발달 - 신속한 승인 절차 및 입주 지원(1년이내 입주 및 운영 준비 완료) - 저렴한 임대료 - 수출입 면세 및 세제 인센티브 - 신속한 통관처리 - 노동력 수급 및 기술훈련, 노조문제 없음 - 인프라(단전문제 없음) - 철저한 외부인통제 - 높은 입주기업 만족도	- 수출 맞춤형 단지이기에 수출량 모니터링 필요(조건 미달 시 패널티 부과 및 입주철회 등) 토지 및 건물 임대만이 허용 - 경제특구 운영 현황에 대해서 통합적 정보가 없음.
Opportunities (기회)	**Threats (위협)**
- 코로나 이후 글로벌 공급망 재편과정에서 인도의 글로벌 생산기지로의 전환 노력 - 메이크 인 인디아 강화 및 자립 인도(Self-reliant India) 캠페인 아래 외국기업 유치에 매우 적극적 - 인도 내 생산에 대한 세제 혜택 강화 - 인도 내 우리 기업에 대한 높은 브랜드 이미지 - 중국 기업에 대한 투자 제한	- 글로벌 기업 및 외국 기업의 유입이 증가하면서 입주 공간 경쟁

[자료: 주 인도 대한민국 대사관]
(뉴델리무역관 채정훈, KOTRA 뉴스, "인도 특별경제구역(SEZ) 현황 및 비교분석")

다. 중소·중견기업, 인도를 기반으로 세계를 지배하라.

1) 우리 중소, 중견기업의 현지 투자 부족

공관장으로 근무하면서, 가장 큰 고민 중의 하나가 우수한 기술력을 가진 우리 중소기업의 현지 진출이다. 인도 남부에 현대, 삼성 등 우리 대기업들이 밀집되어 있고 대기업과 공동으로 진출, 성공적으로 운영되고 있는 중소기업도 다수 있으나, 중소기업이 단독으로 진출한 사례는 많지 않다. 일본, 독일의 경우 다수 중소기업들이 단독으로 진출해 있는 반면, 우리의 경우 정밀공구 제조업체인 YG1, 폐배터리 재활용 기업인 성일 하이텍 이외에 단독진출 성공사례는 많지 않다.

우리 중소 및 중견기업의 경우 빠르게 성장하는 인도시장이 매력적이고 진출하고 싶지만, 인도에 대한 막연한 두려움, 큰 초기 진출 비용 등으로 인도 진출을 망설이고 있는 경우가 많다. 위에서 설명한 바와 같이 우리 중소기업들이 인도에 투자해서 성공하는 가장 효과적인 방법은 현지 투자다. 인도 수출을 위한 관세 및 비관세 장벽, 인도 정부의 수입대체 정책 등을 고려할 경우 완제품을 인도로 수출하기는 쉽지 않다.

인도 진출에 관심이 있는 우리 기업의 경우 지금이 적기다. 인도시장이 빠르게 성장하고 있을 뿐만 아니라, PLI 등을 통해 인도 중앙정부가 다양한 인센티브를 제공하고 있으며, 락다운 이후 인도 주정부간 투자 유치를 위한 경쟁이 치열하고 이를 활용할 경우 다양한 인센티브 확보가 가능하다. 복잡한 행정절차 등이 우려되는 경우, 일본, 독일 중소기업과 같이 토지소유권, 인프라, 공장설립등과 관련 일관 서비스를 제공하여 불확실성과 투자에 소요되는 시간을 대폭 줄여 Plug and Play가 가능하도록 준비된 마힌드라, 스리 시티 등 민간에서 운영하는 산업단지에 공장을 건설하는 경우 많은 위험과 불확실성을 줄일 수 있다. 민간에서 운영하는 산업단지의 경우 인프라가 잘 갖추어져 있을 뿐만 아니라 공장설립, 세무 등 공장운영과 관련되는 모든 사항에 대해 신속하고 효율적인 서비스를 받을 수 있다. 다만 주정부 등에서 운영하는 공공 산업단지에 비해 비용이 비싼 것은 약점이다.

인도에서 생산한 후 판매하는 것이 최선이지만, 현지 수요 등에 대해 불확실한 상태에서 투자를 결정하기는 쉽지 않다. 위험부담이 큰 인도 시장 진출에 관심이 있는 우리기업은 아래 2가지 방법을 적극 활용해 볼 것을 제안한다.

첫 번째는 소비재 제품인 경우 온라인 판매망을 적극 활용하는 것이다. 아마존, 플립카트(Flipkart) 등 온라인 판매가 빠르게 확대되고 있고 온라인망을 통해 많은 비용과 위험을 피할 수 있다. 코트라에서 인도 아마존과 협력하여 아마존에 한국 샵(Korea Shop)을 성공적으로 운영하고 있고, 한국관을 플립카트 등 다른 대형 전자상거래 플랫폼으로 확대하기 위해 노력하고 있다. 특히 인도 내 한류의 빠른 확산을 감안 시 한류와 관련된 상품의 경우 성공 가능성이 더 크다 (아래 온라인 판매 확대 참고).

두 번째는 SEZ중 Trading과 창고 역할에 특화된 FTWZ(Free Trade and Warehousing Zone)를 활용하는 것이다. 우리 소비자 및 소부장 업체가 한국에서 샘플을 가져와 로드쇼를 하는 경우 통관이 힘들뿐만 아니라 실제 로드쇼 활동도 사전 허가지역에 제한되는 반면, FTWZ를 활용하는 경우 통관이 간편할 뿐만 아니라 제한 없이 인도 전역에서 로드쇼를 진행할 수 있다. 특히 온라인망을 통한 판매를 희망하는 업체의 경우 FTWZ를 고객을 확보하기 위한 전시장 및 창고로도 활용가능하다. 현재 인도내 3개의 FTWZ가 모두 민간에 의해 운영되고 있으며, 정부로부터 승인된 FTWZ는 총 8개다. 아래 표는 필자가 직접 방문하여 확인한 첸나이에 설치되어 성공적으로 운영되고 있는 FTWZ다. 우리 물류업체인 롬 로지스틱스가 동 FTWZ내에 창고를 운영하고 있었으며, 인도내 수요가 급증하고 있는 우리 ATM 업체가 FTWZ내에 ATM 기계를 저장해 놓고 인도내 고객의 납기일에 맞추어서 인도 DTA(Domestic Tarriff Area)로 통관을 통해 반입하고 있는 등 동 제도를 효과적으로 운영하고 있었다.

〈Free Trade Warehousing Zone, Current System〉

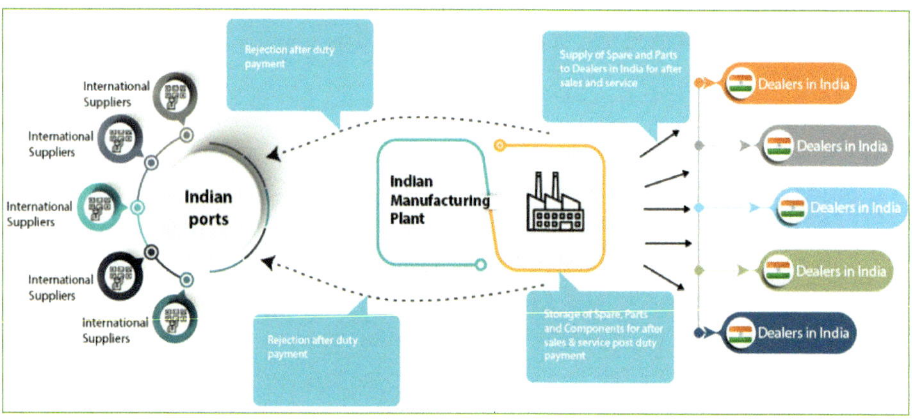

NDR Free Trade Warehousing Zone Chennai
https://www.ndrinfra.com/free-trade-warehousing-zone/

2) 대기업 동반진출 협력업체의 고객 다변화

우리 대기업과 공동 진출한 중소기업들이 우리 기업 이외에 미국, 독일, 일본 등 현지 진출 다국적 기업 및 인도 대기업을 신규 고객으로 확보하고 인도를 전 세계 수출 기지로 전환하는 노력을 활발히 진행하고 있고 다수의 성과가 도출되고 있다. 대기업과 동반진출한 우리 협력업체들은 현대, 기아 등 우리 업체를 최대의 고객으로 하면서도, 점차적으로 인도 국내기업, 미국, 유럽, 일본 등 다국적 기업으로 고객을 다변화하여 우리 기업에 대한 의존도를 줄이기 위해 노력하고 있다. 상당수의 기업이 이미 고객 다변화에 성공해서 우리 기업이외에도 다수의 인도 국내 대기업, 미국, 유럽계 기업, 심지어는 일본계 기업을 고객으로 확보하고 있으며, 추가적으로 다변화를 심화하기 위해 노력하고 있다. 또한 인도를 세계적인 공급망의 허브로 활용하여 인도에서 생산된 제품을 전 세계로 수출하고 있으며, 이러한 추세는 인도 내 우리 부품업체들의 강한 경쟁력을 고려해 볼 때 더 확대될 것으로 예상된다. 특히 자동차 산업의 경우 현재 전기차 등 미래차로 전환되고 있는 바, 과거의 화석연료 차를 생산할 때 형성되었던 부품, 중간재 서플라이 체인이 해체되고 전기차에 맞는 새로운 서플라이 체인이 형성되는 과정에서 기술력과 품질력을 가진 기업들에게 많은 기회가 제공되고 있다. 특히 올라 전기와 같이 신규로 스쿠터, 자동차 등을 생산하는 업체들도 늘어나고 있는 등 인도 진출 우리 협력업체 및 한국 소재 우리 중소 및 중견 배터리 팩, 모터, 충전, 폐 배터리 재활용 등 분야에 종사하는 우리 기업들에게 많은 새로운 기회가 제공되고 있다. 우리기업들이 이러한 기회를 활용하여 독일 보시(Bosch) 등과 같은 세계적인 중간재, 부품 업체로 성장하기 바란다.

아울러, 현지 진출 우리 중소기업은 인도의 IT 기업과 인력을 적극 활용하여 소프트웨어 및 서비스 분야 역량을 강화할 필요가 있다. 외국 인력 활용에 소극적인 일본기업도 공격적으로 인도 IT 인력을 적극 활용하고 있으며, 우수하고 저렴한 인도 인력과 IT 업체를 활용하여 관련 프로그램을 개발하여 전 세계로 확산하는 등의 방법으로 생산성과 경쟁력을 강화할 수 있다. 특히 벵갈루루, 첸나이에 세계적인 경쟁력을 가진 IT 기업들과 인력이 집중되어 있는바, 이를 적극 활용할 필요가 있다. 우리 제조업 기업들이 IT 분야에서 세계적인 경쟁력을 가진 나라에 공장을 가지고 있으면서, 인도의 IT 인력과 전문성을 활용하려 경쟁력을 강화하지 않는 것은 가장 어리석은 일 중 하나다. 특히 제조업과 소프트웨어가 융합되는 상황 하에서 인도의 IT관련 인력과 인프라를 활용하여 기업의 경쟁력을 강화하는 것이 무엇보다 중요하다. 이미 삼성, LG, 만도 등 우리 대기업들은 R&D 센터 등을 설치하여 인도의 IT 역량을 효과적으로 활용하고 있는바, 우리 중소기업들도 적은 비용으로 최대한 효과를 낼 수 있는 인도의 IT관련 역량을 활용하는 방안을 수립하여 시행할 필요가 있다(상세내용은 아래 리버스 이노베이션에서 설명).

라. 부품, 중간재 수출에서 인도시장이 중국시장을 대체할 것이다

1) 한-인도 CEPA를 업그레이드 하라.

인도내 투자를 통해 인도시장 확대에 더해서 한-인도 CEPA 업그레이드를 조기에 마무리지어 자유화 확대 등을 통해 우리 상품의 수출을 확대할 필요가 있다. 양국 경제의 통합 심화를 위해서는 높은 수준의 자유화가 무엇보다 필요하다. 완제품에 대해 인도가 보수적인 입장을 취할 가능성이 큰바, 소재, 부품, 장비 등 중간재에 대한 관세 철폐 및 인하가 중요하다. 인도 내에 투자하고 있는 우리 기업들이 인도내에서 가격 경쟁력이 강한 제품을 생산하기 위해서는 핵심부품, 중간재를 한국에서 무관세로 수입할 필요가 있고, 이를 위해서는 부품, 중간재 등에 대한 추가적인 관세 철폐 및 인하가 무엇보다 중요하다. 특히 21년초 인도 대법원의 철도 신호기에 대한 판례(Honeywell)에서 철도 신호기를 무관세인 범용 품목에서 높은 관세가 부가되는 철도부품으로 재분류한 사례가 있고, 동 판례를 자동차, 전자 부품 등으로 확대 해석(범용 부품에서 자동차 또는 전자 부품)하려는 경향이 있는 바, 이를 근본적으로 해소하기 위해서는 범용부품뿐만 아니라 자동차와 같은 특정 산업에 속하는 부품에 대해서도 관세를 철폐하는 방법으로 한-인도 CEPA를 업그레이드할 필요가 있다.

중국이 인도와 1,000억불의 수출을 기록할 수 있는 주된 이유는 완제품보다는 중간재 수출과 관련되어 있다. 인도의 제약, 전자, 재생에너지 산업 등이 중국으로부터의 중간재 수입에 의존하고 있고 중국으로부터 대량의 중간재 수입이 없이는 경쟁력 있는 최종 생산물을 생산하는 것이 불가하다. 인도 자체적으로 중간재 분야에서 국산화(Make in India)를 위해 노력하고 있지만 인도 내에 새로운 산업 클러스터 및 생태계를 단기간에 새로이 창조하는 것은 어렵고, 중장기적으로도 쉽지 않을 것이다. 특히 인도가 단기간 내에 높은 기술의 고부가가치 중간재를 자체 생산하는 것은 쉽지 않을 것이다.

중국이 중간재 수출을 통해 인도와 1,000억불 규모의 무역흑자를 기록하고 있는 사례에서 보듯이 우리 소부장 업체들도 중간재를 수입에 의존할 수밖에 없는 인도의 산업구조 현실을 적극 활용하여, 인도에 중간재, 부품, 핵심 원료의 수출을 확대하기 위해 더 큰 노력을 기울여야 한다(세부내용은 위 중국의 대안으로 인도의 유망성관련 인도의 우리 중간재 수입처로서의 유망성 참고)[12]. 인도에 중간재를 수출하는데 있어 상대적으로 저렴한 대량생산이 가능한 중간재에 있어서는 중국과 고부가가치, 고기술 부분에서는 일본, 독일 등과 치열한 경쟁을 준비해야 한다. 이를 위해서는 무엇보다 소부장 분야에서의 우리 기업들, 특히 중소중견기업의 경쟁력을 지속적으로 강화할 필요가 있다. 우리 소부장 기업들의 경쟁력 강화와 적극적인 인도 시장 개척 노력 없이는 인도가 아무리 빨리 발전하더라도 우리가 그 과실을 수확하는 데는 한계가 있을 것이다.

인도로의 소부장 수출 확대는 반드시 고기술 첨단 소부장 제품에 한정되지 않는다. 고기술의 첨단 소부장 제품이 아니더라도 한국 내에서 비용증가, 중국 업체들의 추격 등으로 더 이상 수요가 없거나 아니면 기존 생산 공장과 기계 등을 폐기하거나 줄여야 하는 산업 등에서도 인도 기업 등으로부터의 큰 수요가 있다. 반도체, 디스플레이, 배터리 등 분야에서 새로이 진출하려는 인도기업들이 처음부터 최첨단 핵심 제품을 생산하기는 어렵고 기술수준이 상대적으로 낮은 분야에 먼저 진출하는 전략을 사용한다. 이 경우 폐기하거나 규모를 줄여야 하는 우리나라에 소재하는 우리기업 공장에 있는 기계, 장비 등을 인도에 판매하거나 기술향상 등으로 국내에서의 수요가 급감하고 있는 소부장 제품을 인도기

12) 가격 경쟁력 등에 있어서 쉽지 않겠지만 경제안보 및 공급망 안정 측면에서 인도 정부가 중국으로부터의 중간재 수입을 줄이려는 정책을 지속적으로 취할 것으로 예상되는 바, 중국기업들이 인도에 수출하는 중간재를 우리기업들이 대체하거나 우리 소부장 업체들의 과감한 인도내 투자를 통해 인도 정부의 중간재 국산화 정책을 적극 지원할 필요가 있다.

업에 판매하게 되면 새로운 수출 경로가 열린다. 첨단 소부상 수출에 더해서 인도 등 개도국 맞춤형 소부장 수출 전략을 만들어 시행할 필요가 있으며, 이 과정에서 우리 정부, 코트라 등이 인도 내 인도기업들의 제조공장 건설 등과 관련된 정보를 입수하여 우리 중소중견 업체들에게 전달하고 중간에서 거래를 원활하게 하는 역할을 할 수 있다. 예를 들어, 언론 보도(THE ELEC, 2023.6.13.)에 따르면, 인도 최대 광물업체인 베단타가 구자라트주에 8세대 TFT-LCD 패널과 모듈 공장을 설립할 계획(12조원 투자, 2026년 양산)을 가지고 공장설립 관련 소부장을 공급할 파트너를 찾기 위해 2023.4월 대표단(반도체-디스플레이 글로벌 총괄사장, 주정부 관계자)이 우리나라를 방문 코트라에서 개최한 상담회에 참석 국내 디스플레이 소부장 업체 37개사와 상담회를 개최했다. 향후 인도내 제조업 분야에 대한 투자가 강화되면 베단타 사례와 같이 여러 가지 이유로 이미 우리의 경쟁력이 약화되어 생산을 중단해야 하는 분야에 있어서도 새로운 다양한 대규모의 수출 수요가 발생할 수 있다. 필자가 자동차 사업이 밀집된 첸나이에서 자동차 부품 등을 생산하는 인도 중소중견기업들을 만나보면 한국에서 이미 폐기되거나 곧 폐기할 계획이 있는 기계 등을 수입하려고 문의하는 경우가 많다. 이는 우리와 인도간 산업발전 단계의 차이에서 기인하고, 우리나라에서 더 이상 경쟁력이 없는 기계 등도 인도 내에서는 경쟁력 있게 사용할 수 있는 경우가 많다는 것이다. 최첨단 제품을 파는 것이 최선이지만, 국내에 더 이상의 수요가 없는 소부장에 대해 인도 등 개도국에서 새로운 수요를 찾아 산업구조 고도화를 지원하는 것도 중요하다.

마. 인도를 우리 공급망의 핵심 국가로 만들어라

1) 인도 및 다국적 기업의 한국 인력에 대한 채용도 늘어나고 있다.

우리나라의 경우 미-중 갈등이 심화되고, 중국산 원자재 및 중간재, 범용제품에 대한 의존이 심화되는 상황 하에서 핵심 원자재와 중간재 수입선을 다변화하기 위해 노력하고 있다. 중국에서 수입하는 소재, 원자재 및 범용제품의 경우 우리의 기술력이 부족해서 국내에서 생산하지 못하는 경우보다 우리의 높은 임금 수준, 규모의 경제 실현의 어려움 등으로 인한 원가부담 때문에 국내에서 생산하지 못하는 경우가 대부분이다. 요소수 사태에서 보듯이 소재, 원자재, 중간재 및 범용제품에서의 중국에 의존 심화는 우리 경제안보 측면에서 심각한 문제가 될 수 있고 정부에서도 심각성을 인식하고 동남아, 남미 등 다른 국가로 수입선을 다변화하기 위해 노력하고 있다.

인도는 IT 서비스 분야에서 세계에서 가장 높은 경쟁력을 가지고 있는 반면, 제조업 분야, 특히 원자재, 중간재 부분에서는 경쟁력이 약하다. 원자재, 중간재 부분에서의 중국에의 의존이 인도가 중국과의 교역에서 1천억불에 이르는 무역적자를 기록하는 주요요인이다. 인도정부가 PLI 등을 통해 제조업 투자와 경쟁력을 강화하려 하고 있지만, 인도 정부의 비효율성, 높은 물류 비용 및 금융비용 등을 고려 시 인도 중간재, 원자재 생산 기업들이 단기간 내에 세계적인 경쟁력을 가질 것을 기대하기도 어렵다. 하지만, 인도 내수시장의 규모, 제조업 포함 빠른 경제발전 등을 고려 시 인도가 소재, 원자재, 중간재 및 범용제품의 다변화를 위한 우리의 주요 후보국가가 될 가능성이 크다.

인도가 우리 나라와의 교역에서 가장 큰 불만을 가지고 있는 것이 증가하고 있는 무역적자다. 무역적자의 대부분이 인도에 투자하고 있는 우리 기업이 인도로 수입하는 기계, 중간재 등이나 인도 정부 입장에서 늘어나고 있는 무역적자에 대해 우려를 표명하는 것도 이해가 된다. 아울러, 무역적자의 확대는 우리가 인도와 CEPA 협정을 업그레이드하는 과정에서도 장애로 작용한다. 또 실제로 현재의 인도의 산업구조를 볼 때 새우 등 수산물, 망고 등 농산물 등을 제외하고 한국으로 수출을 확대할 수 있는 상품들이 많지 않은 것도 사실이다.

그러나 중국이 빠르게 제조업 분야를 육성하면서 소재, 원자재, 범용제품 분야에서 세계적으로 압도적인 경쟁력을 구축하면서 세계시장을 지배하게 된 것과 같이, 인도도 빠른 경제발전과 제조업 확충과정에서 충분히 소재, 원자재, 범용제품 분야에서 경쟁력을 갖출 수 있고 이는 우리가 동 분야에서 수입선을 다변화하여 중국에 대한 의존도를 낮추고, 지속적으로 늘어나고 있는 우리와의 무역적자를 축소하여 인도의 불만을 줄일 수 있는 계기가 될 수 있다. 또한 이러한 흐름은 인도를 글로벌 공급망에 더 깊게 포함시키려 하는 미국의 대 인도 정책과도 맥을 같이 한다. 미국은 글로벌 공급망에서 중국에 대한 위험을 감소(de-risking) 시키는 방법의 하나로 민주주의와 시장경제 가치를 공유하고, 중국과 경쟁관계에 있는 인도를 미국 주도 공급망에 더 깊게 참여시키려 노력하고 있다.

특히 인도를 우리의 중간재 생산을 위한 기지로 삼는 과정에서 인도에 진출해 있는 우리 대기업 협력업체, 향후 인도에 진출할 우리 중소중견 부품업체가 핵심역할을 할 수 있기를 기대한다. 인도 진출 우리 중간재, 원자재 업체들이 경쟁력을 가지게 되면 인도 투자 우리기업으로부터 한국으로의 안정적인 중간재, 원자재 공급이 가능하다. 이러한 관점에서 인도 투자 우리 중간재, 부품, 원자재 생산 업체들의 지속적인 경쟁력 강화와 고객 다변화가 필요하다.

한편, 한국 기업들의 인도내에서의 선전에 따른 한국 기업과의 거래 관계 유지 및 확대, 전기 배터리 등 인도기업이 필요로 하는 분야에서의 경험과 전문성을 가진 인력의 필요성[13], 한국 기업에의 금융서비스 제공 확대 등과 관련하여, 자동차, 배터리, 은행 등 분야에서의 인도 및 다국적 기업의 한국 전문인력 채용이 빠르게 늘어나고 있다. 자동차, 배터리 등의 분야에는 장기간 관련 분야에서 전문성과 경험을 가진 인력이, 은행 등의 분야에서는 젊은 한국 인력에 대한 채용이 빠르게 늘어나고 있다. 한국 인력의 인도 기업이나 다국적 기업으로의 채용이 새로운 고용 창출과 인도 협력업체들의 경쟁력 강화라는 긍정적인 효과가 있고 한국기업과 인도기업, 다국간 기업간의 협력을 강화하는 요인으로 작용할 수 있다. 반면, 우리 대기업에의 납품과정에서 우리 기업과 인도 및 다국적 기업간의 경쟁을 더욱더 치열하게 하고, 장기적인 관점에서 인도 기업이 우리 전문

13) 2020.8.20.자 전자신문은 2륜 전기 스쿠터를 생산하는 인도 올라 일렉트릭은 LG 화학 및 삼성 SDI 출신 전문가를 배터리 사업 부분 대표이사와 최고 기술책임자로 각각 채용했다고 보도했다. 올라 일렉트릭은 인도의 1위 모빌리티 업체(인도의 우버)로 타밀나두주에 연 1,000만대를 생산을 목표로 1단계 공장을 설립하여 빠르게 전기 스쿠터 생산을 확대하고 있으며, 현재 LG 에너지 솔루션으로부터 배터리 셀을 수입하여 인도 현지에서 패키징을 하는 방법으로 배터리를 공급하고 있다. 이에 더해서 동 회사는 인도 정부의 2차전지 PLI 대상으로 선정되어 동 인센티브를 받기 위해 인도내에서 일정기간 내에 배터리 생산시설을 완비해야 하는 입장이며, 이를 기간내에 실현하기 위해 우리 기업 출신 전문가를 채용한 것으로 보인다.

인력의 전문성과 경험을 활용하여 기술력, 품질 등에서 빠르게 향상시켜 우리 기업들에게 위협이 될 수도 있다. 이는 중국기업이 우리 전문인력을 채용하는 것과 유사한 바, 인도 기업의 우리 전문가 채용 등과 관련 우리 산업 비밀정보 등 유출 등에도 신경을 쓸 필요가 있다.

바. 좋은 주정부 선택없이 사업 성공도 없다

인도가 연방제적 성격을 가지고 있고, 주정부는 매 5년마다 개최되는 주정부 총선에 의해서 선출(의원내각제)되는 총리(Chief Minister)에 의해 운영된다[14]. 연방정부와 주정부의 지배정당이 다른 경우가 많아 연방정부의 주정부에 대한 영향력이 제한적이고, 인도 헌법 하에서 경찰, 환경, 노동, 토지 등 인도에 투자한 우리기업들이 직면하는 문제의 90% 이상이 주정부와 관련되어 있어 우리기업과 주정부간 관계가 성공적인 기업활동을 위해 무엇보다 중요하다. 특히 우리 기업들이 많이 진출해 있는 타밀나두 등 인도남부의 경우 드라비언 민족주의가 강하고, 전국 정당인 BJP나 국민회의당의 영향력이 전혀 없고 현지 지역정당이 모든 권한을 가지고 있어 주정부와의 관계의 중요성은 더 커진다[15].

아울러, 주정부간 거버넌스의 질에 차이가 클 뿐만 아니라 산업 분야별 클러스터, 서플라이 체인 형성 정도(예: 타밀나두 자동차, 전자 클러스터 형성), 토지, 환경, 노동 정책, 외국인 투자자에 대한 태도, 교육 및 노동의 질, 인프라 구축 정도, 인센티브의 종류와 규모 등에서 큰 차이가 있다. 또한 소고기 등 육류 접근성, 종교간 갈등 정도 등 생활과 관련해서도 주별 편차가 큰 바, 인도 투자시 주정부를 선택하는 것은 미국내에서 주정부를 선택하는 것 이상으로 중요하고, EU내에서 투자국가를 선택하는 것 만큼 신중할 필요가 있다.

---

14) 연방 대통령에 의해 임명되는 주지사가 있으나, 주지사의 역할은 상징적인 것이 그치고 실질적인 권한은 주 총리에게 있다. 다만, 연방정부를 지배하는 정당과 주정부를 지배하는 정당이 다른 경우 법안, 인사 등과 관련 주총리와 주지사간 갈등이 다수 발생하는 것도 사실이다.

15) 타밀나두주의 경우 드라비디언 민족주의에 기초한 지역정당인 DMK와 AIA-DMK가 돌아가면서 권력을 잡고 있고, BJP 등 전국 정당의 영향력은 사실상 없다.

이러한 측면에서 우리 정부의 인도와의 외교도 연방정부에 집중하는 것에 더해서 실제적인 대부분의 권한을 가지고 있는 주정부와의 외교도 강화할 필요가 있으며, 우리 기업들이 직면한 문제를 푸는 전략으로 연방정부를 통해 주정부를 설득하는 Top-down 방식에 더해서 주정부를 먼저 설득해서 주정부 차원에서 해결할 수 있는 문제는 해결하고, 주정부를 통해 연방정부를 설득하는 bottom-up 방식도 병행할 필요가 있다. 현재 인도내 2개의 총영사관(뭄바이, 첸나이)만 존재하고, 총영사관의 인력도 소규모인 바, 인도 경제의 발전 및 우리와의 관계 강화에 부응하고, 주정부 등과의 경제, 공공 외교 역량 강화하기 위해 미국, 중국, 일본 등과 같이 우리 총영사관의 신규개설과 총영사관내 인력확충도 적극 검토해야 하며[16], 이는 인도의 위상 강화와 함께 자연스럽게 이루어질 것으로 생각한다.

사. 인도는 우리기업의 리버스 이노베이션(Reverse Innovation)을 위한 최적 국가다

인도를 리버스 이노베이션의 최적지로 우리 기업들이 적극적으로 활용하여 국제적인 경쟁력을 강화할 필요가 있다. 리버스 이노베이션은 인도와 같은 개도국(emerging markets)에서 기능이나 성능은 선진국에서 개발하여 사용하는 것과 유사하지만, 가격과 비용은 훨씬 저렴한 혁신적인 제품을 만들어 개도국 시장에서 판매하는 동시에 역으로 선진국 시장의 low-end 또는 mid-end 시장에 도입하여 선진국 시장에서도 성공을 이루는 것이다. 개도국 시장에서 선진국 R&D 센터에서 개발된 고사양의 고가 제품이 경쟁력을 가질 수 없고, 선진국 시장의 경우에도 High-end 시장만이 있는 것이 아니라 가성비가 중요한 low-end

16) 인도의 면적(300만 km2), 인구(14억) 및 인도 경제발전에 따른 교역 및 투자 급증 등을 고려 시, 신규 총영사관 설치 등이 절실히 필요하다. 미국(9개), 중국(7개), 일본(8개) 등에 설치되어 있는 우리 총영사관 수와 비교해 볼 때 신규 총영사관 설치 필요성은 더욱더 두드러지며, 특히 기아자동차 공장 신설, 삼성 R&D, 크래프톤 등 우리 기업 및 교민 수가 빠르게 증가하고 있고, 인도의 IT 및 기술 산업 허브인 벵갈루루에 총영사관을 설치하는 것이 최우선 과제라 하겠다.

또는 mid-end 시장도 동시에 존재하는 바, 개도국에서 개발되어 성능이 우수하면서도 1/2 정도로 가격이 저렴한 경우 충분한 경쟁력이 있다.

아래 Harman International의 자동차-인포테인먼트 분야에서 보듯이 리버스 이노베이션은 조직내에서 많은 저항에 직면하고 성공하기가 쉽지 않으나, 성공할 경우 개도국 및 선진국에서 과거에 존재하지 않았던 새로운 시장을 창출하고, 기업의 경쟁력 향상에 큰 기여를 한다. Harman International의 경우 선진국 자동차-인포테인먼트 시장에서 최강자로 경쟁력을 가지고 있었으나 선진국의 고사양, 고가 시장은 이미 포화상태에 있어 개도국 시장 및 선진국 내 가성비 시장으로 진출이 절실했다. 기존 제품의 사양을 낮추어 개도국에 출시했으나 크게 실패했다. 이러한 배경하에서 최고경영자는 기존 선진국에 존재하는 R&D 센터와는 완전히 분리되는 혁신센터를 인도(소프트웨어)와 중국(하드웨어)에 만들어 성능은 선진국에서 사용하는 기존 상품과 큰 차이가 없으나, 더 단순하고, 모듈화하여 쉽게 scale-up이 가능하여 가격은 1/2, 비용은 1/3인 새로운 제품을 만드는 계획을 실행에 옮겼다. 미국, 독일 등 선진국에 있는 기존 R&D 센터 소속 직원들의 반발을 극복하기 위해 인도 및 중국에 완전히 분리된 새로운 조직을 만들어 현지 엔지니어를 중심으로 운영하되 기존 조직과의 연계성을 강화하기 위해 독일 등에서 인력을 파견하여 합동으로 새로운 제품을 개발하게 하였다. 또한 기존 연구개발 조직으로 보고가 되어 통제될 경우 새로운 제품에 대한 조직 내 저항이 강할 것을 예상하여 동 프로젝트에 대한 새로운 관리자를 임명하여 관리하게 했다. 그 결과 성능에는 큰 차이가 나지 않으면서도 가격은 1/2 불과한 제품 개발에 성공하여 인도 등 개도국뿐만 아니라 선진국 시장에서도 큰 성공을 거두어 동 기업이 새로운 수익과 시장을 창출하는 주요 원인이 되었다[17].

이러한 리버스 엔지니어링 성공사례는 위 Harman International에 그치지 않고, GE(GE MAC 400), Proctor&Gamble(Vicks Honey Cough) 등 다수의 다국적 기업들이 성공사례를 창출하고 있다. 우리 기업의 경우에도 삼성전자가 벵갈

17) Harvard Business Review, Emerging Markets, A Reverse-Innovation Playbook by Vijay Govindarajan(April 2012) 및 Reverse Innovatio, Create from Home, Win Everywhere by Vijay Govindarajan/Chris Trimble

루루에 R&D 센터를 설치하여 한국에 있는 R&D 센터 다음으로 큰 규모로 성공적으로 운영하고 있으며, LG 전자도 벵갈루루에 LG 소프트웨어를 성공적으로 운영하고 있으며, 현대자동차는 하이데르바드, 만도는 벵갈루루에 각각 연구개발센터를 설치하여 성공적으로 이미 운영하고 있다.

아래와 같은 이유로 우리기업들이 좀더 적극적으로 위 Harman 사례에서 보듯이 인도를 리버스 엔지니어링 허브로 활용하여 새로운 시장을 개척하고 경쟁력을 강화시키는 계기로 삼을 필요가 있다.

필자가 벵갈루루 소재 삼성전자 R&D 센터를 방문하여 면담한 바에 의하면, 인도에서 동일한 수준의 엔지니어(특히 소프트웨어 개발)를 고용하는데 한국의 1/3의 비용이 든다고 한다. IBM, 아마존, 구글 등 세계적인 다국적 기업과 인재 채용을 위한 경쟁이 치열하며, 삼성에서 근무 후 이를 기반으로 미국 등으로 이동, 더 좋은 조건의 직장에서 근무하려는 경향이 강해 장기간 근무하게 하기는 쉽지 않지만, 카메라 센서관련 소프트웨어 등 다양한 분야에서 현지에서 개발한 제품을 한국, 미국 등 전 세계로 적용하여 많은 성과를 내고 있으며, 빠르게 규모를 확대하고 있다고 한다. 또한 LG 소프트웨어 등도 방문한바, 인도 현지에서 삼성과 같이 많은 성과를 내고 확장 계획을 가지고 있었다.

또한 위에서 살펴본 바와 같이 인도는 GCC(Global Capability Center)의 허브로서 현재 세계적인 다국적 기업을 중심으로 1,300개 이상의 GCC가 인도내에 설치되어 130만명 이상을 고용하고 있으며, 그 수와 규모가 빠르게 증가하고 있다. GCC는 백오피스 및 디지털 전환에 핵심역할을 할 뿐만 아니라 혁신 센터로서 중요한 역할을 하고 있다.

아울러, 인도 국내시장은 그 규모가 클 뿐만 아니라 전자, 자동차 등의 분야에서 빠르게 발전하고 있어 인도에서 개발하여 인도에서 테스트한 후 선진국 시장으로 재도입하기에 최적의 시장이다.

마지막으로 인도의 Jugard 문화가 리버스 엔지니어링 성공에 큰 기여를 할 것으로 생각한다. 쥬가드(Jugard)는 근본적인 발명이나 혁신이 아니라 기존 제품을 새로운 환경에 맞게 변형시키면서 인도 시장에서 통할 수 있도록 가격이나 비용을 대폭 낮추는 혁신의 방법이다. 인도는 기존 제품을 현지 시장이나 새로운 환경에 맞게 변형하면서도 가격과 비용을 대폭 낮추는 분야에 어느 나라보다 강점을 가지고 있다. 실제로 첸나이 등에 진출해 있는 우리 대기업 및 중소기업 주재원들을 만나보면 현지에서 필요한 자동화에 필요한 장비 변형, 공장 자동화에 필요한 소프트웨어 개발 등에서 현지 엔지니어들이 탁월한 역량이 있고, 우리 관리자들이 요구하면 신속하게 현지에 맞게 변형하여 개발하고 이를 현장에 적용하여 효과적으로 활용하고 있다고 한다. 아울러, 인도 현지에서 개발된 자동화 프로그램 등을 전 세계로 적용하여 성과를 얻고 있는 경우도 다수 있다고 한다.

우리 기업들이 새로운 시장을 개척하고 세계적인 경쟁력을 더욱더 강화하기 위해서는 지속적인 혁신, 특히 중국 등 개도국 출신 기업들과 경쟁에서 생존하기 위해서는 가격/비용을 대폭 낮추면서도 성능은 그대로 유지하여, 개도국 시장뿐만 아니라 선진국 Mid-end 및 Low-end 시장 및 인도와 같은 개도국 시장에서의 경쟁력을 강화하는 것이 무엇보다 필요한 바, 우수하고 저렴한 인도 엔지니어와 빠르게 성장하는 거대 테스트 시장으로서의 인도를 적극적으로 활용하여 인도를 리버스 이노베이션의 허브로 활용할 필요가 있다. 이는 삼성전자 등 이미 인도에 진출하여 성공적으로 리버스 엔지니어링를 활용하고 있는 기업뿐만아니라 현지 진출 우리 기업, 한국소재 우리 기업 모두에게 해당되는 이야기다.

아. 제조업으로 부족하다, 금융, 게임 등 서비스업에도 적극 진출하라

한국이 제조업에 강하다면, 인도는 IT 등 서비스업에 경쟁력을 가지고 있으며 향후 금융, 게임 산업 등 서비스업이 빠르게 성장할 것으로 예상된다. 지금까지 우리 기업의 인도 진출은 자동차, 전자, 철강 등 제조업에 집중되고 있고, 앞으로도 제조업 중심의 투자가 이루어질 가능성이 크다. 미국 등 선진국기업들이 인도를 Back Office로 적극 활용하고 있는 반면, 우리 기업들이 out-sourcing 또는 off-shoring(GCC)를 통해 인도를 서비스 분야 Back Office로 활용하는 경우는 거의 없다. 또한 IT 분야 우리 중소 스타트업들이 벵갈루루 등에서 사업

진출을 모색하다가 단기 성과가 나오지 않아 철수하는 경우도 다수 있었으며, 소프트뱅크, BlackRock 등 세계적인 투자회사들이 인도 스타트업 등에 대규모 투자를 하는 것과 대조적으로 우리 VC 등 투자회사들의 인도 유니콘 등 스타트업에 대한 투자는 거의 없다.

우리가 세계적인 경쟁력을 가지고 있는 제조업과 달리 IT, 금융 등 서비스업의 경우 인도에 진출하여 성공하기 어려운 것은 사실이지만, 금융, IT 등 서비스업 분야에서의 인도 시장의 성장 가능성이 크고, 인도가 우리 IT 기업들이 scale-up을 통해 세계적인 기업으로 커 갈 수 있는 최적의 조건을 갖추고 있는 점 등을 고려 시, 제조업 투자에 더해 서비스업 분야에 있어서도 좀더 적극적인 진출 노력이 필요하다.

아래에서는 현재 우리기업들이 진출해 있고 유망한 금융, 게임산업을 중심으로 우리기업의 진출 현황과 가능성 등에 대해 살펴보겠다. 첫째 인도의 금융시장이다. 현재 우리나라의 대표은행인 신한, 하나, 우리은행 등이 인도에 진출하여 현지 진출 우리 기업들을 지원하고 현지 금융을 늘리기 위해 노력하고 있다. 다만 은행업의 경우 인도 정부의 규제가 심하고 인도 국내 은행들과의 경쟁이 심해 우리 기업을 지원하는 업무를 넘어서 소매 금융 등에서 동등하게 인도 금융기관과 경쟁하기 어려운 것도 사실이다. 반면 자산관리업무 등을 수행하는 투자은행의 경우 더 활발한 활동이 가능하고 인도 정부의 규제도 은행보다 약하다. 인도 증권, 투자, IPO, M&A, 벤처 등 자본시장이 인도 경제 발전과 함께 빠르게 성장하고 있고, 아직까지 인도 내 강력한 경쟁자나 세계적인 다국적 투자은행 등이 활발하게 진출하지 않고 있어 우리가 사전에 성장하는 인도 금융시장을 선점할 수 있다면, 새로운 우리의 성장 동력이 될 수 있다. 특히 최근 위 그래프에서 보듯이 인도 주가의 빠른 상승과 함께 인도인들이 인도 및 외국기업 주식에 관심을 가지기 시작, 투자하기 시작한 점 등을 고려하면 향후 무궁무진한 가능성을 갖고 있다.

〈인도 센섹스 지수 추이(1986~2022년)〉

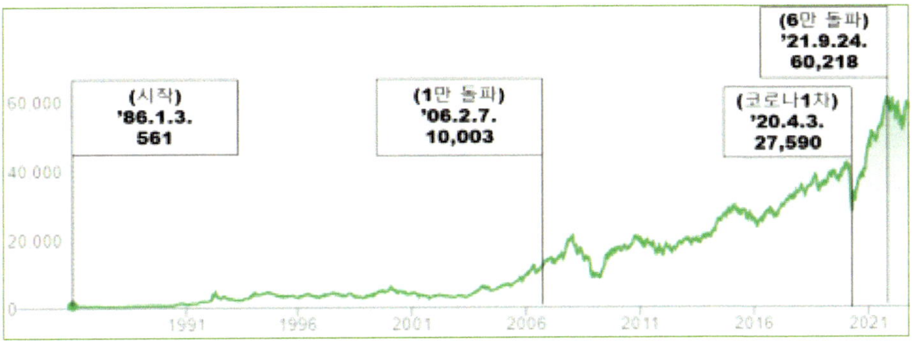

주: 센섹스지수는 뭄바이 증권거래소에 상장된 30개 기업 대상으로 구성된 종합주가지수
[자료: BSE SENSEX, GOOGLE]
(뉴델리무역관 채정훈, KOTRA 뉴스, "2022년 인도 경제 요약 및 2023년 전망")

위 인도 센섹스 지수 추이(1986~2022년) 그래프에서 보듯이 인도의 주가가 빠르게 상승했고, 인도의 빠른 경제발전 및 외국인 투자자, 제도 투자자, 개인들의 증권시장 참여가 확대됨에 따라 빠르게 상승할 가능성이 크다. 현재 인도의 주식시장 규모가 3.3조달러로 세계 5위이나 향후 인도의 빠른 경제발전과 더불어 4위, 3위로 커질 가능성이 크다. 이러한 인도 증권 및 자산 시장의 확대를 활용하고, 또한 아직까지 미국 등 주요 투자회사들이 인도에 진출하여 강력한 방어망을 구축하지 않고 있으며, 인도계 투자회사들도 아직 경쟁력이 약한 점 등을 고려해 볼 때 여전히 불안정성이 크고 위험 부담이 크지만 인도 자산시장에 우리 투자회사들이 선도적으로 과감하게 투자하는 것도 고려해볼 필요가 있다.

이와 관련, 우리 미래에셋이 인도에서 성공적으로 활동하고 있고 활동 분야와 규모를 확대하고 있다. 2006년 뭄바이에 법인을 설립하고 2008년 1호 펀드를 출시하여 본격적인 활동을 시작했다. 미래에셋 인도법인은 현재 인도내 유일한 독립 외국 자본운영사다. 2008년 금융위기이후 대부분의 글로벌 자산운영사가 인도시장에서 철수하거나 합작법인으로 전환한 반면 미래에셋은 철수하지 않고 넥스트 차이나로서의 인도시장의 성장 잠재력을 보고 지속적으로 공격적으로 사업을 확장해 왔다. 그 결과, 인도내 9위의 운영사로서 성장했다. 설립할 때 2000억에 불과했던 수탁고는 100배 이상 늘어난 약 21조(2022년말 기준)를 기록했다. 특히 2020년 수탁고 10조원을 기록한데 이어 불과 2년만에 21조까지 성장했다. 또한 인도 법인의 리테일 계좌수도 280만개(2020년)에서 550만개로 성장했다. 2019년 인도 금융 당국의 승인을 받아 지주사 체제로 전환해 사업 범위를 확장했다. 현재 인도 내에서 미래에셋은 지주사와 자산운용사를 비롯해 증권, NBFC(Non-Banking Financial Company), VC, 부동산 대출, 미래에셋 재단법인 등 총 7개 계열사를 거느린 종합금융회사로 성장한 상태다. 물류센터, 데이터 센터 등에의 투자 확대, 두바이에 지점 설치 등을 통해 사업을 확장하고 있다.

한나라 경제가 진정한 선진국이 되기 위해서는 제조업 분야의 경쟁력만으로는 부족하고 제조업을 뒷받침할 수 있는 강력한 서비스업의 경쟁력이 필요하며, 특히 번 돈을 일하게 하여 자산을 확대시켜 줄 수 있는 투자은행 등 종합금융사들의 역할이 중요하다. 미래에셋 등 우리의 투자은행들이 국내에서뿐 아니라 인도 등 핵심 개도국에서 성공적으로 성장한다면 금융부분에 경쟁력을 가진 미국, 홍콩, 싱가포르 등과 같이 금융분야가 우리의 새로운 성장동력이 될 수 있다. 우리 금융기관들의 경우 제조업과 달리 국내 영업에 집중하는 경향이 큰 바, 미국 등 선진국에 더해서 인도 등 빠르게 성장하는 국가에 진출을 확대해 나갈 필요가 있다. 예를들어, 인도 스타트업 등에 적극적으로 투자하는 소프트뱅크, 다국적 VC들과는 다르게 우리 투자은행, VC들의 인도내 투자는 소규모에 그치고 있는 바, 인도 스타트업에 대한 투자에 더 큰 관심을 가질 필요가 있다.

둘째, 인도의 IT 서비스 산업이 발달되어 있고 인도가 IT 아웃소싱 및 다국적 기업이 직접 GCC를 설치하여 운영하는 허브가 되고, 100개 이상의 플랫폼에 기반한 유니콘 들이 빠르게 성장하고 있는 반면, 우리 IT 기업 및 벤처 케피털 분야의 인도 진출은 거의 없다. 삼성, LG, 현대, 만도 등 대기업들이 R&D 센터를 설립하여 운영하고 있지만 우리 IT 업체들의 인도내 진출은 거의 없다.

다른 IT업계와 다르게 인도몽을 꾸면서 장기적인 관점에서 과감히 투자하고 있는 기업이 크래프톤이다. 배틀그라운드 모바일 인디아(BGMI)가 인도와 중국간 외교문제로 인도에서 2022.7월 사용중지되었다가 최근 재허용되었다. 사용중단되기 전 1억명 사용자, e스포츠 관람자 2천만명, 분기 300억 수익을 내었다. 그러나 아직 크래프톤 이외의 우리 게임 및 디지털 콘텐츠 기업들은 인도 진출에 소극적이다. 인도가 인구는 많지만 컴퓨터나 모바일 사양이 낮아 고 사양의 기기를 필요로 하는 우리 게임을 정상적으로 구동하기 어렵고, 인도내 유료 사용인구가 많지 않아 시기상조라는 인식이 강하다. 그러나 이러한 인식은 크래프톤의 성공사례에 비추어 보았을 때 다시 한번 생각해 볼 필요가 있다. 게임 등 우리 디지털 콘텐츠 기업들이 인도내에서 성공할 수 있을 만큼 충분한 고 사양 기기가 다수 보급되어 있고, 모바일 환경도 상대적으로 우수하며, 무료로 게임 등을 사용하려는 경향이 강한 것은 사실이나 크래프톤 사례에서 보듯이 충분히 수익이 나는 비즈니스 모델 창출이 가능하다. 특히 인도 모바일 시장의 빠른 성장과 인도 젊은 인구의 비중 등을 보았을 때 빠른 인도 진출로 인도 시장을 선점을 필요가 있다. 아울러 인도 디에스포라의 UAE 등 중동 국가 및 아프라카 동부에 광범위하게 진출해 있는 것을 고려시 중동 및 아프라카로 진출의 교두보로 인도를 활용하는 것도 의미 있다고 생각한다.

크래프톤 사례에서 보듯이 인도는 한국의 플랫폼 경제에서의 태생적 한계를 극복할 수 있는 가장 좋은 시장이다. 인터넷에 기초한 현재의 경제 생태계는 과거 우리가 강점을 가졌던 반도체, 자동차 등의 산업과는 다른 큰 특징을 가지고 있고, 한국 경제는 이 부분에서 약점을 가지고 있다. 한국은 과거 자동차, 전자, 반도체, 화학 등 제조업 분야에서와는 달리 신 경제에서의 핵심분야인 세계적인 인터넷 플랫폼 생태계 구축, 서비스 분야 아웃소싱 어느 분야에서도 영어 미사용 및 국내시장 규모의 한계로 두각을 나타내지 못하고 있고, 앞으로도 동 분야에서 세계적 기업이 나올 가능성이 희박하다.

먼저 인터넷 경제 생태계에서 살아남기 위해서는 영어를 모국어처럼 사용하는 것이 필수적이다. 프로그램 등 소프트웨어도 영어로 만들어야 하고, 서비스 부분에서 경쟁력을 가지려면 영어를 사용하는 것이 필수다. 인도와 필리핀이 싼 노동력으로 서비스분야 밸브체인에서 큰 축을 담당하고 세계 주요기업에 디지털 서비스를 제공할 수 있는 힘도 영어구사능력에서 나온다.

다음으로 아무리 좋은 프로그램을 만들더라도 한국이라는 시장 규모의 한계로 빠른 scale-up을 통한 규모의 경제를 실현하는데 한계가 있다. 한국어로 프로그램을 만들고 그 프로그램을 중심으로 생태계를 만들어도 과거 자동차, 전자,

반도체 등과 달리 전 세계로 수출되지 못한다. 네이버 등의 사례에서 보듯이 한국의 플랫폼 소프트웨어가 한국에서 사용되는 것에 그치고 구글, 안드로이드 등과 같이 전 세계적인 플랫폼이 되고 이를 중심으로 무수한 응용 프로그램들이 만들어져 거대한 생태계가 형성되는 것이 불가능하다는 것이다. 즉 자동차나 반도체 같은 하드웨어의 경우에는 우리 기업이 주도가 되어 세계로 수출하고, 투자하여 세계적인 기업이 될 수 있는 반면, 새로운 디지털 환경 내에서는 우리 시장규모의 한계로 인해 구글이나 안드로이드와 같은 거대 플랫폼 생태계를 형성하는 것이 불가하다는 것이다. 과거 핀란드 노키아가 OS로 안드로이드 시스템을 채택하는 것을 거부하고 자기 자신의 OS를 채택하여 사용하다가 결국은 파산하게 된 슬픈 사실을 보면 영어를 사용하지 않는 중소형 규모의 시장을 가진 국가가 플랫폼 경제에서 하드웨어가 아닌 소프트웨어 분야에서 세계적인 기업을 창출하는 것이 얼마나 어려운지 보여준다.

현재 세계에서 인터넷 플랫폼 생태계를 만들어 성공할 수 있는 나라는 미국, 중국과 인도가 유일하다. 미국은 영어를 사용한다는 것과 국내시장이 크고 이미 세계시장을 지배하고 있어 규모의 경제를 실현할 수 있는 최적의 조건을 가지고 있다. 이를 활용하여 이미 구글, 안드로이드, 아마존 등 많은 성공사례를 창출하고 있다. 정보화 시대 플랫폼 경제하에서 미국에 경쟁할 수 있는 나라는 현재 중국과 인도밖에 없다. 중국은 국가에 의한 폐쇄된 인터넷 환경 하에서 자체 거대 시장을 이용하여 바이두, 위챗, 알리바바 등 자체 플랫폼 구축에 성공했다. 하지만 미국과 달리 여타 지역으로 진출에 대한 미국 등의 견제가 강하며, 통제된 국가에서 만든 신뢰하기 어려운 시스템이라는 의견도 강해 전 세계적으로 인기 있는 플랫폼 생태계로 성장하기는 쉽지 않다. 반면, 인도의 경우 영어를 사용하고, 많은 우수한 IT 인재가 있으며 인터넷을 사용하는 거대한 국내 인구를 가지고 있어 스케일 업과 네트워크 효과를 통해 전세계적으로 인기가 있는 다수의 플랫폼 생태계를 창출할 수 있는 좋은 조건을 가지고 있고, 이를 활용하여 다수의 유니콘들이 만들어졌고 전 세계 다수 기관 투자가들이 경쟁적으로 투자하고 있다.

한국 플랫폼 기업들이 플랫폼 시장으로서 한국의 한계(언어 및 시장규모)를 극복하는 대안으로 인도시장에 적극적으로 도전하기를 기대한다. 우리나라에서 개발한 플랫폼 프로그램 등을 인도시장에서 과감히 출시하여 규모의 경제를 활용하여 성장하기를 기대한다. 그리고 그 과정에서 인도 IT 인력을 적극 활용하면 게임, 플랫폼 등 관련 우리 기업들이 국내에서 성취할 수 없는 세계적인 성공을 이루는 것도 가능하다. 우리 관련 기업들이 이미 강력한 경쟁자가 있는 미국시장에 진출하여 성공하기도 어렵고, 중국이라는 폐쇄된 시장에 진출하는 것도 쉽지 않다.

아직까지 제조업 분야에서의 우리기업들의 활발한 투자와 달리 서비스업, 금융업, 디지털 콘텐츠 등 분야에서의 투자는 미래에셋, 크래프톤을 제외하고는 거의 없다. 미래에셋, 크래프톤이 성공사례를 쓰면 이에 따라 더 많은 우리 기업들의 도전이 따라올 것으로 생각한다. 또한 다수의 우리 IT관련 중소기업들이 인도에 대한 장밋빛 꿈을 안고 벵갈루루 등에 전초 기지를 마련하고 진출을 모색하다가 인도내 어려운 비즈니스 환경, 단기 수익창출의 어려움 등으로 다수가 포기하고 철수한 사례에서 보듯이 인도에서 성공하기 쉽지 않은 것도 사실이다.

필자의 경험에 기초하고, 관련 분야에 종사하는 기업가나 전문가와의 면담결과에 의하면, 인도에서 성공하기 위해서는 특히 아래 3가지가 필요하다.

첫째, 단기적인 이익보다는 중장기적인 관점에서 투자다. 인도의 어려운 비즈니스 환경을 고려했을 때 단기적인 이익을 얻기는 쉽지 않고, 단기적인 손해를 감수하고, 여러 번의 실패를 경험하더라도 중장기적인 관점에서 지속적인 도전이 필요하다. 단기적인 어려움을 극복하고 인도 시장 진출에 성공했을 때 그 과실은 다른 작은 시장과 비교할 수 없을 정도로 크다.

둘째, 단기적인 수익을 내기가 어려운 환경을 고려시 미래에셋, 크래프톤 사례에서 보듯이 기업 오너의 인도 시장의 미래에 대한 명확한 비전과 전폭적인 지지 없이 인도시장에서 단기적인 어려움을 극복하고 성공하기는 어렵다.

세 번째는 인도시장에서 성공하기 위해서는 철저한 현지화가 필요하다. 인도 현지 환경에 맞게 제품을 수정하고, 현지인을 고용하여 회사를 이끌도록 하고, 다양한 CSR 활동 등을 통해 인도경제에 기여한다는 확고한 믿음을 심어져야 한다. 인도의 경우 과거 오랜 식민지 경험으로 외국자본, 기업에 대한 불신이 강하고 불신을 극복하지 못하면 인도내에서 성공하기 어렵다.

자. EDCF, ODA 없이 인프라 진출 없다

1) 소득이 증가하면 환경 및 안전 관련 투자도 급증할 것이다.

삼성, 현대 등 한국기업들이 협력업체들과 함께 인도내에 생산기지를 구축하여 인도 국내시장에서 선전하고 있는 것과 대조적으로 우리 건설, 전력 등 인프라 관련 기업의 인도내 사업 진출은 미미하다. 우리기업들의 인도내 인프라 사업 등에 진출이 미미한 이유는 인도 인프라 시장의 폐쇄성, L&T 등 세계적인 경쟁력을 가진 엔지니어링 기업의 존재 등도 있지만, 인도 정부가 정책적으로 G7 등 선진국에 대해서만 ODA 등 개발 원조를 받는 것도 하나의 중요한 요소다. 반면 일본의 경우 G7 국가의 하나로서 오래전부터 JICA를 통해 개발 원조를 제공하고, 인도 연방정부 및 지방정부에서 지하철, 고속철 사업 등 다양한 대규모 인프라 사업에 활발히 참여하고 있다. 대규모 인프라 사업의 경우 사업구상단계 및 feasibility test 등 초기단계에 개발원조 등을 통해 참여하지 않고는 최종 사업을 수주하기 어려운 측면이 강하다.

현재 양국 정상간 합의로 다양한 EDCF(soft loan) 사업들이 추진되고 있고, ODA와 관련해서도 양국 정부간 MOU 체결이 막바지 단계에 있어 향후에는 EDCF와 ODA를 활용한 인프라 사업 진출 확대가 기대된다. 아울러, 인도에서 대규모 인프라 사업에 진출하여 성공하기 위해서는 인도 내부에 넓고 깊은 네트워크를 가진 인도 국내기업의 도움이 없이는 현실적으로 어려운 측면이 있는바, 신뢰할 수 있는 인도 기업과 함께 진출하는 방안(Joint Venture)도 적극 검토해 봐야 한다.

또한 인도정부는 공항, 항구, 도로, 철도, 전력, IT 등 대규모 인프라 확충 계획을 가지고 강력하게 추진하고 있는 바, 대규모 사업 수주뿐만 아니라 우리가 경쟁력을 가진 장비, 부품, 원료 등을 공급하는 방법으로 간접 참여하는 방안도 적극 추진해 볼 필요가 있고, 이는 전체 인프라 사업을 수주하는 것보다 더 현실적일 수 있다. 대규모 인프라 사업 전체에 주 계약자로 참여하는 것뿐만 아니라 대규모 인프라 사업에 필요한 장비, 부품 등을 공급하는 1,2차 협력업체나 공급업체로 함께 참여하거나 건설 장비 수출을 확대하는 것도 현명한 방법이다. 인도라는 어려운 환경을 고려시 우리 기업이 전체 사업을 수주하여 처음부터 끝까지 인프라 사업을 성공시키기는 어려운 반면, 우리 기업들이 강점을 가지고 있는 장비, 부품 등을 공급하는 방식으로 진출하는 것이 더 효율적이다. 예를 들어 효성의 경우 마하라스트라주 뿌내에 생산 공장을 설치하여 초고압변압기를 현지 생산한 후, 발전소 건설 및 송전, 관리 등과 관련 주정부 전력관련 기관에 공급하는 방법으로 인도내 에너지 효율 향상에 기여하고 있다.

특히 인도 경제가 발전함에 따라 환경 및 안전부분 투자가 급증할 것으로 예상되는 바, 우리의 ODA 및 EDCF 사업을 환경[18] 및 안전부분으로 확대하여 향후 우리기업들의 인도 진출을 지원해 줄 필요가 있다. 현재 인도의 환경 및 안전수준은 매우 낮다. 갠지즈 강 등 인도내 강들의 심각한 오염수준, 심각한 대기오염, 최근 오디샤주에서 발생한 열차 충돌사고 등 인도의 현재의 환경 및 안전수준은 매우 낮다. 정부의 투자도 많지 않으며, 정부의 정책 및 투자도 큰 효과를 내지 못하고 있다. 이러한 환경 및 안전에 대한 소홀은 국민소득 수준이 늘어나면서 바뀔 것이다. 정부의 환경 및 안전에 대한 투자, 환경 및 안전에 대한 규제 및 집행도 강화될 것이다.

이와 관련 우리기업들은 인도정부의 환경 및 안전기준 강화에 미리 미리 대비하면서 모범을 보여줄 필요가 있다. 그것이 인도인들로부터 사랑받는 방법이고 미래에 대비하는 방법이다. 아울러 우리 환경 및 안전 관련 기업도 인도에 적극 진출하여 인도의 환경 및 안전 수준을 높이는데 기여할 필요가 있다. 인도 연방정부 및 주정부의 환경 및 안전에 대한 투자의 증가로 우리 기업과의 협력 사업이 증가할 것이며, 미래에 증가할 환경 및 안전관련 예산과 사업에 대비하여 미리 연방정부 및 지방정부 관련기관과 밀접한 관계를 형성해 놓을 필요가 있다.

---

18) 인도가 환경보호 및 생물 다양성 분야에서 모범을 보이는 부분 중 하나가 호랑이 보호다. 인도 전역에 다수의 호랑이 보호구역이 설정되어 있고, 전 세계 80%, 3,000마리 이상의 호랑이가 야생에서 살고 있고, 호랑이 개체수도 지속 늘고 있다. 다른 한분야는 인도가 태양광, 풍력 등에 대규모 투자를 하고 있다는 것이다. 아다니, 릴라이언스, 타타 등 인도 대기업들이 대규모 투자를 하고 있고, 계획대로 진행될 경우 인도 경제의 빠른 발전이 에너지 소비 급증으로 이어지겠지만 재생에너지 생산 확대로 탄소배출량은 오히려 줄어들 수 있다는 긍정적인 예측도 많다. 또한 재생에너지에 기초한 그린 수소의 대량생산은 저장, 운송 등의 분야에서 우리기업들과 협력할 부분이 많다.

아직 우리 환경 및 안전 관련 기업의 인도 진출은 거의 없는 반면, 프랑스, 독일 등 유럽 환경관련 기업들, 특히 재생에너지, 수처리 관련 기업의 인도 방문 및 협력사업 추진은 두드러지게 보인다. 우리나라와 인도와의 관계가 깊어지고, 우리 기업이 인도내에서 사랑받기 위해서는 인도가 아픈 부문, 가려운 부분을 긁어 줄 필요가 있고, 그것이 환경 및 안전관련 부분이고 이에 대한 협력이다.

차. 소비재 상품인 경우 온라인 플랫폼과 한류를 결합하면 금상첨화다

위에서 살펴본 바와 같이 인도 정부의 최종상품에 대한 높은 관세 등 보호무역정책 등을 고려시 한국에서 인도로 최종 소비재 상품을 수출하기는 쉽지 않고 인도내 투자를 통해 국내생산하는 것이 최선이다. 그렇다고 인도내 수요에 대한 검증도 되지 않은 상태에서 인도내 투자를 결정하는 것은 쉽지 않다. 인도에 본격적인 투자를 하기 전에 온라인 플랫폼을 통해 인도 내에 충분한 수요가 있는지를 테스트해 볼 수 있고, 온라인 판매를 통해 인도내 충분한 수요가 있고 수요 확산이 가능하다고 판단될 경우 인도내 과감한 투자를 시작하는 것도 좋은 방법이다.

인도 젊은 층을 중심[19]으로 K-POP, K-드라마, K-food 등에 대한 관심이 빠르게 증가하고 있는 등 한국에 대한 긍정적인 이미지가 더욱 강화되고 있는 바, 이를 우리 상품 진출 확대를 위한 기회로 활용하는 전략이 필요하고 온라인 플랫폼이 가장 효과적인 방법 중 하나다. 한류 확산 등으로 인도내 충분한 수요가 있는 반면 오프라인 등을 통해 구하기 어렵거나 구할 수 있다고 하더라도 가격이 비싼 경우 대형 온라인 플랫폼을 통한 판매가 충분한 승산이 있다. 특히 식품, 화장품 등의 경우 규모가 작은 오프라인 유통망을 가진 소상공인들이 인도 정부의 수입 허가를 받기 위해 요구되는 안전성 등에 대한 허가를 받기는 경제적으로 유의미하지 않는 경우가 많은 바, 전국적인 유통망을 가지고 대규모 구

19) 인도에서의 한류는 K-Pop 인기에 기초한 젊은 여성층 중심에서 코로나로 인한 장기간 락다운 하에서 넷플릭스 등을 통한 한국 드라마의 인기 확산으로 중년층, 노년층 등 전 연령층으로 빠르게 확산되었다. 아직 인도사회의 핵심 엘리트층인 중년 남성 등으로의 확산은 이루어지지 않았으나, 그들의 딸이나 부인 중에는 한류팬들이 많다.

매가 가능한 온라인 플랫폼 업체가 훨씬 유리하다. 특히 온라인 플랫폼 시장을 제외한 유통망이 주별로, 지역별로 분절화되어 있는 것이 현실인 바, 이 경우 우리 업체가 지역별로 유통 파트너를 찾는 것은 현실적으로 불가하고, 지역별로 광고 등을 특화하는 것도 어려운 것이 현실이다.

현재 Kotra에서 아마존, 플립카트 등 사실상 모든 제품을 파는 전국적인 온라인 유통망에 중점을 두고 한국제품의 인도내 온라인 판매망을 확대하기 위해 노력하고 있고 인도 아마존 한국관이 인도내 소비자가 한국 라면, 화장품 등 다양한 제품을 구매하는 핵심 통로가 되고 있다[20]. 인도 아마존에서의 경험을 기초로 향후 가공식품, 화장품, 의료, 문화 컨텐츠 등 특정 분야에 특화된 온라인 플랫폼으로의 우리 상품 판매망을 확대하는 노력이 필요하다.

위 온라인 플랫품을 통한 상품판매는 오프라인 홍보 및 판매와 결합할 때 시너지 효과가 극대화된다. 이와 관련 최근 Kotra에서 델리, 첸나이, 뱅갈루루 등에서 실시하고 있는 오프라인 상품전이 결합되면 그 효과는 배가될 것이다. 아울러, 위에서 언급한 바와 같이 SEZ중 Trading과 창고 역할에 특화된 FTWZ(Free Trade and Warehousing Zone)를 오프라인 마케팅 도구로 활용하면 그 효과가 배가될 수 있다. 우리 소비자 업체가 한국에서 샘플을 가져와 로드쇼를 하는 경우 통관이 힘들 뿐 아니라 실제 로드쇼 활동도 사전 허가지역에 제한되는 반면, FTWZ를 활용하는 경우 통관이 간편할 뿐만 아니라 제한 없이 인도전역에서 로드쇼를 진행할 수 있다. 아울러, FTWZ를 인도내 물품을 반입하기 전 창고로 활용하는 것도 가능하고, 인도내에서 인도 소비자들에게 맞게 일부 상품을 개선하여 인도내로 수출하는 것도 가능하다. 또한 필요시 인도 바이어를 FTWZ로 초청하여 상품을 직접 소개하는 것도 가능하다.

---

20) 실제 어떤 제품들이 판매되고 있는지는 amazon.in을 방문하여 korean noodels, korean foods, korean skin care products, korean dresses for women 등으로 검색해 보기 바란다. 생각보다 다양한 제품들이 판매되고 있는 것을 알게 될 것이다.

카. 인도 인력을 적극 수입하고, 인도 관광객과 유학생을 적극 유치하라

1) 인도 인력, 특히 IT 및 소프트웨어 인력에 대한 적극적 개방이 필요하다

인도 측은 우리와 MMPA(Migration and Mobility Partnership Agreement) 협정을 새로이 체결하고, 고용허가제 대상국가에 인도를 포함하여 인도 숙련 및 저숙련 인력이 한국에서 일할 수 있도록 해줄 것을 우리 측에 지속적으로 요구하고 있다. 이는 인도 측의 요구 때문만이 아니라 우리 국내적 필요에 의해서 적극 고려할 필요가 있다. 최근 중소기업벤처부가 실시한 설문조사에 의하면, 국내중소기업 187개사중 54.5%가 외국인 소프트웨어 전문인력을 고용하고 싶다는 의사를 표현했다고 한다. 소프트웨어 전문인력을 가장 많이 가진 것이 인도고, 임금수준, 전문성 등에서 인도 인력은 다른 나라 전문인력에 비해 경쟁력을 가지고 있다. 또한 인도내에서 한국 기업의 성공적 활동, 한류의 확산 등으로 한국 대학에서 공부하려하거나 한국 기업에 취업하기를 희망하는 우수한 인도 인력들이 많이 늘어나고 있다. 준비된 소프트웨어 전문인력을 바로 채용하는 것이 최선이나, 한국에서 대학 또는 대학원에서 유학한 후 한국 기업에 취업하게 하거나 창업하게 하는 것도 좋은 방법이다.

특히 인도 전문 인력들은 미국, 캐나다, 영국 등에서 핵심 전문 인력으로 IT, 스타트업 등 분야에서 핵심 역할을 하고 있는 등 미국 등 선진국의 Tech 산업 및 스타트업 등 기술 혁신에 큰 기여를 하고 있다(위 디에스포라 관련 내용 참조). 또한 미국, 캐나다, 오스트레일리아 등 영어권 국가에 더해 일본, 유럽국가들의 경우에도 선도적으로 인도의 전문인력들을 유치하기 위해 전문인력 비자 관련 제도들을 개선하고 있다.

인도로부터의 숙련 및 비숙련 노동자의 이동 확대는 고령화 및 인구감소를 극복해야 하는 우리 경제에 큰 도움이 될 것으로 생각된다. 전문성 있는 인도 인력의 활용은 단순히 부족한 인력의 확충을 의미하는 것에 더해서, 미국 등 선진국에서 인도 인력을 활용하여 IT분야에서 세계를 선도하는 것과 같이 우리 기업, 특히 중소기업들의 경쟁력과 혁신을 한 단계 업그레이드 할 수 있는 계기가 될 것이다. 이러한 측면에서 정부의 이민정책 완화 관련 논의과정에서 농ㅁ어업, 건설, 중소기업 등에의 저숙련 노동자 인력 확충뿐만 아니라 인도 전문인력 유치를 중점과제로 선정하여 추진할 필요가 있다. 우리 대기업의 경우 인도내 R&D 센터 설립, 한국 국내 채용 확대 등을 통해 이미 인도 전문인력을 활발하게 활용하고 있는 반면, 우리 중소기업의 경우 수요가 많은데도 불구하고 비자 등 제도적인 미비, 신뢰할 수 있는 인력을 찾을 수 있는 필터링 과정 부족 등 제반 인프라의 부족 등으로 실제 활용하지 못하고 있는 것이 현실이다.

아울러, 인도의 우리와의 무역적자 확대에 대한 불만은 산업구조상 우리나라에 수출할 품목이 많지 않은 인도와의 관계에서 극복하기 쉽지 않은 과제인 바, 우리의 고령화, 인구감소 및 첨단 분야에서의 인력부족 등의 문제를 해소할 수 있는 인도로부터의 인력수입은 양국간 이익의 균형, CEPA 협상 개정, 인도내에서의 우리기업 활동에의 우호적인 분위기 조성 등을 위해서도 도움이 될 것이다[21].

2) 인도 관광객과 유학생을 적극 유치하라

인도의 중산층의 빠른 증가, 한류의 확산 등을 고려 시 인도에서 한국을 방문할 경제적 여유를 가진 인도인은 현재도 많지만, 인도의 경제발전과 더불어 급속도로 증가할 것이다. 또한 한국의 빠른 경제발전, 한국기업들의 인도 내에서의 선전, 한류의 확산 등으로 한국 대학교에서 공부하고 싶은 학생들도 빠르게 증가할 것으로 예상된다. 우리나라의 인구 고령화, 중국으로부터의 관광객 및 유학생 감소에 대응하여 관광객 및 유학생 다변화 핵심국가로 인도의 중요성은 점점 더 증가할 것이다. 특히 아래 표와 같이 인도의 해외 관광객 수가 급증하고 있고, 인도가 전 세계 유학생들 중 최상위를 차지하고 있는 점 등을 고려 시 인도 관광객 및 유학생 유치에 더 큰 관심을 둘 필요가 있다.

먼저, 해외 인도 관광객 증가가 두드러진다. 2009년 1,100만이었던 인도 관광객은 2025년 2,800만명 이상으로 늘어날 것으로 예상된다. 특히 인도가 빠른 경제발전을 할 경우 중산층 의 급증으로 인도 해외 관광객 수는 훨씬 더 빠르게 증가할 것으로 예상된다. 인도 관광객이 가장 많이 방문하는 지역은 싱가포르, 태

21) 20년 169억불(70억불 흑자), 21년 237억불(75억불 흑자), 22년 278억불(100억불 흑자), 22년 기준 인도는 우리의 4위 무역흑자대상국, 8위 수출국(189억불), 11위 교역대상국

국, 두바이 등이며, 아래 표에서 보듯이 최근 태국으로의 인도 관광객이 급증하여 중국 관광객을 일시적으로 앞서는 경향도 나타난다.

Increasing Outbound Tourism from India

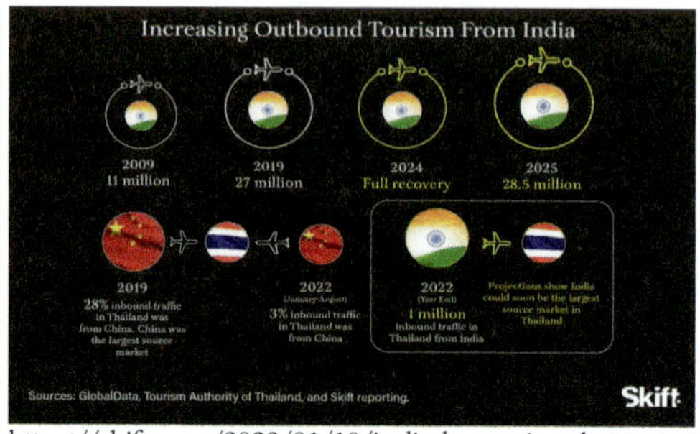

https://skift.com/2023/01/10/india-becoming-the-new-china-in-the-reordering-of-asia-travel/

둘째, 인도출신 유학생이 현재에도 세계 최고 수준이지만 향후 급증할 것으로 예상된다. 아래 표에서 보듯이 2016년 44만에서 2019년 77만으로 급증했고, 2024년에는 180만으로 늘어날 것으로 예상된다. 선호하는 유학지는 미국(20만), 캐나다(22만), 오스트레일리아(14만), 영국(3만) 등 영어권 국가이나, 독일 등 유럽국가로 가는 유학생도 많다[22]. 최근 캐나다, 오스트레일리아로 가는 유학생이 급증하는 경향이 있으며, 이는 미국, 영국 등의 비자 정책 등이 더 엄격해지는 반면 캐나다, 오스트레일리아 비자 정책이 상대적으로 완화되어 있기 때문이다. 인도내 주별 유학생 수를 보면 AP(12%), 마하라스트라(12%), 펀잡(12%), 타밀나두(7%), 카르나타카(5%) 등 남부 및 서부주에 집중되어 있는 경향이 강하다. 아울러, 아래 표에서 보듯이 인도 유학생 유치시 인도 유학생의 대부분의 경우 학부가 아니라 대학원인 점도 참고 할 필요가 있다. 즉 인도에서 학부를 마치고 대학원 등 전문 과정(미국 및 캐나다의 경우 87%)에 유학을 가는 경우가 일반적이다.

우리도 중국 관광객 및 유학생의 감소, 우리의 인구 고령화와 감소 문제를 인도 관광객과 유학생 유치로 푸는 것에 더 관심을 두고 관련 지원책을 마련해서 시행할 필요가 있다. 인도 여행사, 유학원 등과 접촉 시 한국 방문 및 한국 유학에 가장 큰 장애요인으로 지적하는 것이 한국에 대한 정보부족이다. 한국에 관심은 있으나 실제로 한국을 방문하거나 한국에서 공부하기 위해 필요한 정보는

22) 첸나이 소재 미국, 영국, 독일, 프랑스 총영사들을 만나보면 남인도에 기업진출이 집중된 우리와 비교 상대적으로 기업진출이 활발하지 않아 기업지원 수요보다는 유학생 급증에 따른 비자 발급업무가 총영사관 업무의 대부분을 차지한다고 한다. 우리 기업의 선전, 한류 확산 등으로 최근 관광 비자를 받아 한국을 방문하기 위해 관광 비자를 신청하는 수가 빠르게 증가하고 있으며, 한국에서 유학하려는 문의도 급증하고 있다.

부족하다. 관광 박람회, 유학 박람회 등을 통해 한국 관광 및 유학에 대한 정확한 정보를 풍부히 제공해 줄 필요가 있다.

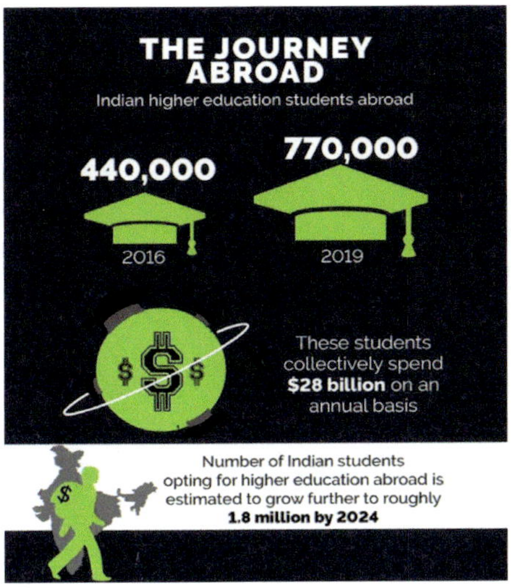

https://cdn1.byjus.com/wp-content/uploads/2022/03/BYJUS-Exam-Prep-IAS-Hindi-DNA-7-March_2022.pdf

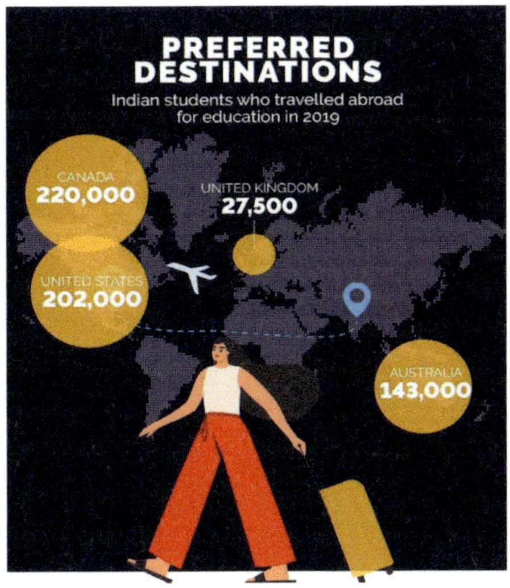

https://cdn1.byjus.com/wp-content/uploads/2022/03/BYJUS-Exam-Prep-IAS-Hindi-DNA-7-March_2022.pdf

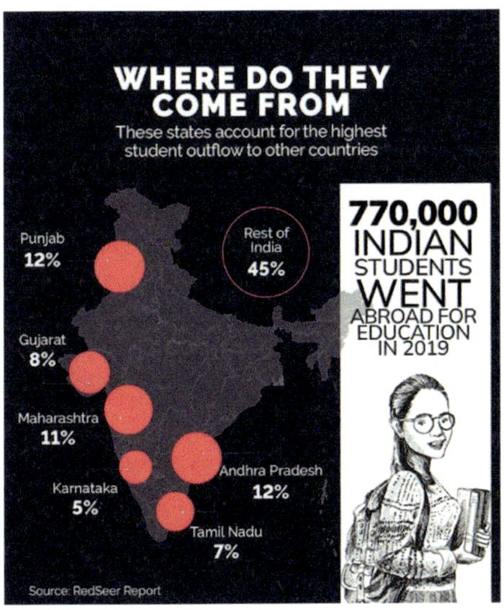

https://cdn1.byjus.com/wp-content/uploads/2022/03/BYJUS-Exam-Prep-IAS-Hindi-DNA-7-March_2022.pdf

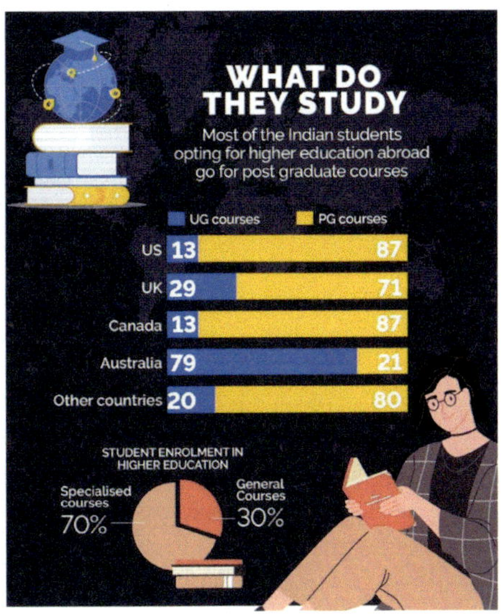

https://cdn1.byjus.com/wp-content/uploads/2022/03/BYJUS-Exam-Prep-IAS-Hindi-DNA-7-March_2022.pdf

아울러, 인도 관광객들이 한국을 빠르고 편리하게 방문할 수 있도록 현재 델리-인천만 운행하는 인도-한국간 직항을 첸나이-인천, 벵갈루루-인천 등으로 확대할 필요가 있다. 일본의 경우 코로나 확산 전 ANA 항공에서 벵갈루루 및 첸나이와 각각 직항을 개설하였으며, 이로 인해 벚꽃 관광 등 인도로부터의 일본으로의 관광객이 급증하고 있다. 일본으로의 인도 관광객 급증은 한국을 방문할 경제적 여유를 가진 인도인들이 충분히 존재한다는 것을 의미하며, 한류 확산 등으로 한국을 방문하고는 싶으나 직항 부재, 한국 관광에 대한 정보 부족 등으로 이를 충분히 활용하지 못하고 있다는 것을 의미한다. 또한 인도 소재 인도 대기업, 외국계 기업 등의 MICE 수요도 풍부하나 동일한 이유로 한국으로 MICE 관광을 가는 경우는 거의 없는 것이 현실이며, 현재는 상대적으로 가깝고 익숙한 싱가포르, 태국, 두바이 등이 주요 MICE 대상지다. 관광공사 등 우리 관련기관에서 한국 MICE 관광의 장점 등에 대해 충분한 정보를 제공하고 인센티브 제공 등 적극적인 유치노력을 전개하면 MICE 분야도 유망한 분야의 하나라고 생각하다.

아울러, 인도인들이 한국에 갔을 때 가장 어려운 것이 음식문제라고 한다. 인도의 경우 채식주의자도 많고 음식 선택에 있어 까다로운바 인도 관광객 방문 시 쉽게 접근할 수 있는 식당, 음식 등을 개발하여 공급할 필요가 있다.

또한 한류에 기초한 한국어 공부, 한국 방문, 한국대학 유학 등이 지속적으로 이루어지기 위해서는 한국에 관심을 가지고 공부했을 때 한국기업 취업 등을 통해 실제로 도움이 되는 좋은 투자라는 것을 보여주는 것이 중요하다. 예를 들어 한국 대학을 졸업한 후 한국에서 취업할 수 있는 비자 등에 대한 기회를 더 주면 한국대학에 유학하려는 수요가 급증할 것이고, 이는 소프트웨어 분야 등에서 전문 인력 부족으로 어려움을 겪는 우리 중소기업들에게도 큰 도움이 될 것이다. 아울러, 한국어 및 한국 문화에 관심이 많은 우수 전문인력들을 인도 현지에 진출해 있는 한국기업이나 한국에 있는 한국기업 등에서 적극적으로 채용하여 커리어 적으로 성공할 수 있는 길을 보여주는 것이 중요하다. 벵갈루루에 있는 삼성 R&D 센터 및 미래에셋 인도 법인장 등 한국 기업에서 장기간 근무하면서 역량을 발휘, 성공한 인도인들이 더 많이 배출되어야 한다. 이는 한국기업이 인도에서 철저한 현지화를 통해 살아남고 사랑받기 위해서도 반드시 필요하다.

Chapter

10

인도에서 성공 후 중국에서처럼 시장을 잃지 않는 방법은?

인도의 빠른 발전을 활용하여 빠르게 사업을 확장하더라도, 10년, 20년 후 성장한 인도 국내기업, 외국계 기업과의 경쟁에서 우리기업들이 패배한다면 지금 중국시장에서 떠나는 것과 같은 현상이 나타날 것이다. 중요한 것은 한국기업들이 더욱더 인도 내 경쟁력을 강화하여 시장점유율을 지속적으로 확대하는 동시에, 10~20년 단기가 아니라 100~200년 장기적인 관점에서 지속가능하고 발전하는 사업모델을 구축하여 확고히 뿌리내리게 하는 것이다.

우리 기업들이 인도에서 지속가능하게 성공하기 위해서는 무엇보다 명심해야 할 것은 우리가 인도 문화, 인도인에 대해 더 많이 알고 이해하고, 이에 기초해서 대응 전략을 수립하고 행동해야 한다는 것이다. 아직까지 우리의 인도에 대한 이해는 높지도, 넓지도, 깊지도 않으며 향후 인도를 이해하기 위한 많은 투자가 필요하고, 이 글이 인도를 이해하는데 조금이라도 도움이 되었으면 하는 바람이다. 인도라고 하는 거대한 코끼리와 오랫동안 함께 살기 위해서는 인도와 대항하는 태도를 가지기 보다는 인도에 대한 철저한 이해에 기초하여 인도와 하나가 되는 적극적인 태도가 필요한지 모른다.(not vs. 인도, but become one with 인도)

인도 정부가 현재는 외국기업에 대해 차별하지 않고 지원하고 있고 이러한 기조가 지속될 것으로 보지만, 인도 국내기업들이 우리가 강점을 가진 자동차, 전자분야 등에서 충분한 경쟁력을 갖춘 이후에도 같은 입장을 취할지는 누구도 모른다. 인도가 외국기업에 대해 우호적인 입장을 취하는 이유는 인도의 제조업의 경쟁력이 약해 인도 제조업의 경쟁력을 강화하여 외국으로부터의 수입을 줄이고 수출을 확대하기 위해 기술과 경쟁력을 가진 외국기업들의 투자가 절실하기 때문이다.

인도의 대기업들이 우리가 경쟁력을 가진 자동차, 전자 등의 분야에서 우리와 경쟁할 수 있는 기술력과 품질력을 가지게 되었을 때도 인도정부가 현재와 같은 중립적인 정책을 유지할 것인가 아니면 인도 국내기업들을 우선시하는 정책을 취할 것인가? 현재 답변하기는 쉽지 않지만, 인도 정부가 중립적인 입장을 취하려고 하더라도 인도 대기업과 정부 간 강력한 유대관계와 인도 대기업들의 국내정치에 미치는 영향력을 고려 시 인도 국내 챔피언들에 우선하는 정책을 취할 가능성이 크다. 우리 기업들은 향후 지속가능한 사업모델을 구상하고 실천할 때 이러한 미래를 염두에 두어야 한다. 물론 인도내의 제반 여건을 고려 시 인도 대기업들이 우리 기업들의 기술력과 생산성을 단기간 내에 따라 잡지 못할 수도 있고, 인도 정부가 중립적인 정책을 고수할 수도 있지만 현재 우리 기업들이 중국에서 떠나는 것과 같은 아픈 경험을 다시 반복하지 않기 위해서는 지금부터 철저한 대비가 필요하다.

특히 인도 기업인들의 기업가 정신이 강하고, 위험을 감수하고 새로운 분야에 도전하는 경향이 강해 타타 등 인도기업들의 성장 및 추격 속도가 가속화될 것으로 예상된다. 위에서 설명한 바와 같이 타타, 릴라이언스 등 인도 대기업들은 다른 나라 대기업들과 달리 단순히 부동산, 유통, 자원 등 위험부담이 낮은 분야에 집중하기 보다는 자동차, 전자, 반도체, 재생에너지 등 기술 및 고부가가치 산업에 과감히 대규모 투자를 감행하는 기업가 정신이 있다. 타타 그룹은 현재의 자동차, 전자, 철강 분야 등에 더해서 전기차 배터리, 재생에너지, 반도체, 애플 OEM 생산(위스트론 구입) 등 분야에서 엄청난 규모의 신규 투자를 감행하고 있으며, 릴라이언스, 아다니 등의 그룹도 재생에너지 등 분야에서 과감히 대규모 투자를 하고 있다. 인도의 대기업, 재벌들의 경우 대기업 진출 분야 등에 대한 규제가 없어 한국 대기업 집단과 달리 어떠한 규제도 받지 않고, 원하는 분야에 진출할 수 있으며, 한 분야에서의 성공을 기반으로 새로운 분야로 확장하는 경향이 뚜렷하며, 엄청난 자금 동원 능력도 가지고 있다. 특히 가족 경영체제로 오너가 확실하고 경영권에 대한 확실한 지배를 가지고 있어 새로운 분야, 위험이 크고 불확실한 분야에 대한 과감한 투자가 가능하다.

반면, 현재 인도와 중국 간의 국경 분쟁 등이 단기간에 해소될 가능성이 낮아 중국기업들의 인도 진출 통제는 지속될 가능성이 크다. 다만 중국 제조업체들에 대한 인도의 통제도 인도 정부의 실용주의 등을 고려할 때 배터리, 디스플레이 등 인도 측에서 필요한 부분에 대해서는 중국의 투자를 허용할 가능성도 크고, 이는 우리 기업들이 중국업체들과 경쟁해야 하는 부담으로 작용할 것이다. 우크라이나 전쟁으로 인한 러시아 원유 수입에 대한 제재 하에서도 싼 가격으로 러시아산 원유를 수입하여 수입 부담을 낮추고 인플레이션을 관리하는 등 인도정부의 실용주의를 볼 때 인도가 필요한 제조업 분야에서 중국 기업들의 투자를 허용할 가능성도 상당부분 있다.

이러한 배경 하에서, 우리기업들이 인도에서 지속가능하게 사랑받으면서 성공하기 위해서는 아래 3가지에 집중해야 한다.

먼저, 현지화에 목숨 걸어라. 인도정부는 다른 어느 나라보다 Make in India 정책하 인도내 산업기반 구축 및 자립경제를 강조하고 있으며, 보호무역주의가 강해 철저한 현지화 없이는 인도 정부와 소비자들로부터 인도기업으로 인정받고 사랑받기는 쉽지 않다. 또한 영국 식민지 시대에 제국주의 기업들에 의해 착취당한 경험이 여전히 강한 영향력을 행사하고 있어 다국적 기업에 대한 경계가 남아있는 것이 사실이다. 이러한 배경 하에서 우리 기업들이 지속적으로 인도에서 사랑받고 성장하기 위해서는 철저한 현지화가 무엇보다 필요하다. 부품 등 중간재 현지 구매 확대, 현지 인력 채용, 현지 기호에 맞게 디자인 개선 등 모든 분야에서 철저히 현지화해야 한다. 단순히 인도에 투자하는 것만으로는 부족하고, 인도의 기후조건, 전력 등 인프라 사정, 제품을 소비하고 즐기는 생활문화 등을 철저히 연구하고 이에 기초하여 철저히 현지화된 특화제품과 서비스를 제공해야 한다. 그리고 파키스탄, 카시미르 문제 등 인도 정부나 소비자가 민감하게 생각하는 분야에 대해서도 그 민감성을 인식하고 철저히 현지적으로 사고하고 대응해야 한다.

인도내에서 빠르게 현지화하면서도 한국으로부터의 수입을 확대하는 가장 효과적인 방법은 인도 투자시 우리 협력업체와 동반 진출하여 우리 대기업과 협력업체가 함께 산업별로 새로운 생태계를 창출하는 것이다. 특히 인도내에 부품, 중간재, 원료 등과 관련된 산업 생태계가 잘 형성되어 있지 않은 점을 감안할 때 우리 협력업체들과 동반진출하지 않고 조기에 경쟁력 있는 클러스터를 창조하는 것은 현실적으로 어렵다. 우리 협력업체들이 인도에 진출하여 창출하는 부가가치도 인도 내에서 창출되는 부가가치로 인도 정부에서 인정해주는 바, 인도 정부의 현지화 요구를 충족시키면서 기업의 경쟁력도 유지할 수 있는 최선의 방법이다. 예를 들어, 자동차 산업의 경우 1,2차 협력업체를 합해 100여개의 우리 협력업체들과 동반 진출하여 부족한 산업 생태계, 클러스터를 새로이 창출했으며, 이는 우리 자동차 기업이 인도내에서 조기에 경쟁력을 가지게 된 주요 요인 중 하나로 작용했다. 또한 우리 완성차 업체 및 협력업체로부터의 기계, 장비, 원료, 부품, 중간재 수입은 한국에서 인도로 수출이 급증하는 주요요인이 되었다.

향후 배터리, 반도체 등 새로운 분야의 우리기업들이 인도에 진출하게 될 때 인도 내 관련 생태계가 형성되어 있지 않은 상태에서 단기간에 인도 내 산업 클러스터를 형성하고 경쟁력 있는 상품을 생산하면서 인도 정부의 현지화 요구를 충족하기 위해서는 관련 협력 업체들과 동반 진출하는 것이 필요하다.

모든 부품, 원료 등을 현지화하면 한국으로부터 수입해 오는 것이 없어 한국 경제에 도움이 되지 않을 것이란 반론이 있지만, 이는 사실과 맞지 않다. 아무리 현지화를 한다고 하더라도 인도의 기술력 등을 고려시 분명한 한계가 있으며, 현지에 진출한 우리 기업들은 여전히 고기술, 고부가가치 소재, 부품, 장비를 한국에서 수입해야 할 것이다. 이는 한-인도 간 교역을 증가시키고, 한국과 인도 간 밸브체인이 더 긴밀하게 통합되는 계기가 될 것이다. 또한 우리 중소기업이 대기업과 동반 진출하여 새로이 산업 클러스터를 창출하는 것에 더해서 우리 소부장 분야 중견업체들의 인도 단독 진출이 확대된다면 인도 진출 우리 기업, 인도 현지 기업, 인도내 다국적 기업들의 한국 부품, 중간재에 대한 의존도는 더 높아질 것이다.

이 과정에서 무엇보다 중요한 것은 우리 소부장업체들이 세계적인 경쟁력을 확보하는 동시에, 인도 현지, 중국, 선진국 소부장 업체들과의 경쟁에서 우위를 유지하는 것이다[1]). 외국에 투자하고 있는 우리 대기업들이 생존하기 위해서는 소부장 관련 업체의 국적이 중요한 것이 아니라 최고의 부품, 원료, 중간재를 가장 경제적으로 구입하는 것이기 때문이다. 기업들에게 애국심의 관점에서 한

---

1) 우리 소부장 업체들은 3가지 카테고리로 나눌수 있다;1) 한국에만 공장을 가지고 있고 인도에는 공장이 없는 경우, 2) 우리 대기업과 함께 인도에 공동 진출한 경우, 3) 우리 대기업과 관계없이 인도에 단독 진출한 경우다. 1),2),3) 모든 우리 소부장 업체들은 세계시장에서 경쟁력을 강화해야 하는 공통 과제에 직면해 있고, 2)의 경우 동반 진출 우리 대기업에 대한 의존도를 낮추고 외국계 기업, 인도 현지기업 등으로 고객을 다변화해야 하는 과제가 추가되며, 3)의 경우에는 한국에서 생산하여 수출하는 것보다 인도에서 직접 생산하는 것이 가진 잇점을 최대한 활용하여 인도시장 및 인도를 기반으로 주변 및 전 세계 시장에서 경쟁력을 강화하는 것이 주가 될 것이다.

국기업이 생산하는 소부장 제품을 구입하라고 하는 것은 기업 경쟁력 차원에서 바람직하지 않다. 아울러, 인도진출 우리 소부장업체들도 우리 기업에 대한 의존도를 줄이기 위해 우리 기업뿐만아니라 인도 현지기업, 외국계 기업 등으로 고객을 다양화하는 노력이 지속되어야 한다. 일본, 독일 소부장 업체들처럼 대기업을 상대로 을이 아닌 갑이 되는 기술력과 품질력, 시장지배력을 가지길 기대하고, 특히 인도가 한국 중소중견기업들이 세계적인 기업으로 성장하는 과정에서 큰 역할을 하기를 기대한다.

둘째, 현지 인력을 잘 활용하고 육성하라. 우리기업들이 현지에서 성공적으로 사업을 수행하기 위해서는 우수하고 애사심이 강한 현지 인력의 도움이 없이는 불가하다. 미래에셋이 인도 내에서 빠르게 사업을 확장하고, 벵갈루루 소재 삼성 R&D 센터가 빠르게 성장한데는 초기 사업시작부터 함께해 온 현지 인도인 법인장들의 역할이 컸다. 인도내 새로운 고객, 새로운 사업을 개척하기 위해서는 네트워크가 좋은 유능한 인도인의 도움이 필요하고 한국 주재원들이 잘하는 분야와 현지 인도인들이 잘 할 수 있는 분야가 분명이 다르며, 이를 구분하여 현지 인도인들이 잘하는 분야에 대해서는 과감하게 인도인을 활용하고 보상하는 시스템 구축이 필요하다. 또한 현지에 진출해 있는 우리기업 인사 및 노무담당자들의 애기를 들어보면, 인도 교육 및 훈련기관들의 수준이 높지 않아 우리 기업이 원하는 수준의 숙련도를 가진 인력을 공급받기는 쉽지 않은 것이 현실이지만, 기업 자체 훈련과 한국 파견 등을 통해 훈련을 시키면 우수하고 신뢰할 수 있는 인력으로 전환이 가능하다고 한다. 시간과 예산이 필요하겠지만, 꾸준한 훈련과 보상을 통해 충분한 숙련도와 충성심을 가진 인력을 양성하기 위한 노력을 배가해야 한다.

우리 기업들이 현지에서 사업을 하면서 가장 어려움을 겪는 것 중의 하나가 인도 노동자들이 임금에 민감하여 오래 회사에 근무하지 않고 조금만 더 임금을 많이 주면 다른 직장으로 이동한다는 것이다. 또한 계약직에서 정규직으로 전환되면 정규직에 대한 보호가 너무 강해서 해고 등이 어려워서 정규직으로 전환하기가 어렵다는 것이다. 인도정부에서도 노동시장의 유연성을 강화하기 위한 개혁을 위해 노력하고 있으나 쉽지 않은 상황이고, 단기간 내에 개혁될 가능성은 희박하다. 즉 인도의 복잡하고 경직된 노동법과 관행 하에서 우리 기업들이 여러 가지 어려움에 직면하고 있지만, 이는 단기적인 관점에서 해결되기 기대하기 어려우며, 어려운 환경 하에서도 현지 인력, 노동문제 관리에 대한 역량과 전문성 강화를 통해 해결해야 할 문제다.

셋째, CSR 활동 등을 통해 사랑받는 기업이 되어라. 인도의 CSR 전통은 길고 뿌리가 깊다. 대표적인 사례가 인도의 대표적인 기업인 Tata고, 교육, 복지 등 다양한 CSR 활동을 통해 인도에서 가장 사랑받는 국민기업이 되었다. 또한 인도는 세계에서 사실상 유일하게 수익의 일정부분을 의무적으로 CSR 활동에 사용하도록 법적으로 강제하고 이를 어길 경우 처벌하는 제도를 운영하고 있다. CSR 대상이 되는 기업의 요건, CSR 활동으로 인정받는 사업의 종류, CSR 활동의 파트너로 인정받을 수 있는 기관 등과 관련 불확실성과 혼란이 있는 것도 사실이고 실제 우리기업들이 CSR 활동 관련 어려움을 겪고 있는 것이 사실이다. 그러나 인도 정부나 소비자들의 아픈 곳을, 가려운 곳을 해결해 주는 우리 기업들의 적극적이고 자발적인 CSR 활동은 인도정부와 소비자들로부터 높은 평가를 받을 뿐 아니라 인도 내에서 우리 기업들이 단순히 돈과 이익을 추구하는 것이 아니라 책임을 다하는 기업으로 인정받는 가장 좋은 방법이다. 우리기업들이 인도정부 및 소비자들이 진정으로 원하는 분야와 사업에 대한 적극적 CSR 활동을 통해 좋은 기업 이미지를 구축하는 것이 향후 인도 국내기업들이 경쟁력이 강화되고 인도 정부가 자국 기업 우선주의가 될 때 우리 기업이 인도 내에서 지속적으로 성장하고 발전하는데 큰 기여를 할 것으로 확신한다.

마지막으로, 기업 차원에서 대관(Public Relations)업무에 더 많이 투자하여 인도정부 대응능력을 강화하고, 정부차원에서 이를 강력하게 뒷받침할 필요가 있다. 인도의 관료주의, 부패, 불신문화 등이 쉽게 개혁되지 않고 지속될 것이고, 또한 인도정부의 자의적 행정 집행, 사법부의 비효율과 지연이 지속될 것이 예상되는 상황에서 최선의 대응방안은 우리의 대응능력을 강화시키는 것이다. 인도 당국을 욕한다고 인도 정부나 문화가 바뀌지 않는다.

우리 대기업을 제외하고는 실제 대관업무를 담당할 조직이나 인력이 없을 뿐만 아니라 법인장 등 파견인력들이 대부분 엔지니어들로 적기에 품질 좋은 물건을 만드는데 시간과 에너지를 다 사용하고, 대관이나 행정적인 업무에는 소홀히 하다가 실제 문제가 생겼을 때 어려움을 겪는 경우가 많다.

기업들의 대정부 대응능력을 강화하기 위해 기업 차원에서 더 많은 투자가 필요하다. 단독 기업차원의 대관업무 강화가 어려우면 유사업무에 종사하는 기업연합회 차원의 공동 대응도 필요하다. 이를 위해서는 기업 차원의 인식 전환이 필요하다. 인도의 관료주의 등을 비판하면서 실제 해결되지 못하는 문제에 대해 애태워하기보다는 사전에 인도 관련 기관이 요구하는 사항을 명확히 인지해서 철저하게 준비하여 문제를 예방하는 것이 중요하다.

특히 인도의 빠른 경제발전에 우리가 올라타서 함께 발전하기 위해서는 인도 정부를 상대할 우리기업들의 역량도 함께 강화되어야 한다. 특히 인도 정부가 관료주의가 심하고, 불확실성과 자의성이 큰 상황에서 대관업무의 중요성은 더 커진다. 실제로 우리기업인들이 미국 당국과 인도 당국을 대하는 태도에서 큰 차이가 나고 이는 우리 기업들이 대관업무에 투자를 소홀히 하고 있다는 것을 보여준다. 예를 들어 특혜관세를 인정받기 위한 원산지 증명서 같은 경우 미국과 관련해서는 별도의 관련 조직과 인력을 투입해서 미국 측이 요구하는 자료, 서류 등을 철저히 준비하는 반면, 인도 세관 등에 대해서는 많은 문제에 직면하면서도 실제 예산과 인력을 투입해서 해결하려는 노력이 거의 없다. 실제로 인도 세관이 요구하는 사항을 사전에 철저히 준비해서 대비하면 통관과정에서 직면하는 다수의 문제의 해결이 가능한데도 실제 문제가 발생했을 때 사후적으로 어렵게 해결하려 하는 경우가 많다. 또 사전에 인도당국에 유권해석 등을 요청해 불확실성을 줄일 수 있는 경우에도 문제가 없을 것이라는 가정 하에서 사업을 진행했다가 4~5년(소멸시효 5년)이 지난 이후 인도 당국의 조사에 대응하는데 큰 어려움을 겪는 경우도 많다.

기업차원에서 해결하기 어려운 문제에 대해서는 공관, 코트라 등의 지원이 절실하고 필요할 경우 공관 신설 등도 적극적으로 검토해 볼 필요가 있다. 개별기업이 연방정부, 주정부, 지방정부, 세관 등 특별지방행정기관을 직접 접촉하기도 쉽지 않을뿐더러 실제 문제를 해결하기도 쉽지 않은 경우가 많은 것도 사실이다. 현재도 기업지원 세미나, 법률지원 등을 통해 지원하고 있으나, 인력, 예산

부족 등으로 충분한 지원이 되지 못하는 경우가 많다.

그리고 무엇보다 중요한 것은 인도정부와 한국 정부 간 우호적인 관계를 유지하면서 관계를 심화 강화하는 것이다. 양국간 우호적인 관계 유지 없이 우리기업들이 인도 내에서 적극적으로 활동하면서 사업을 확장하기는 쉽지 않다. 인도와 한국은 허황후와 김수로왕간 최초의 국제결혼, 불교 전파, 한국전쟁시 인도지원 등 깊은 역사적 관계를 가지고 있고, 상호보완적인 산업구조를 가지고 있으며, 민주주의와 시장 경제라는 동일한 가치를 공유하고 있는 바, 양국간 전략적 특별 동반자 관계가 더욱더 심화·강화될 것으로 예상된다.

권영습

- 권영습은 1994년 행정고시로 공직을 시작한 후 1999~2002년간 미국에서 JD과정을 마치고 뉴욕주 변호사 자격을 취득한 후, 2005년부터 외교부로 이동하여 현재는 국무조정실 외교안보정책관으로 근무중이다. 2020.1~2023.7월까지 현대, 삼성, 기아 등 우리 기업들이 집중적으로 투자하고 있고, 세계적 IT 허브인 벵갈루루가 소재하고 있는 인도남부에서 첸나이 총영사로 근무했다.
- 2005~2009년간 외교부 본부에서 한-미 FTA, 한-EU FTA, 한-인도 CEPA 등 다수의 주요 FTA 협상에 참여했으며, 협상뿐만 아니라 FTA 전략수립 및 이행과정에도 광범위하게 참여하여 관련 전문지식과 경험을 가지고 있다.
- 2009~2023년까지 핀란드, 태국, 브라질, 인도 등 선진국, 개도국, 저개발국 등 다양한 경제발전 단계에 있는 국가에 장기간 근무하면서, 태국, 브라질 등이 중진국 함정을 극복하지 못하는 요인, 저개발국인 인도가 빠르게 성장하는 요인과 한계, 선진국인 핀란드의 제도를 한국에 도입할 수 있는지에 대해 큰 관심을 가지고 그 비밀을 알기 위해 노력했다.
- 특히 우리 기업들이 핀란드, 태국, 브라질, 인도에 투자하고 새로운 수출시장을 개척하기 위해 분투하는 최전선 현장에서 기업인들과 함께 뛰고 아픔과 기쁨을 공유하면서 해결책을 찾으려 노력했다.

김문영

- 김문영은 1992년부터 2023년까지 31년간 우리나라 대표 무역투자 진흥기관인 KOTRA(대한무역투자진흥공사)를 통해 우리 경제, 무역, 투자 발전의 해외(인도, 미국, 태국, 인도) 현장을 함께 했다.
- 무슨 연이지 모르나 인도와 인도사람에 빠져, 1998~2002년 해외 첫 근무지로 뉴델리 무역관을 자원했고, 해외 마지막 근무지도 인도를 다시 자원하여 2018~2021년 중 인도 북서부 암바다브 무역관장 및 델리 소재 코트라 서남아지역본부장을 지냈다. 20년 시차를 둔 8년 인도 체류를 통해 상전벽해 인도와 G3 인도의 미래를 볼 수 있었다.
- 인도 및 경제발전 주제에 대해 천착하고 싶은 바램이 70:70:70(70개국, 70% 유학생 비율, 70% 외국인 교수 비율)을 실현해 지방대학의 국제화를 선도하고 있는 대전 소재 우송대학교 Solbridge 국제경영대학과 연결되어 2023년 봄학기부터 조교수로 임하고 있다.
- 저자 권영습과는 8년여 전 태국, 그리고 최근 인도 근무를 같이 한 각별한 인연으로 현장에서 본 불붙은 G3 인도를 소개하고 싶은 의기가 투합되, 이번 공저로 연결되었다.

한국의 위기, 대안은 G3 인도다

초 판 1쇄 인쇄 —— 2024년 2월 20일
초 판 1쇄 발행 —— 2024년 2월 25일
지은이 —— 권 영 습·김 문 영
펴낸이 —— 전 두 표
펴낸곳 —— 도서출판 **두남**
서울시 강동구 성내로 6길 34-16 두남빌딩
신 고 : 제25100-1988-9호
TEL : 02) 478-2066, 2077
FAX : 02) 478-2068
E-mail : dnbooks@dunam.co.kr
http://www.dunam.co.kr

정가 23,000원

ISBN 978-89-6414-985-0 93320